한국경제
학술총서

01

경제사회의 이해와 비판

박기주 지음

도서출판
해남

박기주

서울대학교 경제학박사
낙성대경제연구소 연구위원(2000-2005)
경제사학회 회장(2016)
현 성신여자대학교 경제학과 교수
경제사, 경제학설사 강의
『한국경제사』(공저), 『경제이론의 역사』 외 다수

경제사회의 이해와 비판

초판1쇄 인쇄 2022년 9월 1일
초판1쇄 발행 2022년 9월 19일

저 자 박기주
발행인 노현철
발행처 도서출판 해남

출판등록 1995. 5. 10 제 1-1885호
주 소 서울특별시 마포구 마포대로8길 9 영명빌딩 405호
전 화 739-4822 **팩스** 720-4823
이 메 일 haenamin30@naver.com
홈페이지 www.hpub.co.kr

ISBN 978-89-6238-170-2 93320

이 저서는 2021년 대한민국 교육부와 한국학중앙연구원(한국학진흥사업단)을 통해 K학술확산연구소사업의 지원을 받아 수행된 연구임(AKS-2021-KDA-1250002).

머리말

오늘날 경제가 무엇보다 중요하다는 것을 부정할 사람은 많지 않을 것이다. 그러나 고대 사회에서 경제는 제도나 규범에 의한 가정 관리를 의미하였으며, 흉작이나 전쟁과 같은 상황을 제외하면 경제 문제는 사회적 정의의 문제와 불가분의 관계에 있었고 영리 추구 활동은 반사회적인 행위로 치부되었다. 중세 사회에서도 경제는 삶에서 지배적인 것이 아니라 종속적인 것이었다. 중세 스콜라 신학자들은 경제의 목적이 공동체의 보존에 있다고 생각하였다. 고리대와 영리 추구에 대한 부정적 인식은 단지 교리적 이유에서뿐만 아니라 기근이 풍토병처럼 찾아오는 상황에서 고리대와 영리 추구의 무자비함에 대한 혐오에서 비롯된 것이었다. 시장은 존재하였지만 경제 문제의 해결을 시장 메커니즘에 의존하지 않았다.

그러나 중세 이후에 사회는 크게 변하였다. 공동체가 해체된 후에 남은 것은 개인이며, 홉스, 로크, 애덤 스미스로 이어지는 사상가들에 의해 개인주의 사조가 탄생하였다. 노동, 토지, 자본이 상품화되면서 시장 거래는 보편적이고 중요한 활동이 되었다. 자신의 소득을 극대화하려는 개인의 욕구가 경제사회를 조정·통제하는 기본적 동인이 되었다. 스미스가 설명하고자 한 것은 시장에서 이기심이 작동하는 가운데 보이지 않는 손에 의해 경제 활동이 조정되고 조화가 실현되는 사회 시스템의 기본 원리였다. 그는 뉴턴의 접근법을 모범으로 삼아 가급적 적은 수의 원칙에서 모든 경제 현상을 설명하고자 하였으며, 현상적으로 복잡해 보이는 경제를 하나의 질서 체계로 이해하고 분석함으로써 과학으로서의 경제학을 독립 학문으로 출범시켰다.

리카도는 철학자인 스미스와 달리, 경제를 사회의 한 부문으로서가 아니라 별개의 실체로 인식하고 역사, 제도, 사회, 윤리 등의 비경제적 요소로 희석하지 않고 경제 행위의 일반 법칙과 원리를 정식화하였다. 그는 몇 개의 강력하면서도 단순하고 그럴듯한 가정에 기초하여 연역적 추론 과정을 통해 일관성 있는 일련의 법칙을 도출하였다. 오늘날에는 익숙하지만 추상적, 연역적이고 몰역사적인 리카도의 경제학 방법론은 당시에는 매우 특이한 것이었다. 이러한 방법론 덕분에 경제학은 다른 학문과 명확히 구분되는 독자적인 분석 방법을 가진 학문으로 성장할 수 있었다. 리카도에 이어 존 스튜어트 밀도 경제학이 약간의 가정으로부터 연역적 추론을 하는 추상 과학이라고 하였다. 다만 그는 순수 경제 이론이 실제의 사회 경제적 상황과의 연관성에서는 매우 제한적임을 간과하지 않았으며 이론이 유용하려면 비경제적 자료에 의해 보충될 필요가 있다고 하였다.

1870년대 한계혁명을 통해 경제학은 극도로 단순화된 가정에 입각한 수학적 이론화가 이루어졌다. 제번스는 생산비설적 가치론에 기초한 고전학파 경제학을 비판하고 공리주의적 효용가치론을 내세우면서 경제학의 패러다임을 바꾸었다. 이후 마셜은 효용가치론의 소비자 이론과 고전학파의 생산자 이론이 상호작용하는 시장 이론을 통해 신고전파 경제학의 기초를 완성하였다. 신고전파 경제학은 성장과 분배를 중요한 과제로 하는 고전학파 경제학과 달리, 물리역학적 균형 가격과 희소한 자원의 최적 배분을 중요한 과제로 하며 고전학파 경제학보다 훨씬 더 간결함과 수학적 정확성을 갖게 되었다.[1]

1 마셜에 대해서는 다음과 같은 이면을 강조하고 싶다. 마셜은 비록 자유로운 경쟁이 인간의 물질적 및 비물질적 생활 수준을 높인다는 믿음을 갖고 있었지만, 자유방임에 대한 교조적 견해로부터 거리를 두었다. 그는 보호주의가 저개발국 경제에 이점이 있으며 노동자에게 유리한 임금 협상을 위해 노동조합이 장려되어야 한다고 생각하였다.

신고전파 경제학에 의해 개인의 의사 결정과 사회 현상에 대한 이해가 증가하였으며, 비록 세계 대공황기에 케인스의 치명적인 도전이 있었지만 그것조차도 신고전파적으로 각색되면서 1950년대에 신고전파 경제학은 이론적 정점에 도달하였다.

주류 경제학의 자리를 차지하고 있는 신고전파 경제학은 경제사회를 분석·이해하는 사고를 지배하고 있다. 신고전파 경제학의 방법론은 개인주의적이고 연역적이다. 경제학은 개인을 관찰의 대상, 사회 분석의 단위로 설정하며 개인의 특성을 합하면 전체의 특성이 된다고 본다. 신고전파 경제학은 현실을 단순화하기 위한 가정과 엄밀한 연역적 논증을 통해 일반성과 예측성을 갖는 가설 또는 이론을 발견하는 것을 특징으로 한다. 프리드먼은 이론의 성과는 그것이 산출하는 예측의 정확성, 일반성, 실증적 일치성에 의해 판단된다고 하였다. 현실 세계의 복잡함으로 인해 그러한 작업은 체계적인 선택 과정을 수반하며 여러 변수들 간의 인과 관계에 관한 이론을 개발하는 것으로 완성된다.

신고전파 경제학은 보편성을 지향하지만, 문제는 이론이 보편성을 가질수록 더 추상적이고 현실과 멀어질 수밖에 없다는 점이다. 빠르게 변하는 현실 세계를 위한 성공적인 모형은 내적으로 유연해야 하지만, 보편적 이론을 추구하는 경제학은 획일적인 틀을 제시하고 끝나버리는 경우가 많다. 모든 과학의 목적인 현실 세계를 밝히는 것보다 그런 틀이 경제학자와 그들이 이해하려는 현실 사이에 들어와 버린다. 맥클로스키(D. N. McCloskey)는 대부분의 경제학자들이 실제와 관련 있는 사실의 축적보다는 높은 수준의 수학적 증명에만 집중한다고 비판하였다. 경제학자들이 고집하는 몇 가지 공준, 즉 시장이 최적의 결과를 보장한다는 신념, 일반균형의 가정, 이기적 인간이 합리적 선택을 한다는 전제, 제도 문제에 대한 경시 등은 이론을 복잡하게 뒤엉킨 현실로부터 분리시킨다.

이론과 현실의 분리로 인해 신고전파 경제학의 정수를 보여 주는 이론이 대내외적으로 결정적인 비판에 직면하였다는 점에서 신고전파 경제학이 지배력을 상실하였거나 잃었다고 말할 수 있을지 모르지만 실제로는 그렇지 않다. 수십 년 전과 마찬가지로 오늘날에도 여전히 대학의 경제학 교육에서 신고전파 경제학은 확고한 위치를 차지하고 있다. 그러한 영향력이 단지 교과서나 강의실 내에서만 머물러 있다면 다행이겠지만, 그렇지 않고 현실 세계에서도 중요하게 작용하고 있다. 경제학자들이 실제로 상당한 힘을 갖고 정책 결정에 개입하며 정치가나 관료가 경제 문제를 인식하고 정책을 입안하는 데 큰 영향을 미치고 있기 때문이다. 그 결과, 신고전파 경제학은 시장의 안정성과 효율성에 대한 신념을 사회에 각인시켰다.

그러나 1970년대에 신고전파 경제학의 개인주의적 접근, 정학적 균형, 완벽한 합리성 등을 비판하는 다양한 이론이 등장하였다. 이는 다원적인 경제학의 출현을 예고하는 것이며 패러다임 전환의 목전에서 나타나는 현상이라고 할 수 있다. 새로운 경제학은 경제학이 좀 더 개방적이고 다른 인접 학문의 이론과 직관을 수용하면서 소통할 것을 요구한다. 경제는 자연과는 다른 원리가 작용하며 명확한 인과관계에 의한 법칙을 따르지 않는다. 경제는 항상 변화하고 있을 뿐만 아니라 고도의 불확실성과 자기상관에 지배되고 있기 때문이다. 따라서 경제의 법칙성을 발견하는 것은 중요하지만, 경제학을 과학으로 간주하는 경향에 지나치게 환호해서는 안되며 경제학이 자연과학과 같은 객관성과 정확성을 가질 수 없다는 점을 간과해서도 안된다.

경제는 독립적이지 않고 사회의 다른 영역과 상호작용을 하며 경제적 현상과 변화를 결정하는 것은 경제적 요인만이 아니다. 자본주의는 경제적, 비경제적 요소의 특정한 조합에 따라 시공간적으로 다른 형태를 취한다. 또한 사회는 단순히 벽돌과 몰타르로 지은 빌딩과 같은 것이 아니라 제도가 서로 연관되어 있는 유기체와 같다. 사회유기체론에 의하면, 사회와 개인의 관계는 유기체와 세포의 관계와 같으며, 사회는 하나의 통합된 실체이고 개인은 상호 의존적이다. 경제학자들은 사회유기체적 접근을 거부하고 기계적인 경제 법칙을 선호하지만, 사회의 각 부분은 유기체적으로 결합되어 있어 비합계적이며 고정되어 있지 않고 변화한다. 따라서 경제 행위와 현상을 이해하기 위해서는 인접 학문과 다양하게 협조하는 것이 필요하다. 노벨 경제학상 수상자 노스는 "사회과학자들은 인문 환경을 몇 개의 학문 분야, 즉 경제학, 정치학, 사회학 등으로 분할하였지만 … 만일 우리가 변화 과정을 이해하고자 한다면 분석틀은 이렇게 인위적으로 분할된 학문 분야로부터 얻어진 통찰력들을 통합하여야 한다"(North 2005: 17)고 하였다.

본서는 이상과 같은 인식하에 신고전파 경제학과 그에 대한 비판적 대안들을 설명함으로써 경제사회에 대한 이해를 확장하고자 한다. 먼저, 제1부인 제1-4장에서는 경제사회를 개인에 초점을 맞추어 접근하는 이론과 사회 또는 문화의 중요성에 초점을 맞춘 이론을 설명한다. 경제사회를 분석할 때 개인(micro)과 사회(macro)의 어디에 중점을 둘 것인가를 구분하는 것은 오래된 전통이다. 제1장의 주류 경제학인 신고전파 경제학은 본서 전체의 출발점이다. 오늘날 표준적인 경제학 교과서에 설명되고 있는 것은 19세기 말부터 20세기 중엽까지 이론적으로 발전한 신고전파 경제학이며, 현재의 많은 경제학자들은 그것을 기본 원리로 하고 거기에 내포되어 있는 기본 신조를 유지한다. 제2장에서는 신고전파 경제학의 합리성 가정에 의문을 제기하고 심리학을 도입한 행동경제학을 설명한다. 다음은 사회에 중점을 둔 이론으로서, 제3장에서는 신고전파 경제학과 대척점에 있는 마르크스 경제학을 설명하고, 제4장에서는 관습과 문화가 경제 행위를 결정한다고 보는 폴라니 이론을 설명한다.

제2부에서는 개인과 사회의 중간적(meso) 혹은 중범위 차원을 분석 대상으로 하는 경제학 및 사회학의 다양한 접근법을 설명한다. 중간적 차원의 분석 대상은 기업 및 조직과 네트워크이다. 1970-1980년대는 경제학과 사회학에서 하나의 분수령이었다. 행동경제학, 신제도경제학, 진화경제학 등이 신고전파 경제학의 여러 가정과 이론의 비현실성을 문제삼아 탄생하였다. 사회학에서는 신제도주의에 의한 새로운 접근법이 대세로 자리잡았다. 제5-6장에서는 기업가와 기업이라는 제도의 등장과 관련하여 슘페터 이론과 신제도경제학을 설명한다. 제7장에서 설명하는 진화경제학과 사회학의 동형화 이론은 슘페터 이론과도 관계가 있지만, 특히 다윈의 진화론을 차용하여 기업의 행동을 설명하려는 이론이다. 제8장은 사회학의 전통 속에서 신제도경제학과 경제사 연구 등에 자극받아 경제 현상을 네트워크 이론으로 분석하는 신경제사회학을 설명한다.

제3부는 제1, 2부에서 다루지 못한 것을 포함하여 경제와 사회를 전체적으로 이해하기 위한 주제들을 다루었다. 제9장은 제1부와 제2부를 종합적으로 이해하고 연결하는 장으로서 경제 행위와 제도의 상호성과 자본주의의 제도적 다양성을 설명한다. 제10장에서는 경제사회의 분석에서 가장 중요한 주제 중 하나이면서 경제학 이론으로 설명하기가 난해한 노동시장에 대해 설명한다. 노동은 시장에서 거래되는 것 중에서 가장 특별하며 다양한 측면에서의 접근이 필요한 주제이다. 본서의 마지막인 제11-12장에서는 경제사회의 총체적 구조를 다룬다. 먼저, 제11장에서는 시장과 국가에 관한 이론과 양자의 상호성에 대해 설명한다. 국가의 비중이 점차 커지고 있기 때문에 시장에 대한 분석만으로는 경제 행위와 현상을 제대로 이해하기 어렵다. 제12장에서는 시장과 정부의 실패와 한계를 극복하기 위한 대안으로서 그 비중이 점차

커지고 있는 사회적 경제를 설명한다. 사회적 경제는 시민사회에 뿌리를 두고 있으며 시장과는 다른 가치를 추구하는 영역이다. 경제사회는 국가, 시장, 사회적 경제로 구성되어 있으며, 따라서 시장 메커니즘에만 의존하여 그것을 이해하는 것에는 한계가 있다.

본서는 다른 인접 학문을 일부 포함한 것 외에는 주로 다양한 관점의 경제학을 중심으로 구성하였지만 경제학에서도 포함하지 못한 이론도 많다. 생태경제학, 조절이론, 사회경제학, 복잡계 경제학 등과 같은 것이다. 다음에 보완할 기회가 있기를 희망한다. 마지막으로, 초고 단계에서 감수를 해주신 홍기현 교수님(서울대 경제학부)과 한그루 교수님(페어필드대 경영대학원)에게 감사드린다. 저자의 오류를 지적하고 매우 유익한 많은 제언을 해주셔서 내용을 개선하는 데 큰 도움이 되었다. 모든 제언을 수용하지 못한 것은 전적으로 저자의 능력이 미천하기 때문이다. 출판을 위해 수고해 주신 도서출판 해남 노현철 사장님께도 감사드린다.

차례

제1부 개인과 사회

제1장

신고전파 경제학의 세계

1. 패러다임과 기본 이론

1) 신고전파 경제학의 패러다임[1]

우리는 가정 내에서 누가 저녁을 차려야 하고 누가 세탁을 해야 할지, 가족 구성원 중에서 누가 일을 해서 돈을 벌어야 하고 번 소득을 무엇을 위해 어떻게 사용해야 할지 등을 결정해야 한다. 가정과 마찬가지로 일반 사회도 많은 결정을 내려야 한다. 어떤 사회든지 어떤 일을 해야 하고 그 일을 누가 할지를 정해야 한다. 누군가는 식량을 생산해야 하고 누군가는 옷을 생산하고 누군가는 병을 치료하는 일을 해야 한다. 또한 생산된 재화나 서비스를 어떻게 사용할 것인지를 결정해야 하며, 발생한 소득을 누구에게 어떻게 분배해야 하는지를 결정해야 한다. 즉, 가정이든 사회든 관계없이 제한된 자원을 사용하여 누가, 무엇을, 어떻게 할 것인지를 결정해야 한다. 신고전파 경제학은 누가, 무엇을, 어떻게 할 것인지 그리고 그런 활동을 통해 희소한 자원이 어떻게 효율적으로 배분될 수 있는지에 대해 답한다.

애덤 스미스(A. Smith)에 의해 출발한 경제학은 영국에서 산업혁명을 통해 자본주의가 성립하는 시기에 경제 성장과 소득 분배 등의 여러 가지 중요한 사회경제적 이슈를 다루었다. 19세기 후반에 경제학은 이념적으로 개인주의와 자유방임주의를 지지하는 이전의 고전파 경제학을 계승하면서도 연구 과제, 가정, 분석 방법에서 크게 변화하였다. 신고전파 경제학이라고 하는 새로운 패러다임[2]은 희소한 자원의 효율적 배분, 즉 최적 배분을 구명하기 위해

1 패러다임은 학문적 틀(matrix)로서, 학문적 공동체가 보편적으로 인정하는 과학적 성과를 말하며 이론적 의제와 해답을 제공한다(Kuhn 1962).

이기적 개인의 합리적 행동을 가정하고 '한계분석'의 방법으로 재화 및 생산요소의 가격 결정이론을 구축하였다. 이후의 주류 혹은 정통 경제학은 여기서 크게 벗어나지 않았다.

신고전파 경제학은 자원의 최적 배분이 이루어지는 경쟁시장이 작동하는 원리와 시장에서의 소비자와 생산자의 행동 원리에 대해 설명한다. 시장에서 거래가 자유롭게 이루어지고 모든 개인은 각자 자신의 목적을 달성하기 위해 행동한다. 합리적인 소비자라면 자신의 효용(만족)을 극대화하는 선택을 할 것이며, 합리적인 공급자라면 자신의 이윤을 극대화하기 위해 행동할 것이다. 이처럼 경제 주체들의 행동의 목적은 효용 극대화와 이윤 극대화에 있으며, 경제학은 이를 최적화(optimization) 문제라고 한다. 최적화 문제는 우리가 원하는 어떤 조건(예컨대, 효용이나 이윤의 극대화)을 만족시키는 최적의 변수 값을 찾는 것을 말한다.

최적화 문제를 해결하기 위한 도구는 한계분석이다. 신고전파 경제학을 출발시킨 제본스(W. S. Jevons)는 경제학이 정태 역학(static mechanics)과 유사하다고 하면서 '부와 가치의 본성을 설명할 수 있는 것은 미세한 양의 쾌락과 고통에 관한 고찰'이라고 하였다. 생산요소나 재화의 미세한 양의 변화가 생산이나 효용에 가져오는 변화를 분석하고 그것을 통해 희소한 자원의 최적 배분 상태에 이르게 됨을 구명하는 방법이 한계분석이다. 예산(자원)의 제약하에서의 효용 극대화나 이윤 극대화 또는 사회적 잉여의 극대화 문제에 대한 해를 구하는 것은 모두 한계적 변화에 대한 분석, 즉 한계분석에 속한다. 미세한 양의 변화를 나타내기 위한 방법이 미적분학이다. 개인의 선택을 수학적

---

2 '신고전파'라는 명칭은 베블렌이 마셜의 경제학을 부정적 의미를 담아 표현한 것이었다.

도구를 사용하여 논리적으로 설명하는 한계분석의 방법에 의해 경제학은 수학 지향성과 수량적 정확성을 갖는 학문이 되었다. 경제학은 경제 변수 간의 관계를 수학적 형식 모형으로 표현함으로써 이전에는 잘 이해되지 않았던 규칙성과 상호 연관성을 정확하고 간결하게 설명할 수 있었으며 더욱 효과적인 분석을 할 수 있게 되었다.

신고전파 경제학은 수학적 방식을 동원함으로써 개인의 합리적 행동이 '일정한' 조건하에서 파레토(Pareto) 최적 상태, 즉 자원의 최적 배분 상태를 가져온다는 것을 입증할 수 있었다. 파레토 최적은 자원 배분의 효율성을 달성한 상태, 즉 자원 배분에 있어서 다른 사람에게 손해가 가도록 하지 않고서는 어떤 한 사람에게 이익이 되는 변화를 만들어 내는 것이 불가능한 상태를 말한다. 여기서 일정한 조건이라는 것은 외부성이 없고 시장이 완전경쟁적 상태여야 한다는 것이다. 즉, 외부성이 없는 완전경쟁시장에서의 균형은 사회적 총잉여, 즉 사회적 후생을 최대화하는 파레토 최적 상태라고 할 수 있다.

요컨대, 신고전파에 의해 경제학은 시장에서 수요와 공급의 변화를 상호 길항적인 힘의 체계로 이해하고 한계분석이라는 도구를 사용하여 자원의 최적 배분의 해를 구하는 것으로 변모하였다. 한계분석은 그것이 갖고 있는 분석력과 응용 확장성 및 간결함으로 인해 매우 매력적이었다. 이 같은 신고전파 경제학의 패러다임은 경제학의 연구 방향을 새롭게 설정하였으며 한계분석의 방법을 소비자 효용 이론뿐 아니라 생산 이론과 분배 이론 등 모든 분야에 적용함으로써 이론들 간의 논리적 일관성을 갖게 되었다. 자원의 최적 배분에 초점을 맞춘 신고전파 경제학 이론의 골격을 구성하는 것은 효용 극대화, 균형 상태, 완전경쟁시장에 대한 설명이다.

2) 효용 극대화

신고전파 경제학은 소비자의 '주관적' 만족을 나타내는 효용이라는 공리주의적 개념을 사용한다. 효용은 수요 이론과 가격 결정 과정을 설명하기 위한 기본적인 개념이다. 공리주의자인 세(J. B. Say)는 효용이 '인간의 욕망을 충족시킬 수 있는 어떤 재화의 고유한 능력 또는 적합성'을 나타내며 재화 가치의 원천이라고 하였다. 효용은 재화가 가진 유용함 또는 용도로부터 나오는 것이며, 가격은 효용의 크기를 보여 주는 지표라고 할 수 있다.

어떻게 하면 시장에서 교환을 통해 재화로부터 얻는 효용을 극대화할 수 있는지를 생각해 보자. 가령 A와 B가 각각 생선과 과일을 가지고 있으며, A는 과일을 더 갖기 위해 생선의 일부를 기꺼이 포기하고 B는 생선을 더 갖기 위해 과일의 일부를 기꺼이 포기할 의사가 있으며, 그런 상황에서 두 사람 간에 과일 10파운드와 생선 3파운드의 교환이 이뤄졌다고 하자. A의 관점에서 이 교환을 설명해 보자. A가 이 교환을 하였다는 것은 교환을 통해 전보다 더 큰 효용을 누릴 수 있기 때문이다. 그것은 A에게 과일 10파운드의 효용이 생선 3파운드의 효용보다 최소한 같거나 크다는 것을 의미한다. A는 교환을 위해 시장에 나온 생선 전체와 과일 전체를 비교할 필요가 없으며 B가 가진 과일 전체를 생각할 필요도 없다. A에게 유일하게 요구되는 것은 내어줄 생선 3파운드와 받을 과일 10파운드의 중요성을 비교하는 것이다.

이처럼 어떤 재화가 추가될 때 그것으로 인한 효용의 증가분을 한계효용이라고 한다. A에게는 과일 10파운드로 인한 한계효용이 생선 3파운드로 인한 한계효용보다 큰 반면, B에게는 생선 3파운드의 한계효용이 과일 10파운드의 한계효용보다 크기 때문에 두 사람 간에 교환이 성립하였다. 교환을 통해 추가로 얻는 한계효용이 상실하는 한계효용보다 크기 때문에 그 차이만큼 각자의 총효용에 순 증가가 발생한다. 양자의 차이가 존재하는 한 교환을 통해 총효용을 증가시킬 수 있다. 그런데 소비가 증가함에 따라 재화의 한계효용은 체감하므로(한계효용 체감의 가정) 소비가 증가하는 재화의 한계효용과 소비가 감소하는 재화의 한계효용의 차이는 점차 줄어든다. 교환은 양자가 차이가 사라질 때까지 계속되며 양자가 일치할 때 비로소 총효용이 극대화된다.

신고전파 경제학은 재화의 소비에 따른 효용의 크기를 나타내기 위해 효용함수라는 개념을 사용한다. 여기서 제기되는 문제는 과연 효용함수가 존재하는가라는 것이다. 효용함수가 존재하기 위해서는 각자의 욕망과 선호를 알 수 있어야 한다. 그러나 술을 끊고 싶어하면서도 술을 끊지 못하는 경우처럼, 다른 사람은 물론 자신도 과연 자신이 어떤 욕망과 선호를 가지고 있는지를 정확하게 알기 어렵다. 또한 일상생활에서 늘 경험하는 일이지만 욕망과 선호가 달라지는 경우도 흔하다. 이처럼 참된 욕망과 선호를 알아낼 수 없다면, 욕망과 선호에 입각해서 사람의 행동을 설명하고 예측하는 일은 불가능하다. 설령 욕망과 선호에 대해 알 수 있다고 하더라도 그것을 비교하여 판단하기 위해서는 측정이 가능해야 한다.

신고전파 경제학의 기초를 완성한 마셜(A. Marshall)은 소비자가 효용을 극대화하기 위해서는 각 재화의 소비를 위해 사용된 화폐 1단위의 한계효용이 동일해야 한다고 하였다. 즉, A, B 두 재화를 소비하는 경우에 효용 극대화를 위한 조건은 $MU_A/P_A = MU_B/P_B$이다(MU_A, MU_B, P_A, P_B는 각각의 한계효용과 가격). 식의 좌변과 우변은 각 재화에 사용된 화폐 1단위의 한계효용이다. 만일 좌변이 우변보다 크다면 소비자는 A의 소비를 늘리고 대신 B 소비를 줄임으로써 총

효용을 증가시킬 수 있고, 반대로 좌변보다 우변이 크다면 A의 소비를 줄이고 B의 소비를 늘림으로써 총효용을 증가시킬 수 있다. 따라서 총효용이 극대화되는 것은 양자가 일치할 때이다. 이 같은 설명이 가능하기 위해서는 효용의 수량화가 가능해야 한다. 수량화가 가능한 효용을 기수적(cardinal) 효용이라고 한다. 효용이 기수적이라면 개인들이 느끼는 효용의 크기를 서로 비교할 수 있을 것이다.

그러나 주관적 만족을 어떻게 수량화할 수 있는가? 효용을 수량화하기 어렵다는 문제 때문에 후에 무차별곡선 이론이 등장하였다. 무차별곡선 이론은 동일한 만족을 주는 소비 조합을 나타내는 무차별곡선과 예산제약선으로부터 소비자의 행동 원리를 설명하는 이론이다. 무차별곡선 이론은 선호의 순서만을 따지는 서수적(ordinal) 효용 개념으로 기수적 효용 개념을 대체하였으며, 동일한 만족을 유지하면서 어떤 재화의 소비를 늘리기 위해 포기해야 하는 재화의 양이 점점 감소한다는 한계대체율 체감을 가정함으로써 한계효용 체감의 가정을 완화하였다. 그러나 무차별곡선 이론을 받아들이더라도 화폐의 한계효용이 일정하고 소비자의 선호 구조가 변하지 않는다는 가정은 여전히 문제로 남는다. 이에 측정 불가능한 효용이라는 개념을 버리고 시장에서 관찰 가능한 소비자의 행위만 갖고 설명하는 현시선호이론이 나왔지만 그것이 무차별곡선 이론을 대체하지는 못하였다.

한편, 개인의 의사 결정에 대한 설명과 동일한 원리로 사회 혹은 집단의 합리적인 의사 결정을 설명하기 위해서는 개인의 효용함수에 대응하는 사회후생함수의 존재를 가정해야 한다. 사회후생함수는 모든 가능한 상태에 대해 어떤 상태가 다른 상태에 비해 더 바람직하거나 덜 바람직하거나 무차별한지를 보여 주는 함수이다. 그러나 개인 상호간의 효용을 비교하거나 합산하는 것이 불가능하기 때문에, 사회후생함수는 사실 다른 모든 사람들의 효용이 불변이면서 어느 한 개인의 효용이 증가 또는 감소할 때 사회적 후생이 증가 또는 감소한다는 명제 외에는 전혀 아무것도 말할 수 없다. 만약 다른 사람들의 효용은 불변인 상태에서 A의 효용이 증가하고 B의 효용이 감소한 경우에, A의 효용과 B의 효용의 사회적 중요도가 판정되지 않으면 변화가 있기 전보다 사회적 후생이 증가하였는지 또는 감소하였는지 알 수 없기 때문이다. 애로우(K. Arrow)는 집단적 선택을 위한 몇 가지 조건을 모두 만족시키는 사회후생함수 또는 선호 통합 규칙은 존재할 수 없음을 증명하였다.[3] 애로우의 '불가능성의 정리'는 사회 전체로서 파레토 최적 상태의 선택이 불가능하며 나아가 개인적 차원의 합리적 결정이 사회적 차원의 합리성을 보장하지 않는다는 것을 의미한다. 이는 개인의 선택으로부터 사회 전체의 의사 결정을 설명할 수 없다는 것이므로, 개인의 행동을 이해함으로써 사회를 이해할 수 있다고 보는 신고전파 경제학적 사고를 전면적으로 부정한다.

3) 균형 상태

신고전파 경제학은 균형이 존재하는지 그리고 그것이 고유하고 안정적인지를 분석한다. 균형은 공급과 수요의 크기가 같고 외부적 요인에 변화가 없다면 변하지 않는 상태를 의미한다. 시장에서 소비자와 생산자는 가격을

3 예컨대, A, B, C 세 사람이 각각 (사과 > 귤 > 배), (귤 > 배 > 사과), (배 > 사과 > 귤)이라는 이행적 선호를 가지고 있다고 하자. A, B, C에게 귤과 사과에 대해 물으니 다수가 사과를 선호하였으며 다음에 사과와 배에 대해 물으니 다수가 배를 선호한다는 결과가 나왔다. 과일에 대한 선호가 배 > 사과 > 귤로 수렴되었으니 이제 배와 귤에 대해 물으면 당연히 배가 선호되어야 한다. 그런데 막상 배와 귤에 대해 물으니 다수가 귤을 선호하는 결과가 나온다. 즉, 개인의 합리적 선택이 집단의 합리적 선택을 보장하지는 않는다.

신호로 삼아 자기의 이익(효용 및 이윤)이 최대화되도록 합리적으로 행동한다. 균형은 경제 주체의 행동이 일관적이라는 가정하에서 불균형 상태가 조정된 결과이며, 어떤 경제 주체도 행동을 바꿀 유인이 존재하지 않는 정학적 상태이다. 균형 상태에서의 가격을 균형 가격이라 한다. 경제 주체들 간의 상호작용 과정에서 중심 역할을 하는 것이 가격이며, 따라서 신고전파 경제학은 균형 가격의 결정에 초점을 맞춘다. 균형 가격에서 소비자는 더 이상의 효용 증대가 불가능한 가장 바람직한 상태에 도달하여 어느 누구도 수요를 늘리거나 줄일 유인을 갖고 있지 않으며, 기업도 균형 가격에서 이윤을 극대화하고 있기 때문에 공급을 더 늘리거나 줄이는 것을 원하지 않는다. 따라서 균형 상태는 안정적이며, 애덤 스미스와 리카도 등이 말한 정체 상태(stationary state)와 같다. 스미스와 리카도는 인구 증가가 유한한 농업자원을 압박하여 결국 경제성장이 멈추는 정체 상태에 이르게 된다고 하였다. 정체 상태는 수요와 공급, 투입과 산출이 일치하는 장기 균형의 상태이다.

신고전파 경제학의 창시자 중 한 사람인 발라(L. Walas)는 각각의 시장이 독립적이지 않고 서로 연관되어 있으므로 균형 가격이 존재하기 위해서는 모든 시장이 동시에 균형을 이루는 일반균형 상태여야 한다고 보았다. 따라서 그의 이론은 모든 상품 및 생산요소 가격의 함수로 표시되는 수요함수의 해를 구하는 연립방정식 체계로 되어 있다. 그러나 마셜은 일반균형이 이론상으로는 가능하지만 매우 엄밀하고 형식적인 수학 모형에 불과하며 현실의 수요나 공급의 원인 및 결과를 설명할 수 있는 모형이 될 수는 없다고 생각하였다. 이에 그는 부분균형을 모형으로 시장에서 균형 가격이 어떻게 결정되는가를 설명하였다. 부분균형 모형은 다른 조건이 불변이라고 가정함으로써 다른 모든 시장을 동결시킨 후 개별 재화 시장에서 가격이 어떻게 결정되는가를 설명한다. 이로써 그는 시장에서의 균형 가격이 개별 기업과 소비자의 행동과 어떤 연관이 있는지를 쉽게 설명할 수 있었다. 그러나 비록 균형 메커니즘과 균형 가격에 대한 이해를 돕기 위한 것이기는 하지만 모든 시장이 상호의존적이라는 점에서 볼 때, 부분균형 모형으로 시장의 균형을 설명하는 것에는 한계가 있다.

개별 시장은 독립적이지 않고 서로 연관되어 있으므로 균형 가격이 존재하기 위해서는 모든 생산물 및 생산요소 시장이 동시에 균형을 이루는 일반균형 상태여야 한다. 각 상품의 구매 및 판매 계획은 서로 맞물려 있기 때문에 일반균형 상태가 아니라면 개별 시장에서의 균형은 성립할 수 없다. 예컨대, 어떤 하나의 시장에서 불균형이 있으면 먼저 해당 시장의 참가자가 수요와 공급을 조정하며, 이차적으로 관련되어 있는 시장의 참가자가 수요와 공급을 조정한다. 조정 과정에서 나타나는 가격의 변동, 새로운 산업의 성장, 기존 기업의 확장 또는 축소, 새로운 생산 방법의 채택, 새로운 자원, 기술 및 제품에 대한 탐색, 이 모든 것은 시장에서 일어나는 총체적 과정이라고 할 수 있다. 따라서 한 산업의 수요 공급의 변화가 다른 산업에 직간접적으로 영향을 주지 않는다는 것을 전제 조건으로 하는 부분균형 모형은 가격과 거래량의 변화를 제대로 설명할 수 없다.

발라는 분산적으로 존재하는 모든 시장이 경제적으로 균형을 이루는 상태에 도달하는 조건을 찾고자 하였다. 그것은 모든 재화의 가격에 변화가 없고 수익률이 균등한 장기 균형의 상태이다. 일반균형 모형에서는 시장 내부적으로 각 재화의 수요와 공급에 변화가 나타날 이유가 없고 외생적 변화에 의해서만 수급의 조정이 필요할 뿐이므로, 일반균형이 시장 내부적 요인에 의해 붕괴되는 일은 원칙적으로 없다. 이런 의미에서 일반균형 상태의 시장경제는 정학적(static)이다. 그는 시장경제가 그러한 일반균형을 유지한 채로 자본축적을 통해 경제 규모를 확장시켜 간다고 생각하였다. 그러나 일반균형이 유지되기 위해서는 모든 투입과 산출이 동률로 증가하는 균제 상태(steady state)여야 하며, 만약 그렇지 않고 자본 축적 과정에서 희소성이 커지는 것이 나오는 순간 가격은 변하게 된다. 특히 생산요소의 하나인 토지는 증감이 어렵기 때문에 일반균형을 유지하면서 경제 규모가 확장되어 간다는 것은 사실상 불가능하다(中村達也 外 2001).

일반균형은 장기에서 성립하는 정체 상태 또는 균제 상태와 같은 특수한 경우나 아주 우연적으로 단기에서나 성립할 수 있다. 그러나 완전경쟁하의 장기 균형에서 달성되는 수익률 균등화는 규모의 경제나 규모의 불경제와 양립할 수 없기 때문에, 일반균형 모형은 수익률 균등화의 장기 균형적 개념을 버리는 것이 불가피하였다. 이제 일반균형은 단지 단기적으로 모든 시장에서 수요와 공급이 일치하는 균형의 의미만 갖게 되었다. 1950년대에 애로우-드브뢰(G. Debreu)에 의해 발라의 일반균형 이론이 세련화되어 신고전파적 가격 이론의 표준 모형으로 자리잡았다. 애로우-드브뢰 모형은 완전경쟁시장의 가정, 현재와 과거에 대한 완전한 정보의 가정하에 가장 추상적인 형태로 완성된 일반균형 모형이며 부문 간 수익률이 다르지만 수요량과 공급량이 일치하는 단기 균형 모형이다(홍기현 2007).

일반균형 이론에 관한 많은 연구들이 현실의 경제와 관련이 없는 순수 수학 연습에 불과하다는 비판을 받고 있음에도 불구하고, 경제학 이론이 엄밀한 과학으로 자격을 얻으려면 일반균형의 틀에 맞아야 한다는 믿음이 널리 퍼져 있다. 이처럼 일반균형 이론이 신고전파 경제학의 표준 모형으로 자리잡은 것은 가장 순수한 형태의 신고전파 경제학의 이념과 정책적 함의 때문이다. 일반균형 이론은 가격 시스템을 통해 시장이 조정될 수 있고 경제적으로 가장 효율적인 결과를 달성할 수 있음을 보여 주며, 시장경제의 안정성과 조화성에 대한 이미지를 제공하고 경제 정책을 시장에 맡길 것을 강력하게 지지한다고 할 수 있다. 따라서 일반균형 이론은 신고전파 경제학의 가장 기본적인 이론이며, 균형 개념은 경제 분석의 정확한 경계를 만들고 경제 이론을 정의하는 역할을 한다(Slattery and Nellis 2013).

4) 경쟁시장 이론

마셜이 신고전파 경제학의 기초를 완성한 때는 독점적 대기업이 활동하던 시기였지만, 그의 이론은 주로 완전경쟁시장에 기초한 설명이었다. 완전경쟁시장은 몇 가지 이상적 조건에 의해 정의된다. 즉, 완전경쟁시장은 완전한 정보, 다수의 수요자와 공급자, 상품의 동질성, 자유로운 시장 진입과 탈퇴를 조건으로 성립한다. 다수의 수요자와 공급자라는 조건은 시장에서 경제 행위자가 모두 가격 수용자로서 가격에 따라 반응한다는 의미이다. 기업의 시장 진입과 탈퇴에 제약이 없다는 것은 장기 균형에서 이윤이 제로라는 것(정상적 이윤만 발생)이다. 이러한 완전경쟁 조건이 유지되는 시장에서는 모든 재화 또는 서비스의 공급량이 현재의 가격에서 소비자가 요구하는 수량과 일치하는 상태에 도달한다.

[그림 1-1]에서 우하향하는 수요 곡선은 소비자의 지불용의 가격이며, 그것은 소비자가 누리는 한계효용을 나타낸다. 소비자의 수요량이 증가함에 따라 지불용의 가격이 낮아지는 것은 한계효용이 체감하기 때문이다. 우상향하는 공급 곡선은 생산자의 한계비용을 나타낸다. 생산자의 공급이 증가하면서

그림 1-1 경제적 잉여와 균형에서 잉여의 극대화

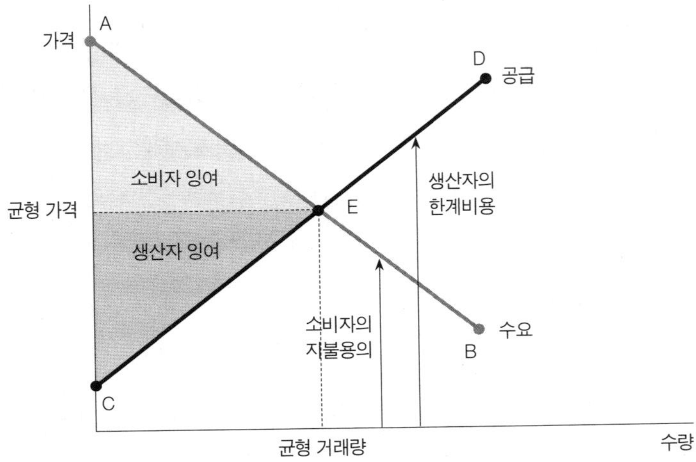

한계비용이 상승하는 것은 비용 체증 혹은 생산에서의 수확 체감 때문이다. 수요 곡선과 공급 곡선이 만나는 균형 상태에서의 가격과 거래량을 균형 가격과 균형 거래량이라 한다. 경쟁시장에서는 일시적으로 초과 공급이나 초과 수요와 같은 불균형이 존재하더라도 가격의 조정을 통해 균형이 회복된다.

마셜은 사회적 후생을 평가하기 위해 경제적 잉여의 개념을 고안하고 경쟁시장에서 경제적 잉여, 즉 사회적 후생이 최대가 된다고 하였다. 수요 곡선인 소비자의 지불용의 가격과 균형 가격의 차이가 소비자 잉여이고, 공급 곡선인 생산자의 한계비용과 균형 가격의 차이가 생산자 잉여이며, 양자의 합이 사회적 후생의 크기이다. 만일 균형 거래량보다 더 큰 거래량에서는 생산자의 한계비용이 소비자의 지불용의 가격, 즉 한계효용의 가치보다 크다. 따

라서 이 경우에는 생산과 소비를 줄이는 것이 사회적 후생을 증가시킨다. 반면 균형 거래량보다 적은 거래량에서는 소비자의 한계효용의 크기가 생산자의 한계비용보다 크고 따라서 이 경우에는 생산과 소비를 증가시키는 것이 사회적 후생을 증가시킨다. 결국 수요와 공급이 일치하는 균형에서 사회적 후생이 최대가 된다.

앞에서 말한 대로, 신고전파 경제학은 희소한 자원의 가장 효율적인 배분, 즉 최적 배분이 어떻게 달성될 수 있는지를 구명하는 것을 과제로 한다. 개별 경제 주체들의 자유로운 의사 결정에 의해 도달하는 완전경쟁시장의 균형 상태가 사회적 후생이 최대화되고 따라서 가장 효율적인 자원 배분 상태라고 평가할 수 있다. 만일 완전경쟁시장에 있는 기업이 균형 가격보다 낮은 단가(평균 비용)로 생산함으로써 이윤을 보고 있다면 새로운 기업의 진입에 의해 시장 공급이 증가하고 가격이 하락한다. 이 과정은 가격이 최저 단가와 같아질 때까지 이어지면서 마침내 가격이 최저 단가와 일치하는 가장 효율적인 생산이 가능해진다. 이처럼 완전경쟁시장은 자원 배분의 효율성과 생산 효율성 둘 다를 달성한다. 또한 완전경쟁시장의 균형은 파레토 효율적이다. 즉, 다른 소비자의 효용을 감소시키지 않고는 효용을 증가시킬 수 없다. 따라서 완전경쟁시장 이론은 시장에서 자원이 효율적으로 배분되며 사회적 후생이 최대가 된다는 시장주의 또는 자유방임주의 이념을 뒷받침한다.

그러나 실제의 시장은 완전경쟁적이지 않다. 완전경쟁을 실제 시장에 대한 유용한 근사치 정도로만 생각하는 경제학자들은 시장을 거의 완전경쟁에 가까운 것에서부터 경쟁이 매우 불완전한 독점까지 다양하게 분류한다. 완전경쟁시장을 전제로 하는 마셜의 이론에 대한 스라파(P. Sraffa)의 비판은, 개별 기업에 대한 수평의 수요 곡선의 가정과 우상향하는 공급 곡선의 가정이 문제가 되면 마셜의 부분균형 이론이 붕괴한다고 하면서 기업 차원에서의 균형에 초점을 맞출 것을 제안함으로써, 후일 로빈슨(J. Robinson), 체임벌린(E. Chamberlin) 등에 의한 불완전경쟁시장 이론을 탄생시켰다. 그러나 불완전경쟁시장에서의 균형 가격은 마크업의 결과이며 최적화의 결과를 가져오지 못한다. 따라서 불완전경쟁시장 이론은 비최적화 행동을 통상적 행동으로 볼 가능성이 있기 때문에 경제학의 표준 모형으로 수용되기 어려웠다(홍기현 2007).

2. 경제학 제국주의와 방법론

1) 경제학 제국주의

경제학은 연구 주제를 경제 영역에 한정하지 않았다. 경제학은 극대화 행동, 안정적 선호, 시장 균형을 결합한 공준을 흔들림 없이 유지하였다. 이러한 공준과 경제적 효율성에 대한 강조를 무기로 하여 경제학은 그동안 자신의 영역 밖에 있는 것으로 간주해 온 영역을 침범하였다. 사회학 또는 심리학이 다루던 주제에 대해 경제학적 연구를 주도한 탁월한 공헌자는 베커(G. Becker)였다. 베커는 인간 행동에 대한 경제학적 관점과 사회학적 관점을 견지해 온 베버 이래의 사회학적 연구로부터 영감을 얻었지만, 그의 주된 초점은 행위자와 사회적 환경 간의 상호작용을 통합하는 경제학적 관점을 개발하는 것이었다. 베커가 1992년에 노벨 경제학상을 수상한 것은 미시 경제학의 도구와 분석 방법을 비시장적 행동을 포함하는 인간 행동의 광범한 영역으로 확장시킨 공적 때문이었다. 베커는 노벨상 수상 후에 '종교와 자유'(*Religion & Liberty*)

지와의 인터뷰에서 자신이 경제학 제국주의자라고 불리는 것에 대해 다음과 같이 답하였다.

> 그것은 경제 분석이 일반적으로 '경제적'이라고 불리는 문제뿐만 아니라 사회 생활의 많은 문제에 적용될 수 있다는 나의 믿음을 나타낸다. 내 인생의 업적을 바탕으로 한 내 노벨[상] 강연의 주제는 경제학의 지평을 넓혀야 한다는 것이다. 경제학자들은 자동차 수요뿐 아니라 가족, 차별, 종교, 편견, 죄책감, 사랑 등의 문제에 대해서도 이야기할 수 있다. 그러나 이러한 영역은 전통적으로 경제학에서 거의 관심을 받지 못하였다. 그런 의미에서 내가 경제학 제국주의자라는 것은 사실이다. 나는 좋은 기술은 폭넓게 적용할 수 있다고 생각한다. 애덤 스미스와 다른 많은 사람들도 그렇게 믿었다.

베커가 말하는 경제학 제국주의(economics imperialism)는 무엇인가? 그것은 소비자 선택 이론, 기업 이론, 시장이론 등의 범위를 넘어서는 주제로까지 경제학을 확장하는 것을 의미한다. 경제학은 희소한 자원의 최적 배분을 달성하는 합리적 선택을 가르치는 학문이며 따라서 인생사에서 일어나는 모든 선택 행위를 설명할 수 있다는 것이다. 그는 시장과 가격이라는 개념이 없기 때문에 전통적으로 경제학의 영역 밖에 있다고 여겨져 온 출산, 결혼, 가족, 차별 등과 같은 사회학적 주제들을 '경제학적으로' 분석하였으며, '이타적' 행위조차도 적절히 정의하면 '이기적' 개인의 효용함수에 포함시킬 수 있기 때문에 그것을 효용 이론으로 설명할 수 있다고 주장한다. 그는 그러한 주제들에 포함된 사회성을 비시장적인 것으로 간주하여 분석에서 배제하는 것이 아니라 개인으로 환원하거나 해체함으로써 극대화 행동과 선호, 균형과 같은 경제학의 기본 분석을 적용하였다.

베커는 출산율의 결정이 대부분 개인의 합리적인 선택에 의한 것이라고 주장하며 출산율이 감소한 것은 사람들이 원하는 가족 규모를 얻기 위해 행동을 조정한 때문으로 본다. 그는 차별에 대해서도 차별 취향을 개인의 효용함수의 일부라고 가정하고, 다른 재화에 대한 수요를 이해하는 것과 같은 방식으로 차별을 가진 개인의 합리적 행동 또는 효용 극대화 행동으로 이해하였다. 효용 극대화는 사랑과 같은 감정에 좌우되는 행동에도 적용되었다. 베커는 결혼을 노동시장과 연관시켜 설명하는데, 결혼을 하는 이유가 돈벌이에 전문화된 남성과 가사노동에 전문화된 여성이 부부가 되면 전보다 훨씬 높은 생산성을 달성할 수 있기 때문이라고 하였다. 가족 간 혹은 형제 간에 교육의 기회를 분배하는 것은 한계효용을 균등하게 하려는 시도이며, 장자 상속 제도나 차남을 군대, 대학, 성직에 보내는 것도 그런 맥락에서 이해할 수 있다고 본다. 가족제도와 관련한 베커의 연구는 경제학 내에서는 물론 다른 분야로부터도 가장 포괄적이고 엄격한 분석으로 인정받고 있다. 베커는 범죄 행위에 대해서도 합리적 선택이라는 경제학 이론을 적용한다. 즉, 많은 사람들이 도덕적·윤리적 의식을 갖고 있음에도 불구하고 범죄 행위가 일어나는 것은 범죄로부터 기대되는 효용(수익)이 체포, 유죄 판결 및 처벌의 가능성에 따른 비용을 능가한다고 판단하기 때문이다(Lazear 2000).

베커는 개인의 행동이 다른 사람의 행동에 영향을 받지 않는다고 가정하는 경제학자들의 일반적 관점에서 볼 때 자신의 연구가 급진적임을 인정한다. 그러면서도 그것은 경제학이 다른 사회 영역에서 일어나는 인간의 행동을 설명할 수 있을 만큼 유연하기 때문이라고 주장하면서 경제학적 분석의 범위를 확장하였다. 또한 경제학의 입장에서 보더라도, 베커가 사회학적 변수를 다루고 있다는 점에서 급진적이라고 할 수 있다. 그러나 그는 이기심에 따른 효용의 극대화라는 경제학의 명제에 대해 규범적(canonic) 입장을 견지한 채 경제학적 분석 방법을 강하게 밀어부쳤으며, 다른 사회과학자들을 조금이라도 만족시키려는 절충적 접근이나 화해를 도모하지 않았으며, 다른 사회과학을 향해 무시하는 듯한 태도를 보였다(Lunt 2006).

2) 경제학 방법론

이러한 경제학 제국주의를 받쳐주는 것은 신고전파 경제학의 방법론이다. 방법론은 연구를 위한 분석틀이며, 연구자의 선택을 인도하는 견해, 신념 및 가치에 기반한 일관되고 논리적인 체계를 말한다. 따라서 그것은 대상에 대한 인식론 또는 대상을 바라보는 세계관과 그것에 조응하는 분석 도구를 포함한다. 좁은 의미의 방법론은 후자인 분석 도구를 지칭한다. 물리학처럼 신고전파 경제학은 복잡한 현상을 단순화하여 합리적 개인의 효용과 같은 몇 가지의 기본 단위로 환원한 다음, 엄밀한 연역적 추론을 통해 개인들 간의 상호작용을 지배하는 보편적이고 수량화가 가능한 법칙을 도출한다. 경제학 제국주의가 가능하였던 것은 이론이 현실을 객관적으로 잘 설명해서라기보다 이 같은 방법론 때문이라고 할 수 있다.

경제학은 원래 자유로운 개인으로 구성된 시민사회가 어떻게 질서, 평화와 발전을 이룰 수 있는가에 대한 질문의 답을 구하는 도덕철학에서 출발하였다. 그러나 경제학이 크게 발전할 수 있었던 이유 중 하나는 복잡한 현실을 간단한 가정을 통해 단순화하고 엄격하게 정의된 추상적 개념을 사용하며 연역적 추론을 통해 결과를 도출하는 과학적 방법론 때문이었다. 이러한 방법론을 선구적으로 이끈 인물은 리카도(D. Ricardo)였다. 리카도에 이어 시니어(N. Senior)는 경제학을 논리적 추론의 '두뇌 과학'이라고 하면서, 경험적으로 추론된 몇 개의 공준으로부터 '보편적' 타당성을 갖는 엄밀한 과학의 분석 체계를 전개하였다. 이로써 도덕철학에서 출발한 경제학은 이제 사회과학 내에서 가장 자연과학적인 학문이 되었다. 신고전파 경제학은 이러한 방법론을 계승하였으며, 물리 역학과 수학적 개념을 사용하여 과도한 단순화와 형식화를 추구하였다.

복잡한 현실을 몇 개의 가정으로 단순화하고 그로부터 연역적 추론을 하는 방법론이 갖고 있는 장점은 역시 간결함과 논리 정연함이다. 이론의 출발은 복잡한 현실에 대한 질문에 답하기 위한 단순화, 즉 추상화이다. 경제학자들은 단순화를 위한 몇 개의 가정과 엄밀하게 정의된 핵심 개념을 선택한 다음에, 연역적 추론 과정을 거쳐 반증 가능한 형식의 가설을 만든다. 마지막으로 그 가설을 검증하고, 또한 증거를 기반으로 가설을 수정하는 과정을 반복한다. 이로써 경제학은 근대 과학이 갖추어야 하는 엄격하고 분석적인 논리적 일관성을 강점으로 갖게 되었으며, 물리학의 방법과 마찬가지로 표준적인 통계 기술로 검증할 수 있는 반증 가능성(falsifiability)을 갖는 실증주의 학문이 되었다.

로빈스(L. Robins)는 이러한 실증주의 경제학이 우월한 예측력을 가지며 거기에는 오류가 없음을 확신하였다. 프리드먼(M. Friedman)은 아직 관찰되지 않은 현상에 대한 유효하고 의미 있는 예측을 산출하는 이론 또는 가설의 개발이 실증 과학의 궁극적인 목적이라고 하였다. 그에 의하면, 가설의 집합체인 이론은 설명하려는 현상에 대한 예측력으로 판단되어야 하며, 예측이 정확하고 예측 영역이 넓을수록 생산적이며, 논리적 완전성과 일관성은 그 다음이다. 적은 것으로 많은 것을 설명하기 위해서는 복잡하고 상세한 여러 상황들로부터 공통적이고 결정적인 요소를 추출하는 것이 중요하기 때문에, 일반적으로 중요한 이론일수록 가정은 더욱 비현실적이다. 이에 그는 가정이 현실을 잘 묘사하고 있는지가 아니라 설정된 목적을 위해 충분히 좋은 근사치인지가 중요하다고 하였다(Friedman 1953).

로빈스는 실증주의 경제학이 어떠한 특정 가치관이나 태도에 치우치지 않고 형이상학이나 도덕 및 개인적 신념으로부터 자유로운 지식을 약속한다고 하였다. 즉, 경제학은 객관적인 가치중립성의 학문이라는 것이다. 그러나 경제학 이론이 자연과학의 방법론에 따라 어떤 가정을 하고 변수를 정하고 연역적 추론을 하지만, 이 가정과 변수의 선택은 주관적이고 임의적이다. 그렇기 때문에 로빈스는 경제학이 모든 가치 판단을 배제한다고 주장하면서도 그런 자신의 사고방식이 궁극적으로는 합리적 선택이 바람직하다는 가치관에 의존하고 있음을 인정하였다. 또한 경제학은 자연과학처럼 '사람들이 합리적이라면 이렇게 행동할 것이다'라고 설명하고 예측할 뿐이지, '이렇게 행동하는 것이 합리적이므로 마땅히 그래야 한다'는 식의 규범적인 주장을 하지는 않는다고 한다. 하지만 경제학은 현실 문제에 대한 판단에서 노골적으로 혹은 은연중에 늘 규범적 색깔을 띠게 된다. 예컨대, 많은 경제학자들은 정부가 규모를 축소하고 시장에 개입하지 않는 것을 바람직한 것으로, 그렇지 않은 것을 바람직하지 못한 것으로 생각한다.

경제학의 지나친 단순화와 엄격함은 장점이면서 동시에 약점이기도 하다. 그것이 경제학 분석의 범위와 관심을 좁혀버리고 경제학이 현실과 멀어지게 하기 때문이다. 그러나 그로 인해 경제학이 현실에 대해 아무런 설명을 하지 못한다 하더라도 경제학의 본질은 크게 바뀌지 않는다. 경제학자들은 경제학만이 유일하게 과학적 방법론에 기반하고 있다고 믿기 때문이다. 경제학은 역사적 선례, 성찰의 설득력, 권위의 힘, 도덕적 주장 등을 무의미하거나 비과학적인 혹은 단순한 의견에 불과한 것으로 간주한다. 그러나 물리학이나 수학과는 달리, 방법론 자체가 경제학이 과학임을 증명해 주지 않기 때문에 방법론에 기댈 것은 별로 없다. 그것이 하는 일은 단지 경제학자들의 형이상학, 도덕 및 개인적 신념을 포장하는 것뿐이다. 로빈스는 방법론에 근거하여 경제학을 예측의 학문이라고 하였지만, 미제스(L. von Mises)가 말한 대로, 미래를 예측하는 것은 죽을 운명을 가진 인간의 능력을 넘어서는 것이다. 신고전파 경제학의 방법론은 생물학이나 심리학적인 복잡성에는 적합하지 않다. 그런 신고전파적 방법론으로부터는 케인스(J. M. Keynes) 혁명이 나오지 않았을 것이며, 케인스주의에 대해 통화주의적 반혁명이 승리하였다고 해서 그 방법론이 성공적인 것임을 의미하지도 않는다(McClosky 1983).

3. 경제인의 가정

1) 개인주의와 이기심

신고전파 경제학에서 경제 행위를 이해하고 이론화할 때 중심이 되는 것은 경제인(homo economicus)에 관한 발상이다. 신고전파 경제학은 외부성이 없는 경우에 경쟁시장의 균형 상태에서 파레토 최적이 달성될 수 있는 것은 바로 각 개인이 자신의 효용을 극대화하고자 하는 이기적 동기에 따라 합리적으로 행동하기 때문이라고 본다. 즉, 파레토 최적 상태는 이기적 개인의 합리적 행동의 결과이다. 경제인은 자신의 효용 또는 이익을 최대화하기 위해, 여러 대안을 두고 합리적 선택을 하며, 완전한 정보에 기반하여 독립적으로 행동하는 존재이다. 즉, 개인적 이기심, 합리성, 완전한 정보 이 세 가지가 경제학이 가정하는 경제인의 내용을 구성한다. 먼저 개인적 이기심의 의미를 편의상 개인과 이기심으로 나누어 생각해 보자.

신고전파 경제학은 사회 구조와 사회적 관계에 영향을 받지 않는 원자적인 개인을 분석의 출발점으로 한다. 유럽 중세의 공동체 사회에서 개인은 그저 공동체 구성원의 한 사람에 불과하였으나 중세 사회가 붕괴하고 공동체가 해체되면서 그 개인은 홀로 남게 되었다. 개인은 홉스(T. Hobbes)가 『리바이어던』(*Liviathan*, 1651)에서 말하였듯이 소위 만인의 만인에 대한 투쟁 상태에 놓였다. 공동체적 의무와 보호로부터 벗어난 개인은 서구의 철학과 신학, 정치학에서 특별한 위치를 차지하게 되었으며, 계몽주의 시대 이래 서구의 사상과 관념에서 개인의 자유와 권리가 중심적 위치를 차지하였다. 따라서 경제학 이론이 개인을 분석 대상으로 하여 인간의 행위를 분석하게 된 것은 어찌 보면 당연하다고 할 수 있다. 경제학은 사회를 개인의 단순한 집계 이상의 무엇이라고 생각하는 사회유기체론의 사고를 부정하며, 실재하는 것이 개인이므로 개인 외에는 분석의 대상이 필요 없고 사회나 집단은 단지 개인의 집합 이외의 어떤 것도 아니라고 본다.

사회의 최소 단위인 개인을 분석의 출발점으로 하는 것을 방법론적 개인주의(methodological individualism)라고 한다. 방법론적 개인주의는 개별 행위자의 동기와 행동이 현상으로 귀결되는 방식을 분석함으로써만 경제 현상을 설명할 수 있으며, 계급 또는 집단은 가공적이거나 인공적이므로 그것을 통해서는 경제 현상을 제대로 설명할 수 없다고 본다. 사회가 개인의 취향과 같은 특성에 대해 미치는 영향을 보려고 하지 않으며 오히려 개인이 사회에 미치는 영향에 관심을 두며 개별 경제 주체의 특성을 주어진 조건으로 하여 분석한다. 방법론적 개인주의가 내포하고 있는 원칙은 다음과 같다. 첫째, 경제적 자유의 원칙이다. 경제적 자유는 의사 결정에 있어 개인의 선택을 보장하기 때문에 자본주의나 고전적 자유주의 사상의 중요한 요소이다. 둘째, 사적 소유의 원칙이다. 일찍이 로크(J. Locke)는 개인의 자유가 사적 소유권에 기초한다고 하였다. 셋째, 이기심의 원칙이다. 개인은 경제적으로 자신의 최선의 이익을 위해 행동한다고 간주된다. 즉, 개인은 집단이나 사회의 복지보다 자신의 복지를 개선하기 위해 끊임없이 노력한다. 마지막 원칙은 자립의 원칙이다. 이는 개인이 자신의 복지에 대해 스스로 책임을 져야 하며 정부에 의존해서는 안된다는 원칙이다.

신고전파 경제학의 분석 단위인 개인은 최소의 비용으로 최대의 효과를 내기 위해 자율적으로 경제적 의사 결정을 하는 존재이며, 역사, 사회, 문화를 초월하는 원자화된 존재이다. 따라서 비록 경제학이 사회 현상을 분석한다고 하더라도 거기에 사회라는 실체가 있는 것은 아니며, 사회는 개인의 단순한 집합체에 불과하다.[4] 방법론적 개인주의에 입각한 신고전파 경제학은 모든 사회 현상을 개인의 행동으로 환원시켜 설명한다. 그러나 이러한 신고전파 경제학과는 달리, 역사학파나 제도학파 경제학에서는 인간이 상이한 사회적, 역사적 배경과 여러 사회적 관계나 제약하에 있기 때문에 개인의 의사 결정에 사회, 제도, 문화가 중요한 영향을 미친다고 본다.

개인주의에는 이기심의 원칙이 내포되어 있다. 우리가 인간의 본성을 이기적이라고 하는 것은 분석 대상을 개인에 두고 있기 때문이라고 할 수 있다. 중세의 붕괴와 자본주의 시장경제의 등장 사이의 16-18세기 중상주의 시대에

4 이러한 인식론에는 개인이 내린 가장 합리적인 결정이 전체로는 합리적이지 않은 결론에 도달하게 되는 '구성의 오류' 가 존재한다.

경제에 관한 논의는 주로 국가 운영과 관련된 재정, 교역, 화폐를 중심으로 배회하였다. 그러다가 18세기 후반에 도덕철학자 애덤 스미스가 인간의 이기심에 기반한 경제학을 탄생시켰다. 애덤 스미스는 개인의 이기적 본성을 잘 발휘할 수 있도록 하는 것이 사회의 총이익으로 나타나며 그것이 신의 뜻에 부합하는 것이라고 하였다. 애덤 스미스에 앞서 맨더빌(B. Mandeville)은 개인의 이기심이라는 악덕이 사회를 부요하게 한다고 설파하였다. 스미스는 사회 시스템을, 각 개인이 자신의 이기심에 따라 시장에서의 교환에 참가하여 서로 경쟁하는 가운데 보이지 않는 손에 의해 조정이 이루어지고 사회 전체에 조화로운 번영이 실현되는 하나의 질서 체계로 이해하였다. 따라서 개인의 이기심 추구와 사회의 이익 사이에는 본질적, 내재적으로 아무런 갈등이 존재하지 않는다. 인간은 이제 세속적인 욕망을 추구하는 것에 대해, 중세 공동체 속의 구성원이 가졌던 죄책감을 더 이상 가질 필요가 없게 되었다.

이기심은 오직 자신의 이익만을 추구하는 마음과 태도이다. 이기심의 원칙에서는 이타적인 자선 행위조차도 자기 자신의 만족을 위한 것일 뿐이다. 이기심을 가장 잘 반영하는 철학이 공리주의이다. 벤담(J. Bentham)은 인간이 근본적으로 이기적이며 쾌락을 최대화하고 고통을 최소화하려는 욕구를 갖고 있다고 하였다. 경제학적으로 말하면 쾌락은 효용을, 고통은 비용을 가리킨다. 쾌락에서 고통을 차감한 순 쾌락이 행복이며 인간 행동의 근본 동기가 순 쾌락의 증가에 있다고 본다. '최대 다수의 최대 행복'이라는 말에서 알 수 있듯이 공리주의 철학에서는 순 쾌락의 증가가 도덕적 기초, 즉 정의이다. 이러한 공리주의 철학을 잘 보여 주는 것이 바로 신고전파 경제학의 효용 극대화 원리이다.

이기심을 기초로 하는 경제학은 19세기 후반의 신고전파 경제학에서 정점에 달하였다. 신고전파 경제학은 이기심이 인간의 본성이고 몰역사적인 것이라고 인식하며, 따라서 모든 경제 행위를 이기심에 근거하여 분석한다. 만약 인간의 본성이 이기심이 아니라면 효용 극대화 원리는 타당한 행동 이론이 될 수 없다. 그러나 이기심에 근거한 이론은 다른 시공간에서 개인의 경제 행위가 이기심이 아닌 다른 원리에 의해 영향을 받을 수 있음을 간과한다. 노약자를 도와주는 행위를 이기적 행동으로 해석하는 것은 무리가 있으며, 선물 행위나 자선 활동을 효용 극대화의 원리로 설명하기는 어렵다. 또한 쾌락이라는 용어가 중요시되는 만큼의 분명하고 유용한 개념인가에 대해 철학자들은 의문을 제기하였다. 그래서 공리주의자 밀(J. S. Mill)은 쾌락을 저차원적인 쾌락과 고차원적인 쾌락을 구분하였다. 이익에는 사익과 공익, 즉 나의 행복과 사회 전체의 행복이 있으며 양자는 서로 상충하는 경우가 많다. 또한 사회적으로 용납될 수 없는 욕망, 개인의 능력과 조화되지 못하는 욕망, 소유욕에 사로잡힌 욕망 등은 비합리적 행동을 유발하지만, 그럼에도 불구하고 경제학은 그런 욕망의 정당성과 도덕성에 대해서는 따지지 않는다.

2) 완벽한 합리성

경제인은 여러 대안에 대한 합리적 선택을 통해 효용의 극대화라는 개인의 이기적 목적을 달성한다. 따라서 경제학은 합리성이라는 것으로 시작해서 그것으로 끝을 맺는다고 할 만큼 합리성을 핵심적 개념으로 하는 학문이다. 우리는 흔히 전근대적인 것을 비합리적인 것, 근대적인 것을 합리적인 것과 동일시하거나 합리적인 것은 도덕적으로 옳고 좋은 것, 비합리적인 것은 틀리고 나쁜 것으로 생각하는 경향이 있다. 또한 합리적이라는 것은 정당하거나 정의롭다는 것과 동일시되고, 비합리적이라는 말은 은연중에 도덕적 비난의 뜻을 담기도 한다. 경제학에서 말하는 합리성은 세 가지 개념적 의미를 담고 있다. 첫째, 주어진 목적을 달성하기 위한 최선의 행동을 도출한다는 의미에서 도구적(methological) 합리성이다. 둘째, 선호와 신념에서의 안정성과 논리적 일관성을 의미하는 공리적(axiomatic) 합리성이다. 셋째, 정확한 신념을 소유하며 완전한 정보를 사용한다는 점에서의 합리성이다. 이하에서는 첫째와 둘째에 대해 부연 설명하고 셋째에 대해서는 다음 항에서 설명한다.

첫째, 경제학이 가정하는 합리성은 주어진 목적을 가장 잘 달성할 수 있는 수단을 선택한다(means to end)는 것이다. 목적에 효용 극대화나 이윤 극대화라는 욕망이 있고 그것을 가장 잘 달성하는 수단에 이성이 있다. 따라서 합리적 인간은 매 순간 최적의 행동방식을 선택하며, 모든 가능한 대안 중에서 가장 좋은 것을 순식간에 찾아내는 걸어 다니는 컴퓨터처럼 행동하는 존재이다. 여기서 그러한 합리성의 가정 그 자체의 옳고 그름은 중요치 않다. 노벨 경제학상 수상자인 샤프(W. Sharpe)는 '가정의 현실성은 거의 중요하지 않다. 함축된 의미가 관찰된 현상과 합리적으로 일치한다면 이론이 현실을 설명한다고 말할 수 있다'고 하였다(McClosky 1983). 즉, 합리성의 가정이 현실에 맞지 않더라도 그것으로부터 경제 균형을 잘 설명하는 결론을 도출할 수 있다면 문제가 되지 않는다는 것이다. 합리성은 목적-수단의 틀 속에서 개인의 의사결정이 이뤄지는 것을 설명하기 위한 가정이며, 이를 도구적 합리성이라 한다.

경제학자들은 도구적 합리성 이외의 합리성을 잘 인정하지 않을 뿐만 아니라 다른 합리성 개념을 너무 광범위하고 부정확하다고 간주하여 묵살하는 경향이 있다.[5] 이는 인간의 욕망을 궁극적 목적으로 두는 도구적 합리성이 가장 강력하면서도 자연스러운 개념이며 합리성을 넓게 정의하더라도 도구적 합리성을 내포하지 않고는 어떤 정의도 완전할 수 없다고 보기 때문이다. 경제학자들은 도구적 합리성이야말로 정당성을 입증할 필요가 없을 정도로 가장 설득력이 있다고 보기 때문에, 도구적 합리성이 인간의 행동을 가장 잘 설명하고 예측한다고 주장한다(이정전 2005a). 그러나 도구적 합리성은 근대 과학과 근대 사회의 형성과 발전에 기여하였지만 인간성을 속박하는 것으로 변질될 위험을 내포하고 있다.

둘째, 신고전파 경제학은 인간의 선호 체계가 안정적이며 일관적이라고 가정하고, 선호 체계를 효용함수로 표현한다. 효용함수는 선호를 수학적으로 표현하기 위한 도구이다. 선호 체계가 안정적이고 일관적이라는 것은, 선호가 명확하고 모순이 없으며 어떤 상황에서나 일정하며 불변적이라는 것이다(공리적 합리성). 소비자는 그런 선호 체계를 토대로 효용을 극대화할 수 있는 대안을 선택한다. 소비자의 선호가 일관성이 있고 모순되지 않아야 하므로 선호 체계를 나타내는 효용함수는 완전성과 이행성의 공리를 충족해야 한다. 완전성은 a>b, b>a, 혹은 a-b 중 어느 하나이어야 한다는 것이며, 이행성은 a>b이고 b>c이면 a>c라는 것이다. 완전성과 이행성의 공리가 충족되면 개인은 다양한 대안 중에서 가장 선호하는 하나의 행동을 선택할 수 있다. 두 공리는 모두 약간 완화될 수 있으며 그렇더라도 선택의 합리성을 여전히 유의미하게 말할 수 있다. 많은 경제학자들은 두 공리에 더하여 기술적 처리의 단

---

5 철학에서는 합리성을 도구적 합리성, 가치적 합리성, 절차적 합리성으로 구분한다. 도구적 합리성은 주어진 목적과 그것을 달성하는 수단의 인과적 효과만을 고려할 뿐, 목적 자체의 합리성을 평가하지는 않는다. 가치적 합리성은 행동의 윤리적, 미적, 종교적 가치 등에 대한 믿음에 의해 결정되며, 절차적 합리성은 행위의 목적과는 무관하게 어떤 정해진 절차에 따라 행동할 경우에 달성된다(Nozick 1993).

순화를 위해 또는 전통에 따라 단조성(다다익선)과 볼록성(한계효용 체감)이라는 더 강력한 가정을 추가한다.

경제학은 이러한 합리성의 가정하에서 개인은 사용 가능한 일련의 행동에 대한 안정적이고 일관된 선호 체계를 가지며 가장 선호하는 결과를 실현하는 선택 행위를 한다고 본다. 그런데 과연 개인의 선호 체계가 이와 같은 가정을 만족시키며 변함없이 일관되며 안정적이라고 할 수 있는가? 상황과 맥락에 따라 개인의 선호가 변하거나 혹은 선호와 선택 행위가 불일치한다면 그의 선호는 비일관적이며, 따라서 경제학적 의미에서 그는 합리적 인간이라 할 수 없다.

3) 정보의 완전성과 확실성의 세계

신고전파 경제학은 경제 주체가 의사 결정에 영향을 미칠 수 있는 것에 대한 완전한 정보를 갖고 있음을 가정한다. 완전한 정보는 합리적 선택을 위한 조건이며 효용 극대화의 선택을 평가할 수 있도록 한다. 정보의 완전성이 충족되지 않으면 신고전파 경제학이 가정하는 합리성은 성립할 수 없다. 즉, 경제학의 핵심 이론은 인간의 행동이나 의사 결정에 필요한 정보는 완전하며 완전한 정보하에서 일관된 선호 체계가 자동으로 작동한다고 본다. 예컨대, 완전경쟁시장이 성립하기 위해서는 상품이 동질적이고 다수의 수요자와 공급자가 있어야 할 뿐 아니라, 시장의 모든 참가자가 완전한 정보를 갖고 있어야 한다. 상품을 구매하는 소비자는 상품의 가격이나 질에 대해 완전한 정보를 갖고 있으며, 노동자를 고용하는 기업은 노동자의 능력 및 속성을 잘 안다고 가정한다. 경제학에서 완전한 정보의 가정은 당연한 것으로 전제되고 있다. 이처럼 모든 경제 주체가 완전한 정보에 기초하여 행동하기 때문에 각자 어떤 행동을 하고 그 결과가 무엇인지를 예측할 수 있다는 점에서 신고전파 경제학의 세계는 확실성의 세계이다. 그러나 현실 세계에서는 정보의 비대칭성과 불확실성이 존재한다.

정보의 비대칭성은 어떤 사람이 다른 사람보다 더 많은 정보를 갖고 있음을 의미한다. 이런 정보의 비대칭성은 선택과 거래방식에 영향을 미칠 수 있다. 정보의 비대칭성과 그로 인한 역선택과 도덕적 해이의 문제는 정보경제학의 주요한 이슈이다. 역선택은 비대칭적인 정보로 인해 정보를 갖지 못한 측의 입장에서 바람직하지 못한 선택이 일어나는 현상을 말한다. 예컨대, 중고차 시장에서 판매자는 자기 차의 결함을 잘 알지만 구매자는 그렇지 못하다. 구매자는 좋은 중고차 구입을 원하지만, 시장에는 가장 결함이 많은 차부터 시장에 나오기 때문에 불리한 선택을 할 수밖에 없다. 보험시장의 경우에는 위험한 직업이나 고위험 라이프 스타일을 가진 사람들이 생명보험과 같은 상품을 구매하고자 한다. 중고차 시장과 달리, 이 경우에 더 많은 정보(예컨대, 자신의 건강에 대한 정보)를 가진 쪽은 구매자이다.

도덕적 해이는 경제 행위자가 위험의 비용을 부담하지 않게 되면 위험에 대한 노출을 증가시키는 동기를 갖는다는 것이다. 주인-대리인 문제가 그에 해당한다. 대리인은 자신의 행동과 의도에 대해 주인보다 더 많은 정보를 갖고 있으며 따라서 주인과 이익이 일치하지 않을 경우에 비정상적으로 위험하게 행동하거나 계약에 반하는 행동을 할 유인을 갖는다. 예컨대, 화재 보험 가입자는 소방설비를 적정 수준보다 적게 설치하거나 덜 조심하는 경향을 보이며, 고용 계약을 체결한 후에 노동자는 고용주의 감시를 피해 태만해질 가능성이 크다. 역선택은 거래에서 당사자 한 쪽에게 상품의 속성이 숨겨져 있는 상황을 말한다면, 도덕적 해이는 거래로 인해 숨겨진 행동이 나오는 상황을 말한다. 보험 상품 구매자가 자신의 건강 상태를 숨기고 보험 가입을 하는 것은 역선택의 문제이고, 가입 이후에 보험이 없는 사람보다 무모하게 행동할 가능성이 더 높은 것은 도덕적 해이의 문제이다.

한편, 불확실성은 많은 선택에 내포되어 있다. 확실성의 세계에서는 단순한 경제 이론으로도 인간의 행동과 그 결과를 명확하게 연결하고 예측할 수 있다. 그러나 현실은 위험과 불확실성이 만연해 있고 경제 주체는 그런 불확실성하에서 행동한다. 만일 현실의 불확실성을 인정한다면 확률 이론과 같은 불확실성을 포함할 수 있는 이론에 기반한 더 복잡한 분석이 필요하게 된다. 신고전파 경제학은 기대효용 극대화나 베이지안 확률 추정의 가정을 통해 불확실성을 포함하는 이론으로 발전하였다. 여기서는 1950년대에 폰 노이만(J. von Neumann)과 모르겐스타인(O. Morgenstein)이 일련의 가정하에 정립한 기대효용 이론에 대해서 설명한다.

기대효용 이론은 선택의 결과에 확률적 위험이 존재하는 경우에 안정적이고 일관된 선호를 가진 행위자가 선택의 결과로 얻는 효용의 기대치, 즉 기대효용을 극대화한다는 것이다. 단, 행위의 결과와 확률을 행위자가 알고 있다고 가정한다. 예컨대, 어떤 도박에서 행위자는 각각 p의 확률과 $(1-p)$의 확률로 x 또는 y의 결과를 얻는다면 기대효용 $E(u)=p\cdot u(x)+(1-p)\cdot u(y)$이며 행위자는 이 기대효용을 극대화하려 한다는 것이다. 만일 도박을 할 때의 기대효용이 하지 않을 때의 효용보다 크면 위험 회피적, 같으면 위험 중립적, 작으면 위험 애호적이라고 한다. 일관된 선호 체계의 존재, 결과에 대한 기대의 합리성, 기대에 기초한 선호함수의 합리성 등과 같은 기대효용 이론의 조건 중 일부는 현실에서 나타나는 것과 어긋나지만 그럼에도 불구하고 합리적 선택의 '공리'(axiom)로 해석될 수 있는 것으로 받아들여졌다.

기대효용 이론에서 다루는 불확실성, 정확하게 말해서 확률적 위험은 행위자의 결정과 무관하게 상황적으로 주어진 것이라는 의미에서 '외생적' 요인이라 할 수 있다. 그러나 많은 경제 문제는 상황에 '내생적'인 다른 종류의 불확실성에 노출되어 있다. 이것은 둘 이상의 개인이 전략적으로 상호작용하는 가운데 발생하는 불확실성이다. 상호작용의 행위는 내쉬(J. F. Nash)의 선구적인 과점시장 이론으로부터 시작된 현재의 게임이론에서 다루는 주제이며, 행동경제학과 실험경제학에서 다루는 문제이다. 둘 이상의 행위자가 상호작용하는 상황에서 의사 결정을 하는 경우에 신고전파 경제학의 합리성이 존재하는지는 분명하지 않다. 이러한 전략적 상호작용의 문제는 다음 장에서 살펴보기로 한다.

제2장

제한적 합리성과 행동경제학

1. 심리학적 도전과 제한적 합리성

1) 행동경제학의 탄생

누구나 한번쯤은 물건값이 계산하기 쉬운 10,000원이 아니고 9,900원인지에 대해 궁금하게 생각하였을 것이다. 물론 그것은 9,900원으로 하였을 때 더 많이 팔 수 있다는 생각에 따른 마케팅 전략이다. 신고전파 경제학은 인간이 합리적이며 개인의 이익을 극대화하는 방식으로 행동한다고 가정하지만, 10,000원일 때는 비싸다고 사지 않았던 물건을 100원의 차이 때문에 샀다면 그 사람이 과연 합리적으로 판단하고 행동하였다고 할 수 있을까? 도박을 즐기는 사람 누구도 자신의 전 재산을 탕진할 것이라고는 생각하지 않았겠지만, 도박으로 패가망신하는 경우를 종종 보게 된다. 몇 차례 돈을 날린 후에는 도박에서 이길 확률이 매우 낮다는 것을 알고 그만두는 것이 합리적일 것이다. 그러나 결국은 전 재산을 다 날리는 것은 지는 횟수가 거듭될수록 다음에는 확률적으로 기필코 이긴다는 잘못된 계산을 하기 때문이 아닌가?

발병률이 매우 낮은 치명적인 질병에 대해 비교적 신뢰할 수 있는 검사에서 양성 판정을 받았다면 아마도 많은 사람들은 절망감에 빠질 것이다. 그러나 양성으로 판정된 경우에 실제로 감염되었을 수도 있지만 검사 오류일 가능성도 있다. 발병률이 매우 낮은 병이라면 후자일 가능성이 더 클 것이다. 그러나 양성 반응이 나왔다는 사실만으로 절망하는 것은 발병률이 매우 낮다는 점을 무시하기 때문이다. 사람들은 왜 명품을 찾을까? 명품을 찾는 소비자 중에는 가격이 비싸더라도 오래 사용할 수 있고 사후 서비스가 확실하며 재판매도 가능하다는 것을 이유로 드는 사람도 있다. 이는 명품 자체가 보유한 뛰어난 가치 때문에 명품을 소비한다는 말이다. 하지만 명품에 대한 소비 증가는 타인과의 비교, 질시, 열등감, 동조화 등의 심리가 자리 잡고 있다는 분석이 지배적이다. 이러다보니 명품에 대한 사랑이 도를 넘어 명품에 대한 지나친 숭배와 비정상적인 거래 관행으로 이어지는 경우를 종종 보게 된다.

이상은 인지적 착각이나 계산 능력의 한계 때문에 합리적인 의사 결정이 이뤄지지 못한다는 것을 보여 주는 사례들이지만 거기에는 심리적 요소가 다분히 포함되어 있다고 할 수 있다. 일찍이 애덤 스미스는 『국부론』에서 '누구든지 이익을 얻을 기회는 약간이라도 과대평가하고 손실을 볼 기회는 조금이라도 과소평가한다'고 하여, 합리성에 반하는 심리적 요인의 중요성을 지적하였다. 신고전파 경제학의 기초를 완성한 마셜도 경제학은 일종의 심리과학이라고 하였다. 특히 케인스는 『일반이론』(*The General Theory of Employment, Interest and Money*, 1936)에서 군중 행동, 사회적 지위나 감정, 야심 등의 심리적, 사회적 요소의 역할을 반복적으로 언급하고 야성적 충동(animal spirit)이라는 표현을 사용하기도 하였다. 이외에 하이에크(F. Hayek), 베블렌(T. Veblen), 피셔(A. Fisher) 등의 저서에도 경제 행위에 대한 심리학적 통찰이 포함되어 있다.

경제학에서 불확실성과 시간에 대한 심리적 반응을 포함하는 의사 결정 가설로서 기대효용 이론과 할인효용 이론(discounted utility theory)이 등장하였다. 그리고 마침내 인지심리학자 카너먼(D. Kahneman)과 트버스키(A. Tversky)가 「전망 이론: 위험하의 의사 결정 분석」("Prospect Theory: An Analysis of Decision Under Risk," 1979)이라는 논문에서 위험과 불확실성하에서의 의사 결정에 관한 새로운 이론을 제시하였다. 행동경제학을 탄생시킨 이 기념비적인 논문에서 그들은 신고전파 경제학의 결론과는 다른 다양한 내용의 경제적 의사 결정을 설명하기 위해 인지심리학을 동원하였다. 전망 이론은 준거점 의존성, 민감도 체감성, 손실 회피성, 확률 가중성 등과 같은 몇 가지 새롭고 기본적인 개념을 도입하였다. 2002년에 카너먼은 심리학 연구에서 얻은 통찰을 경제학에 통합시킨 공로를 인정받아 노벨 경제학상을 수상하였다. 행동경제학의 탄생에 크게 기여한 두 번째 연구는 경제학자 탈러(R. Thaler)의 「소비자 선택의 실증적 이론을 향해」("Toward a positive theory of consumer choice," 1980)라는 논문이다. 그는 카너먼과 트버스키의 여러 개념과도 밀접한 관련이 있는 심리적 계산(mental accounting) 개념을 도입하였다. 인지심리학자들은 경제학의 합리성 가정에 대해 비판적이지만, 그럼에도 불구하고 경제학자들과 많은 것을 공유하고 있다. 즉, 그들은 '개인'의 인지 과정에 주목하며, 선택과 의사 결정 이론의 추상적 원리가 경제 행동을 잘 설명한다고 가정한다.

행동경제학은 심리학적 관점을 도입하여 개인의 의사 결정이 신고전파 경제학에서 설명하는 것과 어떻게 다른지를 연구하며 의사 결정에 미치는 심리적, 인지적, 정서적, 문화적, 사회적 요인의 영향을 분석한다. 행동경제학은 경험적 사례를 통해 합리성의 가정에 대한 많은 위배가 나타나고 또한 그것이 체계적임을 반증함으로써, 사람들이 실제로 어떻게 의사 결정을 하는가에 대한 이해를 심화시켰다. 행동경제학의 모형은 일반적으로 심리학, 신경과학 및 미시 경제 이론의 통찰력을 통합한 것이라고 할 수 있다. 행동경제학에서 널리 확산된 세 가지 주제는 휴리스틱(heuristics), 프레이밍(framing)과 시장의 비효율성이다. 뒤에서 설명하겠지만 간단히 말해서, 휴리스틱은 인간이 많은 경우에 심리적 지름길이나 경험 법칙을 사용하여 결정을 내린다는 것이고, 프레이밍은 개인이 사건을 이해하고 반응하기 위해 의존하는 심리적 여과장치가 어떤 에피소드나 고정 관념에 의해 만들어진다는 것이며, 시장의 비효율성은 시장에서 잘못된 가격 결정 및 비합리적인 의사 결정이 이뤄지기도 한다는 것이다.

2) 제한적 합리성

행동경제학의 다양한 이론은 신고전파 경제학의 표준 모형에서 기본적인 혹은 가장 핵심이라고 할 수 있는 합리성의 가정에 도전하였다. 신고전파 경제학의 표준 모형은 인간을 완벽하게 합리적인 행위자로 가정한다. 사람들은 안정적이고 일관성 있는 선호 체계를 갖고 있으며, 모든 관련 정보를 기반으로 하여 독립적으로 행동하며, 항상 이익을 극대화하는 선택을 한다. 이로부터 수요 및 공급 법칙과 같은 규칙성이 도출되며, 수요와 공급 곡선이 일치하는 점에서 교환이 이뤄지고 구매자와 판매자 모두 각자의 이익을 극대화한다. 경제학은 이 같은 모형을 사용하여 사람들이 어떻게 행동하는지를 설명하고 예측한다. 그러나 행위자의 선호 체계를 일관되게 특정할 수 없다거나 행위자가 선택에 관한 부분적인 정보만 갖고 있거나 이익 극대화의 선택을 한다고 확신할 수 없다면 그 논리는 무너진다.

프리드먼은 합리성의 가정이 비현실적이라는 비판에 대해, 그 가정에 입각한 이론의 적합성은 이론이 목적에 적합한 예측을 하는지의 여부로써 답할 수 있다고 하였다. 그는 마치 당구 선수가 수학 공식을 잘 알고 적용한다고 가정하면 그에게 최적의 타구가 무엇인지를 예측할 수 있는 것과 같다고 하였다. 이론의 목적은 시장에서 개인 및 기업에게 최적의 결과가 무엇인지를 정확히 예측하는 것이고 적합성은 예측력으로 판단되는 것이기 때문에, 가정의 비현실성은 문제가 되지 않는다는 것이다. 또한 합리성 가정은 의심하거나 설명할 필요가 없으며 당연히 그래야 하는 규범적 가정과 같다고 하였다. 왜

냐하면 합리적이지 않으면 시장에서 도태되므로 그렇게 행동하지 않을 이유가 없기 때문이다. 따라서 행위자가 실제로 합리적인지의 여부를 따질 필요가 없고 합리적으로 행동하는 것으로 간주하고 모형을 만들어도 문제될 것이 없으며, 경제 행위를 적절히 예측할 수만 있으면 이론이 입증된 것으로 본다는 것이다.

그러나 중요한 것은 개인의 어떤 결정에 대한 실제의 정확한 인과관계이다. 결과가 최적이라고 하더라도 인과관계를 판단하기 위해서는 개인이 '실제로' 의사 결정을 어떻게 하는지를 설명할 수 있는 기본 모형이 있어야 한다. 그렇지 않으면 그럴듯한 상관관계를 인과관계로 혼동할 수 있으며, 실제로는 그렇지 않음에도 신고전파 경제학의 어떤 가정 때문에 행동의 결과가 최적이라고 생각할 수도 있다. 실력 있는 당구 선수가 되는 것은, 적합한 수학 공식을 배우고 그것을 적용한다고 가정해서가 아니라 실제로는 당구장에서 훈련과 학습을 통해 필요한 기술을 배우고 발전시킴으로써 가능하다(Altman 2008).

경제학의 순수한 합리적 의사 결정 모형으로는 대부분의 개인이 다양한 상황에서 반응하는 방식을 설명하지 못한다. 인간은 여러 선택 대안들에 대한 충분한 정보를 갖고 있지 못하고, 선호 체계는 수시로 바뀌며, 미래에 대한 상당한 불확실성하에서 의사 결정을 하며, 몸에 좋지 않음을 알면서도 금연, 금주를 하지 못하는 것처럼, 합리성을 따를 만큼 초월적 인내심이 없다. 이런 의미에서 보면, 개인은 최선의 반응 경로에서 벗어나 있으며 그만큼 비합리적으로 행동한다고 볼 수 있다. 따라서 개인의 선택을 이해하고 설명하기 위해 필요한 것은, 최선의 대응 전략 경로를 따라 행동한다는 것을 설명하는 모형이 아니라, 많은 경우에 더 개선될 여지가 있는 대응 전략 경로를 따라 행동한다는 것을 설명할 수 있는 모형이다.

카너먼과 트버스키는 경제학의 표준 모형이 가정하는 합리성의 기준으로 보면 인간은 자주 비합리적으로 행동한다고 주장한다. 그러나 실증적 연구에서 나타나는 인간 행동의 체계적인 오류와 바이어스가 반드시 비합리성을 의미하지는 않는다고 한다. 그들은 인간이 제한적 합리성(bounded rationality)을 발휘한다고 본다. 1978년에 노벨 경제학상을 수상한 사이먼(H. A. Simon)은 「합리적 선택의 행동 모형」("A Behavioral Model of Rational Choice," 1955)이라는 논문에서 정보 수집 및 처리 측면에서 의사 결정자가 갖고 있는 인지 능력의 한계를 지적하면서 신고전파 경제학의 완벽한 합리성의 가정을 비판하였다. 그는 경제인을 제한적 지식과 능력을 가진 유기체로 대체하였다. 이는 행동의 결과를 정확하게 특정할 수 있다고 보는 신고전파 경제학의 관점과는 달리, 어떤 결과도 예측할 수 없다고 보는 관점이다. 사이먼은 경제학의 합리성 개념에 대해 다음과 같이 말하였다.

> 전통적 경제 이론은 경제적이고 합리적인 경제인을 가정한다. 이 사람이 환경의 관련 측면에 대해 비록 아주 완전하지는 않지만 적어도 인상적일 정도로 분명하고 방대한 지식을 가지고 있다고 가정한다. 또한 잘 조직되고 안정된 선호 체계를 갖고 있으며, 이용할 수 있는 대안적인 행동 중에서 무엇이 선호의 척도상 가장 높은 것에 도달하도록 할 것인지를 계산할 수 있는 계산 능력을 갖고 있다고 가정한다. 최근의 경제학, 특히 기업 이론의 발전은 이러한 도식화된 경제인 모형이 이론을 만들기 위한 적합한 토대를 제공하는지에 대해 큰 의심을 불러일으켰다. … 과제는 경제인의 포괄적(global) 합리성을 정보에 대한 접근 및 인간을 포함한 유기체가 처한 환경 속에서 실제로 소유하는 계산 능력과 양립할 수 있는 종류의 합리적 행동으로 대체하는 것이다. … 이러한 근사적 합리성을 정의하는 더 큰 목적은, 개인의 행동 혹은 조직의 맥락에서 결정을 내리는 집단의 행동 이론을 구성하기 위한 재료를 제공하는 것이다. … 유기체의 현실 세계를 단순화하는 것은 모형과 현실 사이에 불일치를 야기한다(Simon 1955: 99, 114).

즉, 신고전파 경제학은 사람들이 완전하고 일관적인 효용함수를 갖고 대안들에 대해 완벽히 알고 대안들의 효용을 완전하게 계산하고 효용이 가장 큰 것을 선택한다고 가정하지만, 사이먼은 그러한 포괄적(완벽한) 합리성의 가정에 기초한 모형과 현실 사이에는 불일치가 있다고 하였다. 그래서 그는 포괄적 합리성을 정보에 대한 접근과 인간을 포함한 유기체가 실제로 소유하는 계산 능력과 양립할 수 있는 근사적(제한적) 합리성으로 대체하였다. 완벽한 합리성의 가정은 현실을 구조적으로 매우 단순화시키고 인간이 갖고 있는 많은 한계들에 대해 설명하지 않지만, 제한적 합리성의 가정은 결정해야 할 문제의 어려움에 비해 인간이 사용할 수 있는 정보의 한계, 처리 능력의 한계, 시간적 한계로 인해 실제로는 완벽한 의사 결정을 하는 것이 불가능하다는 것을 설명해 준다. 완벽하게 합리적인 결정이 실제로 실현 가능하지 않다는 사실에 기초한 제한적 합리성의 가정은, 완벽한 합리성의 가정을 대체함으로써 신고전파 경제학의 기본틀에 대해 도전하며 새로운 연구 경향의 토대가 되었다.

사이먼은 '인간의 행동이 환경의 구조와 행위자의 계산 능력이라는 두 날의 가위에 의해 형성된다'고 비유하였다. 한 쪽 날만 보고 가위의 기능을 이해할 수 없듯이, 맥락적 제약(환경)과 인지적 한계(계산 능력) 어느 하나만 알아서는 인간의 행동을 이해할 수 없다. 사이먼의 비유에서 인지의 가위 날은 행위자의 추론이 심리적으로 그럴듯해야 함을 의미한다. 즉, 인지 과정은 인간에게 주어진 계산 능력으로 실행할 수 있어야 하므로 현실적이어야 한다. 사이먼은 인간의 행동을 이론화할 때 판단과 결정 과정에서의 인지적 한계를 고려해야 함을 반복해서 주장한다. 인간의 그러한 한계를 가정하는 의사 결정 이론이어야 현상을 잘 설명할 수 있다는 것이다. 인간은 정보의 한계, 분석

처리 능력의 한계, 시간적 한계로 인해 최적화의 의사 결정에서 벗어나, 대부분의 경우에 '그럴듯한' 의사 결정을 할 수밖에 없다(Rieskamp, Hertwig, and Todd 2006). 즉, 인간은 완벽한 합리성하에서 최적화의 결정을 하는 것이 아니라, 제한적 합리성을 발휘하여 '만족화'(satisficing)의 결정을 한다.

만족화는 합리적 의사 결정에 의한 예측 가능한 결과로서의 최적화와 달리, 다양한 상황에서 이뤄지는 일련의 탐색과 결정 과정을 포함하는 그럴 듯하고 유용한 의사 결정 과정이다. 만족화는 최적화와 달리 그 결과가 예측 가능하지 않다. 예컨대, 아이스크림 가게에서 맛이 다른 아이스크림을 두세 종류에서 여러 종류로 증가시키면, 소비자가 최적화의 행동을 한다는 것에 대한 신고전파 경제학의 예측은 바뀌지 않지만, 제한적 합리성을 가정하는 행동경제학은 그런 변화가 만족화의 선택에 영향을 미칠 수 있다고 본다. 인간의 행동이 만족화에 있다고 보는 사이먼은 의사 결정이 정보의 한계, 분석 처리 능력의 한계, 시간적 한계로 인해 최적화에서 벗어나지만, 물론 그런 한계가 없다면 만족화 문제가 최적화 문제로 환원될 수 있다고 본다. 이 점에서 신고전파 경제학에서 말하는 최적화의 의사 결정은 만족화의 특별한 경우라고 할 수 있다.

요컨대, 완벽한 합리성을 가정하는 신고전파 경제학은 인간의 한계를 인정하지 않는 완벽한 합리성의 가정에 의해 구조적으로 단순한 모형으로 인간의 행위를 설명하지만, 행동경제학은 인간의 정보 및 처리 능력의 한계에 따른 제한적 합리성을 가정함으로써 의사 결정의 문제를 최적화가 아니라 만족화와 같은 다른 유형의 문제로 전환시켰다. 완벽한 합리성하에서의 의사 결정은 이용 가능한 정보가 주어지면 최적의 선택을 수학 공식에 따라 문제를 풀듯이 찾아가는 과정인 반면, 제한적 합리성하에서의 의사 결정은 최적이라기보다 차선의 선택을 찾아가는 과정이다. 따라서 행동경제학 이론은 행위자가 의사 결정의 효율성과 신속성을 높이기 위해 사용하는 다양한 지름길이 무엇인가를 설명하는 것에 집중한다.

2. 행동경제학 이론과 전략적 상호작용

1) 전망 이론

카너먼과 트버스키의 1979년 논문의 제목이기도 한 전망 이론(prospect theory)은 심리학적 선택 이론이라고 할 수 있다. 논문의 부제는 '위험하의 의사 결정 분석'이다. 위험하의 선택 이론으로 제1장에서 언급한 기대효용 이론에 대해서는 위험을 대하는 행위자의 태도를 신중하게 고려하지 않았다는 비판이 있다. 위험을 대하는 행위자의 태도는 논리적으로 일관적이지 않으며 맥락에 따라 좌우되기 때문이다. 전망 이론은 기대효용 이론을 대체하는 이론으로 등장하였으며 심리학적 연구를 토대로 하여 행동경제학의 발전에 중요한 역할을 하였다. 전망 이론은 위험과 불확실성이 존재하는 여러 대안들을 두고 사람들이 어떻게 결정하는지를 설명한다. 그것은 신고전파 경제학처럼 최적화의 결정을 예측하는 것이 아니라, 실제의 의사 결정을 설명하려는 것이다. 이 이론은 사람이 변화에 반응한다는 사실로부터 출발하며, 여러 가지 실험에 의한 증거에 기반하여 개인이 어떻게 잠재적 이득과 손해를 평가하는지를 설명한다.

전망 이론은 선택 대안이 제시되는 방식에 따라 동일한 선택 문제에서 개인의 선호가 어떻게 비일관적인지를 경험적으로 보여 준다. 예컨대, 우리는 똑같은 20도의 온도에 대해서도 여름철에는 시원하다고 하고 겨울에는 따뜻하다고 한다. 실질임금이 유지되어야 한다는 이유로 물가 상승 시에는 임금 인상을 요구하지만 물가 하락 시의 임금 인하에는 반대한다. 또한 평소 위험한 일에 도전하길 별로 좋아하지 않는 사람이 복권의 당첨 확률이 낮다는 것을 알면서도 복권을 산다. 이런 예들은 매우 일상적인 일이고 행동이지만, 거기에는 심리적 요인이 작용하고 있기 때문에 수학적·기계적인 신고전파 경제학 이론으로 설명하기는 쉽지 않다. 전망 이론은 신고전파 경제학의 기대효용 이론과는 달리, 행위자가 완벽한 합리성을 갖고 있음을 가정하지 않는다. 그러나 이 이론은 기대효용 이론이 설명하는 모든 것을 설명할 수 있으며 기존의 의사 결정 이론으로는 설명이 곤란한 현상도 설명할 수 있다. 이 이론은 신고전파 경제학의 완벽한 이기심의 가정을 완화하며, 또한 공정, 불평등, 혐오 및 상호 이타심 등을 설명하고 이타심의 연장으로서의 사회적 선택에 대해서도 설명한다.

카너먼과 트버스키는 의사 결정 과정에서 인간은 자동적, 무의식적으로 편집(edit)과 평가(evaluate)라는 두 단계를 거친다고 본다. 먼저, 편집 단계에서는 다양한 휴리스틱을 사용하여 상황을 단순화한다. 편집 단계의 기능은 다음의 평가 및 선택을 단순화하기 위해 선택지를 조직하고 재구성하는 것이다. 편집은 여러 가능한 전망의 결과 및 확률을 변환하는 작업, 즉 코딩, 결합, 삭제 등을 하는 과정이다. 다음으로, 평가(결합) 단계에서는 편집된 전망을 평가하고 가장 가치가 높은 전망을 선택한다. 전망에 대한 최종 가치(이하에서 V로 표시)는 가치함수와 가중확률함수에 의해 평가된다. 가치함수는 손익에 대한 주관적 가치(효용)를 나타내며 [그림 2-1]과 같은 S자 모양의 곡선으로 표현

그림 2-1 가치함수

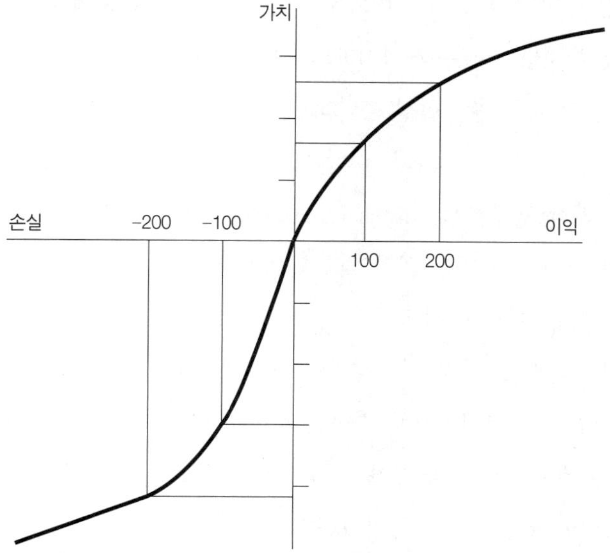

된다. 가중확률함수는 확률(위험 또는 불확실성)에 대한 행위자의 태도에 의해 변형된 확률을 나타낸다. 양자의 곱으로 계산되는 최종 가치를 비교하는 평가 단계는 다음과 같은 다양한 심리적 원칙들을 내포하고 있다.

첫째, 준거점 의존성(reference dependence)이다. 가치함수는 이익과 손실에 대해 의사 결정자가 느끼는 주관적 가치를 나타낸다. 이익과 손실은 준거점에 따라 상대적이기 때문에 의사 결정자의 주관적 가치는 준거점에 의존한다고 할 수 있다. 예컨대, A는 금융자산이 3,000만 원에서 2,900만 원으로 줄었고 B는 1,000만 원에서 1,100만 원으로 증가하였다면 누가 더 행복할까? 자산의 크기가 효용의 척도라고 보는 경제학 이론으로 보면 더 많은 자산을 가진 A

가 당연히 행복해야 하겠지만 답은 B이다. 이는 각자의 준거점이 다르기 때문이다. 건강이 나빠진 후에야 비로소 건강의 소중함을 알게 되는 것도 준거점이 달라졌기 때문이다. 준거점이 어디냐에 따라 평가가 달라진다면 소비자의 무차별곡선이 교차하는 현상이 나타날 수밖에 없고 따라서 신고전파 경제학의 소비자 선택 이론은 성립할 수 없게 된다.

둘째, 민감도 체감성(diminishing sensitivity)이다. 기준점 대비 손익의 절댓값의 크기가 증가함에 따라 의사 결정자의 효용 또는 만족도의 한계적 크기는 감소한다. 기온이 3도에서 6도로 오를 때가 13도에서 16도로 오를 때보다 더 따뜻하게 느껴진다. 민감도 체감성이 작용하기 때문이다. 즉, 가치(효용)는 이익과 손실에 따라 비례적으로 변하는 것이 아니라 [그림 2-1]과 같이 이익에서는 위, 손실에서는 아래를 향해 볼록한 S자 모양을 보여 준다. 예컨대, 0.25의 확률로 600만 원을 받는 경우와 0.25의 확률로 400만 원 또는 같은 확률로 200만 원을 받는 경우에, 양자의 최종 가치가 동일할 것 같지만 그렇지 않고 민감도 체감성으로 인해 전자보다 후자의 가치가 더 크다. 즉, $V(600) < V(400) + V(200)$이다. 반대로, 같은 확률로 600만 원 손실의 경우와 400만 원 또는 200만 원 손실의 경우를 비교하면 전자가 후자보다 가치가 더 크다. 즉 $V(-600) > V(-400) + V(-200)$이다. 민감도 체감성으로 인해 사람들은 이익에 대해서는 위험 회피적이고 손실에 대해서는 위험 추구적인 태도를 보인다.

셋째, 손실 회피성(loss aversion)이다. 사람들은 동일한 금액의 손실을 이익보다 더 크게 평가한다. 예컨대, 만 원의 이익과 만 원의 손실이 절대액에서는 같은 크기이지만 사람들은 손실을 이익보다 더 크게 느낀다. 따라서 가치 있는 무엇인가를 포기함으로써 기존의 현상 또는 보유 상태에서 벗어나는 것은, 명백히 우월한 가치를 지닌 무엇이 제공되지 않는 한 거부된다. 이런 손실 회피성으로 인해 S형 커브는 [그림 2-1]에서처럼 아래쪽으로 더 늘어난 모양을 갖게 된다. 손실 회피성이 행동에 미치는 영향은 보유 효과 및 현상 유지 바이어스이며, 이는 준거점 의존성과도 관련 있다. 쓰지 않는 물건인데도 쉽게 처분하지 못하는 것은 중고품으로 팔아서 얻는 이익보다 물건이 사라지는 손실을 크게 평가하는 보유 효과 바이어스 때문이며, 우리의 행동에서 자주 나타나는 관성과 경로 의존성은 현상 유지 바이어스 때문이다. 손실 회피성과 준거점 의존성은 소득 재분배의 공정성 문제에 접근할 때 중요한 의미를 갖는다. 재분배의 공정성은 준거점으로부터의 이동과 그로 인한 손실 또는 이익에 대한 평가에 달려 있기 때문이다.

넷째, 확률 가중성(비선형성)이다. 사람들은 실제의 확률을 그대로 받아들이는 것이 아니라 낮은 확률을 과대평가하고 높은 확률을 과소평가한다. 객관적 확률을 그대로 받아들이면 모든 확률에 대해 가중치가 동일하므로 가중확률과 확률은 다르지 않다([그림 2-2]의 점선). 그러나 높은 확률보다 낮은 확률에 대한 가중치가 크다면 주관적인 가중 확률은 [그림 2-2]와 같은 역 S자 모양을 갖게 된다. 따라서 어떤 일의 발생 확률이 p, 발생하지 않을 확률이 $1-p$이고 가중 확률이 각각 $w(p)$와 $w(1-p)$라고 하면, $w(p)+w(1-p)<1$이 된다. 민감도 체감성을 설명하면서 사람들이 이익에 대해 위험 회피적이고 손실에 대해 위험 추구적이라고 하였지만, 가치함수와 확률가중함수를 조합하면 확률이 낮은 이익과 손실은 가중 확률에 의해 과대평가되므로 이익에 대해서는 위험 추구적, 손실에 대해서는 위험 회피적으로 된다. 예컨대, 복권의 당첨 확률과 광우병에 걸릴 확률은 둘다 낮지만, 사람들이 복권을 쉽게 사고(위험 추구적) 수입 쇠고기를 기피하는(위험 회피적) 태도를 보이는 것은 확률 가중성 때문이다.

이상의 전망 이론은 위험 또는 불확실성하에서의 선택에는 여러 가지 패

그림 2-2 가중확률함수

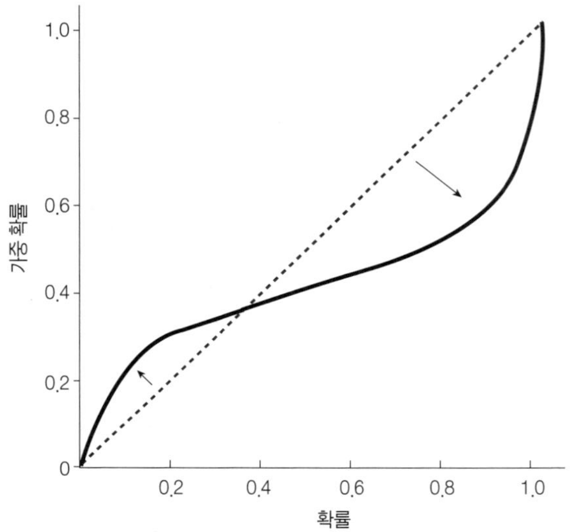

러독스가 있음을 말해 준다. 사람들은 초깃값에 따라 효용에 대한 판단이 달라지며, 가치의 크기에 대해 다르게 반응하며, 손실과 이익에 대한 태도에서 비대칭적이며, 확률에 대해서도 주관적으로 평가한다. 따라서 소비자 선택 이론에 확률을 추가한 것에 불과한 신고전파 경제학의 기대효용 이론으로는 이런 현실을 설명하기 어렵다.

2) 시간 간 선택 이론

신고전파의 합리적 선택 이론은 사람들이 시차가 존재하는 소비 대안들의 경우에 각 대안들을 '현재가치화'한 결과로부터 의사 결정을 한다고 본다(할인효용이론). 예컨대, 사람들은 저축을 할지 말지를 결정할 때, 저축을 통해 얻게 될 미래 소비를 할인하여 현재가치화하고 그것을 현재 소비와 비교한다는 것이다. 이때 현재가치화를 위해 지수형 할인율을 사용하기 때문에, 대안들에 대한 평가는 시간이 바뀌어도 변하지 않는 일관성을 갖게 된다. 이 이론이 맞다면 행위자는 최적의 의사 결정에 대해 시간이 바뀌어도 후회가 없어야 하지만 현실은 그렇지 못하다. 예컨대, 사람들은 즐거운 여행 계획을 세웠다가 막상 그날이 가까이 오면 가기를 귀찮아하는 것처럼, 미래에 대한 원대한 계획을 세우지만 막상 그 시점이 가까워지면 잘못된 선택을 하였다고 후회하는 경우가 많다. 이는 계획을 세울 때의 선택과 임박해서 갖는 선택이 서로 다르다는 것을 의미한다. 이처럼 시차가 존재하는 행위에 대해 사람들은 종종 비합리적인 모습, 즉 시간 간 선택(intertemporal choice)에서 비일관성을 보인다.

다음 두 개의 질문을 생각해 보자. 오늘 500만 원과 내일 505만 원 중 어느 것을 선택할 것인가? 또 365일 후의 500만 원과 366일 후의 505만 원 중 어느 것을 선택할 것인가? 하루 사이에 5만 원의 차이가 있는 선택이므로 일관성 있는 의사 결정자라면 이 두 개의 질문에 대한 답이 500만 원이든 하루 후의 505만 원이든 동일해야 한다. 그런데 실험 결과 두 질문에 대해 다수의 사람들이 오늘의 500만 원과 366일 후의 505만 원을 선택하였다. 이처럼 상이한 시점에서의 미래에 대한 선호가 일치하지 않는 것을 동학적 비일관성이라고 한다. 선호가 시간의 경과와 함께 변하는 시간 간 선택에서의 역전이 나타난 것이다. [그림 2-3]에서처럼 A, B 둘 다 아직 먼 미래의 일인 t 시점까지는 가치가 크게 보이는 B를 선택하지만 가까운 미래의 일인 t 시점 이후에는 가치가 크

그림 2-3 시간 간 선호의 역전

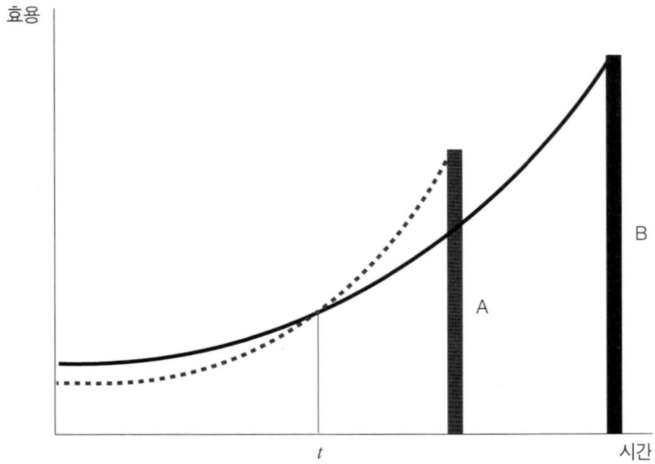

게 보이는 A를 선택한다(점선과 실선의 곡선은 각 시점에서 A, B의 현재 가치). 이러한 역전이 일어나는 것은 선택이 먼 미래의 일이면 시간 연기의 고통이 작고 가까운 미래의 일이면 고통이 크기 때문이다. 이러한 선택의 비일관성은 할인율 자체가 시간에 따라 변한다는 것을 암시한다. 즉, 현재가치화를 위해 적용하는 할인율은 A, B 간의 선택이 먼 미래일 때보다 가까운 미래일 때가 더 크다.

실증적 연구는 일반적으로 시간 간 선택의 비일관성이 존재한다는 것을 강력하게 지지한다. 시간 간 선택의 비일관성을 경제 모형에 도입하는 한 가지 방법은, 현재가치화할 때 시간이 가까울수록 할인율이 작아지는 쌍곡선형 할인이나 준쌍곡형 할인을 사용하는 것이다.[1] 지수형 할인을 사용할 경우에는 가까운 미래이든 먼 미래이든 시간 간 선택의 일관성은 유지되지만 현실적으로 나타나는 시간 간 선택에서의 비일관성을 설명할 수 없다. 반면 쌍곡선형 할인을 사용하는 모형은 인간의 의사 결정과 관련하여 보다 현실적인 결과를 얻을 수 있다. 쌍곡선형 할인에서 나타나는 현재 지향적 바이어스는, 먼 미래의 일에 대해서는 이익의 크기를 중요시하고 가까운 미래의 일에 대해서는 시간 연기를 중요시하는 휴리스틱으로 작용한다.

한편, 사람들이 장래의 일에 대해 할인하는 행위에는 매우 다양한 요인이 작용한다. 따라서 그것을 할인율이라는 단일 요소로 다룰 수 있다고 생각하는 것은 곤란하다. 시간 간 선택은 할인율 함수보다 심리적 과정을 파악해야 하는 문제이며 따라서 복잡하고 어려운 문제이다. 예컨대, 할인율이 1이라면 1년 후 2만 원이 현재의 1만 원과 같은 가치를 갖게 되지만, 여기에는 2만 원의 효용이 1만 원의 두 배임이 암묵적으로 전제되어 있다. 그러나 앞에서 설명한 바처럼 가치함수는 민감도 체감적이므로 금액이 두 배라도 두 배의 가치로 느끼지는 않는다. 즉, 가치함수는 준거점 의존성, 손실 회피성, 민감도 체감성의 성질을 갖고 있기 때문에 할인율만으로 장래 가치를 정확히 현재 가치화할 수는 없다.

또한 기존의 효용 이론에서 가정하는 효용의 가법성이 시간 간 선택에서는 잘 성립하지 않는다. 가법성은 어떤 소비 묶음이 주는 효용은 각 재화의 소비가 주는 효용의 합과 같다는 것이다. 그렇다면 시간에 따른 할인 외에는 그 소비가 언제 이뤄지든지 효용이 동일해야 하지만, 실험의 결과는 그렇지 않았다. 실험은 무료로 '1개월 후 식사와 2개월 후 라면' 또는 '1개월 후 라면과

1 지수형 할인에서는 현재 가치=장래 가치/$(1+k)^d$이며, 쌍곡선형 할인에서는 현재 가치=장래 가치/$(1+kd)$이다(k는 할인율, d는 시간). 준쌍곡형은 지수형에 쌍곡선형을 결합한 것이다.

2개월 후 식사' 중 하나를 선택하는 것이었다. 라면보다 식사를 선호하고 1개월 후의 식사를 2개월 후의 식사보다 선호하는 것이 상식이다. 그런데 다수의 사람들이 선택한 것은 '1개월 후 라면과 2개월 후 식사'였다. 일종의 마이너스 할인이 이뤄진 셈이다. 또 다른 실험은 임금 총액으로는 같은데 초봉이 높지만 점차 하락하는 경우와 초봉이 낮지만 점점 상승하는 경우 중에서 선택하는 것이었다. 이 실험에서 다수의 사람들은 합리적 예상과 다르게 후자를 선택하였다. 이러한 결과는 사람들이 시간 간 선택에서 점점 좋아지는 것을 선호한다는 것을 보여 준다.

카너먼은 효용에는 경험에서 얻어진 '경험 효용', 기억에 따라 사건을 평가하는 '기억 효용', 그리고 의사 결정에 필요하여 예측하는 '결정 효용'이 있다고 하였다. 서로 통합될 수 없는 다양한 효용이 있다는 것은 합리성의 가정에 입각한 경제학 이론에 대한 심각한 도전인 셈이다. 경험 효용과 기억 효용, 결정 효용이 서로 다르다면, 행위자가 효용을 극대화하는 결정을 한다는 것은 상당히 어렵고 따라서 행위자는 어떤 선택을 해야 장래의 만족이 최대가 되는지 알 수 없고 설령 알았다고 해도 그것을 선택한다고 단정할 수 없다.

3) 이기심과 이타심의 전략적 상호작용

제한적 합리성을 전제로 하는 인간의 행동은 이타심과 이기심이 전략적으로 상호작용하는 게임이론에도 적용될 수 있다. 신고전파 경제학은 각 개인이 이기심에 따라 행동함으로써 자원의 효율적 배분이라는 사회적으로 바람직한 결과를 얻게 된다고 한다. 이기심은 오직 자신의 이익만을 추구하는 행위나 속성이다. 반면, 이타심은 자신의 물질적 이익 감소라는 비용을 무릅

쓰고 타인의 물질적 이익을 증가시키는 행위나 속성이며 협조적 행동을 유발한다. 그렇다면 이타적(혹은 협조적) 행동과 이기적 행동 중 사회에 이로운 것은 무엇인가? 과연 개인의 이기적 합리성은 사회적으로 바람직한 결과를 가져오는가? 이러한 질문과 연관되어 있는 아주 고전적인 예가 '죄수의 딜레마'이다. 이 사례는 이기적 행동이 최악의 결과를 낳고 서로에 대한 신뢰가 강할 경우에 최상의 결과를 얻을 수 있음을 말해 준다. 우리는 몇 가지 게임이론의 예를 통해, 사람들이 타인과의 상호작용에서 전략적으로 이기심과 이타심을 발휘하면서 의사 결정을 한다는 것을 확인할 수 있다.

지네 게임은 두 명의 행위자 A, B에게 차례로 C(게임 유지)와 S(게임 중단)의 선택권이 주어지고 게임이 지속될 때마다 두 사람의 보수의 합이 2배가 되는 게임이다. A가 게임 시작과 함께 S를 선택하면 A, B의 보수는 (4, 1)이며 만일 C를 선택하면 B에게 선택권이 넘어간다. 만일 B가 S를 선택하면 보수는 (2, 8)이며 C를 선택하면 A에게 선택권이 넘어간다. 선택권을 받은 A가 S를 선택하면 보수는 (16, 4)이며 C를 선택하면 B에게 선택권이 가며, B가 S를 선택하면 (8, 32)가 되고 C를 선택하면 A가 선택권을 갖는다. A와 B가 번갈아 가며 선택권을 가지며 게임을 계속 이어가면 두 사람의 보수의 합은 5, 10, 20, 40, 80, …으로 증가한다. 이 게임이 언제 종료되는지를 알기 위해서는 역추론하면 된다. 자기에게 선택권이 주어졌을 때 게임을 계속하기보다 중단하는 것이 이익이므로, 이기적 인간이라면 상대방에게 선택권을 주지 않고 게임을 중단할 것이다. 그것을 예상한 상대방 역시 이기적이므로 자기에게 선택권이 있는 전 단계에서 게임을 중단할 것이다. 이렇게 역추론을 하면 결국 게임은 시작과 함께 중단될 수밖에 없다는 결론에 이른다. 그러나 이 게임을 반복하였지만 그렇게 되는 경우가 매우 드물다는 것이 확인되었다.

신뢰 게임은 다음과 같이 진행되는 게임이다. A는 일정한 금액을 갖고 있으며, 그것의 전부 또는 일부를 B에게 나눠주면 게임 진행자는 그 금액의 3배를 B에게 주며, B는 그것을 다 가질 수도 있고 보답으로 그중 일부를 A에게 줄 수도 있는 게임이다. 서로 잘 알고 신뢰하는 사이라면 나눌 수 있는 최대 금액을 확보하기 위해 A는 B에게 전액을 줄 수도 있을 것이다. 그런데 서로 생면부지의 관계라면 어떻게 될까? 게임의 결과, 그런 상황에서도 A는 B에게 금액의 일부를 나누고 B는 A로부터 받은 금액보다 많은 금액을 A에게 돌려주었다. 이 게임은 신뢰가 신뢰를 낳는다는 것을 보여 준다. A에게 처벌권이 있는 경우와 없는 경우로 구분하여 게임을 진행한 결과, A에게 처벌권이 있으나 그것을 행사하지 않았을 때는 신뢰관계가 잘 유지되지만 처벌권을 행사하면 신뢰관계가 깨어졌다. 실제로 이스라엘의 한 유치원에서 비슷한 일이 있었다. 유치원은 오후 6시까지 아이들을 돌보는데 많은 부모들이 6시 이후에 아이들을 데리러 오기 때문에 그것을 막기 위해 벌금을 부과하였다. 그런데 예상과 달리 지각하는 부모들이 오히려 더 늘었다. 부모들은 벌금을 지각에 대한 면죄부로 여겼기 때문이다. 이후 예상치 못한 결과를 가져온 벌금 제도를 폐지하였지만 지각하는 부모가 줄지 않았는데 이는 상호 신뢰의 내적 규범이 깨졌기 때문이다. 이 사례는 처벌이 협력적 태도를 유발하고 윤리적으로 합당하더라도 신뢰관계를 깰 수 있다는 것을 의미한다.

공공재 게임은 각 사람의 기부 금액의 합을 두 배한 금액을 균등하게 나누어 돌려주는 게임이다. 자신은 한 푼도 기부하지 않더라도 타인의 기부 총액을 두 배한 금액에서 균등하게 나눠 받을 수 있기 때문에 무임승차할 유인이 존재한다. 그래서 모두가 이기적으로 행동한다면 기부가 없어 나눠 받을 것도 없기 때문에 각자의 몫은 처음 상태와 다르지 않게 된다. 이 게임을 반복

실시한 결과는 초기에 상당액을 기부하는 협력적 행동이 나타나지만 차츰 협력의 정도가 감소한다는 것이었다. 이 게임은 여러 가지를 시사한다. 우선 게임 초기에 상당액을 기부하는 것에서 보듯이, 사람들이 항상 이기적으로 행동하는 것은 아니라는 점이다. 그러나 무임승차가 존재하는 상황에서 이 게임이 반복 실행될수록 협력은 점차 감소한다. 이는 게임 참가자 상당수가 타인이 협력적이면 자신도 협력한다는 조건부 협력자임을 말해 준다. 조건부 협력은 강한 상호성을 의미한다. 즉, '선에는 선, 악에는 악'으로 대한다는 것이며, 이런 행동은 상대방의 의도에 대해서도 나타난다. 또한 '남에게 인정을 베풀면 반드시 나에게 보답이 돌아온다'는 말은 상호성이 제3자와의 관계에서도 존재한다는 것(간접적 상호성)을 의미한다.

최후통첩 게임은 게임 진행자가 1회의 접촉만 허용된 익명의 A, B 두 명 중 A에게 현금을 주고 그중 일부를 B에게 주겠다고 제안하도록 하되, B가 그것을 수용하면 B에게 지급하고 남은 금액을 A가 갖지만, B가 수용하지 않으면 실험 진행자가 현금 전액을 회수하는 게임이다. 이 게임에서 제안자인 A의 행동 동기는 '공정성'에 대한 선호일 수도 있고 B가 거부하지 않을 최저 금액을 제시한다는 관점에서 보면 이기적 합리성이라고 할 수도 있다. 응답자인 B는 금액이 생각보다 작다면 A의 제안을 거부할 것이다. B의 행동 동기는 '불공정함'에 대한 이타적 처벌이라고 할 수도 있고 A가 많은 이익을 얻는 것에 대한 질투 때문이라고 보면 이기적 합리성이라고 할 수도 있다. 최후통첩 게임은 공정한 분배가 문화에 따라 상이하게 나타남을 보여 준다. 또한 타인과의 협력의 정도가 큰 사회일수록 최후통첩 게임에서의 제안액이 커지며, 공정하고 협력적인 분배가 이뤄진다는 것을 보여 준다. 최후통첩 게임의 함의는 인간이 '공정함'을 고려하고 행동하며 이기심만 따라 행동하지는 않는다는 점이다. 예컨대, 여행지에서 팁을 주는 행위는 이기심과 상관없으며 관습이나 위신을 고려한 행위라고 할 수 있다.

이상의 몇 가지 게임이론의 예에서 보듯이, 우리는 많은 경우에 이기심만을 따라 행동하지는 않는다고 할 수 있다. 우리는 타인과의 전략적 상호작용 속에서 이기심과 함께 종종 이타심을 발휘하기도 한다. 이때 신뢰를 바탕으로 한 이타심의 발휘는 많은 경우에 타인의 행위를 어떻게 평가하고 고려하는지에 달려 있다.

3. 휴리스틱과 프레이밍 효과

1) 휴리스틱과 바이어스

행동경제학은 의사 결정의 상황이 단순하지 않고 정보의 한계와 인지적 한계가 존재한다는 점에서 제한적 합리성을 가정한다. 물론 이는 인간이 비합리적으로 행동한다는 것이 아니라, 신고전파 경제학의 완벽한 합리성의 기준에 맞지 않다는 것을 의미할 뿐이다. 완벽한 합리성을 가정하는 신고전파 경제학은 인간이 완벽한 수학자처럼 최적화를 위한 행동을 하는 것으로 이해한다. 그러나 제한적 합리성을 가정하는 행동경제학은 인간이 어떤 경향성을 갖고 행동한다고 보고 그것을 휴리스틱과 프레이밍으로 설명한다.

신고전파 경제학은 인간의 완벽한 합리성을 가정하므로 어떤 상황에서든지 행위의 결과를 예측할 수 있다. 그러나 카너먼과 트버스키의 연구는 사람들이 의사 결정 과정에서 휴리스틱한 접근법을 취하는 경향이 있다고 결론

지었다. 휴리스틱은 많은 정보가 관련되어 있고 불확실성이 많으며 현실적인 시간 제약이 있을 때, 사람들이 엄격한 최적화의 원리가 아니라 직감이나 무의식적인 단순한 경험 법칙에 따라 의사 결정을 한다는 것을 의미한다. 즉, 휴리스틱은 최적이거나 완벽하게 합리적이라고는 할 수 없지만 즉각적이고 단기적인 목표 또는 근사치에 도달하기에는 충분한 실용적 방법으로 문제 해결 또는 자기 발견을 해 나가는 접근법이다.

인간은 휴리스틱한 방법을 사용하여 '만족화'의 해를 찾는 과정의 속도를 높일 수 있다. 휴리스틱은 문제를 해결하거나 판단하기 위한 마땅한 실마리가 없는 경우에 사용하는 편의적·발견적 방법이다. 예컨대, 물건을 구매할 때 신용카드가 있어도 1만 원 미만의 경우에는 항상 현금으로 지불한다는 규칙을 가진 개인이 있을 수 있다. 이는 우리의 행동 전부 또는 대부분이 어떤 종류의 의식적인 숙고를 거치지 않는다는 점에서 비합리적일 수 있음을 의미한다. 그렇다고 사람들이 의식적인 숙고를 하지 않는다고 주장하는 것은 아니다. 경제학자들은 주어진 목적을 달성하기 위한 합리적인 의사 결정과 행동에 관심을 기울이는 반면, 심리학자들은 의사 결정이 그런 숙고를 거친 선택을 포함하지만 우리의 의식적 통제를 넘어서는 태도와 신념으로 인해 합리성의 논의에서 벗어날 수 있다는 견해를 갖고 있다(Wilkins and Klaes 2012).

휴리스틱에는 대표적으로 몇 가지가 있으며 각각에는 종종 객관적이고 올바른 평가에서 벗어나게 하는 바이어스가 존재한다. 휴리스틱과 그에 동반되는 바이어스에는 다음과 같은 것이 있다. 첫째, 가용성 휴리스틱이다. 사람들은 보통 쉽게 이용할 수 있는 사례를 이용하여 판단한다. 이때 중요하게 작용하는 것은 장기 기억과 사후 판단이며, 그에 따른 바이어스가 존재한다. 카너먼과 트버스키의 실험에서 장기 기억 바이어스를 보여 주는 사례는, 7문자로 된 단어 중 ing로 끝나는 것과 여섯 번째 자리가 n인 것 중 어느 것이 많을까라는 질문이다. 물론 답은 후자이지만, 다수의 사람들이 전자라고 답하였는데, 그것은 장기 기억에서 ing가 익숙하게 남아 있기 때문이다. 사후 판단 바이어스는 어떤 사건을 경험한 후에 그것이 인상에 남아 판단에 미친다는 것이며 다음에 말할 기준점 효과라고도 할 수 있다.

둘째, 대표성 휴리스틱이다. 사람들은 대표성을 갖는다고 생각되는 것을 갖고 상황을 판단한다. 카너먼과 트버스키의 예에서, 4면이 빨강(R)이고 2면이 파랑(B)인 주사위를 던진 결과, RBRRR과 BRBRRR 중 어느 것이 나올 확률이 높겠는가라는 질문에 대해 많은 사람들이 후자라고 답하였다. 사실 후자는 전자의 앞에 B를 추가한 것이므로 전자의 확률이 더 높지만 그런 답이 나온 것은 R과 B인 면의 비율이 대표성으로 작용하였기 때문이다. 대표성과 연관해서는 소수의 법칙 바이어스와 기저율 무시 바이어스가 존재한다. 소수의 법칙은 큰 표본에서 나타날 확률을 작은 표본에 대해 동일하게 적용함으로써 나타나는 바이어스다. 예컨대, 동전의 앞면이 나올 확률이 50%인 것은 수백 번을 던졌을 때 얻어지는 확률이지만, 사람들은 동전을 던져 몇 번 계속 뒷면이 나온 후에 그 다음 결과를 물으면 앞면이 나올 확률이 크다고 답한다. 기저율 무시 바이어스는 어떤 요소가 통계적으로 전체에서 차지하는 비율(기저율)을 무시하는 것을 말한다. 예컨대, 이 장 서두에서 말한 것처럼, 치명적인 질병에 대한 검사에서 양성 반응이 병에 걸렸다고 절망하는 것은 발병률이 매우 낮다는 점을 무시한 때문이다.

셋째, 기준점 휴리스틱 또는 기준점 효과(anchoring effect)이다. 사람들은 불확실한 사건에 대해 예상할 때 기준을 설정하고 조정을 거친 후에 최종적으로 판단한다. 카너먼과 트버스키는 실험 대상을 나누어 한 그룹에게 8×7×6

×5×4×3×2×1을, 다른 그룹에게 1×2×3×4×5×6×7×8을 제시하고 즉답을 요구하였는데, 답의 평균치는 각각 2,250과 512였다. 이런 차이는 실험 대상자가 처음 몇 개의 숫자에 대해 계산하고 그것을 기준으로 하여 답을 말하였기 때문이라고 할 수 있다. 희망 판매가격을 높게 설정하고 실제 판매가격을 낮추면 소비자가 싸게 느낀다는 것도 기준점 효과의 예이다. 또한 동일한 범죄에 대해 구형량을 24개월과 12개월로 다르게 한 결과, 선고 형량이 달라지는 것도 기준점 효과이다. 여기에는 자기 의사를 결정하면 그에 적합한 정보만 보강하고 반대 정보를 무시하는 확증 바이어스가 존재한다.

이처럼 휴리스틱은 바이어스를 동반하기도 하지만, 그것이 갖는 장점은 쉽고 빠르게 최적화의 해에 가까운 답을 끌어낸다는 점이다. 휴리스틱에는 그 외에도 많이 알고 있거나 익숙한 것을 선택하는 재인(recognition) 휴리스틱, 외야수가 타구를 바라보는 각도를 유지하며 낙하점에 도달하는 것과 같은 앙각(gaze) 휴리스틱(적응적 휴리스틱) 등이 있다. 이상의 휴리스틱은 인간이 모든 정보를 갖고 합리성으로 계산하여 판단한다고 보기 어렵다는 점과 인지 능력에는 바이어스가 동반된다는 점을 공통적으로 말해 준다. 이미 오래전부터 많은 철학자와 사상가들은 인간의 정보처리 시스템에는 직감(시스템 I)과 분석(시스템 II)이 존재한다고 생각하였다. 시스템 I은 인간을 포함한 모든 동물이 갖고 있다고 할 수 있으며 시스템 II는 인간만이 갖고 있다. 그렇다고 해서 전자가 후자보다 열등하다는 것은 아니다. 데이트 상대를 고르는 것은 중요한 문제이지만 분석에 의존하지는 않는다. 대부분의 휴리스틱은 시스템 I, 즉 직감에 의한 정보처리 시스템에 해당하며, 인간의 판단과 결정에 중요한 역할을 한다. 사실 시스템 I과 II는 명확히 구분되지 않고 연속적으로 존재하지만, 최근의 심리학이나 인지과학은 전자에 주목하고 있다.

2) 프레이밍 효과와 선호의 성향

인간의 의사 결정은 문제가 제시되는 방식에 따라 영향을 받는다. 문제를 설정하는 방식을 프레이밍이라고 한다. 예컨대, '컵에 물이 반이 남았다'는 말과 '컵에 물이 반이 비었다'는 것은 실제로는 동일한 상태를 말하지만 다르게 받아들여진다. 로봇에게는 적용될 수 없는 것이 프레이밍 효과이다. 로봇은 어떤 결정을 할 때 무시할 것과 무시하지 말 것을 각각 어떤 프레임에 넣어야 할지를 모르지만, 인간은 상식 차원에서 그렇게 할 수 있다. 그렇기 때문에 인간은 프레임에 의해 영향을 받는다. 즉, 프레이밍 효과는 프레임에 따라 판단이나 선택이 달라진다는 것을 의미한다. 예컨대, 1,000원을 받은 후에 A(1,000, 0.5)와 B(500, 1.0) 중에서 선택하는 문제와 2,000원을 받은 후에 C(−1,000, 0.5)와 D(−500, 1.0) 중에서 선택하는 실험을 한다고 생각해 보자(괄호 안의 숫자는 선택에 따라 받을 금액과 확률이다). 실험에 참가한 다수는 B와 C를 선택하였다. 그러나 사실 A는 C와 같고 B는 D와 같다.[2] 따라서 일관성 있는 행위자라면 A와 C를 선택하든지 B와 D를 선택해야 한다. 이 사례는 프레임을 어떻게 설정하는가에 따라 선택이 달라짐을 보여 준다.

프레이밍 효과에서 초깃값 효과와 화폐 착각 등은 외부로부터 주어지는 프레임이다. 초깃값 효과는 무엇을 초깃값으로 제공하는가에 따라 선택이 달라지는 것을 말한다. 예컨대, 자동차 보험 중에는 보험료가 싸지만 보장 범위가 한정된 상품(A)과 보험료가 비싸지만 보장 범위가 넓은 상품(B)이 있으며,

---

2 첫 번째 경우에 먼저 받은 1,000원을 포함해서 표시하면 A(2,000, 0.5 또는 1000, 0.5)이고 B(1,500, 1.0)이며, 두 번째 경우에 2,000원을 포함해서 표시하면 C(2,000, 0.5 또는 1,000, 0.5)이고 D(1,500, 1.0)이다.

보험 가입 후에 다른 상품으로 옮길 수 있다고 하자. 보험 가입을 권유하면서 A를 먼저 제시한 경우와 B를 먼저 제시한 경우를 비교하면, 전자에서는 전체 보험가입자 중에서 A 가입자가 압도적이었고 후자에서는 B 가입자가 압도적이었다. 이러한 차이는 초깃값 효과 때문이라고 할 수 있다. 화폐 착각은 경제학에서 오래전부터 논의된 문제이다. 화폐 착각은 노동자들이 실질임금의 변화보다 명목임금의 변화에 더 민감한 반응을 보이는 현상을 설명해 준다.

외부에서 주어지는 프레임 외에 행위자 스스로 설정하는 프레임으로는 멘탈 어카운팅(mental accounting)이 있다. 이는 사람들이 회계장부를 기록하듯이, 마음속에 계정 항목을 설정하는 것을 의미한다. 축구 경기 당일 5만 원짜리 티켓을 사려는데 5만 원을 잃어버린 것을 알았다면 티켓을 살 것인가라는 질문에 대해 사겠다는 답이 많았다. 그런데 전날에 구입한 티켓을 잃어버린 것을 알았다면 새로 티켓을 살 것인가라는 질문에는 아니라는 답이 많았다. 똑같은 5만 원이지만, 전자는 오락비 계정에 5만 원을 설정해 둔 상태에서 아직 5만 원을 지출한 것이 아니기 때문에 돈을 분실하였어도 티켓을 구입하지만, 후자는 이미 그 계정에서 지출하였기 때문에 추가적 지출을 하지 못한다고 볼 수 있다. 티켓 구입을 위해 이미 지출한 5만 원은 반환되지 않는 매몰비용이다. 경제학은 매몰 비용을 잊어버리는 것이 합리적이라고 하지만, 이처럼 매몰 비용은 마음에 남아 이후의 의사 결정에 영향을 미친다. 새로 비싸게 구입한 신발이 발에 잘 맞지 않아 신발장에 두고 버리지 못하는 것도 지불한 비용이 마음에 걸리기 때문이다.

프레이밍 효과는 결국 선호 체계가 프레임에 의해 영향을 받는다는 것을 의미한다. 신고전파 경제학은 개인에게 일관적이고 안정적인 선호 체계가 존재하며 그 자체를 문제 삼을 필요가 없으며 따라서 의사 결정 과정만 논증하면 된다는 입장이지만, 행동경제학은 선호 체계가 상황과 맥락에 의존한다고 본다. 예컨대, 가격과 품질이 다른 3개의 제품을 두고 소비자가 A, B만 제시되었을 때는 A를 선택하고, B, C만 제시되었을 때는 B를 선택하고 A, C가 제시되었을 때는 C를 선택할 수 있다. 또한 A, B만 제시되었을 때는 선호도가 50 대 50이었는데, C를 추가한 후 A, B, C에 대한 선호도를 물었을 때 A, B 간의 선호도가 같지 않을 수 있다. 주가가 2,200에서 25% 상승하였다가 40% 폭락하는 경우와 변화가 없다가 25% 하락하는 경우 중 어느 것이 투자자에게 더 고통스럽겠는가? 아마 전자라고 생각하겠지만 사실 두 경우의 최종 주가는 1,650으로 동일하다. 이처럼 개인의 선호 체계는 안정적이거나 일관적이지 않으며 맥락과 프레임이 선호 체계에 중요한 영향을 미친다. 나아가 우리는 심리적으로 극단을 피하고 중간을 선택한다. 이유 있는 것을 선택하고 스토리 있는 것을 선택하며, 선택의 대안이 적을 때 선택할 확률이 상승하고 선택 대안이 많을 때 만족도가 하락하는 등의 경험을 한다.

3) 행동경제학과 신고전파 경제학의 비교

인간의 행동을 설명하는 기본 가정에서 큰 차이가 있지만 그렇다고 행동경제학이 신고전파 경제학 이론을 완전히 포기하였다고 하기는 어렵다. 행동경제학도 신고전파 경제학과 마찬가지로 방법론적 개인주의이며 개인은 의도적 행동을 한다고 본다. 행동경제학은 신고전파 경제학의 최적화 이론을 부정한다기보다 왜 인간이 최적화 행동을 하지 못하는지를 이해하기 위한 것이다. 이는 사람들의 의도와 행동 사이에 갭이 있다는 것을 의미한다. 예컨대, 사람들은 은퇴를 대비하여 많은 것을 저축해야 한다고 생각하지만 그에 합당한 행동을 하지 않는다. 또한 행동경제학은 비합리성에 관한 이론이라는 오해가 있지만 그렇지 않다. 물론 행동경제학은 신고전파 경제학처럼 완벽한 합리성이라는 가정을 하지는 않는다. 그러나 완벽하게 합리적이지 않다는 것이 비합리적이라는 것을 의미하지는 않는다. 그것은 다만 체계적인 실수를 하며 일관되게 극대화하는 선택을 하지 못한다는 것을 의미할 뿐이다. 주류 경제학은 합리성에 대한 이러한 해석이 너무 광범위하고 부정확하다고 간주하며, 합리성은 어떤 목적-수단의 틀에 맞는 인간의 행동을 설명하기 위한 것(도구적 합리성)이어야 한다고 본다.

행동경제학도 신고전파 경제학과 마찬가지로 개인의 행동이 목표 또는 목적 지향적인 의도를 내포하고 있다고 본다. 물론 의도적이라고 해서 반드시 극대화 또는 최적화 행동인 것은 아니며, 일관성이라는 측면에서 볼 때 합리적인 것이 아닐 수 있다. 제한적 합리성의 가정하에서는 의도적이지만 극대화 행동이 아닌 경우가 일반적이며, 의사 결정에서의 비일관성은 시간 간 선호 역전의 예에서처럼 쉽게 확인되는 현상이다. 신고전파 경제학은 소비자를 효용 극대화 행위자로, 기업을 이윤 극대화 행위자로 간주하지만, 행동경제학은 소비자든 기업이든 행위의 목적을 그렇게 좁은 범주로 특징짓지 않는다. 신고전파 경제학은 일반적으로 개별 행위자가 극대화 결정에서 이기적인 선호 체계나 효용함수를 사용한다고 간주하는 점에서 훨씬 더 제한적이다. 따라서 신고전파 경제학은 행동경제학보다 의도적 선택의 범위가 훨씬 좁고 제한적이며, 행동경제학의 특별한 경우라고 할 수 있다(Sontheimer 2006).

인간의 행동에 대한 이해의 차이를 좀 더 구체적으로 설명하면 다음과 같다. 신고전파 경제학이 설정하는 인간은, (1) 정확하게 판단하고 결정할 역량과 대안들에 대한 완전한 정보를 갖고 있으며 최적화의 선택을 한다. (2) 선호 체계가 완벽하게 안정적이며 맥락이나 사회관계에 영향받지 않는다. (3) 전적으로 이기적이고 자기 중심적이다. (4) 유혹을 거부하는 데 전혀 어려움이 없다. (5) 개인의 부와 소득의 극대화가 목적이며 공정함에 대해 신경쓰지 않는다. (6) 상대적 소득은 중요하지 않으며, 타인과 비교하지 않고 자기 소득에 의해 행복이 결정된다. (7) 현재만큼 미래에 대해서도 확실하게 잘 알고 평가한다. (8) 항상 현명한 결정을 하기 때문에 후회가 없으며 과거의 영향을 받지 않는다. 반면, 행동경제학에서 보는 인간은, (1) 인지적 한계로 체계적인 실수를 하며 대안들에 대한 완전한 정보를 갖고 있지 못하며 따라서 만족화의 선택을 한다. (2) 선호 체계가 종종 비일관적이며 맥락이나 사회관계에 영향을 받는다. (3) 이기심뿐 아니라 이타심과 윤리도 행동의 동기가 된다. (4) 의지력이 부족하여 종종 유혹에 빠진다. (5) 개인의 부와 자산뿐 아니라, 공정함, 좋은 평판, 타인과의 관계도 중요시한다. (6) 상대적 소득도 절대적 소득만큼 중요하며 타인과의 비교에서 행·불행을 느낀다. (7) 불확실한 미래의 사건이나 결과에 비중을 크게 두지 않는다. (8) 결정에 대해 후회를 하며 인지적 편향을 갖고 있고 경로의존적이다.

제3장

마르크스 경제학과 계급이론

1. 사회적 인간의 가정

1) 사회 속의 인간

우리는 주기적으로 선거철을 맞이하여 투표를 하지만, 문제는 투표율이 대체로 너무 저조하다는 것이다. 스위스에서는 투표율이 저조한 원인이 투표를 하는 비용(시간과 수고) 때문이라고 생각하여 보다 편리한 우편 투표 제도를 도입하였다. 그러나 결과는 더 저조한 투표율이었다. 이는 투표 행위에 경제적 인센티브가 그다지 중요하지 않음을 의미한다. 투표 행위가 개인에게 귀속되는 비용과 편익의 문제라고 생각한다면 그것은 착각에 가깝다. 그보다는 대체로 자기가 속한 집단 혹은 지지하는 정당에 따라 투표한다고 보는 것이 타당할 것이다.

의사 결정에서 개인이 무엇보다 중요하다고 보는 것은 개인주의적 입장이다. 여기서 개인은 자신의 신념과 욕망에 따라 자신의 행동을 통제할 수 있는 능력을 가진 최소 단위이다. 사회는 이런 개인의 단순한 집합체에 불과하며, 개인들의 활동으로부터 설명될 수 있다. 이런 개인주의 철학을 창시한 사람은 17세기의 홉스이며, 18-19세기의 경제학자들이 그것을 계승하였으며, 20세기에 하이에크(F. Hayek)가 그런 입장을 강력하게 대표하고 있다. 하이에크는 개인의 행위를 이해하지 않고는 사회 현상을 이해할 수 없다고 주장한다. 이러한 개인주의에 기초한 것이 신고전파 경제학이다. 신고전파 경제학은 고립된 개인의 이기적 합리성을 가정하고 개인의 행동을 분석하는 것만으로 경제를 이해함에 충분하다고 생각하며 또한 일정한 성공을 거두었다고 할 수 있다. 그러나 개미를 해부한다고 해서 군집성이 강한 개미 사회를 제대로 이해하였다고 할 수는 없을 것이다.

우리는 종종 예컨대 중산층, 여피족, X세대, 보수주의자, 진보주의자 등의 집단을 지칭하는 딱지를 붙여 개인의 행동을 이해하려고 한다. 이는 개인을 집단에 의해 규정되는 존재로 본다는 것이다. 방법론적 개인주의와 달리, 방법론적 전체주의(methodological holism)는 개인의 특성이 전적으로 사회 속에서 차지하는 지위 또는 위치에 의해 정해진다고 본다. 따라서 개별 구성원이 아니라 사회를 분석의 기초 단위로 하며, 사회 이론을 개인에 관한 이론으로 환원하거나 이전하는 것이 불가능하다고 생각한다. 개인주의는 개인만이 목적과 이해관계를 가지며 주어진 환경에서 자신의 목적에 적합한 방식으로 행동하며, 사회적 환경은 개인 행동의 결과이고 변할 수 있다고 보는 반면, 전체주의는 사회가 부분의 합 이상인 '전체'로서 뚜렷한 목적과 이해관계를 가지며 개인의 목적에 영향을 미치며, 사회적 환경이 개인의 행동을 제약하고 영향을 준다고 본다(Agassi 1960). 방법론적 개인주의에는 공리주의 철학에 기초하여 시장에서의 교환 및 합리적 선택을 분석하는 신고전파 경제학이 있으며, 방법론적 전체주의에는 계급이나 사회 구조를 분석하는 마르크스(K. Marx) 이론이나 구조주의 및 구조기능주의 이론이 있다.

전체주의가 기반하고 있는 암묵적인 가정은 인간 본성의 사회적 측면이 바로 인간 자아의 한 차원이라는 것이다. 물론 인간은 내면에 상호 모순적인 차원을 갖고 있기 때문에 사회적 차원으로 완전히 환원될 수는 없다. 우리는 자기를 지칭하면서 '나'라는 용어뿐 아니라, 우리 집, 우리 가족이라는 말에서처럼 '우리'라는 용어를 사용하기도 한다. 이는 인간에게는 창조적이고 활동적인 주체적 존재로서의 개인이라는 의미와 함께, 사회나 집단의 구성원으로서 내면화된 태도에 의해 형성된 객체적이고 수동적인 존재의 의미가 있음을 말해 준다.

이처럼 전체주의는 인간 본성에 대해 개인주의와는 근본적으로 다른 견해를 출발점으로 한다. 인간은 개인으로 살아가는 듯하지만, 사실은 본성상 사회적이며 사회 속에서 무리지어 행동하고 살아간다. 인간은 작게는 가족으로 된 사회를 구성하며 학교, 직장, 종교 기관 및 여러 단체에 소속되며, 크게는 한 국가의 시민으로 살아간다. 즉, 인간은 태어나자마자 가족이라는 집단에 속하게 되며 개인의 의지와 상관없이 어떤 집단의 구성원으로 분류되며 사회 질서에 종속되어 있는 존재이다. 다렌도르프(R. Dahrendorf)는 『사회적 인간』(*Homo Sociologicus*, 1965)에서 그런 개인을 사회적 인간이라고 명명하고 시공간적 맥락 속에서의 사회적 역할과 연관시켰다. 경제인(homo economicus)과 달리, 사회적 인간은 이기심을 추구하는 행위를 하지 않고 사회적 역할을 완수하려고 한다.

사회는 각 개인이 점유하고 있는 사회적 지위(또는 위치)로 구성된 공간이다. 지위에는 그에 상응하는 행동이 예상되고 요구되며 그것은 의무적이기도 하다. 사회적 역할이란 어떤 사회적 지위에 있는 개인에게 기대되는 하나의 행동 유형이다. 따라서 다렌도르프가 말한 '사회적 인간'은 바로 사회적 역할의 행위자로서의 인간이다. 다렌도르프는 개인이 자신에게 부여된 역할과 연관된 기대에 따라 행동한다고 가정한다. 개인의 행동이 이러한 기대를 충족시키면 보상을 받고 사회적 인정을 받지만, 그런 기대에 부응하지 못하면 처벌을 받고 사회적 제재를 받는다. 또한 인간은 집단 정체성을 지닌 사회 공동체의 일원으로서 일하고 서로 나누며 스스로를 인지하는 기본적인 훈련을 받는다. 인간은 종종 개인보다 집단 및 사회를 중시하고 자기 자신의 이익을 돌보지 않는 행동을 하기도 하며, 자신이 속한 집단의 정체성과 행동규범을 자신의 것으로 받아들이고 행동한다. 그러므로 인간의 행동은 사회적이며 사회는 인간의 행동에 영향을 미친다고 할 수 있다.

사회는 목적을 갖고 있으며 시간적으로나 공간적으로나 개인을 초월하기 때문에 그 자체의 위엄으로 신성시한 행동 및 사고 방식을 개인에게 부과하는 위치에 있다는 것은 분명한 사실이다. 즉, 사회는 구성원 개인의 요구에 봉사하지 않을 뿐 아니라, 개인을 지배하는 힘이 있어 개인의 욕구나 욕망과 상관없이 순응을 강요할 수 있다. 이는 사회가 개인에게 행사하는 압력이며, 개인의 행위에 대한 사회(계급 또는 집단)의 영향력이다. 제2차 세계대전 말에 있었던 일본의 카미카제 특공대는 집단의 이데올로기가 개인의 행위를 규정하고 있음을 보여 주는 사례이다. 또한 노동자들이 가족과의 즐거운 시간을 포기하고 해고를 당할 위험이 있음에도 불구하고 파업이라는 집단 행동에 참여하는 것도 개인에 대한 집단의 압력이라고 할 수 있다.

그런데 개인에게 합리성이 존재하듯이 사회적 합리성(집단과 계급의 이익)도 존재한다. 제1장에서 언급한 애로우의 불가능성 정리에 의하면, 개인들 간의 선호 체계가 서로 다를 경우에 어떤 선택이 사회의 효용을 극대화하며 그때 각 개인의 선호를 얼마나 반영할 것인가라는 문제에 봉착하므로 사회적 합리성을 도출할 방법이 없다. 그러나 집단 혹은 사회를 개인의 단순한 집합체로 보는 것이 아니라 그 자체로 가치를 갖는 '유기체적' 실체로 간주한다면, 비록 각 개인의 합리성이 보장되지 않더라도 사회적 가치를 극대화한다는 의미에서의 사회적 합리성이 구현될 수 있다. 또한 사회적 존재로서의 인간은 개인주의적 경제인과는 다른 새로운 선호 체계를 갖는다고 할 수 있다. 이러한 사회적 존재로서의 개인의 선호 체계에 근거하면 사회적 합리성의 구현은 가능해진다(김영한 2014).

2) 19세기 3대 사상

사회적 인간의 이론은 19세기에 발전하였다. 16세기에 서유럽으로 확산된 르네상스 인본주의와 17세기에 정점에 이른 과학혁명과 베이컨(F. Bacon)의 경험주의는 새로운 이성의 시대를 열었다. 17-18세기 유럽의 계몽주의는 그런 지적, 철학적 배경으로부터 탄생하였다. 계몽주의의 중심 교의는 개인의 자유와 종교적 관용이었다. 홉스는 만인의 만인에 대한 투쟁 상태에 있는 개인을 발견하였으며 로크는 개인의 자유와 재산권이 천부의 권리라고 하였다. 계몽주의 시대에 개인주의와 이성에 대한 신뢰가 확산되고 사회의 완전성을 주장하는 낙관론이 지배하였다. 영국 스코틀랜드에서 이런 계몽주의의 분위기를 공유한 애덤 스미스는 각 개인이 자기 이익을 추구하느라 분주함에도 어떻게 사회가 산산조각 나지 않고 굴러가고 있는지를 설명하였으며, 그가 칭송한 개인주의와 자유주의는 경제학의 핵심적 이념이 되었다.

계몽주의 시대 막바지에 영국에서 시작된 산업혁명은 이후 경제적으로 엄청난 성장을 가져왔을 뿐 아니라 사회를 이전과 전혀 다른 모습으로 변화시켰다. 그러나 인간의 이성적 사고가 사회의 개선을 가져올 것이라는 낙관론은 산업혁명이 초래한 암초를 만나 좌초하기 시작하였다. 즉, 한편에서는 경제적 번영이, 다른 한편에서는 많은 사회적 혼란과 갈등이 나타나고 있었다. 대토지를 소유하고 농업에 기반한 구 지배 계급(지주 계급)과 상공업을 통해 부를 축적하고 있는 신흥 부르주아(자본가 계급)와 그들에게 고용된 인구의 다수를 차지하는 프롤레타리아(노동자 계급)가 서로 갈등하고 있었다. 영국에서는 곡물법 폐지, 구빈법 개정, 공장법 제정, 차티스트 운동(의회 참정권 운동)을 둘러싼 이들 계급 간의 갈등이 전개되고 있었고, 유럽 대륙에서도 혁명의 분위기가 가득하였다. 이는 다름아닌 부와 권력의 배분을 둘러싼 불균형과 그로 인한 갈등이었다. 이러한 상황을 설명하기 위한 여러 사상이 등장하였다.

사회학자 니스벳(R. Nisbet)은 19세기 사회사상을 자유주의, 급진주의, 보수주의로 구분하였다. 이 3대 사회사상은 바로 당시 사회의 권력 배분과 관련 있다. 애덤 스미스, 벤담, 스펜서 등의 자유주의자들은 개인의 자유가 사회가 지켜야 할 핵심적 가치이며 국가 및 전통 사회의 제도는 모두 억압적이고 위험하며 진보와 번영의 장애물이라고 생각하였다. 이 사상을 계승한 것이 신고전학파 경제학이다. 반면, 마르크스와 같은 급진주의자들은 특정 소수의 집단이 부와 권력을 집중하고 있으며 국가는 다수를 억압하는 도구라고 하였다. 그들은 다수로 구성된 프롤레타리아 집단이 계급투쟁을 통해 사회경제체제를 전복시켜야 한다고 보았다. 마지막으로, 에드먼드 버크(E. Berke)와 같은 보수주의자들은, 유서 깊은 가부장제와 전통적 도덕 가치가 개인주의로 인해 붕괴하였기 때문에 여러 가지 경제사회 문제가 발생하고 있다고 보고, 자유가 아니라 더 강력한 사회 제도와 권력 당국이 필요하며 개인은 사회에 대한 자신의 역할을 해야 한다고 주장하였다(Wilk and Cliggert 2007).

이상의 세 가지는 현재까지도 강력한 사회사상으로 남아 있다. 각각은 인간의 본성에 대한 일련의 가정에 기초하고 있다. 급진주의와 보수주의가 기초하고 있는 것은 인간의 '사회적 본성'이라는 가정이다. 인간을 사회적 존재로 보는 것은, 이기적 본성론과는 물론이고 그것의 사회적 연장인 사회계약론과도 다르다. 사회계약론은 자유주의적 사회 이론으로서, 개인이 이기심을 추구하는 과정에서 합리적 계약을 통해 집단을 이룬다고 본다. 즉, 개인은 장기적 차원에서 자신에게 이익이 되기 때문에 사회를 구성하는 계약을 한다는 것이다. 반면, 사회적 본성의 가정은 사회가 개인과 구별되는 하나의 유기체로 존재하며 개인에게 순응을 강요한다고 본다.

사회적 인간을 가정하고 집단 또는 사회를 분석의 출발점으로 하는 대표적인 이론가로 마르크스와 뒤르켐(E. Durkheim)을 들 수 있다. 마르크스는 「포이에르바흐에 대한 테제」("Theses on Feuerbach," 1845)에서 '인간의 본질은 결코 각 개인 하나하나에 내재하는 추상물이 아니며, 현실의 실체로서 사회적 관계의 총체'라고 하였다. 마르크스가 말하는 사회성은 단순히 개인의 외형이나 일부를 이루는 것이 아니라 개인에 내면화된다는 점에서 근원적이다. 예컨대, 자본가의 이윤 추구는 그들이 추구하는 여러 목적들 중 하나이거나 선택 사항이 아니라 사회적 압력에 의해 내면화되어 그들의 행동을 규정한다. 마르크스에 의하면 인간은 사회적 관계에 의해 규정되는 계급적 존재이며 그들의 선택에는 사회 구조가 반영되어 있다. 사회는 상호 대립적인 계급으로 구성되어 있기 때문에 개인은 계급의 일원으로서 존재한다.

뒤르켐은 인간이 무리지어 살며 의식의 틀이 타자와의 상호작용 속에서 형성되며 개인의 일상적 세계가 사회와 끊임없이 상호작용한다고 하였다. 그렇다고 사회적 인간은 무조건적으로 사회에 순응하는 것이 아니므로 이기적일 수도 있고 이타적일 수도 있다고 본다. 이기적 인간이 선택하는 가치는 궁극적으로 개인의 효용이지만, 사회적 인간이 생각하는 '가치'는 사회적 산물이다. 인간은 사회적 규범을 따르며 규범은 신성한 '집합 표상'의 일부이다. 따라서 반사회적인 것은 참된 자유가 아니며 비난의 대상이 된다. 뒤르켐은 개인의 욕망을 파괴적이라고 보고 사회가 개인의 물질적 욕망을 제어하도록 기능해야 한다고 믿었다. 또한 사회는 개인을 무한히 초월하며 개인의 행위를 설명하는 원인이라고 생각하였다. 그러나 그는 개인을 완전히 용도 폐기하지는 않았는데, 그것은 개인이 사회에서 하는 역할을 통해 사회의 유지와 영속이 가능하다고 생각한 때문이었다.

마르크스는 제도권 밖에 속하는 급진주의 사상을 대표하였던 인물이었으며, 뒤르켐은 사회의 주류에 속하는 보수주의자들 사이에서 영향력 있는 인물이었기 때문에, 사회를 이해하는 데 있어서 두 사람은 매우 상반된 입장을 갖고 있었다. 두 사람은 경제학의 개인주의와 공리주의를 배격하고 인간을 사회적 존재로 보는 점에서는 같지만, 사회의 발전을 끝없는 갈등과 투쟁의 결과로 보는가 아니면 상호작용에 의한 조화와 일체성을 만들어 내는 것으로 보는가에서 큰 차이가 있었다. 이하에서는 마르크스 이론에 대해서 설명하고 보론에서 뒤르켐의 이론과 경제학에서의 집단 행동 이론을 간단히 언급한다.

2. 사회구성체론과 자본주의 분석

1) 철학과 사회구성체론

마르크스와 당시의 주류 경제학자 사이에는 적어도 두 가지의 중요한 차이가 있다. 첫째, 주류 경제학자는 자본주의 경제체제를 부정할 수 없는 자연질서로 간주한 반면, 마르크스는 자본주의를 과거의 봉건제에서 미래의 사회주의로 이행하는 과정의 중간 단계로 간주하였으며 사회주의를 사적 소유가 더 이상 존재하지 않는 인류 역사의 마지막 단계로 보았다. 둘째, 주류 경제학자들은 경제사회를 다양한 사회 구성원들 간의 이해가 조화를 이루고 있는 것으로 보는 반면, 마르크스는 경제사회를 생산수단 소유자와 그것을 갖고 있지 못한 노동자 간의 이해가 충돌하는 것으로 인식하였다. 이러한 차이는 사회인식론, 즉 철학의 차이에서 비롯된다고 할 수 있다. 마르크스의 사회인식론은 여러 다양한 학문 분야에 영향을 미쳤으며, 자본주의 경제체제에 대해 주류 경제학과는 전혀 다른 분석으로 연결되었다.

마르크스는 헤겔(F. Hegel)의 변증법과 유물론을 결합함으로써 사회를 경제 중심적으로 해석하였다. 헤겔의 변증법은 정신세계(geist)와 역사 발전의 내재적 동인을 자기 모순에서 찾는다. 즉, 모든 사물은 자신의 내부에 있는 모순에 의한 대립과 갈등의 계기를 가지며 그것을 지양함으로써 더 높은 차원으로 발전해 간다. 헤겔은 이러한 변증법적 발전을 3개의 법칙으로 정식화하였다. 그것은 양적인 변화가 어느 한계점에 이르면 질적인 변화로 전환한다는 양질 전환의 법칙, 대립적 관계 속에서도 하나의 통일체를 형성한다는 대립물 통일의 법칙, 그리고 흔히 '정-반-합'의 명제로 이해되고 있는 부정의 부정에 관한 법칙이다.

마르크스는 이러한 헤겔의 변증법을 철학적 출발점으로 삼았다. 그러나 그는 '나의 변증법은 헤겔의 변증법과 다를 뿐 아니라 정반대'라고 하면서 헤겔의 변증법을 역전시켰다. 헤겔의 변증법은 관념의 세계에 머물러 있지만 마르크스의 변증법은 모든 변화의 기초를 물질에 두었다. 마르크스는 헤겔의 '시민사회론'을 비판적으로 검토한 후에 "시민사회의 해부는 경제학을 통해서 이뤄지지 않으면 안된다"고 하였다. 헤겔이 정신세계를 강조한 것과 달리, 마르크스는 인간이 물질적 상황을 개선해 가는 과정에서 발생하는 다양한 인간관계의 패턴(투쟁이나 단결)이 사회의 발전을 가져온다고 본다. 이러한 마르크스의 철학을 변증법적 유물론이라고 한다. 이 철학에서는 물질이 근본적 실체이며, 정신세계와 의식을 포함한 모든 것은 물질적 상호작용의 결과 혹은 물질적 과정의 부산물 또는 부수적 현상(epiphenomena)이다.

이러한 변증법적 유물론을 인간 사회의 역사에 적용한 것이 사적 유물론이다. 사적 유물론에 의한 사회 인식은 자본주의 시장경제의 몰역사성과 보편성을 거부한다. 신고전파 경제학은 자본주의적 시장경제를 보편적, 항구적인 것으로 생각하며, 모든 경제 현상들을 상품의 구매와 판매 행위로 환원시켰다. 교환되는 상품을 교환가치로만 인식하고 노동도 다른 일반 상품과 마찬가지로 교환가치를 갖는 상품으로 간주한다. 각 개별 경제 주체는 교환의 당사자로서 동등성을 가지며 시장의 교환 과정에서 누구도 강제하지 않는 자유를 갖는다고 본다. 그러나 마르크스는 자본주의 시장경제를 인류 역사 발전의 특정한 단계 또는 시기에 불과하다고 보고, 외견상 조화롭게 보이는 자본주의에 내재한 모순을 분석하였다.

마르크스는 자본주의 연구의 철학적 기초인 사적 유물론에 입각하여 사회구성체론을 전개하였다. 사회구성체론은 경제와 사회의 관계에 관한 이론이며 역사발전단계설 이론이다. 사회구성체는 어떤 역사적 발전 단계에서의 구체적, 역사적 실재를 분석하기 위한 개념으로서, '경제적 토대로서의 생산양식과 그에 의해 규정된 정치적, 법률적, 이념적 상부구조의 집합체로 이루어진 하나의 특수한 사회적 유기체'를 의미한다. 마르크스는 『경제학 비판 요강』(*A Contribution to the Critique of Political Economy*, 1859)에서 그것을 다음과 같이 설명하였다.

> 인간은 사회적 생산에 있어서 일정하고 필연적이며 그들의 의지와 독립적인 여러 관계를, 그들의 물질적 생산력의 일정한 발전 단계에 대응하는 생산관계를 맺는다. 이 생산관계의 총체는 사회의 경제적 메커니즘을 형성하며, 이것이 현실의 토대가 되어 그 위에 법률적, 정치적 상부구조가 구축된다. 또한 일정한 사회적 의식 형태는 이 현실의 토대에 조응한다. 물질적 생활의 생산양식은 사회적,

> 정치적, 정신적 생활 과정 일반을 제약한다. 인간의 의식이 그 존재를 규정하는 것이 아니라, 역으로 인간의 사회적 존재가 그 의식을 규정하는 것이다. 사회의 물질적 생산력은 발전의 어떤 단계에 이르면 지금까지 생산력이 그 속에서 작동한 기존의 생산관계, 혹은 단지 그 법적 표현인 소유관계와 모순하게 된다. 이들 제 관계는 생산력의 발전 형태에서 그것의 질곡으로 일변한다. 이때 사회혁명의 시기가 시작된다. 경제적 토대의 변화는 조만간 전체 거대한 상부구조의 변형으로 이어진다. … 부르주아 생산양식은 사회적 생산 과정의 마지막 적대적 형태이지만 … 부르주아 사회의 자궁에서 발전한 생산력은 그 적대감을 해결하기 위한 물질적 조건을 창조한다(Marx 1859: 20-21).

마르크스는 사회구성체를 건물에 비유하여 토대와 상부구조라는 것으로 설명하였다. 토대인 하부구조는 물질적 생산 과정이며, 생산양식(mode of production)을 지칭한다. 생산양식은 경제 과정 전체, 구체적으로는 생산력과 생산관계의 통일체로 정의된다. 생산력은 필요한 재화를 만드는 인간의 노동력, 생산수단(노동 대상과 노동수단), 기술 등을 의미한다. 생산력은 생산수단과 생산자 간의 관계이며 노동 과정을 통해 인간이 자연과 맺는 관계라고 할 수 있다. 생산관계는 생산수단 소유를 둘러싸고 맺는 생산수단 소유자와 비소유자 간의 관계를 의미한다. 다시 말하면, 소유 계급과 비소유 계급 사이의 계급관계이며 잉여물을 생산하는 계급과 착취하는 계급 사이의 계급관계이다. 사적 유물론에 의한 인류의 역사 발전 단계설에 따르면 역사적으로 노예제, 농노제, 자본제적 생산양식이 존재하였다. 상부구조는 국가를 포함하는 법, 정치, 철학, 예술, 사상, 종교, 교육 등을 말하며, 그것의 성격은 토대에 의해 규정된다.

마르크스의 사회구성체론에 의하면, 상부구조는 토대와 조응하는 상태에 있다([그림 3-1]). 즉, 물적 생산양식이 상부구조를 규정하며, 인간의 의식이

그림 3-1 사회구성체

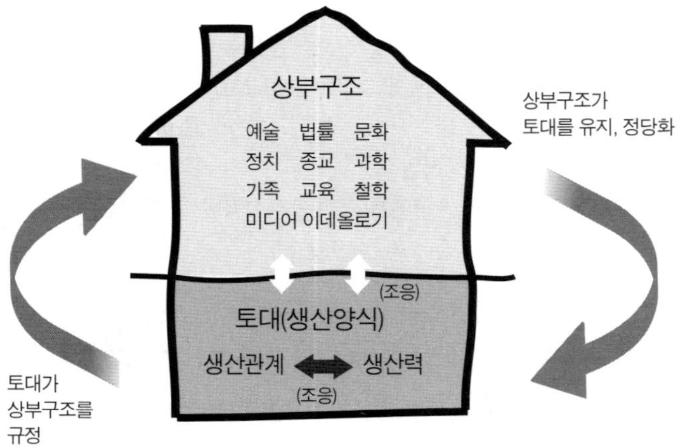

존재를 규정하는 것이 아니라 존재가 의식을 규정한다. 그러나 조응 상태는 고정된 것이 아니라 변화하며, 그 변화의 원동력은 불가역적인 생산력의 발전이다. 사회는 상부구조가 토대에 조응하며 토대 내에서 생산관계가 생산력과 조응하지만, 생산력이 발전하면서 기존의 생산관계와 부조응하게 된다. 즉, 기존의 생산관계는 생산력과 모순을 일으키면서 변증법적인 변화를 한다. 나아가 토대의 변화에 대해 상부구조가 부조응하면서 사회 전체가 변증법적인 변화를 경험한다. 마르크스에 의하면, 인류 역사는 이러한 변증법적 발전 과정을 통해 새로운 적대적 계급 관계의 사회구성체를 탄생시켰으며, 자본주의는 그런 계급 대립의 마지막 단계에 해당한다.

사회구성체론에 의하면 토대는 변하며 그에 따라 인간의 의식과 행동도 변한다. 따라서 물질적 인센티브에 반응하는 '경제인'은 보편적 인간이 아니라, 사실 자본주의적 생산양식에 부합하는 인간일 뿐이다. 물론 이러한 사회구성체론은 고도로 추상화된 설명이다. 사실 현실의 사회구성체에는 지배적이거나 부차적인 몇 개의 생산양식이 공존한다. 그렇기 때문에 자본주의 사회구성체에서도 기본 계급인 자본가와 노동자 외에 다양한 계급, 예컨대 소부르주아(자영업자)나 소경영의 농민 계급 등도 존재한다. 또한 토대와 상부구조 사이의 조응과 부조응의 관계가 단선적 혹은 일방적 방향으로 나타나는 것은 아니다. 비록 궁극적으로 상부구조를 규정하는 것은 토대(즉, 생산양식)이지만 그러한 교조주의적 해석을 경계하면서 상부구조인 정치와 이념이 사회구성체 변화에 중요한 역할을 한다고 보는 견해도 있다. 이처럼 경제결정론 또는 단선적 인과론을 배격하고 중층적 결정(over-determination)[1]을 주장하는 마르크스주의자들은 상부구조인 국가의 상대적 자율성을 주장한다(본서 제11장 참고).

2) 잉여가치론

인류의 마지막 계급 사회인 자본주의에 대한 마르크스의 분석에서 핵심은 '잉여가치'라는 개념이다. 마르크스는 고전학파의 노동가치설을 계승하여 노동이 가치의 유일한 형태라는 것에서 출발하였지만, 애덤 스미스나 리카도의 노동가치설이 내포하고 있는 문제점을 극복하고 보다 완전한 형태의 노동가치설을 완성시켰다. 마르크스는 '상품의 사용가치로 결실되는 노동시간은

1 프로이트(S. Freud)가 정신 분석의 핵심 개념으로 사용하였으며, 알튀세르(L. Althusser)는 어떤 정치적 상황에서 복수의 상반된 힘들이 한꺼번에 작동하는 것을 설명하는 개념으로 사용하였다.

사용가치를 교환가치로, 따라서 재화를 상품으로 전환시키는 실체일뿐 아니라 가치의 크기를 정확하게 측정하기 위한 기준'이라고 하였으며 따라서 '교환가치로 보면 모든 상품은 단지 어떤 양의 응고된 노동시간일 뿐'이라고 하였다. 즉, 상품에 구체화된 노동시간이 상품가치의 근원이고 척도라는 것이다.

마르크스의 노동가치설의 특징은, 애덤 스미스와 리카도의 노동가치설이 단지 상품가치의 결정 원리에 불과하였던 것과는 달리, 그것을 노동력이 상품화되는 특별한 사회체제와 연관시켰다는 점이다. 마르크스는 상품의 가치를 구성하는 세 가지 요소를 구분하였다. 즉, 살아 있는 노동의 구입을 위한 가변자본, 생산에 필요한 원료 및 기계의 구입을 위한 불변자본, 그리고 생산과정에서 발생하고 자본가가 수취하는 잉여가치이다. 잉여를 발생시키는 것은 살아 있는 노동이며, 원료나 기계의 생산에 투입된 이전의 노동은 생산 과정에서 새로운 상품으로 가치가 이전될 뿐이다. 마르크스는 자본주의를 이해하고 계급투쟁을 설명하기 위한 핵심 개념인 잉여가치를 살아 있는 노동력의 상품화로부터 설명하였다.

상품으로서 노동력의 사용가치는 노동이 가진 특별한 기능을 의미하며, 교환가치는 노동력의 재생산비용, 즉 노동력을 유지하기 위한 비용을 의미한다. 노동자는 고용주에게 하루의 노동력을 팔고 그것의 교환가치인 노동의 재생산비용(임금)을 받으며, 자본가는 하루의 노동력이 갖고 있는 사용가치를 갖는다. 잉여는 하루의 노동력이 생산하는 상품의 가치와 노동력의 교환가치인 임금의 크기가 같지 않다는 사실로부터 발생한다. 즉, 자본가가 고용한 노동자의 노동은 노동력의 재생산비용에 상응하는 필요노동과 그것을 초과하는 잉여노동으로 구분된다. 예컨대, 하루의 노동시간 10시간 중 5시간은 임금으로 지급된 가치와 동일한 필요노동시간이라면 나머지 5시간이 잉여노동시간이며 잉여가치율은 100%이다. 노동력이 상품으로 전환되는 자본주의 경제에서 노동력의 구매자인 자본가는 이처럼 노동자에게 지불하는 임금보다 높은 가치의 상품을 얻는다. 만약 이것이 불가능하다면 자본가는 노동력을 구매하지 않을 것이다.

노동의 상품화는 자본주의 사회의 물신숭배(commodity fetishism)로 연결된다. 물신숭배는 생산 및 교환에서의 인간 상호 간의 관계를 시장 거래에서 교환되는 화폐 및 상품과 같은 사물 간의 관계로 인식하는 것이다. 자본주의 사회에서는 누가 무엇을 만들고 누구를 위해 일하며 어떤 노동을 투입하여 어떤 상품을 만드는지 등의 생산의 사회적 관계는 등가 교환되는 사물 간의 관계로 변한다. 즉, 시장에서 각 개별 생산자의 상품은 누가, 어디서, 또는 어떤 특정 조건에서 생산하였는지에 관계없이 추상적 노동시간이라는 비인격적(impersonal) 형태로 나타나며 이로써 생산의 사회적 관계는 모호해진다. 개의 꼬리가 몸통을 흔들듯이, 상품이 생산자인 인간을 지배하고 인간은 자신이 만든 상품을 물신으로 숭배하게 된다. 마르크스는 이런 물신숭배가 나타나는 이유를 다음과 같이 설명하였다.

> 상품 세계의 이와 같은 물신숭배적 성격은 … 상품을 생산하는 노동 특유의 사회적 성격으로부터 발생한다. … 생산자들은 그들의 노동 생산물의 교환을 통해서만 사회적으로 접촉하기 때문에 그들의 사적 노동의 독특한 사회적 성격도 역시 이 교환에 있어서만 비로소 나타난다. … 그러므로 생산자들에게는 그들의 사적 노동 사이의 사회적 관계가 노동하는 개인들 사이의 직접적 사회적 관계로서가 아니라, 실제로 눈에 보이는 바와 같이, 사물을 통한 개인들 사이의 관계로, 그리고 사물들의 사회적 관계로 나타나는 것이다(Marx 1867: 47-48).

상품은 시장에서 가격으로 교환된다. 그런데 상품의 가치가 상품에 구체화된 노동시간에 의해 결정된다는 노동가치설은 리카도가 해결하지 못한 문제, 즉 동일한 노동시간이 투입된 상품이라도 동일한 가격으로 거래되지 않는다는 문제를 안고 있다. 마르크스는 이처럼 상품의 실재 가치와 시장에서의 가격 사이에 괴리 문제를 가치가 가격으로 전환되는 과정에서 생기는 전형(transformation) 문제라고 하였다. 이에 대해 마르크스는 자본 간의 경쟁으로 인해 상품이 자본에 잉여가치가 아니라 평균 이윤을 추가한 가격으로 거래되기 때문에 시장 가격이 상품에 구체화된 노동가치와 불일치하게 된다고 하였다. 즉, 상품의 진정한 가치는 불변자본(c), 가변자본(v)과 잉여가치(s)의 합($c+v+s$)이지만, 시장 가격은 생산비($c+v$)에 평균 이윤($r=S/(C+V)$)의 합($c+v+r$)으로 결정된다(소문자는 개별 상품, 대문자는 경제 전체를 의미함). 따라서 상품의 실제 가치와 시장에서의 가격 간에는 괴리가 존재한다. 그러나 경제 전체로 보면, 상품 가격의 합은 생산 과정에서 구체화된 노동가치의 합과 같으므로 상품에 구체화된 노동이 가치의 근원이라는 노동가치설은 여전히 유지될 수 있다.

3) 자본주의 경제체제 분석

마르크스는 『자본론 제1권』(*Capital 1*, 1867) 서문에서 자본주의 경제체제의 운동 법칙을 분명히 하는 것이 책을 저술한 목적이라고 하였다. 그는 자본주의를 생산수단의 사적 소유를 수반하는 교환 경제이면서 생산수단을 소유한 자본가와 그들에게 자신의 노동을 팔지 않으면 안되는 노동자 계급으로 구성된 경제라고 하였다. 마르크스는 다른 경제학자들과 달리, 사회를 단순하게 기계론적으로 이해하지 않고 유기체로 이해함으로써 동학적으로 분석하고자 하였다. 즉, 자본주의 체제를 주어진 조건으로 취급하지 않고 체제 자체가 변하는 것으로 인식하고 그것을 다음과 같은 논리로 설명하였다([그림 3-2] 참고).

가치에서 가격으로의 전형 과정에서 유기적 구성(c/v)이 큰 자본일수록 사회의 총 잉여가치에서 차지하는 몫이 상대적으로 커진다. 즉, 자본집약적 방법으로 생산된 상품은 본래의 가치 이상의 가격으로 판매되지만, 상대적으로 노동집약적 방법으로 생산되는 상품은 본래의 가치 이하의 가격으로 판매된다. 이에 서로 경쟁하는 자본가는 더 많은 잉여가치를 차지하기 위해 유기적 구성이 높은 방법, 즉 자본집약적인 방법으로 생산하려고 한다. 따라서 자

그림 3-2 마르크스의 자본주의 발전 이론의 모식도

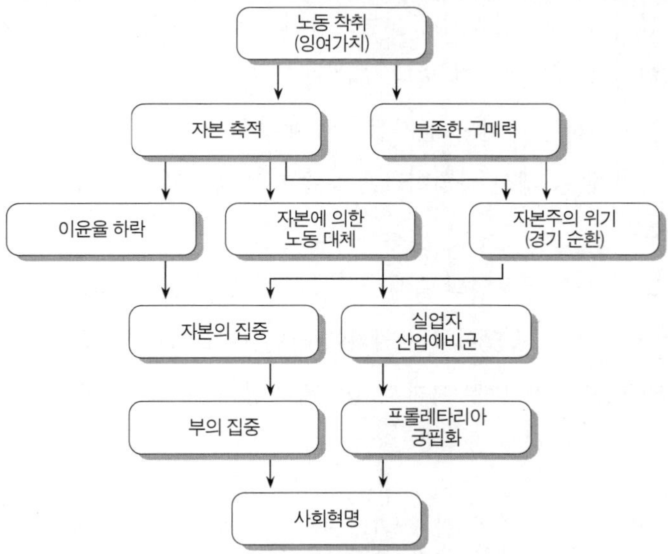

자료: Widodo(2008: 14).

본 축적은 기업가의 타고난 이기심 혹은 공리주의적 성향 때문이 아니라 자본주의적 경쟁 사회에 존재하는 무언의 '사회적 압력'과도 같은 것이다. 또한 자본 축적에 의해 사회 전체적으로 유기적 구성이 높아진다는 것은 가변자본, 즉 노동자의 구매력이 상대적으로 작아진다는 것을 의미한다.

자본가들 간의 경쟁으로 자본 축적이 강화되면 사회 전체의 유기적 구성이 증가하면서 이윤율이 하락한다. 즉, 평균 이윤율 산식은 $(S/V) / (1+C/V)$로 표현할 수 있으며, 산식에서 잉여가치율이 일정하다고 가정하면 자본의 유기적 구성이 높아질수록 평균 이윤율은 하락한다. 또한 자본의 유기적 구성이 높아진다는 것은 자본에 의한 노동의 대체를 의미하며 따라서 실업자가 발생하게 된다. 마르크스는 그들을 산업예비군(reserve army)이라고 하였다. 평균 이윤율 하락에 대해 자본가들은 속수무책으로 있지 않고 가능하면 산업예비군을 통한 임금의 압박이나 노동시간의 연장과 노동 강도의 강화를 통해 이윤율 하락을 저지하고자 한다. 그럼에도 자본 축적이 강화되면서 생산의 잠재력은 증대하는 반면, 노동자들의 구매력은 상대적으로 감소함으로써 수요의 증가가 없는 생산 과잉이라는 모순이 발생하고 결국 주기적 공황으로 이어진다.

마르크스가 자본주의의 속성상 과소 고용과 과잉 생산의 모순이 점차 심화되며 반복적으로 공황이라는 위기에 직면한다고 한 것은 놀라운 예측이었다.[2] 그러나 공황으로 바로 자본주의 체제가 붕괴하는 것은 아니다. 공황을 통

2 오스트리아학파의 하이에크는 공황의 원인을 과잉 투자에서 찾는다. 산출물의 변동은 단기 대출 금리가 자연 이자율에서 벗어나기 때문이며, 대출 금리가 자연 이자율보다 낮으면 신용과 투자가 빠르게 증가하면서 미래의 산출은 증가하지만, 저축이 감소하면서 미래의 소비는 감소한다. 그 결과 미래의 산출과 수요가 불일치한다. 마침내 금융기관은 신규 대출을 줄이고 기존 대출을 회수하며 금리가 상승하고 기업의 투자가 감소하면서 불황이 도래한다. 불황으로 과잉 설비가 정리되면

해 경쟁력이 취약한 자본이 부도 사태로 업계에서 퇴출되는 자본의 파괴가 일어난다. 이로 인해 사회 전체로는 자본의 유기적 구성이 낮아지고 평균 이윤율이 회복되며, 소수의 자본가에게 자본 집중이 강화되고 그들이 시장을 지배한다. 한편으로는 반복적으로 일어나는 공황을 통해 부의 집중이 심화되며, 다른 한편으로는 광범하게 존재하는 산업예비군과 임금에 대한 압박으로 노동자의 궁핍화가 심화된다. 부의 집중과 노동자 계급의 궁핍화는 마침내 자본주의와 양립할 수 없는 지점에 도달하게 되고 자본주의적 사유재산 제도의 조종을 울리는 사회혁명으로 이어진다는 것이 마르크스의 예언이었다.

마르크스의 이론이 결과적으로 항상 옳았던 것은 아니다. 그는 "자본의 축적이 진전됨에 따라 노동자의 운명은 그의 보수의 높고 낮음에 상관없이 반드시 악화된다는 결론을 도출하고, 한편에 있어서 부가 축적됨과 동시에 다른 한편에서는 궁핍, 고역과 번민, 노예화, 무지, 야만과 정신적 타락이 축적"(Marx 1867)된다고 하였다. 비록 마르크스가 임금의 절대적인 하락을 단정한 것은 아니라고 하지만, 노동자의 생활 조건이 지속적으로 악화되고 자본주의가 더욱 심각한 위기를 직면하게 된다고 한 것은 역사적으로 증명되었다고 보기 어렵다. 마르크스의 『자본론』이 나온 이후에도 자본주의는 이윤율 하락이라는 파국을 맞지 않고 성장하였으며, 특히 현재와 같은 혼합경제체제 하에서 노동자와 자본가 간의 계급갈등은 일정한 정도로 조절되고 있다고 볼 수 있다. 그럼에도 불구하고 마르크스가 자본주의 분석을 통해 발견한 여러
55 문제들, 특히 부와 권력의 집중과 경제적 불평등은 오늘날에도 여전히 해소되지 못한 채 심각해지고 있다.

이윤 및 투자가 다시 증가한다. 공황에 대한 이러한 설명은 마르크스의 설명과 유사하지만, 하이에크는 마르크스 이론에 반대하고 자본주의 시장경제를 옹호하였다.

요컨대, 마르크스에게 있어서 잉여가치 개념은 자본주의 사회의 전 과정을 이해하고 계급투쟁을 사회경제의 발전 모형 속에서 설명하는 핵심적 고리였다. 즉, 잉여가치는 자본 축적과 성장을 위한 원동력이면서 동시에 결국 자본주의를 붕괴시키게 되는 계급 간의 불가피한 투쟁을 가져오는 원인이다. 그런데 마르크스는 반복적인 공황이 저절로 자본주의 사회의 붕괴를 가져온다고는 보지 않았으며 사회의 변화는 계급갈등과 계급혁명을 통해서 달성된다고 보았다.

3. 계급갈등과 계급의식

1) 계급과 계급갈등

마르크스는 인간의 유적 본질을 계급으로 본다. 계급은 마르크스 이론에서 핵심적 개념 중 하나이다. 마르크스나 그의 동지 엥겔스(F. Engels) 그 누구도 계급에 관해 체계적이고 명확하게 설명하지는 않았지만 계급은 마르크스 이론 전체의 출발점이자 종착점이라고 할 수 있다. 마르크스는 소득이나 지위가 아닌, 생산수단의 소유 관계에 따라 계급을 정의한다. 사회는 생산 과정에서 생산수단을 소유한 자와 소유하지 못하고 노동하는 자로 나뉜다. 이처럼 계급은 생산 과정에서의 위치에 의해 결정되며 개인의 정치적, 이념적 의식을 결정한다. 즉, 계급은 단순히 개인의 속성에 따른 서열상의 계층이 아니라 생산 과정에서의 관계적 개념이며, 대칭적 관계가 아니라 착취에 기초한 적대적 관계의 개념이다.

마르크스에 의하면, 자본주의 사회는 생산수단을 소유한 소수의 자본가와 다수의 임노동자라는 계급으로 구성되며, 이러한 계급 구조는 임노동자에 대한 자본가의 착취관계와 연결되어 있다. 생산수단을 소유하지 못한 임노동자는 자신의 노동력을 팔아야 생존할 수 있으며, 생산수단을 소유하는 자본가는 그 소유에 기초하여 임노동자가 생산한 잉여를 수탈한다. 자본주의 사회에서 이들이 기본 계급이며, 그 외의 포섭(subsumed) 계급이 있다. 이들 포섭계급은 기본 계급인 잉여가치 생산자와 착취자 간의 관계에 의존한다. 즉, 그들은 착취된 잉여노동을 자본가로부터 분여 받지 못하면 스스로를 재생산할 수 없다. 기본 계급과 포섭 계급의 구분은 잉여가치의 생산 과정과 분배 과정의 구분과 관련되어 있다. 즉, 잉여노동의 생산과 수탈은 기본 계급의 과정이며, 수탈한 잉여노동의 분배는 포섭 계급의 과정으로 구분된다.

유적 존재로서 인간의 행동은 계급에 의해 규정된다. 개인은 자신이 속한 계급의 이해관계와 정체성을 공유하며, 그의 행동은 계급적 위치에 따른 사회적 권력에서 나온다. 따라서 계급적 위치는 다양한 행동에 대한 강력한 예측자가 될 수 있다. 모든 개인은 생산 및 분배 과정에서의 위치에 따라 특정 계급에 속하며, 계급의 속성상 계급 간의 관심사와 가치관은 서로 크게 다를 수밖에 없다. 계급 구성원으로서의 개인은 자기 계급의 경제적 이익을 의식하고 공유하며 그러한 이익을 확대시키기 위한 집단 행동에 참여한다.

그러나 마르크스주의 전통 속에서도 계급에 대한 조금 다른 해석이 있다. 정치학자 풀란차스(N. Poulantzas)는 계급이 생산 과정에서의 위치에 의해서만 정의되지는 않는다고 본다. 경제적 위치는 사회 계급을 결정하는데 중요한 역할을 하지만, 계급을 결정하기에 충분하지는 않다는 것이다. 정통 마르크스주의는 경제적 범주가 사회구성체에서 결정적 역할을 한다고 주장하지만

(경제결정론), 풀란차스는 마르크스나 엥겔스가 계급을 경제적 범주로 제한하지 않았다고 하면서 정치적, 이데올로기적 범주도 중요한 역할을 한다고 주장한다. 따라서 계급 분석은 경제적, 정치적, 문화적 과정을 포함해야 하며 그것들이 기본 계급을 중층적으로 결정한다고 본다. 또한 그는 자본가와 노동자만으로 자본주의 사회를 이해하기는 어렵고, 기본 계급 외의 계급도 중요하다고 본다.

계급은 마르크스주의자뿐 아니라 사회학자, 정치학자, 인류학자 및 사회사학자들에게도 중요한 분석 주제이다. 그러나 계급의 정의에 대한 합의가 있는 것은 아니며, 따라서 계급은 종종 상충되는 다양한 의미로 사용되고 있다. 마르크스를 추종하지 않는 사회학자들은 사회 계층이나 계급을 소득, 직업 또는 지위, 자산 등을 기준으로 구분한다. 베버(M. Weber)는 계층을 공통된 목표와 기회가 있는 사람들의 그룹으로 규정하였다. 그는 사회 계층화에 관한 여러 주요 개념을 만들었으며, 부, 지위, 권력이라는 세 가지 요소를 기준으로 마르크스보다 훨씬 다양하게 계층을 구분하였다. 베버가 말하는 부는 소유뿐 아니라 출생 및 개인적 성취를 기반으로 하는 개인의 경제적 위치를 의미한다. 그러나 베버는 그것이 계층을 결정하는 최고 유일한 요소가 아니라고 보는 점에서 마르크스와 다르다. 지위는 개인의 명성, 사회적 명예 또는 사회에서의 인기를 의미하며, 권력은 다른 사람의 저항에도 불구하고 특히 자신의 방식으로 사회 변화를 이끌 수 있는 능력을 말한다.

마르크스는 「공산당선언」("Communist Manifesto," 1848)에서 "지금까지의 모든 사회의 역사는 계급투쟁의 역사"라고 선언하였다. 그는 사회를 이기적인 개인 간의 조화로운 질서로 바라보는 주류 경제학의 관점을 거부하고 생산수단을 둘러싼 계급갈등 혹은 계급투쟁의 관점에서 바라본다. 잉여의 착취는 생산수단을 소유한 사람과 그렇지 않은 사람 사이에 존재하며 따라서 한 계급의 이익은 다른 계급의 이익과 충돌한다. 이것은 서로 다른 계급에 속한 개별 구성원 간의 충돌로 이어지고 그것이 점차 일반화되면서 계급투쟁은 역사적 과정에서 중요한 변화와 전환을 가져온다. 마르크스는 계급 사회의 마지막 단계인 자본주의 사회에서 훈련되고 단합되고 조직된 노동 계급의 투쟁이 증가한다고 보았다. 그는 자본주의 사회에서 잉여를 둘러싼 계급갈등이 마침내 프롤레타리아 혁명을 통해 불평등의 원천인 사유재산 제도를 폐기한다고 하였다. 「공산당선언」은 자본주의 체제를 계급 없는 사회인 사회주의로 대체하고 계급체제를 뒷받침하는 사회적 관계를 변화시키고 마침내 미래의 공산주의 사회를 발전시키는 것이 프롤레타리아 혁명의 목표이자 사명이라고 하였다.

계급은 상호 적대적 관계하의 계급적 실천, 즉 계급투쟁 속에서 존재한다. 계급투쟁 또는 계급갈등은 경쟁하는 사회경제적 이해와 욕구로 인해 상이한 계급에 속하는 사람들 사이에 존재하는 긴장 또는 적대감에서 비롯된다. 노동가치론의 원조 격인 애덤 스미스도 사회를 이해함에 있어서 계급갈등을 중요하게 보았다. 그는 임금이 노동자와 자본가 사이의 정치적, 경제적, 사회적 투쟁에 의해 결정되며 그 투쟁에서 자본가가 거의 항상 우위에 있다고 하였다.[3] 뿐만 아니라 리카도 역시 분배를 둘러싼 계급갈등이 존재함을 인식하였다. 그러나 계급갈등에 대한 스미스나 리카도의 인식은 노동가치론의 관점에서 필연적으로 도출되는 정도에 불과하였다. 그것에 비해, 마르크스가 말하는 계급투쟁은 생산관계와 정치적, 이념적 지배와 종속이라는 관계에서

3 애덤 스미스는 노동가치론에 입각한 계급갈등과 보이지 않는 손에 의한 사회적 조화라는 두 가지 전통을 남겼는데, 전반적으로 후자에 무게 중심을 두었다고 할 수 있다.

비롯되는 계급적 실천이며, 사회적 다수를 위한 급진적인 사회적, 정치적 변화에 영향을 미치는 핵심 교리이자 변화를 위한 실질적 수단이다.

한편, 모든 계급투쟁이 파업과 폐업처럼 반드시 폭력적이거나 급진적인 것은 아니다. 계급 간의 적대감은 노동자 측에서의 사기 저하, 사보타주 및 절도 행위, 개별 노동자의 사소한 권한 남용 및 정보 은닉으로도 표현될 수 있다. 반면, 자본가 측에서는 노조 방해 활동과 반 노조법에 대한 로비 활동 등의 형태로 나타난다. 한편, 흔히 '경제주의'라고도 하는 노동자의 임금 인상 투쟁은, 자본주의의 현상 유지를 거의 위협하지 않는다. 특히 다른 노동자를 숙련 직종에서 배제하는 직종별 노동조합이 벌이는 임금 인상과 같은 경제투쟁은 오히려 노동 계급 전체를 분열시키고 약화시킬 수 있다.

2) 계급의식과 허위의식

마르크스는 사회구성체 내에서의 계급갈등 혹은 계급투쟁을 역사의 주요 원동력이라고 하였다. 계급갈등은 본질적으로 계급의식이라고 알려진 통일된 계급적 이해에서 발생한다. 마르크스에 의하면, 계급 구성원은 공통의 이해와 관심사를 가지고 있으며, 상호 적대적인 계급 사이의 이해관계는 근본적으로 상이하다. 즉, 계급은 서로 다른 본성과 이해관계를 가진 집단이며, 이해관계의 기반에는 계급 집단 간의 근본적인 적대감이 존재한다. 계급투쟁이 일어나는 것은 계급 구성원이 공유하는 계급적 이해관계와 정체성을 깨닫고 적대적 계급과의 갈등을 인식할 때이며, 여기서 계급의식이 생겨난다. 계급의식은 사회 계급이나 사회에서의 경제적 지위, 계급의 구조, 계급의 이익에 대해 갖는 신념의 집합이다. 계급의식은 단순히 자신이 속한 계급이 공유하는 이해관계와 공통의 정체성에 대한 인식뿐 아니라, 사회가 법적, 문화적, 사회적, 정치적으로 어떻게 조직되어야 하는지에 대한 일련의 공통적 견해를 포함한다. 계급의식은 어떤 사람에 관련된 것이 아니라 어떤 역할과 관련 있다는 점에서 특별하다. 즉, 계급의식은 사회 계급의 자기 인식이며, 계급적 이익을 위해 행동할 수 있는 실천과 관련되어 있으며, 계급이 설정한 역사적 과제에 대해 의식하는 정도를 말해 준다.

계급의식과 관련하여, 마르크스는 계급의 개념을 즉자적 계급(class in itself)과 대자적 계급(class for itself)으로 구분하였다. 계급은 즉자적 계급과 대자적 계급, 즉 객관적 요소와 주관적 요소의 조합이라고 할 수 있다. 즉자적 계급은 경제적 관계, 즉 생산수단에 대한 관계와 생산 과정에서의 지위에 의해 객관적으로 정의되는 계급이다. 생산 과정에서 계급의 모든 객관적 지위는, 필연적으로 구조적인 결정이 미치는 효과와 정치적, 이념적 지위에 의해 특징지워진다. 그러나 즉자적 계급은 계급의식이나 자발적인 정치 조직을 갖고 있지 않으며, 따라서 부르주아 이데올로기에 의해 심각하게 오염될 수 있다. 대자적 계급은 계급의식과 자발적인 정치 조직을 갖춘 계급, 즉 자신의 이익을 적극적으로 추구하는 조직된 계급으로 정의된다. 혁명적 프롤레타리아 계급의식과 자발적인 계급투쟁 정당은 계급이 사회적 세력으로서 개입하기 위한 조건을 구성한다.

루카치(G. Lukács)는 『역사와 계급의식』(*History and Class Consciousness*, 1971)이라는 책에서 실제적이고 주관적인 의식을 뛰어넘는 귀속적(ascribed) 계급의식, 즉 한 계급이 자신의 이익에 대해 충분히 자각할 때 갖는 계급의식에 관해 다음과 같이 설명하였다. 계급의식은 계급을 구성하는 개인들에 의해 생각되고 느껴지는 것들의 단순한 총합이나 평균이 아니다. 역사적으로 의미 있는 계급 전체의 행위는 결국 계급의식에 의해 결정되며 개개인의 생각에 의해 결정되지는 않는다. 발달된 계급의식이 프롤레타리아로 하여금 역사의 주체인 동시에 객체가 되도록 한다. 부분에 대한 전체의 절대적 우위야말로 마르크스가 헤겔로부터 이어받은 방법론의 핵심이고, 현실은 오직 전체로서만 이해되고 통찰될 수 있으며 그런 통찰력을 가진 계급만이 적극적으로 사회 현실을 관통하고 그것을 완전히 바꾸어 놓을 수 있다. 루카치는 계급의식이 태생적인 것 아니라 획득되는 것이며 저절로 보장되는 것이 아니라 항구적인 투쟁의 결과라고 하였다.

마르크스는 「공산당선언」에서 계급의식과 연대를 통해 계급이 '형성'된다고 하였는데, 역사학자 톰슨(E. P. Thompson)은 구조주의적 마르크스주의와는 달리, 계급이 생산관계의 맥락에서 구조적으로 결정되는 것이 아니라, 계급투쟁을 통해 계급의식을 축적하면서 형성되어 가는 것이라고 하였다. 즉, 계급은 어느 시점에 태양처럼 떠오르는 것이 아니라, 태어나면서 혹은 비자발적으로 맺게 되는 생산관계에 의해 결정되는 공통의 계급적 경험을 통해 이해관계의 동질성을 느끼면서 스스로를 형성해 간다. 이러한 계급 형성의 관점에서 보면 계급의식은 그런 계급적 경험들이 문화적 의미로 해석되는 방식, 즉 전통과 가치 체계, 이념, 제도적 형태로 구체화되는 방식이라고 할 수 있다(Neals ed. 1983).

루카치에 의하면 프롤레타리아는 진정한 계급의식을 성취할 수 있는 역사상 최초의 계급이다. 그러나 부르주아를 포함하여 다른 모든 계급은 역사의 전체성을 이해하지 못하는 '허위의식'에 갇혀 있다. 계급의식이 사회 계급 또는 경제적 지위에 대해 갖는 일련의 신념 체계라면, 허위의식은 프롤레타리아 구성원이 자본주의 사회에서의 불평등, 억압, 착취를 실제로 있는 그대로 인식하지 못하고 자신의 계급적 위치와 이해를 무의식적으로 잘못 인식하며, 그 결과 계급 간 착취관계를 은폐하고 오도하는 상태를 가리킨다. 허위의식은 지배 계급의 이데올로기를 통해, 또는 정치적, 비정치적 제도뿐만 아니라 예술 및 기타 문화적 요소를 통해 촉진된다. 신마르크스주의인 프랑크푸르트학파의 비판이론은 사회 계급의 존재를 중립화하고 정당화하는 허위의식이 자본주의 사회에 널리 퍼져 있음을 지적한다.

|보론 1| 뒤르켐의 사회학

사회 정학과 사회 동학이라는 용어를 사용함으로써 사회학의 산파 역할을 한 프랑스의 사회학자 콩트(A. Comte)는 개인보다는 사회 구조와 사회 변동에 관심을 가져야 한다는 연구 지침을 제시하였다. 콩트는 사회가 생물학적 물질이나 무기질 물질과는 구별되는 별개 차원의 현실을 구성한다고 생각하였다. 따라서 사회 현상은 그런 차원에서 설명되어야 하며 개인은 단지 비교적 안정된 사회적 역할을 일시적으로 맡은 자일뿐이라고 하였다. 사회학의 방법론에 기초를 놓은 뒤르켐은 콩트의 이런 관점을 계승하였다.

뒤르켐은 인간을 내적으로 모순적이고 분열된 존재로 이해하였다. 그는 모든 사람에게는 두 가지 종류의 의식, 즉 개인과 비개인이라는 두 측면의 의식을 가지고 있다고 하였다. 한편으로 우리의 육체는 끊임없는 소망과 욕망의 근원이지만, 다른 한편으로 우리의 존재는 사회적 산물이며 내면화된 사회적 요구로 이기주의를 감시하고 제한한다. 뒤르켐은 이러한 인간 본성의 이중성이 우리의 실존을 반영한다고 하였다. 그는 사회를 단순히 개별 부분의 합과 동일시할 수 없는 독특한(sui generis) 실체라고 하였다. 사회는 그 구성원인 인간들과는 별개로 독립적으로 존재하며 개인으로 환원하여 설명할 수 없는 고유한 특성을 갖고 있다. 그에 의하면, 결정은 사회 또는 집단이 하고 개인은 그 결정에 복종한다. 사회는 개인보다 훨씬 이전부터 존재하였고 이후로도 오랫동안 존재할 것이라는 점에서 개인보다 우선권을 갖는다. 이러한 관점에서 개인의 행동은 개인의 주권적 결정의 결과가 아니라 사회가 개인에게 부과하는 사회적 압력에 순종한 결과로 간주된다(Subrt 2015).

개인들이 시장에서 계약을 맺는 행위를 강조하는 것은 물론 중요하지만,

계약 속에 '비계약적 요소'가 있어야 계약 자체가 가능하다는 사실을 간과하게 할 위험을 내포하고 있다. 법률, 국가, 관습, 도덕, 역사 등의 비계약적 요소는 사회를 하나로 묶는 접착제 역할을 한다. 뒤르켐은 개인이 원천이 되어 사회가 탄생한다고 말하는 것은 하나의 신화일 뿐이며 오히려 사회가 발전하여 나타난 결과물이 개인이라고 하였다(Hann and Hart 2011). 개인은 공동의 목적을 위해 단결하고 집단을 위해 자신의 이익을 접기도 하며, 사회는 당근과 채찍을 통해 개인이 그렇게 행동하도록 한다. 물론 개인은 아무런 생각이 없이 순응하는 것이 아니며, 사회적 삶을 통해 사회와 끊임없는 상호작용한다. 따라서 뒤르켐에 의하면 인간의 의식은 이성의 산물이 아니라 사회적 산물이다.

뒤르켐의 핵심 관심사는 사회가 어떻게 내부적 안정을 유지하면서 존속하는지에 대한 것이었다. 마르크스는 계급투쟁을 역사의 원동력으로 보았지만, 뒤르켐은 사회의 통합과 기능적 안정성을 강조하였다. 그는 사회가 공유하는 가치, 공통의 상징 또는 교환 체계로 결합된 하위 집단으로 분할되는 경향이 있다고 하였다. 또한 시간, 공간, 계급, 숫자 등 일상적으로 사용하는 많은 범주가 사실 집단적 인간의 진화적 산물이라는 점을 강조하기 위해 집합 표상(collective representation)이라는 개념을 사용하였다. 집합 표상은 고립된 개인이 아니라 사회 구성원들이 공유하는 일련의 관념, 사상, 가치, 신념이며, 집단의식 또는 집단 구성원들의 암묵적 합의라고 할 수 있다. 집합 표상은 끊임없이 서로를 인정하고 동조하도록 하는 힘을 갖고 있기 때문에 개인에 대한 외부적 압력으로 작용하기도 한다. 집합 표상은 시대와 상황에 따라 달라지며, 일반적으로 느리게 변하고 사회적 권위에 의해 지지된다. 구성원들이 기꺼이 헌신할 수 있는 집합 표상이 없는 사회는 통합에 심각한 결함을 갖는다. 즉, 사회 유지와 통합을 가능하게 하는 것은 구성원들의 신념과 그에 근거한 행동이다.

산업화 이전 사회의 구성원들 사이에는 '공동 정서 및 공유의 도덕적 가치에 기반한 사회적 유대'가 강하였다. 그러나 복잡한 현대 사회의 구성원들은 '서로 매우 다른 작업을 수행하며 그것은 구성원들의 강한 상호 의존성'을 낳는다. 뒤르켐은 전자를 기계적(mechanical) 연대, 후자를 유기적(organic) 연대의 사회라고 표현하였다. 기계적 연대는 사회 구성원들이 유사한 가치와 신념을 유지하고 유사한 유형의 일에 참여할 때 발생하는 사회적 결속의 형태이다. 반대로 유기적 연대는 사회 구성원들이 상호 의존적이지만 다양한 가치와 신념을 유지하고 다양한 유형의 일에 참여할 때 발생하는 사회적 결속의 형태이다. 기계적 연대는 대부분이 가축과 농작물을 키우는 일을 하는 전통적이고 단순한 사회에서 일반적으로 나타나며, 유기적 연대는 현대의 대도시와 같이 산업화되고 복잡한 사회에서 가장 일반적으로 나타난다. 기계적 연대의 사회에서 개인은 자신의 의사와 상관없이 자동적으로 권리와 의무를 부여받고 타인과 정서적 교감을 하고 서로를 동질적으로 인식하는 반면, 유기적 연대의 사회에서는 구성원들 간의 관계가 익명적이고 서로를 이질적으로 인식한다. 물론 항상 정확히 맞아떨어지는 것은 아니지만, 전자의 경우에는 자기 의사와 별 관계없이 지연과 혈연에 의해 자연스럽게 서로가 결속되고, 후자의 경우에는 계약에 의해 서로가 결속된다.

뒤르켐의 '자살론'은 사회가 유지되기 위해서는 사회의 안정성과 내부 응집력이 필요하다는 것을 설명해 준다. 뒤르켐은 자살을 개인의 심리 상태의 문제가 아니라 집단 또는 사회의 성격과 관련된 문제로 보고 다음과 같이 설명하였다. 첫째, 사회나 집단의 통합 정도에 따라 자살률이 다르며 응집력이 강한 사회일수록 자살률이 낮다. 둘째, 응집력이 약한 사회에서 나타나는 자살은 이기적 자살이다. 응집력이 약한 사회에서는 집단주의보다 개인주의가 강하고 연대감이 약하며, 개인의 관심사는 자기 자신뿐이며 자살을 하는 사람도 자기 외의 타인들에게는 관심이 없다. 셋째, 응집력이 강한 사회에서도 자살이 있는데 그것은 이타적 자살이다. 집단의 힘이 개인을 완전히 압도하면 개인과 집단은 분리되지 않고 완전한 일체가 되어 집단이 자살을 강요하더라도 거기에 순응한다(예컨대, 전체주의자나 근본주의자의 자살 테러). 넷째, 소외로 인한 아노미적 자살이 있는데, 그것은 사회가 갑작스러운 변화로 무규범(아노미) 상태, 즉 인간의 욕망을 억제할 수 있는 장치를 갖지 못한 상태에 있을 때 발생한다.

뒤르켐의 사회학은 다음과 같은 점에서 반공리주의적이고 반개인주의적이며 사회 진화론적이다. 첫째, 사물의 가치는 전적으로 사회적 구성물이며 개인의 효용이나 욕구에 기초하지 않는다고 본다. 우리가 어떤 것을 원하는 이유는 그것이 좋은 것이라고 믿게 하는 집합 표상의 절대적인 힘 때문이다. 단, 경제는 항상 정치적, 종교적, 사회적 제도에 종속되어 있었지만, 산업화 이후에는 사회가 경제에 대한 통제력을 상실하였다. 둘째, 집단은 단순히 개인의 합이 아니며 자체의 규칙과 법칙을 따른다. 따라서 사회는 원인이지 결과가 아니다. 그렇다고 개인이 사라지는 것은 아니지만, 개인의 합리성은 장소 불문하고 동일하므로 그것으로 다양한 사회적 현상을 설명할 수는 없다. 셋째, 사회는 기계적 연대가 지배적인 사회(낮은 단계의 사회)에서 유기적 연대가 지배적인 사회(높은 단계의 사회)로 진화한다. 낮은 단계의 사회(전통 사회)에서는 개인의 욕망이 관습에 의해 규제되고 집단의식이 강하지만, 높은 단계의 사회에서는 상호작용이 많아지면서 하위 집단이 형성되어 신체 기관들처럼 상호 기능적인 관계가 형성되고 집단의식은 약화된다.

|보론 2| 올슨의 집단 행동 이론

집단 행동은 자신의 상태를 개선하고 공동의 목표를 달성하기 위해 집단이 함께 취하는 행동을 말한다. 집단 행동에 관한 경제학 이론은 집단 행동의 외부성 및 공공선택의 문제와 연관되어 있다. 올슨(M. Olson)은 그의 첫 번째 저서 『집단 행동의 논리』(*The Logic of Collective Action: Public Goods and the Theory of Groups*, 1965)에서 사람들이 집단으로 행동하도록 자극하는 것은 인센티브라고 하였다. 일반적으로 우리는 개인이 자기 이익을 위해 행동하듯이 공통의 이해를 가진 어떤 집단은 집단의 공동 이익을 위해 행동할 것이라고 생각한다. 즉, 집단 구성원으로서의 개인은 개별 행동을 하기보다 집단이 원하는 이익을 달성하기 위해 공동의 행동을 취한다고 본다. 그러나 올슨은 이러한 상식에 도전하였다. 그는 개인에게 공동 이익을 추구하게 할 강제적 장치나 다른 어떤 특수장치가 있는 예외적인 경우가 아니라면, 합리적이고 이기적인 개인은 공동 이익이나 집단 이익을 위해 자발적으로 행동하지 않을 것이라고 하였다. 개인은 집단 행동으로부터 자신이 얻을 이익과 부담해야 할 비용을 비교하여 집단 행동의 여부를 결정한다는 것이다.

올슨은 인간이 철저히 자기 이익을 추구하는 이기적 존재이며 따라서 엄격하게 조직을 통제하고 구성원 각자에게 적절한 동기를 부여할 때만 공동의 이익을 추구하는 것이 가능하다고 보았다. 그는 마르크스의 계급 이론을 비판하면서 계급을 구성하는 개인들이 합리적이라면 계급적 행동이 일어나지 않을 것이라 주장하였다. 마르스크는 개인이 자기 계급의 이익을 위한 계급 투쟁에 참여할 것이라고 보았지만, 올슨은 합리적인 노동자라면 부르주아 정부에 대항하여 혁명을 일으킬 목적으로 자신의 생명과 자원을 희생하는 것이 합리적이라고 생각하지 않을 것이라고 보았다. 계급적 행동에 어떤 개인적인 경제적 동기도 존재하지 않는다면, 자신의 생명과 재산을 걸고 투쟁에 참여하는 것과 같은 일은 일어나지 않는다는 것이다.

집단 행동에 대한 개인의 참여 및 집단의 유지 가능성은 집단 규모와 큰 상관관계가 있다. 대규모 집단은 소규모 집단에 비해 집단 행동을 조직하는 데 상대적으로 많은 비용이 들지만 집단 행동으로부터 개인이 얻을 몫은 크지 않다. 따라서 집단의 규모가 커짐에 따라 집단 행동을 위한 인센티브가 작아지므로 대규모 집단에서는 공동의 이익을 위한 집단 행동이 나타나기 어렵다. 즉, 소규모 집단의 개인은 공동의 목표에 따라 행동할 수 있지만, 대규모 집단의 개인은 별도의 인센티브가 부여되지 않으면 공동의 이익을 위해 행동하지 않는다. 따라서 참여 동기를 부여하는 개별적이고 선택적인 인센티브 없이는 공통 관심사를 가진 많은 사람들이 존재하더라도 집단 행동이 일어나거나 성공할 가능성은 낮다.

노동조합의 역사가 그것을 입증해 준다. 노동조합은 초기에는 소규모 산업별 혹은 지역별 조직이었으나 그로부터 반세기가 지나자 대규모 전국 노조가 등장하였다. 전국 노조가 설립된 이후에 상당 기간이 지나서야 노동 운동이 활성화되었다. 전국 노조를 유지하는 데는 많은 희생과 비용이 따랐다. 특히 파업을 하려면 노동자들은 고용주가 자신들의 요구를 들어줄 때까지 자신들의 모든 소득을 포기해야 하는 막대한 비용을 지불해야 하였다. 따라서 노동자들의 무임승차 문제는 노동조합의 근본적인 문제였다고 할 수 있으며, 그것을 막기 위한 '강제적 노동조합주의'가 등장하였다. 이러한 조치를 취한 이후에야 비로소 전국 노조가 활발해질 수 있었다.

대규모 집단은 이해관계를 공유하고 있어도 집단 행동을 하기 어렵기 때문에 결국 강한 인센티브에 의해 결속된 소규모 집단이 대규모 집단을 지배하는 상황이 발생할 수 있다. 과거 미국의 면화농장주 단체나 철강 생산업자 단체와 같은 소규모 이익집단은 로비 활동을 통해 자신에게 유리한 정책을 수립하도록 영향력을 행사할 인센티브를 갖고 있었다. 이러한 단체들은 로비 활동 이외에 다양한 부수적 기능을 수행하면서 회원의 가입과 활동에 강한 인센티브를 부여한다. 이들 이익집단이 요구하는 정책은 보호주의적 경향이 있어 경제 성장을 저해하겠지만 그 비용이 국민 전체에 분산되기 때문에 대중의 집단적 저항은 거의 없다. 그 결과 특정 산업과 관련한 이익단체는 산업계 전체가 누리는 것보다 훨씬 과도하게 강한 권력과 혜택을 누릴 수 있지만, 국민 경제는 그런 이익집단의 분배적 연합으로 인한 부담을 지게 되고 결국 쇠퇴하게 될 것이다.

이상과 같은 집단 행동 이론은 공공선택의 문제와 연관되어 있다. 공공재 공급은 누구에게나 필요한 공통의 관심사이지만, 그것은 비배제적이고 비경합적인 성격을 갖고 있어 개인은 다른 사람들의 노력에 의한 공공재 공급에 무임승차하려 한다. 그렇기 때문에 투표자들은 정부 서비스 확대를 위한 세금 인상에는 찬성하면서도 개인적으로는 세법이 정한 것보다 가능하다면 더 적은 금액을 내려고 애쓴다. 납세자이든 소비자이든 분명히 공동의 이익을 누릴 수 있음을 알고 있음에도 불구하고 조직화되지 못하는 것도 마찬가지이다. 올슨에 의하면, 합리적 개인은 자신의 노력만으로는 가시적인 효과가 나타나지 않을 것을 알고 있을 뿐만 아니라 다른 사람들의 노력으로 목적이 달성되면 그 혜택을 함께 누릴 수 있음을 잘 알고 있기 때문에, 공동의 목적을 달성하기 위한 희생을 하지 않는다. 즉, 공익을 추구하는 자발적 조직이 구성되지 못하는 것은 집단 행동의 비용과 무임승차의 가능성 때문이라고 할 수 있다. 그러나 소규모 집단이나 조직에서는 구성원들의 노력과 기여를 조사하고 제어할 수 있으므로 무임승차 문제를 피하거나 제한할 수 있다.

제4장

폴라니의 통합양식론과 자본주의 비판

1. 경제인류학적 접근

1) 폴라니와 경제인류학

산안토니아 아과스칼리엔테스 고지대 마을의 가난한 마야인들은 대부분 직물을 짜고 작은 땅을 경작하고 가축을 키우며 살아가고 있었다. 미국 선교사들의 노력으로 상당수의 마을 사람들이 전통적인 구교를 버리고 신교를 받아들였다. 대부분의 구교도들은 다른 일이나 더 적은 노력으로도 옥수수를 살 수 있지만 그렇게 하지 않고 가족과 가축이 먹을 옥수수를 생산하기 위해 손바닥 만한 땅을 경작하였다. 그들은 여윳돈이 있으면 오로지 땅을 더 살 생각만 하거나 아니면 위세를 얻기 위해 사치스러운 마을 축제를 열었다. 이와 반대로, 신교도들은 돈을 벌기 위해 기를 썼다. 그들은 장인의 자부심으로 전통 명품을 만들기보다 돈벌이에 좋은 싸구려 모조품을 뚝딱 만들었다. 또한 수입을 땅이나 마을 활동에 쓰지 않고 사업이나 자녀 교육에 투자하였으며, 옥수수를 직접 기르기보다 싼 값으로 사는 쪽을 택하였다. 구교도와 신교도의 이러한 차이는 무엇을 말해 주는가? 양 집단 간의 차이라면 구교도들은 자신들이 인디오 공동체라는 좀 더 큰 공동체의 일부라고 생각하는 반면, 신교도들은 상대적으로 종족 정체성이 약한 개인주의자들이었다는 것이다(Wilk and Cliggett 2007).

신고전파 경제학에서 말하듯이 인간이 합리적인 의사 결정을 통해 최적화의 결과에 도달한다는 것이 보편적 원리라면 두 집단의 행동이 동일해야 하지만 그렇지 않다. 그런데 경제인류학자라면 문화와 관습과 같은 비경제적 요인들이 경제 행위에서 보이는 구교도와 신교도 마야인들의 차이에 중요한 영향을 미치고 있다고 설명할 것이다. 경제인류학은 인간의 경제적 행동을 역사, 지리, 문화 등을 포함하는 광범위한 요인으로 설명하려고 한다. 그것은 폴란드 인류학자인 말리노프스키(B. Malinowski)와 프랑스 인류학자이자 뒤르켐의 조카이기도 한 모스(M. Mauss)에 의해 처음으로 인류학의 하위 분야로 편입되었으며, 특히 모스의 『증여론』(*The Gift*, 1925)은 경제인류학적 연구에 상당히 중요한 기반이 되었다.

1950년대까지 경제인류학은 문화가 다른 각 사회가 생계를 영위하는 방식을 기술하는 데 집중하였다. 인류학자들은 경제 행위에서 문화가 차지하는 중요성을 강조하지만, 대부분의 경제학자들은 인류학자들의 연구를 무시하였다. 그런데 1922년에 말리노브스키는 뉴기니의 트로브리앙 군도에 대한 연구에서 경제학 이론의 보편성 주장을 비판하였다. 이후 인류학자들은 말리노브스키를 지지하면서 문화가 다른 사회를 나름의 방식으로 이해할 필요가 있다고 한 반면, 나이트(F. Knight)와 같은 경제학자들은 문화적 차이에 상관없이 모든 인간 행위에 보편적인 모형을 세울 필요가 있다고 주장하였다. 이는 오랫동안 지속되어 온 상대주의 대 보편주의 논쟁이라고 할 수 있지만, 논쟁의 당사자 어느 쪽도 상대방의 언어를 이해하지 못하고 각자의 주장만을 하고 있었다.

이러한 상황에서 경제인류학의 발전에 결정적인 영향을 미친 인물은 경제사학자 폴라니(K. Polanyi)였다. 자신의 기념비적인 저서 『대전환』(*The Great Transformation*, 1944)에서 폴라니는 서유럽에서의 시장경제 체제의 성립을 '대전환'이라고 명명하고 그것을 다음과 같이 설명하였다. 즉, "대전환은 사회 각 구성원들의 행동 동기의 변화를 의미한다. 생존 동기는 이윤 동기로 대체되어야 하며, 모든 거래는 화폐 거래로 바뀌고 따라서 생활의 모든 순간마다 교환의 매개수단이 도입되어야 한다. 모든 소득은 무언가를 판매해야 생기며 소득은 그 원천이 무엇이든 판매의 결과로 보아야 한다. … 이 체제의 가장 놀라운 특징은 일단 성립되면 외부의 간섭 없이 작동하도록 내버려 두어야 한다는 것이다”(Polanyi 1944: 43-44). 폴라니는 인류학자들의 연구에 의거하여, 이 같은 의미의 시장 교환은 아직 몇몇 서구 산업사회에 국한되어 있다고 하였다.

폴라니가 『대전환』에서 전개한 통합양식 이론은 형식론적 경제 모형과 다른 실체론적 모형을 처음으로 제시함으로써, 그동안 민속지적(ethnographic) 서술에서 벗어나지 못하던 경제인류학의 발전에 크게 기여하였다. 이후 폴라니의 『초기 제국의 교역과 시장』(*Trade and Markets in the Early Empire*, 1957)이 출간되면서 경제인류학에서 형식론(formalism)과 실체론(substantivism)의 논쟁이 시작되었다. 실체론은 인간의 행동양식이 사회 제도(관습, 사회 규약 등), 즉 문화에 따라 상이하다는 점에 주목하였다. 따라서 자본주의를 이해하기 위해 고대 아즈텍 사회를 연구하는 것은 어불성설이며 각각의 사회는 그 나름으로 이해되어야 한다고 본다. 자본주의 이전의 사회에서 인간은 자본주의 사회에서처럼 항상 선택을 해야 하거나 이기심에 따라 행동하였던 것은 아니다. 그들은 도덕적 또는 사회적 선택을 하였으며 따라서 그들에게 경제학의 이론을 적용할 수 없다는 것이 실체론의 입장이다.

1960년대에 폴라니와 그를 따르는 실체론자에 대한 형식론자들의 반격이 있었다. 이는 당시 인류학계에 보다 엄격하고 과학적인 이론화의 방법을 요구하는 분위기가 있었던 점과 관련 있다. 형식론은 어떤 사회에서도 발견될 수 있는 보편성을 강조하면서, 효용의 극대화를 추구하는 개인의 경제적 합리성은 모든 사회의 경제 행위에서 발견될 수 있으며 그 점에서 원시적 부족경제도 시장경제 시스템과 중요한 특징을 공유한다고 주장하였다. '경제인'의 모형이 초문화적으로 적용 가능하다는 것은 형식론적 경제인류학의 초석이다. 형식론자는 수단과 목적 사이의 적합성에 대한 계산이 모든 사회에 공통적이라고 보았다. 그러나 폴라니는 그런 관점에 대해 강력하게 반대하면서, 전통 사회에서 경제학의 합리성 개념에 기반한 극대화 행동을 찾으려는 시도는 사회를 잘못 해석하는 것이라고 하였다.

실체론과 형식론의 차이는 인간 본성에 대한 인식의 차이이며, 자유의지 대 숙명론, 합리주의 대 낭만주의, 이기심 대 이타심 간의 논쟁처럼 결론을 내기 어려운 차이라고 할 수 있다. 논쟁은 비록 크게 불타오르지는 못하였지만, 인간의 경제 행위에 대한 다양한 사고를 자극하였다. 예컨대, 형식론이 내세운 합리성의 가정과 관련해서는 다음과 같은 다양한 변형이 나올 수 있었다. "(1) 사람은 합리적이기도 하고 비합리적이기도 하며, 극대화에 기초한 합리성 외에 다른 종류의 합리성을 정의할 수도 있다. (2) 경제적 합리성은 일부 사회나 특정 집단이나 특정한 경제 행위에서만 발견된다. (3) 경제학자들이 말하는 경제적 합리성은 입증될 수 없는 순환논리이다. (4) 경제적 합리성은 일부 사회에서만 발견된다"(Wilk and Cliggett 2007: 37). 폴라니의 이론에 인류학자들이 중요시하는 문화적 요소(상징, 의미, 관습)가 직접 수용될 여지는 많지 않았지만, 실체론과 형식론 논쟁을 촉발한 그의 이론은 경제인류학의 발전에 확실한 토대를 제공하였으며, 뿐만 아니라 경제사나 경제체제비교론에도 유용한 시각을 제공하였다.

2) 도덕적 인간의 가정

오늘날의 경제는 대부분 시장에서의 관계에 의해 지배된다고 할 수 있지만, 일상 생활을 구체적으로 주시해 보면 친지, 친구, 종교, 국가, 시민 단체와 같은 시장 외적인 관계들이 과거부터 지금까지 여전히 경제적 중요성을 갖고 있다. 거기서는 신고전파 경제학에서 말하는 이기적 합리성보다는 문화나 관습이 중요하며, 경쟁 시장의 논리를 발견하기 어렵고 오히려 그것을 배척한다. 또한 영리 추구적 행위를 비도덕적이고 비윤리적인 것으로 비난하고 회피하며, 관습과 규범이 경제 행위에 영향을 미치며, 경제에 대한 사회적, 정치적 통제를 요구한다. 이러한 상황은 이기심이 인간의 본성이고 도덕은 본성이 아니라 인위적인 것이라는 주장에 대해 의문을 제기한다.

신고전파 경제학은 행위자가 여러 대안들을 두고 합리적 선택을 한다고 가정하지만, 일상 생활에서 의사 결정이 그렇지 않은 경우가 많다. 갤러리에서 그림을 감상할 때처럼 우리의 판단은 종종 이성적 합리성보다는 직관과 감각에 의존한다. 음식점에서 싼 가격에 배를 채울 수 있는 음식을 선택하는 것이 합리적이지만 그저 한번 먹어 보고 싶다는 충동에서 음식을 주문하기도 한다. 따라서 합리적 선택이라는 것으로 모든 경제 행위를 설명하지 못한다. 경제학은 시대와 장소가 다를지라도 하나의 보편적 원리로 경제적 행위와 사고를 설명할 수 있다고 생각할 것이다. 그러나 각각의 문화마다 나름의 '어떤 경제'가 있으며, 경제가 범주적으로 명확하게 구분되지 않을 수도 있고 또한 행위가 합리적 선택이라기보다 무의식적 혹은 정서적 반응일 수도 있다(Wilk and Cliggett 2007).

문화는 각 사회 혹은 집단의 공통된 신념과 선호라고 정의할 수 있다. 문화가 경제적 의사 결정에 상당한 차이를 유발한다는 주장이 점점 입증되고 있다. 예컨대, 미국과 일본은 다같이 고도로 발전한 자본주의 국가로서 상당히 동질적일 것 같지만 문화적 차이로 인해 국민의 행동양식과 제도가 상당히 이질적이다. 인간은 종종 효용이나 이윤을 극대화하기 위해서가 아니라 어떤 궤적을 따라 의사 결정을 하게 되는데, 개인의 의사 결정을 안내하는 궤적은 오랜 시간에 걸쳐 구축된 문화나 관습이라고 할 수 있다. 문화마다 나름의 어떤 경제가 있음을 인정한다면, 우리는 인간 본성에 대해 아무런 가정을 하지 않고도 인간의 의사 결정과 선택을 이해할 수 있다.

사실 인간의 행위는 이기심과 이타심 사이에서 매우 다양하게 배치될 수 있을 것이다. 즉, 인간의 본성은 이분법적이라기보다 상대적인 것이며 인간은 각자 어릴 적부터 배운 도덕 원칙에 따라 살아간다고 할 수 있다. 도덕은 특정 시대와 장소의 '문화적' 산물이며, 가치와 행동에 있어서의 상대주의를 내포한다. 문화는 자연스러운 질서와 같으며, 따라서 인간의 생각과 행동은 그 사회의 자연 질서의 일부이고 반영이라고 할 수 있다. 인간에 대한 이러한 이해를 도덕적 인간의 가정이라고 한다. 도덕적 인간의 가정에 의하면, 인간의 행동은 도덕적 가치에 의해 결정되며 가치를 형성하는 것은 문화라고 할 수 있다. 따라서 인간은 문화적 규칙에 속박되어 있으며, 개인의 이기심만을 따르지도 않지만 집단 또는 계급의 이해만을 따르지도 않는다.

신고전파 경제학은 문화가 만들어 낸 도덕적 가치를 별로 중요한 문제라고 생각하지 않으며 그런 가치들도 선호도에 따라 순서를 매긴 후에 합리적 선택에 의한 효용 극대화의 원리를 적용할 수 있다고 본다. 반면, 인류학자들은 서로 문법과 어휘가 다른 사회들 간에는 시간, 대상, 인과성에 대한 사고방식에 차이가 있다고 본다. 말리노브스키는 모든 문화에는 보편적 욕구에 기초한 합리성이 있으나 동시에 각각의 고유함이 있다고 하였으며, 미국 인류학의 아버지 보아스(F. Boas)는 문화는 그 정신을 공유하는 사람들의 주관적 시각에서만 이해될 수 있는 고유한 역사적 산물이라고 하였다. 인류학자들은 문화에 따른 가치의 차이를 이해하기 위해 이데올로기와 상징이라는 개념을 사용한다. 이데올로기는 집합적이거나 거시적인 가치 개념이 아니라 많은 사람들이 사실로 받아들이는 통념을 의미하며, 상징은 문화가 개인과 집단의 사고와 행위에 미치는 영향을 이해하는 하나의 방식이다. 사회학자 뒤르켐도 상징과 의례가 집단의 일체감을 창출한다고 생각하였지만 인간이 사회적 존재임을 강조한 반면, 인류학자들은 상징적 의사 소통과 의미 체계인 문화를 인간 본성의 근본이라고 생각하는 점에서 양자 사이에 차이가 있다.

일찍이 독일 낭만주의 철학자들은 보편적 가치를 내세운 애덤 스미스나 공리주의와는 달리, 인간은 상황과 환경에 적응하면서 고유한 특성과 기풍의 문화를 발전시킨다고 보았다. 또한 신고전파 경제학과 쌍벽을 이룬 독일 역사학파 경제학도 선천적 본성이란 존재하지 않으며 인간은 특정한 역사적, 민족적 맥락의 산물이라고 보았다. 이러한 사고는 이후 베버의 연구를 통해 다른 사회과학에 큰 영향을 미쳤다. 베버는 사회적 관습 및 제도가 경제 행위에 대해 갖는 의미를 밝혔다. 베버에 의하면, 합리성에는 자원의 제약하에서 효용 극대화를 추구하는 '형식적' 합리성과 공동체적 충성이나 신성한 가치와 같은 다른 원칙에 따라 자원을 배분하는 '실체적' 합리성이 있다. 사람들이 이익 지향적이거나 가치 지향적인 것은 역사적 맥락에서 형성된 관념과 가치의 차이 때문이며, 그러한 가치는 문화에 독특한 성격을 부여한다. 이처럼 베버는 개인을 물질적 관계에 기초한 계급의 일원으로 이해한 마르크스와는 달리, 어떤 가치와 관념을 공유하며 계급적 지위를 초월하는 존재로 이해하였다. 그것을 보여 주는 것이 그의 『프로테스탄트 윤리와 자본주의 정신』(*The Protestant Ethic and the Spirit of Capitalism*, 1905)이다. 이 책에서 베버는 종교적 도덕 관념이나 문화적 가치가 자본주의를 탄생시켰다고 본다. 따라서 베버에게 합리성은 하나의 보편적 원리가 아니라 역사적, 문화적 산물이다.

말리노브스키와 보아스가 사람들의 경제 행위를 각각의 고유한 문화에 따라 이해해야 한다고 하였는데, 폴라니는 그것을 '매립'이라는 개념으로 이론화하였다. 그는 경제가 사회에 매립되어 있다고 보고 경제 현상과 행위의 역사적, 문화적 특이성에 주목하였다. 따라서 비록 인간의 본성이 존재한다고 할지라도 그것은 상대적인 것이고 이기적 인간의 가정은 자본주의 사회의 '기원 신화'에 불과하다고 하였다. 또한 폴라니는 인간의 본성이 무엇이든 중요한 것은 그것이 놓여 있는 맥락이며 동기 그 자체보다 동기가 실현되는 환경이라고 본다. 이에 그는 개인이 아니라 상호작용 시스템인 사회 제도에 초점을 두고 그것을 분석 단위로 삼았다. 자본주의적 시장경제에서는 이익 추구의 동기가 지배적이고 비이기적 동기가 기회를 갖지 못한다. 즉, 본성처럼 보이는 이익 추구 행위는 사회 제도에 의해 강요된 것이다. 그럼에도 경제학은 전자본주의 사회의 시장, 교역, 화폐 등을 표면적인 유사성만 보고 성급하게 자본주의적이라고 일반화한다. 이는 경제를 지나치게 현대의 시장경제에 맞추는 방식이다. 마르크스 경제학 역시 착취와 계급투쟁론을 저개발 상태의 비서구, 비자본주의 사회에 확대 적용한다. 그러나 폴라니는 신고전파 경제학이나 마르크스 경제학의 분석틀로는 전자본주의 비시장경제를 이해할 수 없다고 본다.

2. 실체적 경제와 경제통합양식

1) 경제의 두 가지 의미

폴라니는 아리스토텔레스로부터 경제의 기능과 목적이 사회에 생활(livelihood) 물자를 공급해 주는 것임을 배웠다면, 공상적 사회주의자 오웬(R. Owen)으로부터 이런 목적에 종속되지 않는 경제는 삶의 가치를 파괴한다는 것을 배웠다. 한편, 경제에 대한 상대주의적 관점, 가치와 윤리 그리고 경제 행위에 대한 규제 등에 대한 관심은 폴라니를 인류학적 접근으로 유도하였다. 인류학적 접근은 인간을 계산적이고 이기적이라고 보는 허구적 본성을 가정하지 않으며, 대신 집단 구성원의 사고와 행동을 통제하는 상징 체계에 관심을 갖는다.

애덤 스미스는 인간이 본성적으로 '물물교환, 교역, 교환하고자 하는 성향'을 가지고 있다고 하였다. 시장경제가 지배적인 사회에 살고 있는 사람의 눈에는 인류 역사상의 모든 사회가 시장경제였다고 가정하는 것이 자연스러울 수 있다. 그러나 수요, 공급, 가격이 상호작용하는 시장 시스템이 작동한 것은 근대 이후의 지극히 짧은 시기에 불과하다. 그럼에도 모든 경제를 시장경제와 동일시하는 것은 주류 경제학이 범하고 있는 오류이다. 그러한 인식의 편향을 극복하기 위해서는 경제라는 말의 의미를 근본적으로 재검토할 필요가 있다. 이에 폴라니의 이론은 형식적 의미와 실체적 의미의 경제를 구분하는 것으로부터 시작한다.

형식적(formal) 의미의 경제는 제한된 혹은 희소한 수단의 대안적 사용에 대한 선택으로서의 합리적 의사 결정을 함의한다. 즉, 인간은 희소성이라는 피할 수 없는 현실의 조건하에서 효용을 극대화하는 선택 또는 최소의 투입으로 최대의 산출을 획득할 수 있는 선택을 한다고 볼 수 있다. 따라서 경제 행위는 목적-수단의 관계를 설정하고 주어진 목적을 달성하기 위해 희소한 수단을 선택한다는 점에서, 경제화(economizing)와 극대화를 추구하는 것으로 이해된다. 이처럼 형식적 의미의 경제는 수단의 희소성이 경제화와 극대화를 유도한다고 본다. 폴라니는 '형식적 의미의 경제'가 보편성을 갖지만 그렇기 때문에 구체적 현실과는 거리가 있다고 하였다.

> 형식적 의미[의 경제]는 … 목적-수단의 관계에서 생겨나는 것으로 … 보편적인 것이며, 그것이 가리키는 바는 인간의 이해관계가 걸린 어느 한 분야에만 한정되지 않는다. 이런 종류의 논리적 또는 수학적 용어는 특정한 적용 대상과 일정한 거리를 뚜렷하게 갖는다는 점에서 형식적이라고 한다. 이 의미는 극대화한다는 것, 보다 일반적으로 말하면 경제화를 … 기초로 하고 있다(Polany 1977: 20).

형식적 의미의 경제는 경제 행위를 희소성의 제약하에서 효용을 극대화하는 행동으로 정의하는 신고전파 경제학과 밀접하게 관련되어 있다. 효용은 재화나 서비스의 소비로부터 얻는 만족이며 문화적인 가치를 포함하지 않기 때문에, 그런 점에서 경제 행위는 매우 추상적이고 보편적인 것으로 간주된다. 많은 형식론자들이 차용하는 신고전파 경제학의 전통적인 가정은, 개인이 효용을 극대화하기 위해 완전한 정보를 기반으로 합리적 선택을 한다는 것이다. 이러한 분석틀에서는 효용을 극대화한다는 목적과 수단 간의 관계만 존재할 뿐, 권력, 계급 집단, 사회 변동과 같은 범주는 존재하지 않으며, 사회적 가치는 사적 가치의 총계에 불과하다. 이는 경제 행위에 대한 사회적, 문화적 맥락을 무시하는 오류를 낳는다.

폴라니는 형식적 의미의 경제 개념에 만연한 시장 지향적 경제주의의 오류를 비판한다. 수요와 공급 외의 요소를 배제하는 경제주의의 오류는, '시장이라는 것을 경제와 동일시'하는 것에서 유래하며, 거의 동어반복적인 고도의 추상화로 무장되어 있다. 경제주의적 사고는 제도의 분석을 컴컴한 동굴 속으로 유폐시키고, '목적 달성을 위한 수단의 희소성을 인간 행동의 보편적 조건'으로 공준화하였다. 이로써 추상적 개념을 실재와 동일시하는 잘못된 구체성의 오류(fallacy of misplaced concreteness)를 범하고, 경제 행위를 연구하면서도 경제 행위자에 대한 이해를 배제하였다. 형식적 의미의 경제는 희소성을 전제로 하기 때문에 실제로 수단이 부족한지 혹은 인간의 욕망이 무한한지에 대해서는 질문하지 않는다.

실체적(substantive) 의미의 경제는 물질적 욕구를 충족시키는 과정(생산, 교환, 소비의 일상적 활동)이며 개인이나 공동체가 필요로 하는 물질적 수단의 반복적이고 안정적인 프로비저닝(provisioning)을 의미한다(프로비저닝에 대해서 제12장 참고). 중요한 것은 희소성이나 극대화가 아니라 사회가 물질적 필요를 충족시키는 방식이다. 따라서 실체적 의미의 경제는 합리적인 의사 결정이나 희소성을 전제로 하지 않으며, 인간이 사회적, 자연적 환경에서 어떻게 생계를 유지하는지를 설명한다. 이것은 논리가 아니라 사람들이 살기 위해 자연 및 다른 사람들과 상호작용하지 않을 수 없다는 일반적 경험에 근거한다. 실체적 의미의 경제는 프로비저닝이라는 넓은 관점에서 경제를 보는 것이며 형식적 의미의 경제는 그것에 종속된다. 즉, 실체적 의미의 경제라는 관점은 희소성과 탐욕의 문제에 대해서도 열려 있으며 무한한 욕망이 물신화와 연관되어 있다고 본다. 폴라니는 실체적 의미의 경제에 대해 다음과 같이 설명하고 있다.

경제는 물적 욕구를 충족시키는데 기여하는 상호작용의 제도적 과정으로서, 모든 인간 공동체에서 매우 중요한 부분을 차지하고 있다. 이러한 의미의 경제가 없다면 어떤 사회든 잠시라도 존재할 수가 없다. 실체적 의미의 경제는 두 차원으로 구성된다는 것을 이해하지 않으면 안된다. 하나는 인간과 그 환경과의 상호작용이다. 또 하나는 그 과정의 제도화이다(Polanyi 1977: 31).

인간은 욕구를 충족하는 물질적 수단을 획득하기 위해 주변 환경(자연 및 동료)과 제도화된 상호작용을 한다. 즉, 실체적 의미의 경제는 제도화된 상호작용을 통한 물질적 수단의 지속적인 프로비저닝이다. 그것은 서로 분리될 수 없는 두 개의 차원으로 구성된다. 첫째, 인간은 물질적 욕구 충족을 위해 자연과 상호작용한다. 로빈슨 크루소가 삶을 유지하기 위해 자연 환경과 상호작용하는 것처럼 인간은 자연과 상호작용의 필연적 관계에 묶여 있다. 둘째, 사회 속에서 상호작용의 통일성과 안정성, 구조와 기능, 역사와 정책 등이 제도화된다. 따라서 비경제 영역과의 상호 관련 및 상호 간섭을 배제하고서는 실체적 의미의 경제를 이해하는 것은 불가능하다.

실체적 의미의 경제라는 관점에서는 생활이 기초하고 있는 제도의 유형이 중요하며, 따라서 실체론적인 경제 분석은 사람들의 생계를 기반으로 하는 다양한 사회 제도에 대한 연구에 초점을 맞춘다. 제도는 경제에 내재된 가변성(fluidity)이 안정을 얻을 수 있도록 경제적 과정들이 문화적으로 코드화되어 사회적으로 구조화된 실체이다. 폴라니의 연구는 사회의 안정과 통합을 부여하는 이러한 제도적 배열 방식을 비교하는 것이며, 시장경제 역시 경제적 거래의 성격을 결정하는 여러 제도 중 하나일 뿐이다. 그에 의하면, 실체적 의미의 경제가 보다 '일반적' 개념이며, 형식적 의미의 경제에 부합하는 시장경제는 타산적 행위와 교환을 통해 이익을 추구하는 하나의 제도 유형으로서

19세기 서유럽에서 처음 등장하였다.

폴라니의 경제 제도 분석은 '형식론적인 선택의 문제보다 생산과 분배의 실체론적인 문제에 바탕을 둔 비교 문화 경제학을 구축하는 것'이었다. 형식론적 선택의 관점은 경제 시스템이 항상 효율적 자원 배분이라는 문제와 관련되어 있는 것으로 본다. 그것은 시장경제에서는 품질보증서처럼 통할 수 있는 관점이지만 과거의 모든 경제 행위까지 시장 교환으로 보거나 혹은 시장에서의 '기능적 등가물'의 교환으로 간주해 버린다. 비시장경제에 대해 기능적 등가물이라는 개념을 적용하는 것은 가상적이고 허구적이며, 가격이 존재하지 않음에도 모든 거래에 틀림없이 상대 가격의 계산이 되고 있다고 믿는 것에 불과하다.

생활이라는 것은 반드시 선택의 필요성을 수반하거나 포함하지 않을 수 있다. "규칙으로서의 관습과 전통이 선택을 불필요하게 하며 선택을 하는 경우에도 수단의 희소성으로 인한 제한 효과에 의해 구속될 필요는 없다" (Polanyi 1977: 27). 경제 개념에 대한 이러한 관점에서, 폴라니는 경제를 희소한 수단과 대안적 목적 사이의 합리적 조정을 통한 경제화라는 논리적 과정으로 국한시키는 형식론적 관점을 거부한다. 형식론에 대한 비판은 특히 현대 서구 경제를 설명하는 환원주의를 포함해서 모든 문화에 합리적 선택과 효용 극대화의 보편성을 가정할 수 있다는 생각에 대해 의문을 제기한다. 완전히 다른 동기를 가진 개인에게는 극대화의 행위가 아니라 해도 합리적이고 논리적인 것일 수 있음에도 불구하고, 형식론은 효용을 극대화하지 않는 행동을 비합리적인 것으로 간주한다. 실체론적 관점의 요점은 경제 제도와 인간의 경제 활동을 사회·문화와 분리시켜 따로 분석할 수 없다는 것이다. 사회적 관계가 사람들의 생활 전략에서 필수적인 역할을 하므로, 사회·문화적 맥락을 배제하고 원자화된 개인 행동에 좁게 초점을 맞추는 것은 결함이 있을 수밖에 없다.

2) 경제통합양식

폴라니는 실체적 의미의 경제 개념에 의거하여 사회 조직화의 제도적 토대인 통합양식을 설명한다. 경제는 사회마다 다른 방식으로 제도화될 수 있다. 통합양식은 '물질적 욕구의 충족'을 위해 시간과 공간에 따라 재화 및 서비스의 생산과 분배가 조직화되는 방식이다. 달리 말하면, '경제가 안정성과 통합성을 획득하는 방식, 즉 경제의 각 부분들이 반복적으로 상호 의존하는 방식'이다. 폴라니는 행동 원리 또는 통합양식으로 호혜, 재분배, 교환(시장경제)이라는 세 가지 유형을 구분하고[1] 이 세 가지의 조합이 경제의 통합성과 안정성 혹은 질서를 제공한다고 본다. 세 가지 중에서 어느 하나의 통합양식이 지배적인 것이 되기 위해서는 그에 적합한 사회·문화적, 정치적 환경이 필요하다. 그것은 각각 대칭성(symmetry), 중심성(centricity), 무정부성(anarchism)이다. 폴라니는 세 개의 통합양식에 대해 다음과 같이 설명하고 있다.

> 통합양식으로서 호혜는 재화와 용역의 운동(혹은 그에 대한 배치)이 대칭적으로 배열된 서로 마주보는 점 사이에서 이루어진다. 재분배는 대상물이 물리적으로 이동하건 배치만 변화하건, 중앙을 향한 움직임과 중앙에서 다시 밖으로 향하는 움직임을 나타낸다. 교환도 유사한 의미이기는 하지만, 그것은 체제 내에 분산된

1 폴라니는 세 가지 외에 가정(household)을 통합양식의 하나로 포함시키고 있다. 가정은 능력에 따라 일하고 필요에 따라 분배하며 자급자족(autarchy)을 특징으로 한다. 가정은 가장 핵심적이라고 할 수 있지만, 다른 세 가지와 비교할 만한 통합양식을 의미하지는 않는다.

또는 임의의 두 점 간의 이동을 나타낸다(Polanyi 1977: 36).

첫째, 호혜는 '사회적으로 분명한 관계에 있는 사람들 상호 간에 일어나는 의무적인 선물 주기와 답례'이며, 지속적이고 의례적인 선물 교환 방식이 비공식적으로 제도화된 것이다. 달톤(G. Dalton)은 그러한 "교환의 유일한 목적은 호혜의 유대를 강화함으로써 보다 밀접한 관계를 이끌어 내는 것"(Stanfield 1986: 97)이라고 하였다. 호혜는 대칭적이고 동등한 사회적 관계 속에서 사회적 관습이나 규범에 의해 재화 및 서비스의 부조 및 나눔이 이뤄지는 통합양식이며, 장기적 관계 속에서의 상호 의무감과 동질감에 기초한다. 주고받는 재화의 가치는 사회적 규범에 의해 결정되며 그것이 반드시 똑같아야 하는 것은 아니며 또한 주고받는 행위가 반드시 동시적으로 일어나야 하는 것도 아니다. 호혜는 단독으로 지배적인 통합양식이 되지는 않지만, 유대를 강화하고 밀접한 관계를 이끌어 낸다는 점에서 중요한 경제적 기능을 가진다는 것은 분명하다.

다음과 같은 다양한 선물 행위가 호혜에 속한다. 설 명절에 사람들은 세배를 하고 세뱃돈을 주며 덕담을 나눈다. 세뱃돈 풍습은 중국 송나라에서 시작하여 일제 식민지기에 전래되었다는 설이 있고, 세배하는 아이들에게 떡과 과일을 주던 것이 점차 돈으로 바뀌었다거나, 하인의 문안에 대한 삯이었다는 설도 있다. 생일파티에 초대받은 사람은 생일을 맞은 친구에게 마음을 담은 카드와 함께 예쁘게 포장한 선물을 한다. 선물을 받은 사람은 선물하는 친구의 생일에 마찬가지로 선물을 할 것이다. 동네 불량배들이 매달마다 시장의 상인들에게 일정한 금액의 돈을 줄 것을 요구한다. 그렇지 않으면 행패를 부려 시장을 시끄럽게 하기 때문에 상인들은 어쩔 수 없이 불량배들의 말에 순종한다. 선물 행위는 이처럼 다양한 맥락 속에서 일어나며 일정한 사회적 관계를 구축한다(보론 참고).

둘째, 재분배는 종교적 혹은 정치적인 중앙의 권력 기구로 어떤 원칙에 따라 재화 및 서비스가 수집되고 그것이 다시 구성원에게 나눠지는 통합양식이다. 일반적으로 왕, 수장 또는 사제들은 물품, 화폐 또는 노역 등을 강제적으로 수집하고, 그것을 공동체의 사업을 위해 사용하거나 특정인에게 보상으로 지급한다. 호혜는 양자 간에 이뤄지는 관계인 반면, 재분배는 사회 또는 집단 내 권력자를 중심으로 이뤄지는 관계이다. 수집은 일반적으로 규범적이거나 강제적이지만 자선단체에 의한 모금처럼 자발성에 기초하는 경우도 있다. 재분배의 원리는 원시적인 사회에서부터 현대 복지국가에 이르기까지 어디에서나 관찰되며, 일반적으로 호혜와 함께 존재한다. 호혜의 통합양식에 대칭성의 제도적 장치가 필요하듯이, 재분배의 통합양식에 필요한 것은 위계적인 강력한 중심성, 즉 권력의 집중화이다. 재분배는 집단의 단합, 중앙 기구의 권위 강화, 집단에 대한 개인의 소속감을 강화한다.

인류는 오래전부터 신에게 예물을 드렸으며 오늘날도 마찬가지이다. 교리적으로 헌금 행위는 신앙심의 자발적인 발로여야 한다. 그러나 경우에 따라서는 그것을 의무 또는 책임으로 느끼거나 그 대가로 신이 내릴 보응을 기대하기도 한다. 진정한 신앙심이든 보응의 대가를 기대하든 신자들이 종교기관에 내는 헌금 또는 헌물은 성직자에 대한 보수, 건축, 구제 등의 다양한 형태로 지출된다. 또한 사람들은 정부에 다양한 명목의 조세를 납부하며 다양한 시민단체에 기부금을 내기도 한다. 납세는 종교적 헌금 행위에 비견할 정도로 역사가 길고 강제에 의해 이뤄지는 행위라면, 기부는 역사가 길지 않고 자발적 행위라는 차이가 있다. 이렇게 모아진 수입은 다시 다양하게 사용된다. 정부의 지출 중에는 공공서비스 제공과 사회복지를 위한 지출이 있으며, 시민단체의 지출에는 자선이나 환경보호와 같은 비경제적 목적이 포함되어 있다.

셋째, 시장경제는 시장에서 결정되는 가격을 통해 재화 및 서비스의 거래가 이뤄지는 비인격적(impersonal) 통합양식이다. 시장경제에서는 "주어진 조건들로부터 각자가 얻을 이익을 목적으로 사람들끼리 재화를 서로 이동시키며 … 거래에서 이익을 최대한 얻을 수 있는 다른 방법이 없기 때문에 많이 흥정하는 것은 본질적이다. … 흥정은 인간의 결함에 기인하는 것이 아니라 시장 메커니즘에 의해 논리적으로 요구되는 행동이다"(Polanyi 1977: 42). 거래 쌍방은 자기 이익에 관심을 가지며 교환에 규범이나 권위가 개입되지는 않는다. 시장경제에서 비로소 가격에 의한 교환이 지배적 통합 원리로 작동하며, 가족과 지인 관계에서 이뤄지는 호혜와 국가나 종교 단체의 활동에서 나타나는 재분배는 부차적인 형태로 존재한다. 시장경제에서 각자는 희소한 자원을 최대한 효율적으로 사용하여 자신의 욕구를 충족시킨다. 시장경제가 지배적 통합양식이 되기 위해서는 교환과 시장이 존재한다는 것만으로는 불충분하며, 자기 조정적(self-regulating)이고 '가격 형성적'인 시장 시스템이 사회 전 영역에 확립되어야 한다는 것을 폴라니는 다음과 같이 설명하였다.

> 시장경제는 시장에 의해서만 통제되고 규제되고 인도되는 경제 시스템이며, 재화의 생산과 분배의 질서는 자기 조정적 메커니즘에 의존한다. … 자기 조정은 모든 생산 활동이 시장 판매를 위해 수행되고 모든 소득이 그러한 판매에서 생겨나는 것을 의미한다. 따라서 산업의 모든 요소에 대해서, 즉 재화(서비스를 포함)뿐 아니라 노동, 토지 및 화폐에 대해서도 … 시장 형성을 방해할 수 있는 어떤 것도 허용되지 않아야 하고 … 이들 시장의 기능에 영향을 미칠 수 있는 조치나 정책을 취해서도 안되며, 가격이나 공급이나 수요도 고정시키거나 규제해

표 4-1 폴라니의 통합양식 비교

	호혜	재분배	시장
발생 장소	공동체	권위 집중 체제	제도적 시장
제도적 특징	대칭적(수평적)	중심적(위계적)	무정부적(다원적)
행위 동기	관계성 유지	부담/의무	개인의 이익
거버넌스	사회적 의무	관습 또는 법률	가격 체계
중심 행위	주고받기	충성	교환 거래
행위 객체	선물	조세/공물	상품

자료: Peck(2013: 1556)을 참고.

서는 안된다(Polanyi 1944: 71–72).

이상의 통합양식을 상호 비교한 [표 4-1]이 보여 주듯이, 세 가지 통합양식은 제도적 특징, 행위 동기, 거버넌스와 중심 행위, 행위 객체 등에서 서로 크게 다르다. 모든 사회에서 이상의 세 가지 통합양식을 발견할 수 있으며, 각 사회에서 그중 하나가 지배적으로 작동한다. 애덤 스미스는 교환을 인간의 본성으로 보았지만, 시장 교환이 지배적 통합 원리로 작동한 것은 인류의 역사에서 극히 짧은 기간에 불과하다. 자본주의 시장경제에서는 사람들이 합리적 선택의 원칙에 따라 생계를 조직하기 때문에 형식적 의미의 경제와 실체적 의미의 경제가 구분되지 않고 일치한다. 그러나 산업화 이전 경제에서는 그러한 일치가 적용되지 않는다. 사람들은 생활의 기반을 시장에서의 교환뿐 아니라 시장 교환과는 근본적으로 다른 재분배와 호혜에 두었다. 따라서 어떤 하나의 이론으로 통합양식 모두를 관통하는 설명을 할 수는 없다.

폴라니에 의하면 산업화 이전에는 경제가 사회 속에 제도화되어 있고 개인은 통합양식에 상응하는 '사회적 동기'를 내면화하였다. 욕구 충족의 수단인 재화는 사회적 동기에 기여하는 한에서만 가치를 인정받았으며, 경제적 의사 결정은 개인의 선택에 그다지 기반을 두지 않고 오히려 사회적 관계, 문화적 가치, 도덕적 관심사, 정치, 종교 또는 권위적 리더십에 의해 주입된 두려움에 기반하였다. 생산은 교환을 위해서가 아니라 사용과 생계를 위한 것이었다. 이 같은 경제를 이해함에 있어서 중요한 것은 집단의 관습과 사회적 관계이며, 따라서 '경제적'이라는 단어는 시장경제가 지배적인 사회의 테두리를 벗어나면 큰 의미가 없어진다.

> [시장경제의 등장] 이전까지 알려진 모든 경제체제는 호혜, 재분배, 가정 경제의 원리 혹은 이 세 가지 원리의 조합을 통해 조직되었다는 개괄적인 명제를 제시할 수 있다. 이러한 원리들은 이미 존재하고 있던 대칭성, 중심성, 자급자족의 형태를 토대로 하는 사회 조직의 도움으로 제도화되었다. 이러한 틀에서 보면, 재화의 생산과 분배의 질서는 일반적인 행동 원리에 의해 규율된 매우 다양한 개인적 동기들에 의해 보장되었다. 이러한 동기들 가운데 이익은 대단한 것이 아니었다. 관습과 법, 마술과 종교 등이 함께 작용하여 개인으로 하여금 궁극적으로 경제체제 속에서 자신의 기능을 수행하게 하는 행동 규칙에 순응하게 만들었다(Polanyi 1944: 57).

3. 자본주의 시장경제 분석

1) 자본주의 시장경제의 이해

애덤 스미스는 '물물교환, 교역, 교환하고자 하는 성향'을 인간의 본성으로 보았다. 신고전파 경제학은 그에 더하여 개인의 이기적 합리성과 제약조건하에서의 효용 극대화 논리로 시장경제를 설명한다. 신고전파 경제학은 시장을 교환의 본성에서 나온 가장 자연스럽고 정상적인 체제로 간주하고 그것을 역사와 문화를 초월하여 모든 사회에 적용하였는데, 이는 경제주의의 오류임을 앞에서 언급하였다. 한편, 하이에크는 "인간이 합리적이고 총명한 존재가 아니라 오히려 비합리적이고 오류에 빠지기 쉬운 존재이며 사회적 과정 속에서만 오류가 정정될 수 있다"고 하였다. 그는 개인들의 행동이 의도하지 않은 결과로 시장이 출현하였으며 시장은 스스로 모색해 가는 '자생적 질서'라고 하였다(본서 제11장 참고). 그는 시장이 거래와 전문화를 포용하고 광범하게 분산된 정보를 사용한 결과 사람들이 상호 연결망 속에서 이익을 누리게 된다는 점에서 시장을 '확장적 질서'라고도 하였다.

그러나 폴라니는 개인을 출발점으로 하는 경제학자들이 시장에서의 교환을 인간의 본성으로 간주하는 것과는 달리, 실체적 경제를 이해하기 위해서는 인간의 본성보다 사회의 유형과 배열(arrangement)에 주목해야 하며, 그 유형과 배열은 인간 본성이 작용하여 생긴 결과물이 아니라 역사적으로 성립된 것이라고 하였다. 또한 그는 시장을 자생적 질서로 보는 자유주의자들에 대해서도 그들의 주장이 허구적이라고 비판한다. 시장경제는 호혜나 재배분와 마찬가지로 경제를 조직하는 하나의 형태이며 고유한 역사적, 사회적 맥락 속에서 '인위적'으로 만들어진 것임을 다음과 같이 설명하였다.

> [그러나] 자유 시장은 단순히 모든 것을 그대로 방임함으로써 실현되는 것은 결코 아니었다. … 자유 방임 자체도 국가에 의해 실현되었던 것이다. 1830년대와 1840년대에 통제적 법규를 폐지하는 법령이 폭발적으로 공포되었을 뿐만 아니라, 국가의 행정 기능이 비약적으로 강화되어 이제 자유주의 지지자들이 설정한 임무를 수행할 수 있는 집권적 관료 기구가 설립되었다. … 자유 방임은 무엇을 달성하기 위한 방법이 아니라 달성해야 할 일 자체였다. … 자유 시장으로 가는 길은 집권적으로 조직되고 관리되는 지속적 간섭주의의 비약적 강화에 의해 개척되고 유지되었다(Polanyi 1944: 145).

폴라니는 시장경제가 서구 사회의 통합양식이 되는 데는 중상주의 이래로 국가 권력에 의한 전국적 시장의 형성이라는 극단적 인위성이 개입되어 있다고 한다. 폴라니에 의하면, 국가의 입법 기구는 자유 무역에 관한 규정, 계약의 작성 및 이행 규정, 금융 규정 등 시장이 작동할 수 있는 조건을 제정함으로써 자기 조정적인 시장을 구축하는 데 지속적이고 중추적인 역할을 하였다. 국가의 발전은 시장경제의 발전과 함께 진행되었으며 이 둘은 역사에서 불가분의 관계였다. 그리고 마침내 산업혁명기에 기계의 출현과 공장제가 확산되면서 사회에 가해진 고도의 인위적인 자극의 결과, 1830-1840년대 서구의 독특한 구조적, 제도적, 문화적 맥락 속에서 시장이 경제를 조직하는 지배적 원리로 정착하면서 시장경제가 성립하였다. 이런 과정을 거쳐 형성된 시장경제는 수요와 공급이 가격을 결정하고 가격이 수요와 공급에 영향을 미치면서 스스로 작동하였다.

폴라니가 1830-1840년대에 시장경제가 성립하였다고 하는 것은 노동, 토지, 화폐가 일반적인 상품과 마찬가지로 상품으로 거래되는 시장이 형성되었기 때문이다. 영국에서 16세기 이래로 인클로저 운동(enclosure movement)을 통한 토지의 상품화, 금본위제에 의한 화폐의 상품화, 구빈법의 제정과 개정을 통한 노동의 상품화가 진행되었으며 시장경제로의 결정적 전환을 가져온 것은 구빈법 개정(1834년), 은행법 제정(1844년)과 곡물법 폐지(1846년)였다. 구빈법 개정은 노동 공급을 시장의 가격결정 메커니즘에 종속시켰으며, 은행법은 국내의 화폐 유통에 이전보다 더 엄격하게 금본위제의 자기 조정 메커니즘을 적용하였으며, 곡물법의 폐지는 전 세계의 곡물 공급에 대해 영국 시장을 개방하였다. 이상의 과정은 시장경제가 자생적 진화의 산물이 아니라 국가의 강력한 개입에 의해 탄생한 것임을 보여 준다. 폴라니는 이런 과정을 통해 상품화된 본원적 생산요소인 노동, 토지, 화폐를 '허구적 상품'(fictitious commodity)으로 규정하였다.

> 노동, 토지, 화폐는 산업의 본원적인 요소이다. 그리고 그것들이 조직되는 시장은 사실상 경제 시스템에 활력을 불어넣는 절대적인 부분이다. 그러나 노동, 토지, 화폐는 본래 상품이 아닌 것이 분명하다. 사고 팔렸다고 해서 매매된 것은 무엇이든 판매를 위해 생산된 것이라고 하는 가정은 이들 세 가지에 대해서는 결코 사실이 아니다. … 노동은 인간 활동의 다른 이름일 뿐이다. 그것은 판매를 위해서가 아니라 다른 이유 때문에 생산된다. 그리고 그러한 활동은 삶에서 분리되어 저장되고 운반될 수 있는 것이 아니다. 토지는 인간에 의해 생산된 것이 아닌 자연의 다른 이름일 뿐이다. 마지막으로 실제 화폐는 단지 구매력의 표지일 뿐이다. 그것은 결코 판매를 위해 생산된 것이 아니다. 이것들 중 어느 것도 판매를 위해 생산된 것은 없다. 노동, 토지, 화폐를 상품으로 기술하는 것은 완전히 허구적이다(Polanyi 1944: 75–76).

모든 상품은 판매를 위해 생산된 것이라고 할 수 있지만, 노동, 토지, 화폐는 그렇지 않다. 노동은 판매를 위해 생산된 것이 아니며 인간 생활의 다른 부분과 분리될 수도 저장되거나 운반될 수도 없는 활동이다. 토지는 인간에 의해 생산될 수 없는 자연일 뿐이며, 화폐는 원칙적으로 생산된 것이라고 말할 수 없고 국가의 재정 메커니즘을 통해 발행된 구매력의 표시에 불과하다. 폴라니는 토지, 노동, 화폐가 실제로 상품처럼 거래되는 시장이 존재한다는 것을 부정하지 않지만, 시장에서 사고 팔린다고 해서 그것을 상품으로 간주하는 것은 허구적이라고 하였다. 그리고 그것이 바로 자본주의 시장경제에 내재된 근본 모순이라고 하였다.

2) 매립과 분리

폴라니의 연구는 신고전파 경제학과 자유방임주의가 시장경제를 인간의 삶을 조직하는 유일한 해결책임을 확인하려는 시도를 반박하고 시장경제가 독특하고 절대적으로 예외임을 강조하고자 하는 바람에서 비롯되었다. 그는 모든 시대, 모든 유형의 사회에서 경제가 사회의 다른 영역과 분리되어 있었다고 추론하는 것은 오류라고 하였다. 생산과 분배의 질서를 보장하는 시스템이 없이는 사회가 존립할 수 없지만 그것이 사회와 분리된 경제가 존재한다는 것을 의미하지는 않으며, 시장경제 이전의 부족적, 봉건적, 중상적 사회에서 경제 질서는 사회 질서의 한 부분이었으나 유일하게 19세기에 이르러 양자가 분리되었다고 하였다.

폴라니에 의하면, 시장경제 이전의 사회에서 경제는 정치적, 사회적 제도와 독립적으로 존재할 수 없었고 사회적, 정치적 제도가 경제적 활동과 거래를 결정하였다. 이 경우에는 사회적 합리성이 관습과 사회적 관계를 통해 개인적 동기를 제어하기 때문에 개인에 대한 사회의 우위성이 성립한다. 이를 설명하는 것이 매립(embeddedness)이라는 개념이다. 통합양식은 경제가 사회에 어떻게 매립되어 있는가에 따라 달라진다. 비시장경제 체제에서 경제는 별개의 영역이 아니라 사회 제도 속에 매립되어 있으며, 교환은 사회적 진공상태에 위치하지 않고 사회 내에서 이뤄지며 사회에 의해 규제된다. 따라서 종교와 정부, 사회·문화적 의무, 규범, 가치가 생활 전략에서 중요한 역할을 한다.

매립 개념은 폴라니의 이론을 설명하는 논리적 출발점이다. 그것은 실체적 의미의 경제 개념과 연결되며 제도가 경제 과정의 주요 조직자임을 함의

한다. 그러나 폴라니가 『대전환』에서 매립이라는 용어를 몇 번 무의식적으로 사용하고 이론화하는 작업을 전개하지 않았기 때문에, 매립이라는 개념의 진의를 파악하는 데는 상당한 어려움이 있다. 매립은 다양한 의미를 갖고 있다. 우선, 매립은 본래 바위에 새겨진 화석과 관련된 지질학적 용어로서, 사전적으로는 어떤 것이 다른 것에 끼어 있거나 심겨져 있거나 묻혀 있는 상태를 의미한다. 매립은 언어학적 개념인 접합(articulation)의 의미를 갖고 있다. 언어학적으로 접합은 분절과 연결이 동시에 이루어지는 상태를 말한다. 매립은 포함의 의미도 갖고 있는데, 포함은 양적이고 질적이며 결정력을 가진다는 의미이다. 즉, A가 B에 매립되어 있다면 B가 A를 규정하고 제한한다. 마지막으로 매립은 반복 재생의 의미를 갖고 있다. A가 B에 매립되어 있다면 B의 원리가 A에서 반복 재생된다(임의영 2014).

매립은 경제 행위가 비경제적인 제도에 의해 제약되는 정도를 의미하며, 역사적으로 사회에서 경제의 위치가 어떻게 변하였는지를 설명하고 시장경제를 초역사적인 범주로 인식하는 경제주의의 오류를 비판하고 시장경제의 특이성을 부각시키기 위한 개념으로 사용되었다. 폴라니는 시장이 지배적인 통합양식으로 발달하기 전까지는 '경제가 일반적으로 사회적 관계 속에 매립되어 있다'고 하였다. 비시장경제에서는 옷감의 실오라기처럼 사회의 일반적 조직 속에 경제가 매립되어 있으며, 동기와 기능을 별도로 갖는 경제는 존재하지 않았다. 경제적 계산이 지배적 고려 사항인 자본주의 시장경제와는 달리, 비시장경제에서 경제 행위를 결정하는 것은 사회적 관계와 사회적 고려이다. 이러한 비시장경제를 폴라니는 다음과 같이 설명한다.

> 경제는 원칙적으로 사회적 관계 속에 묻혀 있다. 인간은 물질적 재화를 소유한

> 다는 개인적 이익을 수호하기 위해서 행동하는 것은 아니다. 인간은 자신의 사회적 입장, 사회적 요구, 사회적 자산을 수호하기 위해 행동한다. 인간은 이 같은 목적에 기여할 때만 물질적 재화를 높이 평가한다. 생산 과정이나 분배 과정 어느 것도 재화의 소유에 붙어 있는 특수한 경제적 이익과 연결되어 있지 않다. 그러나 이러한 과정의 모든 단계는 궁극적으로 필요한 조치가 취해질 수 있도록 보장하는 많은 사회적 이익에 맞춰지게 된다. 이러한 이익들은 소규모 수렵이나 어획 공동체와 광대한 전제군주 사회에서 서로 다르겠지만, 어떤 경우에도 경제 시스템은 비경제적 동기 위에서 작동할 것이다(Polanyi 1944: 48).

비시장경제의 사회에서 경제 행위는 사회 제도에 종속되어 있었다. 분업은 사회 제도에 의해 정확하게 결정되며, 기술, 생산 시설 및 축적은 상대적으로 제한된 역할을 수행하였다. 경쟁은 경제적이라기보다는 사회적인 것이었다. 이기심이 없었던 것은 아니지만 그것은 평판과 연관된 도덕적 의무감에 의해 억제되었다. 판매를 위한 생산보다 생활을 위한 생산이 시스템의 더 중요한 기능이었다. 사회의 절대적 빈곤이 문제라고 할 수 있겠지만, 아이러니하게도 물질에 대한 예속은 기아의 공포가 사라졌다는 시장경제의 사회에서 오히려 심화되었다. 비시장경제에서 사회와 분리된 경제 활동은 없었으며, 프로비저닝이 비경제적인 친족, 종교, 정치 제도에 매립되어 있기 때문에 사회가 경제를 지시하였다. 따라서 신고전파 경제학 이론이 적용될 수 있는 경제가 아니었다. 물론 이런 사회에도 시장에서의 교환이 없었던 것은 아니다. 식량 구입, 의례적 물품의 조달, 귀족의 소비를 위해 각각 그에 적합한 다양한 거래가 존재하였으며 방대한 재분배 시스템하에서도 물물교환 행위와 지방 시장에서의 거래가 일상적으로 이뤄지고는 있었지만, 그것들은 어디까지나 부차적인 것에 지나지 않았다. 마찬가지로, 호혜가 지배하는 곳에서도 물물교환이 존재하였지만 일반적으로 그것은 신뢰를 암시하는 장기적인 관계 속에 매립되어 있었으며 시장경제에서와 같은 양자적(bilateral) 거래의 성격을 갖고 있지 않았다(Polanyi 1944).

앞에서 설명한대로 산업화와 국가 권력이 결과적으로 호혜나 재분배로의 사회적 경향을 약화시키고 그것을 대체하는 자기 조정적 시장경제를 성립시켰다. 시장경제는 인간의 경제적 관계를 근본적으로 변화시켰다. 시장경제 등장 이전의 시장은 생활에서 아주 사소한 비중을 차지하였으며 일물일가의 가격을 책정할 수도 없었다. 시장 교환이 인간의 본성이라는 신화가 널리 퍼진 것은 산업화와 국가 권력에 의해 시장경제가 성립한 이후였다. 변화의 핵심은 토지와 노동과 같은 생산요소가 재분배 또는 호혜에 따라 할당되는 것이 아니라 시장에서 결정된 가격으로 판매된다는 것이었다. 폴라니는 이것이 제도와 행동 동기를 바꾼 '대전환'임을 강조하였다. 앞서 인용한 대로, '생존 동기는 이윤 동기로 대체되고 모든 거래는 화폐 거래로 바뀌며 생활의 모든 순간에 화폐가 개입한다. 시장경제의 가장 놀라운 특징은, 일단 성립하기만 하면 외부의 간섭없이 자율적으로 작동하도록 되어 있다는 점이다'(Polanyi 1944).

폴라니는 호혜와 재분배의 통합양식에서는 경제가 사회에 매립되어 있으나 자율적이고 자기 조정적인 시장경제가 등장하면서 경제는 사회로부터 분리된다(disembedded)고 하였다. 매립과 분리라는 대립적 개념은 자본주의 시장경제가 역사적으로 특수한 사회체제라는 것과 관련되어 있다. 시장경제 이전에는 사회가 문화적, 관습적으로 생계와 생산에 대한 개인의 참여를 보장하였으며 그런 의미에서 개인은 '일과 독립적인 객관적 존재'였다. 개인이 생산수단을 사용하거나 일을 할 수 있는 것은 공동체의 구성원이기 때문이었다. 그러나 시장경제에서 경제 행위는 사회적 관계로부터 분리되고 개인의 사회적 통합은 그 자신의 생산적 활동에 의존한다. 생산적 활동은 자기 노동의 결과물이든 노동력 그 자체이든 상관없이 시장에 상품을 내놓을 수 있는 능력을 의미한다. 따라서 개인은 자신의 노동 능력으로 시장이 요구하는 무엇인가를 내놓지 못한다면 생존할 권리를 갖지 못한다(Cangiani 2011).

경제가 사회와 분리된다는 것은 경제가 사회와 분리된 상태로 제도화되어 있다는 것일뿐, 신고전파 경제학이 말하는 것처럼 시장이 완벽하게 자기 조정적이고 경쟁적이라는 것을 의미하지는 않는다. 시장경제의 등장으로 경제는 사회로부터 분리되어 자신의 법칙에 따라 독자적, 자율적으로 작동하게 되었다. 그런데 시장경제에서는 경제가 사회와 분리되는 것으로 그치지 않고 사회를 압도하고 지배하는 전도 현상이 나타난다. 즉, 사회로부터 분리된 경제가 사회 생활의 다양한 영역의 조직 형태와 발전을 제한하며 사회 시스템에 대해 우월적 지위를 갖는다. 이에 대해 폴라니는 다음과 같이, 시장이 사회적 관계에 매립되어 있는 것이 아니라 오히려 사회적 관계가 경제 시스템에 매립된다고 하였다.

> 궁극적으로 시장에 의한 경제 시스템의 통제가 사회 전체 조직에 압도적인 결과를 가져오는 이유이다. 이는 사회를 시장의 부속물로 운영하는 것 이상을 의미한다. 경제가 사회적 관계에 매립되는 대신 사회적 관계가 경제 시스템에 매립된다. 사회의 존립에 대한 경제적 요소의 중요성은 다른 결과를 배제한다. 경제 시스템이 특정 동기에 따라 별도의 제도로 조직되고 특별한 지위를 부여받으면, 사회는 그 시스템이 독자의 법칙에 따라 기능할 수 있는 방식으로 형성되어야 한다. 이것은 시장경제가 시장 사회에서만 기능할 수 있다는 친숙한 주장이 의미하는 바이다(Polanyi 1944: 60).

3) 자본주의 비판과 이중운동

2011년 9월 17일 토요일부터 브로드웨이와 가까운 즈카티 공원에서 이틀 밤을 새운 시위대는 월요일 아침이 되자 거리로 나섰다. 자유 광장 공원으로 불렸던 즈카티 공원은 대중 토론회가 열리는 등 시위대의 본부와 작전 지휘소가 되었다. 전 세계에서 이 시위에 동참하는 자발적인 원조 물품이 도착하여 쌓였고 시위대는 추위를 이겨가며 농성을 계속하였다. 시위대는 미국과 세계 경제를 위기에 빠뜨리고서도 수백만 달러의 퇴직금을 챙겨 떠나는 월가 최고경영자들에게 분노하면서 '우리가 99퍼센트'라는 슬로건을 외쳤다. 시위의 초점은 자본주의 사회 전반의 불평등 문제였다. 시위는 보스턴, 워싱턴, 시카고, 로스앤젤레스, 샌프란시스코, 샌디에이고 등 다른 대도시로도 확산되었으며, 미국을 넘어 캐나다의 증권거래소 앞과 서울의 여의도 등 세계 각지에서 일어났다. 왜 이처럼 전 세계적으로 자본주의 비판운동이 일어나고 있는가?

폴라니는 시장경제의 발전 과정에서 대립적인 두 가지 운동이 존재한다고 하고 그것을 '이중운동'(double movement)이라 하였다. 하나는 시장경제를 극단으로 몰아가는 '자유 시장의 확장 운동'이다. 사회적 통제와 조절을 받지 않는 시장경제는 '악마의 맷돌'이 되어 모든 것을 상품화시켰다. 그것은 본원적 생산요소인 노동, 토지, 화폐를 상품화하여 효율성을 내세운 도구적 합리성에 종속시키면서 시장의 범위를 부단히 확장하며 사회로부터 경제를 분리하려는 탈규제적 확장 운동이다. 노동은 인간과 분리될 수 없기 때문에 노동의 상품화는 곧 인간의 상품화이며, 토지는 자연과 불가분의 관계에 있기 때문에 토지의 상품화는 자연의 상품화를 의미한다. 아이러니하게도 자기 조정적 시장으로 가는 길 자체는 저절로 만들어진 것이 아니라 중앙집권적으로 조직되고 통제되는 국가의 의식적이고 지속적이면서 때로는 폭력적인 개입의 결과였다.

다른 하나는 이 같은 시장경제에 저항하는 사회보호적 대항 운동이다. 시장경제의 확대가 육체를 파괴시키고 환경을 황폐화시키면서 마침내 사회를 위험에 빠트리게 되자 그것에 대한 사회보호적 대항 운동이 등장한다. 시장경제의 내적 모순은 곧바로 허구적 상품화에 대한 제한을 통해 사회를 보호하려는 저항을 야기하며, 사회적 보호를 위한 입법이나 정책에 대한 압력이 사회의 다양한 부문에서 분출된다. "자유방임경제가 국가의 의도적 행동의 산물인 반면, 뒤이은 자유방임에 대한 제한은 자생적으로 시작되었다"(Polanyi 1944: 147). 그것은 경제에 대한 정치적 통제, 즉 재매립을 요구하는 운동이다. 매립이라는 메타포는 사실 두 가지 목적을 내포하고 있다. 하나는 경제가 자율적이지 않다는 아이디어를 제공하는 것이며 다른 하나는 시장경제에 대한 규제적 개입, 즉 사회적 저항과 반대 운동이 존재할 수밖에 없음을 보여 주는 것이다.

폴라니는 영국에서 오웬주의, 차티스트 운동, 공장법, 노동조합법 등의 사회입법을 비롯하여 1870년대에 계약 자유의 원칙에서 농지를 제외시켜 농촌의 생활 터전을 보호하기 위한 법, 그리고 빅토리아 시대 영국의 공중 보건, 공장 상태, 노동조합, 사회보험, 공공 시설, 지방 자치 단체 서비스 및 노동조합의 권리 등에 관한 법률을 자유로운 시장 확장의 사회적 영향을 차단하기 위한 반작용 조치로 해석하였다. 한편, 영국 은행법의 확장인 국제 금본위제와 자기 조정적 시장 메커니즘을 복원하려는 자유 시장주의자들의 시도는 대공황이라는 파국을 가져왔다. 사회로부터 시장경제의 분리가 가져온 이러한 결과에 대한 반작용은 파시즘이라는 국가사회주의와 뉴딜이라는 국가 개입이었다. 미국에서의 뉴딜은 민주적 방식에 경제의 뿌리를 박은 보호적 대항 운동이라면, 동시에 등장한 또 다른 대항 운동인 유럽 대륙의 권위주의와 파시스트 정권은 오히려 소외 현상을 절대화하였다.

이처럼 폴라니의 '대전환'은 사회에 매립된 경제가 사회로부터 분리되고 시장경제가 출현하는 획기적 전환을 의미하지만, 동시에 시장경제가 대항 운동에 의해 변질되고 붕괴한다는 전망을 갖고 있다. 대전환은 사회 구조의 변화를 추진하는 데 필요한 강력한 근대 국가에 의해 시작되었으며 인간 본성의 어떤 측면을 증폭하고 장려하여 경쟁적인 자본주의 경제를 출현시켰다. 이러한 전환은 전근대 역사를 지배해 온 기본 질서를 파괴하고 경제를 사회의 다른 영역으로 분리시켰다. 그러나 제한받지 않는 자유 시장경제가 가져온 사회적 탈구(dislocation)에 대해 사회는 자기 보호의 본능적 대항 운동을 하게 된다. 폴라니는 자율적 시장이 전례 없는 물질적 부를 가져왔지만 엄청난 사회적 탈구와 스스로를 보호하기 위한 사회의 자발적인 움직임을 동반하면서 변질되고 붕괴한다고 보았다.

폴라니는 『대전환』에서 시장경제가 계획되었다고 주장함으로써 시장이 인간의 교환 본성에 의해 자생적으로 등장하고 발전하였다는 자유주의의 교환 본성론을 뒤집으려고 하였다. 교환 본성론에 의하면 시장경제가 자연적인 것이며 그것에 역행하는 것은 인위적인 것이 되지만, 폴라니는 경제를 사회에 재매립하는 것이 사회의 본능이라고 본다. 폴라니가 추구한 것은 사회에 재매립된 경제와 인간의 자유를 보장하는 민주적이고 윤리적인 사회주의인 반면, 신고전파 경제학뿐 아니라 마르크스 경제학조차도 경제주의에 빠져 있다고 할 수 있다. 따라서 폴라니는 마르크스처럼 자본주의 시장경제가 붕괴할 것으로 전망하면서도 내용에서 마르크스와 크게 다르다.

|보론 3| 선물경제

일상 생활에서 우리는 많은 선물을 교환한다. 선물과 상품의 차이는 무엇일까? 상품은 팔기 위해 생산된 것이며 자기 자신이 사용하거나 다른 누군가와 선물로 교환하기 위해 생산된 것이 아니다. 상품 교환은 비인격적이며 거기서는 금전적 부와 소유를 극대화하려고 할 뿐 다른 사회적 측면은 최소화된다. 반면, 선물 교환은 사회적 관계를 최대화하려고 한다. 선물 교환은 기능적·이기적 측면에서의 합리적 교환이고 상호 간의 정치적·사회적 유대를 형성하고 강화하며 도덕적 관념 및 문화를 표현한다. 선물 교환 또는 선물경제(gift economy)는 사후적 보상에 대한 명시적인 합의 없이 이뤄지며 사회적 규범과 관습의 지배를 받는다. 이런 점에서 등가적 가치가 명시적으로 교환되는 교환 경제 또는 시장경제와 대조된다. 이러한 선물경제의 본질은 인류학에서 근본적인 논쟁의 주제이다.

선물경제에 대한 인류학적 연구는 말리노프스키의 뉴기니 트로브리앙 군도 쿨라 제도(Kula ring)에 대한 연구로 시작되었다. 연구에서 말리노프스키는 개인 간의 상품 교환과 기부에 대한 '비이타적' 동기를 강조하였다. 트로브리앙 원주민들은 동등하거나 더 큰 가치의 반환을 기대하였다. 다시 말하면, 호혜는 선물의 암묵적인 부분이며 호혜에 대한 기대 없이는 '무상의 선물'이 주어지지 않는다는 것이었다. 이 연구는 이후 모스와의 논쟁을 가져왔다. 모스는 『증여론』에서 말리노프스키를 비판하면서 선물 교환이 인격적, 사회적, 영적 차원을 갖고 있음을 강조하였다. 모스는 선물 교환이 개인들뿐 아니라 집단 대표자 간에도 존재한다고 하였다. 따라서 선물은 사고팔 수 있는 단순하고 양도 가능한 상품이 아니라 동족 집단의 명성, 역사 및 정체성을 담고 있다. 모스에 의하면, 선물에 대한 반환, 즉 답례적 선물이 서로의 관계를 유지해 주며 만일 그것이 없으면 관계는 끝이 난다. 말리노프스키와 모스의 논쟁에 의해, 선물 교환이 갖고 있는 복잡성을 파악할 수 있게 되었으며, 이를 다른 형태의 교환을 구별하기 위해 호혜라는 용어를 비롯한 일련의 학술적 용어가 도입되었다. 레비-스트로스(Lévi-Strauss)는 모스가 제안한 호혜 개념을 일반화된 사회적 교환 이론으로 발전시켰다.

그러면 선물에는 과연 이기적 동기가 없을까? 선물은 사회적 자의식을 가진 존재의 상호 인정이라는 사회 관계를 나타냄(선물의 도덕적, 내재적 성질)과 동시에 개인의 이기심이라는 공리주의적 동기도 포함하고 있지 않을까? 모스가 말한 '선물의 정신'이 의미하는 바를 오해한 일부 인류학자들은 '선물경제'를 '시장경제'와 대조적인 반대쪽 극단에 두고 비시장적 교환이 항상 이타적인 것처럼 생각하였다. 그러나 미국의 문화인류학자 살린스(M. Sahlins)는 『석기시대 경제학』(*Stone Age Economics*, 1972)에서 호혜를 세 가지 유형으로 구분하였다. 첫째, 일반적 호혜는 밀접하게 연결된 가정 또는 친족 그룹 내에서 흔히 관찰된다. 그것은 무상의 선물이나 친절처럼 상호 교환이 직접적이거나 즉각적이지 않으며 가치를 계산하지 않기 때문에 비등가적이다. 지속적인 일방적 흐름이지만, 종종 시간이 지나면 비등가적인 상태가 해소되리라는 기대가 존재하기도 한다. 둘째, 균형적 혹은 대칭적 호혜는 보다 이질적이고 덜 친밀한 관계에 있는 자들 사이의 직접적 교환이다. 대개 가치가 동등한 것을 제한된 시간 내에 되받을 것이 기대되고 일방적 통행이 지속될 정도의 친밀함이 없다. 셋째, 시장적 또는 부정적 호혜는 뇌물, 도박, 사기, 절도, 흥정과 같이, 상대방을 희생시키면서 교환으로부터 적대적 불로 이익을 얻으려는 것이다. 당사자 간의 상쇄 또는 속임의 정도에 따라 일방적 흐름이 가능하다. 단순한 사회에는 일반적 호혜만 있고 복잡한 사회에는 시장에서의 교환이라는 형태의 부정적 호혜에 의존한다. 앞에서 통합양식으로 호혜를 설명하면서 언급한 선물의 사례 중에서 첫 번째는 일반적 호혜에 해당하고 두 번째는 균형적 호혜에 해당하며, 세 번째는 부정적 호혜에 해당한다.

모스는 인류 역사가 호혜적 교환인 선물의 사례로 가득 차 있으며 민족, 문화, 지역, 역사에 따라 다양하다고 하였다. 그는 선물 행위가 겉으로는 일방적 통행으로 보이지만 기본적으로 주고받고 돌려 주는 의무로 구성된 물건의 교환이라고 간주하였다. 선물에는 어떤 힘이 존재하기 때문에 받는 사람이 그것을 갚게 하는가? 이에 대한 모스의 답은 선물이 완전한 제공(total prestation)이기 때문이라는 것이다. 선물을 하는 사람은 단순히 물건만 주는 것이 아니라 자신의 일부를 준다. 따라서 선물은 주는 사람과 완전히 분리되지 않으며 불가분하게 묶여 있다. 모스는 이를 '양도 불가능성'(inalienability)이라 하고 선물 교환을 개념화할 때 중요한 특징으로 생각하였다. 시장 교환에서는 사유재산이라는 개념에 따라 교환 대상과 사람 간에는 강한 구분이 있다. 상품을 판매한다는 것은 소유권을 새 소유자에게 완전히 이전한다는 것을 의미하므로 교환 대상은 원래의 소유자로부터 양도된다. 그러나 선물 교환에서는 선물이 선물을 하는 사람으로부터 양도되지 않는다.

그렇기 때문에 선물은 반환되어야 하는 것이며 선물을 하는 행위는 상환해야 하는 채무를 만든다. 선물의 반환이라는 개념은 미래의 순간까지 두 사람 간의 관계가 지속된다는 것을 의미한다. 따라서 선물 교환은 주는 사람과 받는 사람 사이의 상호 의존과 사회적 유대감을 형성한다. 연대라는 개념을 통해 사회적 결속을 이해한 뒤르켐의 연구를 계승하고 있는 모스는, 선물 교환에 의해 만들어진 사회적 유대를 통해 연대가 달성된다고 주장한다. 그에 의하면, 이론상 선물은 자발적이지만 실제로는 의무하에 주어지고 상환되기 때문에 사람들을 의무 아래에 두려는 의지로부터 선물 교환이 발생한다. 그러나 모스의 이러한 견해에 대한 비판도 있다. 자선남비에 기부하거나 걸인에게 적선하는 선물 행위에서는 기증자와 수혜자가 서로를 알지 못하고 다시 만날 가능성이 거의 없으며 따라서 걸인 측에서 보답할 의무가 전혀 없다. 이에 대해 모스는 반환되지 않는 무상의 선물은 사회적 유대를 만들 수 없기 때문에 모순적이라고 하였다.

제2부 기업과 조직

제5장

슘페터의 혁신 이론과 기업가 정신

1. 경제 발전과 혁신경제학

1) 기업가와 경제 발전

오늘날의 경제사회를 이해함에 있어서 빼놓을 수 없는 것이 기업이다. 신고전파 경제학은 경제 행위의 주체를 개인화시켜 이해한다. 따라서 기업을 중간 혹은 중범위의 조직으로서가 아니라 개별 소비자와 마찬가지로 하나의 개체적 존재로 이해한다. 조직으로서의 기업은 경영학의 연구 대상으로 간주될 뿐이었다. 신고전파 경제학은 소비자 개인을 예산의 제약하에 효용을 극대화할 수 있는 선택을 하는 합리적이고 이기적인 존재로 보는 것과 같은 방식으로, 기업을 완전한 정보를 갖고 수입과 비용을 비교하여 이윤을 극대화할 수 있는 생산을 하는 존재로 단순화시켜 이해한다. 그러나 기업을 이윤 극대화의 공식에 따라 행동하는 존재로 보는 기계적인 모형으로는 새로운 사업과 기회 앞에서 위험을 감수하고 결단하는 기업가의 모습을 발견하기는 어렵다.

몇 명의 대표적인 기업가 사례를 보자. 대부분의 척도에서 록펠러는 근대 역사상 가장 부유한 사람이었다. 그는 수평적·수직적 통합을 통해 스탠더드 오일을 독점의 대명사로 만들고 이윤율을 높이는 데 성공하였지만 다른 한편으로는 보통의 소비자를 위해 연료 가격을 크게 낮추기도 하였다. 셔먼 반트러스트법에 의해 1911년에 스탠더드 오일은 완전히 해체되었지만, 해체의 조각으로 남은 R&D 및 인프라에서 수익을 얻고 있는 엑슨모빌 및 코노코(Conoco)와 같은 회사가 지금도 여전히 존재한다. 록펠러는 20세기 초에 현역에서 은퇴한 후 남은 생애를 자선 활동에 바쳤다. 그가 사망한 지 80년이 넘었지만, 록펠러는 여전히 월스트리트의 위대한 인물 중 한 명이다.

사람들은 빌 게이츠를 설명할 때 일반적으로 부자, 경쟁력 및 스마트를 떠올린다. 세 가지 특징 중 게이츠의 행운을 만들어 낸 것은 그의 경쟁적 본성이다. 1974년에 마이크로소프트를 공동 창업한 그는 컴퓨터 운영체제(OS)와 인터넷 브라우저 경쟁에서 승리하였으며, OS 판매로 얻은 이익으로 미래의 산업과 벤처에 투자하였다. 거금을 투자한 많은 사업 중 하나인 Xbox는 콘솔 게임업계 1인자인 닌텐도를 제쳤으며, Azure는 아마존의 AWS, 구글의 GCP와 함께 클라우드 서비스 시장을 지배하고 있다. 이들 새로운 사업이 현재 고전 중인 컴퓨터 OS 사업의 손해를 메꾸고 있다. 게이츠가 자선 활동가로 변신한 것은 록펠러와 닮았다. 한편, 빌 게이츠가 체계적으로 사업을 확장해 간 것과 달리, 스티브 잡스에게서 볼 수 있는 것은 폭발적 창조력이었다. 잡스가 1976년에 애플을 공동 창업하고 10년 후에 경영 분쟁으로 회사를 떠났다가 다시 10년이 지나 돌아왔을 때, 애플은 여전히 하나의 작은 컴퓨터 회사였다. 그러나 그는 아이팟, 아이폰, 아이패드와 같은 혁신적 제품을 성장 동력으로 삼아 애플이 난공불락과 같던 마이크로소프트를 넘어서도록 밀어붙였다. 2010년에 애플은 처음으로 마이크로소프트의 시가 총액을 넘어섰으며, 현재 애플의 고객은 10억 명 이상이다.

마이코스키(B. Mycoskie)는 익숙한 이름이 아닐 수도 있지만 TOMS라는 회사 이름은 들어본 적이 있을 것이다. 아르헨티나 여행에서 신발이 없는 아이들이 겪고 있는 문제를 목격한 후, 마이코스키는 신발을 1켤레 팔 때마다 또 다른 1켤레를 신발이 필요한 어린이에게 기부하려는 의도로 2006년에 TOMS라는 회사를 설립하였다. 회사는 신발뿐 아니라 안경, 물, 안전한 출산, 괴롭힘 방지 프로그램 등으로 활동 영역을 확장하였다. 현재까지 TOMS는 수천만

켤레가 넘는 신발을 기증하고 수십만 명이 넘는 사람들의 시력을 회복시켜 주었으며 안전한 물을 수십만 주(weeks) 이상 제공하였다. 사회적 기업가로 유명한 유누스(M. Yunus)는 가난한 사람들도 기본적인 금융 서비스를 이용할 수 있어야 한다는 믿음과 그의 비전을 실현하고자 하는 맹렬한 열망으로 1983년에 방글라데시에 그라민 은행(Grameen Bank)을 설립하였다. 그라민 은행이 하는 일은 가난에서 벗어나지 못하는 자들에게 소액 대출을 하여 그들이 재정적으로 자급자족할 수 있도록 하는 것이었다. 대부분의 은행이나 대출기관의 운영방식과는 달리, 그라민 은행은 차용자로부터 담보를 요구하지 않는다.

프리드먼은 1970년에 뉴욕타임즈 매거진에 기고한 "비즈니스의 사회적 책임은 이윤을 증가시키는 것"이라는 글에서, 기업의 목적은 오직 이윤을 증가시킴으로써 주주가치를 극대화시키는 것이라고 하였다. 그러나 위의 5명의 사례는 과연 주주의 이익을 위해 이윤 극대화를 자기의 사명으로 생각하는 기업가에 부합한다고 볼 수 있는가? 물론 적어도 3명은 엄청난 부를 축적하였지만 그렇다고 그들이 이윤 극대화를 위해 활동하였다고 보기는 어렵다. 기업가 정신에 대한 연구로 저명한 경영학자 알스트롬(D. Ahlstrom)은 "사업의 주요 목적은 경제 성장을 창출하는 동시에 사회에 이익을 제공하는 새롭고 혁신적인 상품과 서비스를 개발하는 것"이라고 하였다. 기업가는 기꺼이 위험을 감수하고 주도권을 발휘하면서, 시장 기회를 포착하고 자원을 확보하여 배치하며, 혁신을 통해 새로운 제품을 만들거나 개선해 가는 리더이다. 기업가는 새로운 상품과 서비스로 새로운 비즈니스를 창출하며 다양한 파급 효과를 만들어 낸다. 기업가들이 출시하는 신제품이나 신기술은 새로운 시장과 부를 창출하며 고용 증가와 국민소득의 증가를 가져오며 공공 프로젝트에 대한 지출을 증가시킬 수 있는 과세 기반을 강화한다.

기업가의 활동은 혁신을 통해 자원이 효율적으로 사용되도록 한다. 그러나 그것은 이윤 극대화라는 정학적 균형 상태에 이르는 과정이 아니다. 기업가의 혁신 활동에 의해 자본주의 시장경제는 균형이 아니라 끊임없이 불균형 상태로 발전한다. 기업가 활동이 경제 발전으로 이어지는 메커니즘은 개인, 기업, 거시 수준이 서로 연결되는 과정이다. 기업가 활동은 기업 차원에서 이뤄지며, 그러기 위해서는 기업가 개인의 자질과 야망이 실행될 수 있도록 하는 수단이 필요하다. 기업가 활동은 산업, 지역 및 국민 경제 수준에서 다양하고 새로운 대안을 제시하며, 아이디어와 주도권 경쟁을 통해 가장 생존 가능성이 높은 기업이 선택된다. 다양성, 경쟁, 선택 및 모방은 한물간 기업을 교체하고 생산성 향상과 새로운 시장 및 산업의 확장을 통해 지역 및 국민 경제의 잠재력을 확장하고 변형시킨다. 기업가 개인으로부터 국민 경제에 이르는 이러한 연결 과정에는 피드백 메커니즘도 존재한다. 경쟁과 선택은 자신과 다른 사람의 성공과 실패를 학습하도록 하며, 학습 과정을 통해 개인은 능력을 향상시키고 적응력을 높여간다. 이런 동학적 과정은 환경적 조건, 즉 국가·지역의 문화와 기업 내부 문화에 의존하지만, 문화와 기업가 활동 간의 관계가 그렇게 단순하지는 않다(Carree and Thurik 2022).

한편, 기업가 활동으로 인한 성장(발전)은 경제 전 부문에 걸쳐 고르게 일어나지 않는다. 기업가 활동과 혁신 이념이 만연함에도 최근에 성장이 부진한 것은 분명히 역설적인 현상이다. 또한 기업가 활동이 경제 성장에 긍정적인 반면, 국민복지 수준과의 관계는 다양한 요인에 의해 영향을 받기 때문에 복잡하며 경제 성장이 오히려 전반적인 불평등의 증가와 관련 있을 수도 있다. 지속 가능성과 불평등 심화에 대한 우려는 많은 기업가들이 경제 활동의 사회적 결과에 관심을 갖게 하였다. 지속 가능성에 대한 사회적 인식이 높아짐에 따라 불평등과 같은 사회적 문제를 해결하려는 시도가 기업가 활동에 포함되었다. 이는 기업가적 틀 내에서 사회 변화를 추진하는 방식이며 이윤과 사회적으로 바람직한 목적을 동시에 추구하는 점에서 후자만을 추구하는 일반적인 비영리적 활동과는 다르다.

2) 혁신경제학의 탄생

오랫동안 인간은 농업을 주된 생산 기반으로 하였지만 18세기 후반부터 이윤을 추구하는 기업이 생산을 담당하면서 전례 없는 속도로 변화가 일어났다. 사회는 유기체처럼 성장, 발전하지만, 고전학파 이래로 경제학의 사회 인식은 기계적이었다. 특히 신고전파 경제학은 효용 및 이윤 극대화를 추구하는 경제 주체들의 행위를 통해 희소한 자원의 최적 배분이 어떻게 달성되는가에 관심을 집중하였다. 그러나 그것은 투입과 산출의 정학적 순환 이론일 뿐이며, 비록 동학적 변화를 언급하였다 해도 외생적 조건의 변화에 의한 교란 후에 다시 균형이 회복되는 방식을 서술하는 비교정학적 분석에 불과하다.

경제를 정학적 순환 모형으로 파악하는 것의 이론적 연원은 좀 더 오래되었다. 고전학파보다 앞선 시기에 최초의 경제 순환 모형이 중상주의자 캉티옹(R. Cantillon)과 중농주의자 케네(F. Quesnay)에 의해 고안되었다. 그들은 매년의 생산과 소비의 순환을 설명하였으며 경제 발전의 동학을 완전히 빼버리지는 않았지만 피상적으로 다루었다. 이후 애덤 스미스는 『국부론』에서 경제 성장의 원천에 대해 설명하였지만 그의 이론은 본질적으로 정학적 성질에서 벗어나지 않았다. 리카도의 성장 이론 역시 정체 상태라는 장기 균형 이론에 불과하며 경제 순환의 논리적 요소에 대한 윤곽만을 그렸을 뿐이다. 그는 당시의 기계 도입에 대해서도 성장보다 소득분배와 관련된 문제로 이해하였다. 경제 발전의 문제를 가장 이론적으로 다루었던 사람은 마르크스였다. 그의 통찰은 경제 순환이 아니라 자본 축적과 노동자 궁핍화, 그리고 자본주의 붕괴라는 자본주의 경제 시스템의 전개를 논리적으로 설명하였다. 그러나 그의 자본주의 재생산 도식 역시 정학적 순환 모형에 속하며 고전학파적 사고가 스며들어 있다. 이처럼 경제학자들은 정학적 순환 모형으로 경제 현상을 인식하고 상호 의존적 원리와 불변의 법칙을 주장하였다(Schumpeter 1911). 특히 19세기 후반에 한계혁명에 의해 자원의 최적 배분을 연구 과제로 삼은 신고전파 경제학이 등장함으로써 정학적 균형 이론이 경제학의 대세를 이루었다.

그러나 경제적 조건은 늘 변하며 경제는 그에 따라 발전하고 변동한다. 따라서 필요한 것은 정학적 균형 이론이 아니라 경제 발전을 설명할 수 있는 동학 이론이었다. 마르크스가 사망한 1883년은 경제학의 역사에서 20세기 전반을 대표할 2명의 천재 경제학자인 케인스와 슘페터(J. Schumpeter)가 태어난 매우 특별한 해였다. 두 사람은 모두 정부 고위 관료로서 현실의 경제에 깊이 관여한 경험을 갖고 있었다. 각각 당시 경제학의 중심지였던 케임브리지 대학과 비인 대학에서 신고전파 경제학의 세례를 받은 학자이지만 그들의 관점과 비전은 신고전파의 정학적 균형 이론으로부터 벗어나 있었다. 그러나 두 사람의 관점은 서로 달랐다. 당시 주류 경제학은 암묵적으로 공급이 일국의 경제 활동 수준을 결정한다고 보았지만, 케인스는 '유효수요'에 의해 그것이 결정되며 수요 부족이 세계적 불황의 원인이라고 하였다. 그러나 케인스에 비판적이었던 슘페터는 불황과 실업을 혁신이 가져온 필연이라고 하면서 일찍부터 자본주의의 본질을 기업가의 '혁신'에 기초한 역동성에서 찾았다.

슘페터는 비인 대학에서 뵘-바베르크(E. von Böhm-Bawerk)에게 수학하여 신고전파와 오스트리아학파를 학문적 배경으로 하고 있었지만, 신고전파의 세계에서 탈피한 학자였다. 그는 『경제학 원리와 방법: 역사적 개관』(*Economic Doctrine and Method: An Historical Sketch*, 1912/영역 1954)에 정리한 독일 역사학파의 슈몰러(G. von Schmoller)와 오스트리아학파의 멩거(C. Menger) 간의 경제학 방법론 논쟁(본서 제6장 참고)으로부터 배우고 베버의 '사회경제학' 개념을 차용하였다. 이를 통해 그는 경제학이 추상적인 이론의 구축이라는 편협성을 버리고 방법론적 다원주의 및 인접 학문과의 협력을 시도해야 한다는 입장을 취하였다. 즉, 그는 순수 이론의 논리적 엄밀성을 경제학의 본령으로 생각하면서도, 역사, 사회 제도, 실증적 검증을 망라한 사회경제학 혹은 일반경제학(general economics)을 지향하였다. 『경제학 원리와 방법』을 발전시킨 『경제분석의 역사』(*History of Economic Analysis*, 1954)에서는 지식사회학적 관점[1]에서 모든 경제학에는 이념과 세계관이 반영되어 있다고 보고 신고전파 경제학의 몰가치성 주장을 비판하였다. 또한 역사적 이해의 중요성을 강조하면서 그것이 없이는 어떤 시기의 경제 현상도 이해 불가능하다고 하고, 정부, 재산권, 관습, 습관 등을 포함하는 제도의 중요성을 말하였다.

슘페터의 대표적인 저서는 『경제 발전의 이론』(*The Theory of Economic Development*, 1911/영역 1934)이지만, 서문에 자매편으로 소개한 그의 처녀작은 『경제학 이론의 본질과 핵심』(*The Nature and Essence of Economic Theory*, 1908)이었다. 이 책은 당시의 신고전파 경제학 이론을 해설한 것으로서, 자본이나 노동이라는 생산요소의 가격(이윤과 임금)을 포함하는 가격 결정 이론과 일반균형 이론을 비판적으로 검토하고 있다. 슘페터는 신고전파 경제학은 외생변수가

---

1 지식사회학은 여러 지식에 대한 사회적 조건의 연관성(존재 구속성)을 연구하는 사회학의 한 분야로서, 인간의 사고와 사회적 맥락 사이의 관계와 지배적 아이디어가 사회에 미치는 영향을 연구한다.

변하면 균형이 어떻게 변하는가를 설명하는 순수 이론이며, 개인주의에 입각하여 개별 가계나 기업을 분석의 출발점으로 하고 미시적 분석을 통해 거시적 설명을 도출한다고 생각하였다.

그러나 슘페터는 이런 순수 경제학의 약점이 동학적 분석의 결여에 있다고 보았다. 그는 신고전파 이론이 균형과 작은 교란 이후에 다시 균형이 회복되는 방법에 관한 진술에 불과하며, 따라서 신고전파의 균형 이론으로는 경제 발전과 관련된 요소들에 대해 설명할 수 없다고 보았다. 슘페터는 발라의 일반균형 이론을 높이 평가하고 그로부터 가장 큰 영향을 받았다고 하였지만, 일반균형 이론이 정학적 과정에만 적용할 수 있을 뿐임을 비판하였다(吉川洋 2009). 또한 오스트리아학파의 이자 이론에 대해, '정학적 틀 내에서 이자 이론을 수립하는 것은 처음부터 실패'이며 이자 발생의 근거는 정학적 이론으로 다룰 수 없는 발전에 있다고 하였다. 즉, 자본 형성, 이자, 기업가 이윤, 공황 등은 바로 동학에 의해서만 분석할 수 있는 현상이라는 것이다. 슘페터는 『경제 발전의 이론』이 동학적 경제 현상, 즉 경제가 끊임없이 자신을 변화시켜 가는 현상을 해명하기 위한 것임을 다음과 같이 언급하였다.

> 나는 이것[발라의 생각]이 잘못이라고 강하게 느꼈다. 경제 시스템에는 균형을 스스로 붕괴시키는 어떤 힘의 원천이 존재한다. 그렇다면 경제 시스템을 하나의 균형에서 또 다른 균형으로 이행시키는, 단순히 외적 요인에 의존하지 않는 순수 경제 발전 이론도 역시 존재해야만 한다. 그것이 바로 내가 만들려고 하는 이론이다. 그것은 자본주의 경제의 동학, 수많은 경제 현상, 특히 경기 순환을 발라나 마셜의 경제학보다 잘 설명한다(Schumpeter 1911: 일본어판(1937) 서문).

슘페터가 말하는 발전은 무엇인가? 그는 새로운 상태에서 새로운 목적을 위해 새로운 수단으로 생산이 이뤄지는 경제가 바로 발전하는 경제라고 하였다. 또한 마르크스가 말한 것처럼, 사회적 과정은 나누어질 수 없는 하나의 전체이므로 경제적 조건에 의해서만 경제 발전을 설명할 수는 없다고 보았다. 슘페터는『경제 발전의 이론』서문에서 자신의 이론과 마르크스 경제학이 중요한 접점을 공유하고 있음을 인정하였다. 그는 경제학에 진화라는 개념을 도입한 것이 마르크스의 큰 공적이라고 하였다. 마르크스 이론은 경제 시스템의 진화를 생각하는 점에서 물리역학보다 생물학에 가깝다고 할 수 있으며, 미제스와 하이에크를 중심으로 하는 오스트리아학파의 자생적 질서 이론 역시 그러하다고 할 수 있다.

슘페터는 기업가의 혁신을 경제 발전의 가장 중요한 요인으로 보고 경제학에서 혁신 문제를 광범위하게 다룬 최초이자 가장 중요한 인물이다. 그는 '자본주의는 지속적인 혁신과 창조적 파괴의 진화 과정으로만 이해될 수 있다'고 하였다. 그는 생산요소의 투입 증가로는 생산의 지속적인 성장을 설명할 수 없으며, 경제 발전에 필수적인 것은 혁신이라고 하였다. 슘페터의 연구를 기반으로 하여 탄생한 것이 혁신경제학이며, 그것은 경제 발전이 기업가의 혁신 및 기업가 정신의 결과라고 선험적으로 주장한다. 슘페터의 연구는 역사학파, 특히 슈몰러와 좀바르트(W. Sombart)의 연구에서 비롯된 아이디어의 연장으로 볼 수 있다. 따라서 혁신경제학의 근원은 리카도 이래의 주류 경제학이 아니라 역사학파 경제학이었다고 할 수 있다.

혁신경제학은 연구의 주요 초점, 경제 성장의 동인 및 경제 행위 주체의 맥락에 대해 신고전파 경제학과는 다른 관점을 제공한다([표 5-1]). 신고전파 경제학은 주요 관심사가 시장 가격에 의해 주도되는 최적화를 통한 자원 배분이며 경제를 정학적이고 기계적인 균형의 경향을 갖는 폐쇄된 시스템으로 간주한다. 반면, 혁신경제학은 관심사가 기업가의 혁신에 초점을 맞춘 생산 문

표 5-1 신고전학파 경제학과 혁신경제학의 차이

	주요 초점	성장 동인	행위 주체의 맥락
신고전학파 경제학	희소한 자원의 최적 배분과 신호로서의 시장 균형가격	생산요소(자본, 노동)의 축적	다른 조건이 일정한 균형 상태
혁신경제학	새로운 생산물, 생산 과정, 비즈니스 모델을 창조하는 기업가의 혁신 능력	지식과 혁신, 기업가 정신	변화하는 제도와 사회

제이며 경제를 동학적인 경향을 갖고 있는 개방적이고 복잡한 시스템으로 본다. 신고전파 경제학은 자본 축적을 경제 발전 또는 성장의 주요 동인으로 보지만, 혁신경제학은 제도적 환경 속에서 작동하는 지식, 혁신 및 기업가 정신이 경제 성장을 이끈다고 주장한다. 신고전파 경제학에서는 다른 조건이 일정한 균형 상태에서 효율성의 열반이 달성되고 기업가는 단지 루틴을 따르는 관리자에 불과할 뿐이다. 그러나 혁신경제학에서는 기업가의 역할이 경제 과정의 핵심이며, 기업가는 변화하는 제도 속에서 불확실성을 감수하고 혁신을 도입하는 행위자이다.

2. 혁신 이론과 자본주의 전망

1) 혁신 개념의 이해

슘페터의 『경제 발전의 이론』 제1장은 발라의 일반균형 이론을 설명하는 것으로 시작한다. 즉, 일반균형 이론에 의하면 농부, 정육점 주인과 구두장이

등 아무리 다양한 생산자가 존재하더라도 모든 공급에 대해 경제의 어딘가에 수요를 갖지 않는 재화는 존재하지 않는다. 이처럼 모든 재화가 판로를 찾는다는 사실로부터 경제 순환은 완결된다. 일정 기간에 한 국민 경제 내에서 생산되어 시장에 나온 모든 상품 총량을 그 국민 경제의 사회적 생산물이라고 할 수 있다. 그리고 생산의 모든 결과물은 기말에는 어딘가에 축적되어 일정한 원칙에 따라 경제 주체들 간에 분배된다고 상정할 수 있다. 그렇기 때문에 여기서 경제 순환은 완결되며, 분배가 어떤 원리에 따라 이뤄지는가에 상관없이 모든 투입은 모든 분배와 상호 균형을 이룬다. 슘페터는 이런 순환 모형을 다음과 같이 평가하였다.

> 경제 주기의 순환은 자발적인 발전 가능성의 암시를 포함하고 있지 않다. … 경제는 해마다 있는 그대로의 상태를 계속할 것이다. 주어진 조건을 기초로 해서 최대의 욕망 충족을 구하는 항상 동일한 경제 행위라는 것, 그것이 바로 우리의 모습을 묘사한 것이다. 그런 까닭에 우리는 하나의 정적이고 수동적인 경제, 상황에 의해 제약된 경제, 정학적인 경제에 대해 말하고 있는 것이다(Schumpeter 1911: 75).

이미 언급한 대로 중농주의는 물론이고 경제 성장을 설명하는 애덤 스미스가 발견한 경제적 진리조차 정학적 성질을 갖고 있으며, 이후의 리카도 이론은 훨씬 명백히 정학적이었다. 마침내 발라는 경제를 정학적 조건하에서 경제 변수와 경제 현상들 속에서 일어나는 상호작용의 일반균형 상태로 이해하였다. 그것은 모든 시장이 동시에 균형 상태이고 재화의 공급 과잉이나 부족이 발생하지 않는 상태이며 동일한 과정이 반복되고 이윤이 제로인 상태이다. 신고전파 경제학은 경제 현상을 상호 의존의 원리와 법칙이 작용하는 정학적인 균형 상태로 설명하는 이론이다. 슘페터는 신고전파 경제학의 정학적 균형 상태를 '경제 순환'이라고 표현하였다. 그런데 역사는 부단히 변화하듯이, 어떤 순환에서의 균형도 영구적인 것이 아니며 새로운 균형으로 바뀔 수 있기 때문에 준균형(quasi-equilibrium)이라고 할 수 있다. 따라서 정학적인 경제 순환 이론뿐 아니라 동학적인 경제 발전을 설명하는 이론이 추가될 필요가 있었다. 슘페터는 자본주의를 정학적이고 변화가 없는 순환적 흐름으로 묘사하면서도 동시에 혁신에 의한 창조적 파괴가 이뤄지는 동학적 체제로 설명하였다. 그는 양자를 다음과 같이 구별하였다.

> 제1장의 이론은 해마다 본질적으로 동일궤도 위에 있는 '순환'의 관점에서 경제 생활을 묘사한 것이다. 이것은 동물 유기체의 혈액 순환과 비교할 수 있다. 그런데 이 경제 순환 및 그 궤도 자체는 변화한다. … 그리고 혈액 순환과의 대비는 여기에서 쓸모가 없어진다. … 연속적으로는 이뤄지지 않고 그 틀과 관행의 궤도 그 자체를 변경하고 순환 분석 도구에 의해서는 이해될 수 없는 다른 종류의 변화를 경험한다. 예를 들면, 역마차에서 기차로의 변화와 같은 것이다(Schumpeter 1911: 93).

슘페터는 경제 발전이란 경제 순환 과정의 변화이며, 외부적 충격에 의해 나타난 변화가 아니라 '자발적으로' 생겨나는 변화라고 하였다. 그는 변화가 자발적인 원인에 의한 것이 아니거나 여건에 대한 점진적 적응에 불과하다면 경제 발전이라고 할 수 없다고 하였다. 예컨대, 인구 증가에 의해서도 경제가 성장할 수 있지만, 그것은 여건에 따라 순환의 크기가 확대되는 것일 뿐이며 슘페터적 의미에서의 발전이 아니다. 슘페터가 말하는 경제 발전은 "순환 운동이 아니라 순환이 실현되는 궤도의 변경이며, 어떤 균형 상태로 향하는 운동 과정과 달리 균형 상태의 이동"(Schumpeter 1911: 98)이다. 즉, 발전은 새로운 순환으로의 상향 이동이며, 순환 궤도로부터의 이탈이고 '불연속적인' 변화이며, 양적 변화가 아니라 마치 '역마차에서 기차로의 변화'와 같은 질적이고 혁명적인 변화이다. 단순한 양적인 확대는 적응 과정에 불과하며 질적으로 새로운 현상을 만들지 못한다.

슘페터는 신고전파의 정학적 이론으로는 변화 후에 형성된 새로운 균형 상태만을 연구할 수 있을 뿐이라고 보았다. 그러나 경제 발전이 일어나는 현실 세계는 균형이 아니라 불균형 상태이고 불연속적 변화의 연속이다. 따라서 균형으로 향하는 적응 이론인 신고전파 경제학의 이론은 가상적 모형일 뿐이며, 순환 궤도의 변화 이론인 발전 이론만이 현실의 경제를 설명할 수 있다. 경제 발전 이론은 시장에서의 경쟁을 신고전파 경제학이 설명하는 것처럼 균형에 이르는 정학적 경쟁이 아니라, 하나의 균형에서 다른 균형 상태로 상향 이동시키는 동학적 경쟁으로 이해한다.

슘페터는 자발적으로 생기는 변화이자 불연속적인 변화인 경제 발전을 가능하게 하는 것이 혁신이라고 하였다. 그는 "혁신은 새로운 욕망이 소비자 사이에서 자발적으로 나타나고 그 압력에 의해 생산에서 방향이 바뀌는 식으로 생겨나는 것이 아니라 … 오히려 생산 측에서 소비자에게 새로운 욕망을 일깨워주는 것이며 따라서 그 주도권이 생산에 있다"(Schumpeter 1911: 100)고 하였다. 즉, 소비자의 새로운 욕망도 생산 측에서 소비자에게 주입하는 것이므로 경제 발전은 결국 기업가의 혁신 행위에 의해 주도된다는 것이다.

슘페터는 『경제 발전의 이론』에서 '혁신' 대신 동일한 의미의 '신결합'(new combinations)이라는 용어를 사용하였다. 생산은 여러 생산요소를 결합해서 이뤄지는 것이며, 생산물 및 생산 방법의 변경은 결합을 변경하는 것이기 때문이다. 슘페터는 신결합이 비연속적으로 나타난다고 하였다. 신결합은 새로운 상품의 창조, 새로운 생산 방법의 개발, 새로운 시장의 개척, 원재료의 새로운 공급원 획득, 새로운 조직의 실현이다. 나중에 슘페터는 이를 창조적 파괴(creative destruction)의 과정이라고 하였다. 그는 창조적 파괴가 내부로부터 경제 구조를 지속적으로 혁신하고 낡은 것을 끊임없이 파괴하고 끊임없이 새로운 것을 창조하면서 경제 구조를 혁신해 가는 산업적 돌연변이의 과정이라고 설명하였다.

슘페터는 두 가지 유형의 혁신을 말하였다. 첫 번째는 19세기 후반에 유럽의 전형적인 산업 구조가 다수의 소규모 기업을 특징으로 하고 있다는 관찰에서 나온 유형 I이다. 이 유형에서 혁신의 특징은 산업에 대한 진입의 기술적 용이성과 혁신 활동에서 신생 기업이 하는 역할의 중요성이다. 새로운 아이디어, 새로운 제품 또는 프로세스를 갖춘 신생 기업이 산업에 진입하여, 기존 기업의 생산, 조직 및 유통 방식에 지속적으로 도전하는 새로운 사업을 시작하며, 과거의 혁신과 관련 있는 준지대(quasi-rent)를 없애 버린다. 두 번째는 20세기 초 미국의 산업 구조의 특징에서 나온 유형 II로서, 기술 혁신을 위한 R&D 연구소와 대기업의 핵심적 역할의 연관성을 보여 준다. 이 유형에서 나타나는 혁신 활동의 특징은 대기업의 증가와 새로운 혁신에 대한 진입 장벽이다. 혁신 유형 I과 II는 각각 혁신의 확산(widening)과 심화(deepening)로 구분할 수도 있다. 혁신의 확산은 새로운 혁신 기업의 진입이 기존에 확립된 기업의 경쟁 및 기술상의 우위를 침식함으로써 혁신의 기반이 지속적으로 확대되는 것과 관련이 있다. 혁신의 심화는 시간이 지남에 따라 기술 및 혁신 역량의 축적을 통해 지속적으로 혁신해 가는 소수 기업의 지배력과 관련이 있다. 그리고 산업의 생애 주기 동안에 혁신은 유형 I에서 유형 II로 변할 수도 있다 (Malerba and Orsenigo 1995).

슘페터가 『경제 발전의 이론』에서는 서로 경쟁하는 다수의 소기업에서 나오는 혁신(유형 I)을 강조하였으나, 후에 『자본주의, 사회주의 및 민주주의』(*Capitalism, Socialism, Democracy*, 1942)에서는 혁신과 기술 변화의 원천이 거대 기업과 불완전경쟁에 있다(유형 II)고 하였다. 후자를 슘페터 가설이라 하는데, 이는 시장 구조와 기술 혁신의 상호 관계에 관한 연구에서 중요한 실증 과제가 되었다. 어느 유형이든, 슘페터는 경쟁이 혁신의 원천이라고 보았다. 신고전파 경제학에서 경쟁은 정학적 균형에 이르게 되며 마르크스 이론에서 경쟁은 공황이라는 파괴적 결과에 이르는 반면, 슘페터 이론에서 경쟁은 창조적이고 고무적인 혁신이라는 결과를 낳는다.

2) 자본주의 발전 전망

슘페터의 『자본주의, 사회주의, 민주주의』는 애덤 스미스의 『국부론』과 마르크스의 『자본론』 다음으로 많이 인용되고 많은 논쟁을 유발한 책으로서, 마르크스와는 다른 사회주의적 발전 전망을 제시하였다. 슘페터는 이 책에서 경쟁에 의한 혁신 시스템인 "자본주의는 다른 수많은 제도의 도덕적 권위를 파괴한 후에 결국에는 자신을 겨냥하는 비판적 정신 구조를 창조"(Schumpeter 1942: 143)하며, 마침내 자본주의는 사회주의로 발전한다고 설명하였다.

'예언자 마르크스', '사회학자 마르크스', '경제학자 마르크스'와 '역사 교사 마르크스'라는 4개 장으로 구성된 책의 제1부에서 슘페터는 마르크스와 자신의 의견이 어디서 일치하고 불일치하는지를 설명한다. 슘페터는 자본주의적 진화가 기업 간의 기술 경쟁에 의해 주도된다는 생각을 마르크스로부터 빌렸다. 마르크스는 『자본론』에서 기업이 경쟁력을 유지하는 주된 방법은 새롭고 더욱 효율적인 기계를 도입하여 생산성을 높이는 것이라고 하였다. 새롭고 효율적인 기술을 도입하는 데 성공한 기업은 경쟁력이 높아진다. 슘페터는 이것을 진화적 동학에 대한 설명의 중심으로 삼았다. 그는 이러한 '기술 경쟁'을 전통적인 경제학 교과서에서 설명하는 이른바 '가격 경쟁'과는 대조되는 자본주의 경쟁의 진정한 본질로 간주하였다. 단, 마르크스는 분석을 기계화(즉, 생산 과정의 혁신)로 제한하였지만, 슘페터는 새로운 상품 개발, 새로운 원료 및 중간 제품의 도입, 새로운 시장의 발견이나 이용, 새로운 사업 조직 방법 등과 같은 다른 여러 요소들을 기술 경쟁 속에 포함시켰다(Fagerberg 2002).

> 자본주의는 … 본질적으로 경제적 변화의 한 형태 또는 방식이며 결코 정지되어 있을 수 없다. … 자본주의 엔진을 움직이게 하는 근본적인 충동은 새로운 소비자 상품, 새로운 생산 또는 운송 방법, 새로운 시장, 자본주의적 기업이 만드는 새로운 형태의 산업 조직에서 나온다. … 새로운 해외 또는 국내 시장의 개방과 공예품 상점 및 공장에서 유에스 스틸과 같은 콘체른으로의 조직의 발전은, 내부에서 끊임없이 경제 구조를 혁명적으로 바꾸고 끊임없이 오래된 것을 파괴하고 끊임없이 새로운 것을 만드는 산업적 돌연변이 과정을 보여 준다. 이러한 창조적 파괴 과정이 자본주의의 본질적 팩트이다. 그것이 바로 자본주의이며 모든 자본가의 관심사이다(Schumpeter 1942: 82-83).

슘페터는 자본주의의 동학을 잉여가치와 계급투쟁에서 찾은 마르크스와는 달리, 기업가의 '질풍노도와 같은 창조적 파괴'라는 혁신에서 찾았다. 따라서 슘페터는 자본주의의 발전에 대한 전망에서도 마르크스와 달랐다. 『자본주의, 사회주의, 민주주의』의 제2부는 제목이 '자본주의는 생존 가능한가'라는 질문이며 그에 대해 생존이 불가능하다는 비관적인 답을 내놓았다. 그는 자본주의의 종말을 말하는 점에서는 마르크스와 같지만, 마르크스가 말하듯이 반복되는 위기를 극복하지 못하기 때문이 아니라, 단지 혁신의 분위기가 변하기 때문이라고 보았다. 마르크스는 자본주의가 폭력적인 프롤레타리아 혁명에 의해 전복될 것이라고 예측하였지만, 슘페터는 자본주의가 점차 저절로 약화되어 결국 붕괴될 것이라고 생각하였다. 그는 책 전체에서 정치적으로 중립적인 입장에서 추세를 분석하고 있음을 강조하였다.

자본주의에 대한 비관론적 전망의 대표적 이론은 '투자 기회 소멸론'일 것이다. 마르크스 이론이 그러하며 케인스의 이론도 투자 기회 소멸론의 하나로 볼 수 있다. 투자 기회 소멸론의 배경에는 욕망의 포화가 자리잡고 있다. 그러나 슘페터는 욕망이 포화 상태에 이르러 투자 기회가 소멸하였다는 것을 전면적으로 거부한다. 새로운 상품을 개발하는 혁신이 존재하는 한 욕망의 포화는 있을 수 없기 때문이다. 인구가 감소하더라도 새로운 욕망이 새로운 투자 기회를 틀림없이 만든다고 한다. 그는 자본주의가 쇠퇴하는 이유가 투자 기회의 소멸 때문이 아니라 기업가의 소멸 때문이라고 본다.

기업가의 혁신 활동은 자본주의의 동학을 가져오는 내재적 요인이며, 자본주의는 초기에 개인주의가 지배적일 때는 혁신을 통해 생명력을 유지한다. 그러나 법인 기업이 성장하면서 소유와 경영의 분리가 일어난다. 이제 기업의 소유자는 단순한 주식 보유자의 지위로 전락하고 기업에 대한 지배는 고용된 경영자에게 돌아간다. 점차 기업 조직은 관료화되며 그 단계에 이르면 기업가 정신은 끝나고 혁신은 제도화되어 관행으로 전락한다. 슘페터는 자본주의의 성공이 조합주의[2]를 낳고 특히 지식인층 사이에 자본주의에 대한 적대적 가치를 양성한다고 본다. 그래서 기업가 정신이 번창하는 데 필요한 지적, 사회적 분위기가 점차 사라지면서, 자본주의는 어떤 형태로든 사회주의

2 조합주의(corporatism)는 경제 정책을 수립함에 있어서 노동 및 기업이라는 이익 집단과 정부 간의 협상을 포함하는 경제적 삼자주의를 지칭한다.

로 대체될 것으로 본다. 그는 국민 대다수가 복지국가의 건설에 투표하고 기업가 정신에 대해 제한을 가해 자본주의 구조에 부담을 주면서 결국 자본주의 내부로부터 붕괴가 일어난다고 하였다.

3. 기업가와 기업가 정신

1) 기업가에 대한 이해

슘페터는 자본주의가 지속적인 혁신과 '창조적 파괴'의 진화적 과정으로만 이해될 수 있다고 하였다. 앞에서 말한대로, 자본주의의 동학을 만들어 내는 것은 혁신 능력을 보유한 기업가이다. 바로 그러한 소수의 기업가의 출현에 의해 경제의 순환적 흐름이 수시로 깨어진다. 기업가는 어떤 존재인가? 슘페터는 『경제 발전의 이론』에서 신결합, 즉 혁신에 대해 설명하고 그것을 가능하게 하는 신용의 공급에 대해 설명한 후에, 다음과 같이 기업가야말로 경제 발전의 근본적 요인이라고 하였다.

> 세 번째 요인, 즉 기업가 기능의 본질과 그것의 담당자인 경제 주체의 행위의 본질이라는 문제에 도달하였다. 이상에서 서술한 다른 두 가지 요인들은 각각 이 세 번째 요인의 대상과 수단인 것이다. 첫 번째로 서술한 요인은 신결합의 수행이며, 두 번째는 사회 형태의 여하에 따른 강권적 명령 또는 신용이다. … 세 번째 요인이야말로 경제 발전 본래의 근본 현상이라고 부를 수 있는 것이다. … 새로운 결합을 능동적으로 수행하는 것이 자신의 기능인 경제 주체를 기업가라 한다(Schumpeter 1911: 110).

발라는 기업가를 지주, 노동자, 자본가로부터 각각 토지, 노동력, 자본이라는 생산요소를 빌려 결합하는 자로 설명하였다. 즉, 발라적 의미의 기업가는 생산요소를 결합하여 생산 활동을 조직하는 자에 불과하며 신결합을 수행하고 있지 않다. 이와 달리, 슘페터는 신결합을 수행하는 자를 기업가라고 하였다. 즉, 기업가는 능동적인 혁신 활동을 자신의 기능으로 삼는 경제 주체이다. 이러한 정의는 일반적인 기업가 개념과 비교하여 광의적이기도 하고 협의적이기도 하다. 광의적이라는 것은 기업가의 범위에 독립적인 경제 주체뿐 아니라 혁신의 기능을 하고 있는 사람 모두를 포함하기 때문이며, 또한 기업가를 기능이라는 측면에서 이해함으로써 특정한 역사적 시기의 개인만을 지칭하지는 않기 때문이다. 예컨대, 슘페터는 기업가가 사회주의 공동체나 봉건제의 장원이나 원시 부족의 인물이어도 상관없다고 하였다. 협의적이라는 것은 통상적인 개념과 달리 독립적이라고 해서 모든 경제 주체를 포함하지는 않기 때문이다. 공장주, 산업자본가, 혹은 상인이라고 해서 항상 기업가의 범주에 포함될 수 있는 것은 아니다.

슘페터는 통상적으로 그러하듯이 자본가와 기업가를 구분한다. 그는 자본가란 화폐 소유자이고 청구권자이며 따라서 설령 경영에 참가하여 이자가 아닌 이윤을 받는다고 하더라도 기업가는 아니라고 하였다. 슘페터는 기업가의 특징을 창의성, 권위, 선견지명으로 보는 통상적 이해에 대해서 동의한다. 이러한 기업가는 순환 궤도의 변화라는 혁신을 만드는 자이기 때문이다. 슘페터는 기업가를 혁신에 의해 이윤을 수취하는 사람으로 정의하면서, 혁신 모형이 아닌 순환 모형(발라적 균형 상태)에서는 손실은 물론 이윤도 없고 거기서의 기업가는 혁신의 기능을 발휘하고 있지 않기 때문에 단지 경영자일 뿐 기업가는 아니라고 하였다. 즉, 자본가나 금융가가 갖는 위험 부담의 기능이나 또는 통상의 일상적인 업무를 하는 관리자나 경영자의 기능은 기업가로서의 기능이 아니라는 것이다.

슘페터에 의하면, 순환 궤도의 변경 또는 현존의 결합을 변경하는 동기는 늘 존재하며 누구든 신결합을 수행할 수 있다. 아무리 사소한 것이라도 그런 기업가적 요소를 갖고 있지 않는 사업가는 거의 존재하지 않는다. 그러나 그가 그런 기업가적 기능을 발휘할 때 비로소 기업가이다. 즉, 기업가라는 것은 어떤 직업이 아니고 또한 지속적인 상태를 의미하지도 않으며, 따라서 기업가로서의 혁신 활동은 특별하다고 할 수 있다. 모든 경제 주체들은 기존의 경제 순환의 흐름에 적합한 행동을 해야 지지받을 수 있기 때문에, 새로운 문제에 직면하더라도 즉각적으로 비관행적인 태도를 취할 수 없다. 따라서 신결합은 하나의 특별한 기능이며 소수의 사람들만이 보일 수 있는 특권이기도 하다(Schumpeter 1911).

슘페터는 관행의 영역 밖으로 나오는 일에는 항상 어려움이 동반된다고 하였다. 그 어려움은 세 가지로 정리할 수 있다. 첫째, 경제 주체가 기존의 궤도를 벗어나면 기존의 궤도에서 정확히 알려져 있던 여건과 행동 규칙이 대부분 사라져 버린다. 이제 자신의 경험에 기초하여 평가하고 예측해야 하므로 불확실하고 막연한 범위에서 결정을 하게 되며, 숙고할 필요가 없던 기존의 궤도에 있을 때보다 훨씬 주도면밀해야 한다. 둘째, 경제 주체의 정신적 태도에 관한 것으로, 관행적인 것에 익숙하여 새로운 것을 꺼리게 되고 새로운 것을 행하는 데 어려움이 없더라도 여전히 그것을 싫어한다. 따라서 신결합이 가능하기 위해서는 의지를 다지고 방향을 바꾸는 것이 필요하며, 그때 전제되어야 할 것은 일상적 필요를 초월하는 독특하고 드물 수밖에 없는 정신적 자유이다. 셋째, 새로운 것을 이루려는 사람에게는 사회적 환경의 저항이 있으며, 저항은 폭력적 방해나 직접적인 공격으로 발전할 수도 있다. 따라서 협력자를 발견하거나 소비자를 유인하는 것에는 어려움이 존재한다 (Schumpeter 1911).

슘페터가 말하는 혁신 활동은 신결합의 수행이며 발명이나 발견을 의미하지는 않는다. 발명은 기술의 경우와 마찬가지로 원리적으로는 우연에 불과하다. 따라서 발명가를 기업가라 하지 않는다. 또한 슘페터는 기업가의 활동을 노동으로 규정하지도 않는다. 기업가가 정신적 노동이나 남을 지도하는 노동을 한다고 해서 노동 그 자체를 기업가의 혁신 활동이라고 하지는 않는다. 또한 그는 기업가에 필요한 리더십에서 중요한 것은 권위나 인격적 명망보다는 시야의 예리함과 어려움을 돌파하는 능력이라고 보았다.

기업가는 불완전한 정보와 미래 속에서 직관과 통찰에 의존하면서 기존의 행동 노선을 벗어나 모험과 도전을 감행한다. 그리고 성공적인 혁신에 의해 노동이나 자본의 기여로 돌릴 수 없는 소득의 흐름이 생겨난다. 슘페터가 『경제 발전의 이론』 제1장을 정학적 모형으로부터 시작한 것은 이윤이 어디에서 나오는가라는 질문에 답하기 위해서였다. 이윤의 원천이 무엇인가는 많은 경제학자들이 다루었던 문제이다. 슘페터는 고전학파 경제학자들처럼 이윤이 절제에 대한 대가나 노동에 대한 착취라고 생각하지 않았으며, 또한 신고전파 경제학자들처럼 이윤이 자본의 한계생산물가치라고도 생각하지 않았다. 그것은 다른 과정의 산물이었다. 그는 순환적 흐름의 궤도를 벗어날 때 이윤이 발생한다고 하였다.

기업가는 위험을 무릅쓰고 혁신 활동을 수행한 결과, 경쟁자보다 더 좋은 새로운 상품을 저렴하게 생산함으로써 독점적 초과 이윤을 얻을 수 있다. 이러한 초과 이윤은 자본주의 경쟁 시스템의 불완전함에서 비롯된다. 만일 경쟁 시스템이 완전하다면 이윤은 '즉시' 사라지기 때문이다. 기업가는 은행으로부터 혁신의 수행에 필요한 자금을 차입하며 그 결과 시중에 화폐 공급이 증가하고 물가가 상승함으로써 추가적 자본 축적에 필요한 저축이 이루어진다. 이렇게 금융 시스템이 혁신을 통한 독점적 초과 이윤을 노리는 기업가들에게 신용을 제공할 수 있는 한 경제는 혁신의 물결을 타고 새로운 수준의 번영에 이르기까지 확대된다.

그러나 혁신에 의한 새로운 소득, 즉 이윤은 영구적이지 않다. 성공적인 기업가의 뒤를 추종하는 모방자들이 증가하기 때문이다. 혁신이 산업 전체로 확산되는 동안 산업은 호경기를 맞이한다. 그러나 능력이 다소 뒤떨어진 모방자들이 줄지어 뒤를 따르면서, 점차 혁신 클러스터의 이점이 소멸되어 버리고 과잉 생산과 경쟁 상태로 되돌아가고 기업가의 초과 이윤도 사라진다. 마침내 경기는 후퇴하고 은행의 신용 제공은 점차 경색되고 거기에 모방자들의 잘못된 계산이 더해지면 한계적 기업은 파산에 이르게 된다. 이러한 실패가 경기 침체의 조짐이다. 슘페터는 경제 발전을 장기 추세의 관점이 아니라 경기 변동의 관점에서 설명함으로써, 기술 진보의 순환적 요인, 위기의 심리적 요인, 금융 시스템의 역할을 분명히 하였다.

슘페터는 한 사람의 기업가로 인해 다수의 기업가가 쉽게 출현하며 다수의 기업가가 등장하는 시기가 바로 경제 호황기라고 하였다. 슘페터에 의하면, 경제 호황은 균형 상태에 대한 교란이며 시간이 지나면서 교란이 조정되는 과정이 나타나는데 그것이 주기적 불황의 본질이다. 그런데 슘페터는 경제 발전을 위해 필요불가결한 것이 불황이라고 하였다. 불황이라는 조정 과정이 없으면 새로운 호황은 찾아오지 않기 때문이다. 일종의 불황 숙명론 또는 필요악설이라고 할 수 있다. 혁신과 경기변동의 관계에 관한 그의 이론은

『경기변동론』(*Business Cycles: a Theoretical, Historical, and Statistical Analysis of the Capitalist Process*, 1939)으로 이어졌다. 『경기변동론』은 '자본주의적 과정의 이론적, 역사적, 통계적 분석'이라는 부제가 말하듯이, 경험적 사실에 충실한 이론서이면서 이론과 사실의 상호 침투를 보여 준다. 또한 말년에 슘페터는 「경제이론과 기업가사」("Economic Theory and Entrepreneurial History," 1949)에서 혁신 기업가의 다양한 기능과 유형을 제시함으로써 현실을 충실히 반영하는 기업가 이론을 제시하였다.

2) 기업가 정신에 대한 이해

기업가 혁신 동기에 대해 슘페터는 다음과 같이 말한다. 정학적인 순환 모형에서 나타나는 경제적 동기는 욕망 충족을 위한 재화 획득이다. 즉, 균형을 향한 과정에서의 기준과 법칙은 소비 행위에 의해 기대되는 개인의 욕망 충족이고 이기심이라고 할 수 있다. 순환 모형에서의 기업가에 대해서도 마찬가지로 말할 수 있다. 그의 동기는 이기심이며 자신이 자란 사회 계층이나 초개인적인 가치 체계와는 무관하다. 그러나 인간의 욕망을 공리주의적 해석에 따라 고통을 피해 쾌락을 찾는 의지로 해석한다면, 혁신적 기업가의 욕망은 그것과 다르다. 또한 재화의 소비가 주는 쾌락을 추구하는 것이 합리적이라면 기업가의 동기는 비합리적이거나 다른 종류의 합리성에 속한다. 전형적인 기업가는 자신이 공들이고 있는 것이 충분한 쾌락을 약속하고 있는지를 묻지 않기 때문이다. 즉, 그는 자기 행동의 쾌락적 결과를 마음에 두지 않으며 따로 달성해야 할 것을 알지 못하기 때문에 끊임없이 창조한다. 만약 그가 쾌락을 즐기는 소원을 갖는다면 그것은 그가 마비된 상태임을 의미한다

(Schumpeter 1911).

기업가의 혁신 동기는 신고전파 경제학이 가정하는 인간상, 즉 쾌락과 노력을 비교하여 효용의 극대화의 선택을 하는 이기적 인간으로부터는 나오지 않는다. 순환 궤도 위에 있는 인간으로부터는 신결합이 나올 수 없기 때문이다. 그러면 기업가의 혁신 동기는 어디서 나오는가? 슘페터는 '발전 없이는 기업가의 이윤이 없고 기업가의 이윤이 없이는 발전이 없다'고 하였는데, 그것은 기업가가 경제적 이익과 금전을 찾아 신결합을 수행한다는 것이 아니라 신결합을 수행한 결과 기업가에게 이윤이 발생한다는 것을 의미한다. 기업가의 혁신 동기는 단순한 물질적 보상의 추구보다 심층적이고 복잡하며, 직관과 통찰, 모험과 도전의 정신을 담고 있다. 슘페터는 기업가의 인간상을 다음과 같이 말하였다.

> 먼저, 보통 반드시 그런 것은 아니지만 거기에는 개인의 왕국이나 명문가를 건설하려는 꿈과 의지가 있다. … 다음으로, 거기에는 정복에 대한 의지가 있다. 투쟁에 대한 충동, 남보다 우월하다는 것을 증명해 보이려는 충동, 성공의 열매가 아니라 성공 자체를 얻기 위해 성공하려는 충동 등이 있다. … 마지막으로, 거기에는 일을 성공시켰다거나 자신의 에너지와 상상력을 행사하였다는 창조의 기쁨이 있다(Schumpeter 1911: 138).

요컨대, 슘페터는 혁신 동기가 야성적 정신(wild spirit)에서 비롯된다고 하고 그것을 기업가 정신(entrepreneurship)이라고 하였다. 그는 기업가의 혁신 동기가, 첫째 사적 제국 혹은 자신의 왕조를 건설하고자 하는 꿈과 의지, 둘째 승리에 대한 열의 혹은 성공을 획득하고자 하는 의욕, 셋째 성공에서 오는 창조의 기쁨이라고 하였다. 이 중 첫 번째 동기는 사유재산을 기업가의 혁신 활동의 성과로서 남긴다. 물질적 보상은 첫 번째 동기를 위해서만 중요할 뿐 다른 두 가지 동기와 관련해서는 그다지 중요하지 않다. 즉, 기업가의 혁신 동기는 반드시 물질적 보상에만 있지 않으며, 다소 영웅적인 모습에 있다고 할 수 있다. 따라서 기업가 정신을 새로운 가치를 창출하는 행위로 정의할 경우에, 가치에는 단순한 경제적 가치뿐 아니라 비경제적 가치도 포함된다.

나이트(F. Knight)와 드러커(P. Drucker)는 위험의 감수라는 측면에서 기업가 정신을 정의하였다. 기업가는 자신의 경력과 재정적 안정을 기꺼이 희생하고 위험을 감수하면서 불확실한 모험적 사업에 시간과 자본을 투입한다. 그러나 기업가들은 불확실성을 다른 사람들과 같은 정도로 인식하지 않기 때문에 자신이 엄청난 양의 위험을 감수한다고 생각하지 않는다. 나이트는 불확실성을 통계적으로 측정할 수 있는 위험, 통계적으로 측정하기 어려운 모호성, 통계적으로 추정하거나 예측할 수 없는 진정한 불확실성으로 구분하였는데, 기업가가 새로운 재화 및 서비스 시장을 개척할 때 직면하는 것은 진정한 불확실성이다. 성공을 위해 투자자나 파트너와 긴밀하게 일하고 조언을 듣는 것이 매우 중요하지만, 기업가는 자신의 사업에 대해 훨씬 더 깊고 풍부한 현장 지식을 갖고 있다고 생각하기 때문에, 확실한 정보에 의한 조언이라 해도 그것을 따르지 않는 행동을 보이기도 한다.

기업가 정신에 대한 정의는 매우 다양한데,[3] 그 이유는 다음과 같다. 첫째, 기업가 정신은 혁신, 기회 인식, 이윤, 경제 성장, 벤처 설립, 변화와 같은 다양한 개념과 밀접한 관련이 있다. 둘째, 기업가 정신은 각 학문 분야에서의 관심

3 예컨대, 이윤 지향적 사업을 시작·유지하고 발전시키는 과정, 새로운 조직을 창조하는 것, 시간과 노력을 투자하여 가치 있는 것을 창조하는 과정, 현재의 자원과 무관하게 기회를 추구하는 것, 불균형의 기회를 발견하고 행동하는 과정, 자원 재배분을 통해 가치를 창조하는 행동 등 다양하다. 종합하면, 기업가 정신은 기회를 포착하고 활용하기 위해 사업 또는 조직을 창설하는 과정이라고 할 수 있다.

을 반영하면서 특성, 행동, 활동 및 사회적 역할로 다양하게 개념화되었다. 예컨대, 기업가의 특성은 심리학자들이 관심을 갖는 영역인 반면, 기업가의 행동은 경제학자들의 관심 영역이다. 셋째, 기업가 정신이 단일 또는 다중 행위자를 포함하는지 혹은 조직 차원의 현상인지와 관련한 정의의 대상에 혼란이 있다. 이처럼 기업가 정신은 쉽게 정의할 수 없는 복잡한 용어이지만, 기업가적 행동에 대한 분석이 기업가 정신을 이해하는 데 크게 도움이 될 수 있다.

기업가적 행동은 기회 인식 및 조직 생성과 관련된 다양한 기능, 활동 및 행동의 집합체로 정의된다. 기업가적 행동을 설명하는 모형에는 배경적 요소, 태도, 상황, 의도, 기업가적 환경, 기업가적 수완 및 기업가적 행동이라는 일곱 가지 주요 요소가 포함된다([그림 5-1]). 배경적 요소는 인구통계적 특성과 심리적 특성의 두 가지 범주로 나눌 수 있다. 인구통계적 특성은 가족 배경, 출생 순서, 나이, 부모의 교육 수준, 성별, 결혼 상태, 이전 업무 경험 등이다. 심리적 특성은 기업가 고유의 심리적 특성과 기업가의 동기 부여 경향을 말한다. 태도는 인구통계적 특성 및 심리적 특성과 이들의 상호작용의 함수이다. 상황은 기업가적 태도와 의도 사이의 관계를 매개하는 요소이다. 의도는 상황의 요소에 의해 매개되는 기업가적 태도에 영향을 받는다. 기업가적 환경은 기업가적 의도와 기업가의 수완 사이의 관계를 매개한다. 기업가적 수완은 환경에서 기회를 식별하고 그 기회를 추구하기 위해 조직을 만들고 관리하는 일을 성공적으로 수행하기 위해 행동을 규제하고 지시하는 인지적, 정서적, 행동지향적 능력이다. 기업가적 행동은 이런 기업가적 수완의 함수이다. 따라서 기업가적 행동은 이상의 여러 변수에 의한 결과이므로 다양한 변이가 존재한다고 할 수 있다(Misra and Kumar 2000).

기업가적 행동을 매개로 한 기업가 정신의 이해에는 몇 가지 논점이 있

그림 5-1 기업가적 행동 모형

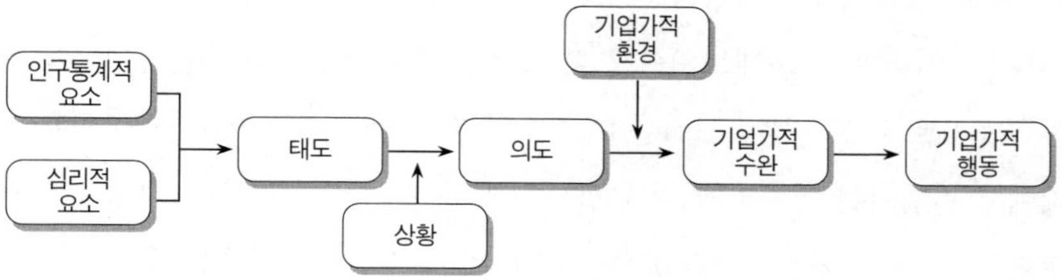

자료: Misra and Kumar(2000: 140).

다. 첫째, 자본화와 성장률이 높은 사업이 기업가 정신을 연구하기에 적절한 대상이라는 주장이다. 둘째, 신제품 및 새로운 시장으로 이어지는 혁신 과정 및 활동을 중요한 대상으로 해야 한다는 주장이다. 셋째, 기회 포착이 핵심이며 기업가 정신은 잠재적인 가치가 있고 다른 사람들이 간과할 수 있는 기회를 감지할 수 있는 능력이라고 하는 주장이다. 넷째, 기업가 정신을 심리적 상태나 성격보다는 창업 행위나 활동으로 보고, 기업가가 새로운 조직을 통해 하려는 일에 주목해야 한다는 주장이다. 첫째와 둘째의 주장에는 선택 편향의 문제가 있으며, 셋째 주장은 기업가 정신을 인지 심리학적으로 보는 문제가 있으며, 넷째 주장에는 새로운 사회적 실체의 등장을 확정하기 어렵다는 문제가 있다(Aldrich 2005).

행동 접근 방식에 의하면 단계에 따라 기업가의 행동은 달라진다. 먼저, 창업 전 단계에서는 새로운 기회를 모색한다. 이 단계는 기업가가 기회를 추구하기로 결정하고 새로운 벤처를 시작하는 것과 관련된 모든 종류의 정보를 찾을 때 끝난다. 기업가의 행동은 개인이 어떻게 독립의 동기를 부여받고 경쟁력 있는 제품의 생산에 필요한 기술을 보유하고 있는지에 따라 영향을 받는다. 다음으로, 기업가는 필요한 모든 정보를 수집한 후 새로운 벤처를 만든다. 이 창업 단계에서 기업가는 미래의 직원과 잠재 고객에게 비전을 전달해야 한다. 거대한 소셜 네트워크를 갖는 것은 새로운 벤처의 생존을 보장하는 자금과 새로운 고객을 확보하는 데 중요할 수 있다. 마지막으로, 창업 이후 단계에서 기업가는 번창하기 위해 필요한 모든 활동을 수행한다. 사업 운영과 관련한 활동은 가장 적절한 영업 전략을 수립하고 최고의 직원을 유지하는 혁신적인 인적 자원 관리를 구현하는 기업가의 능력에 영향을 받는다(Palma, Cunha, and Lopes 2009).[4]

4 Moore(1986)는 혁신 단계, 구현 단계, 성장 단계로 구분하고, 각 단계에 영향을 미치는 개인의 특성을 창의성, 모호함에 대한 관용 및 정보 추구 행동(혁신 단계), 위험 감수 및 직무 불만족 또는 손실 감수(구현 단계), 교육과 경험 및 관리 능력(성장 단계)이라고 하였다.

|보론 4| 보몰의 기업가 이론

주류 경제학에 의하면, 기업의 시장 진입을 충동하는 것은 초과 이윤에 대한 기대이다. 단, 시장 진입을 저지하는 진입장벽이 존재한다면 그것을 고려하여 기대 이윤은 할인될 것이다. 그러나 슘페터적 이론의 전통은 기대 이윤 및 진입장벽과 같은 고전적인 '풀 요인'뿐 아니라 창업자의 개인 및 환경적 특성과 관련된 '푸시 요인'에도 관심을 집중하였다. 슘페터적 이론은 시장의 힘에만 초점을 맞추어 기업가 개인 차원의 의사 결정 과정을 모호하게 하고 비경제적 요인을 과소평가하는 주류 경제학의 접근 방식을 초월한다. 마찬가지로 경제심리학적 관점의 많은 연구는 비경제적 요인이 창업 결정을 촉진하는 데 중요한 역할을 할 수 있으며 그것이 때로는 기대 이윤이나 진입장벽과 같은 시장 변수보다 더 중요하다고 본다(Vivarelli 2011).

주류 미시 경제학 이론은 일반적으로 가격과 기업에 대해서는 어떤 설명을 하지만 혁신의 중요한 엔진인 기업가에 대해서는 설명하고 있지 못하다. 즉, 주류 경제학에서 창조적 파괴와 혁신적 기업가 문제는 이론적 난제이다. 보몰(W. J. Baumol)은 이 결함을 해결하는 데 노력하여 이 분야의 이론 발전에 크게 기여하였다. 2003년에 보몰은, 주류 경제학의 관점에서 기업가에 핵심 역할을 부여하려는 지속적인 노력, 기업가 정신의 본질에 대한 이론 및 실증적 연구, 기업가 정신의 배분을 위한 제도 및 인센티브의 중요성에 대한 분석의 공로를 인정받아 기업가 정신 연구의 글로벌상을 수상하였다. 미국경제학회는 2006년에 그의 업적을 기리기 위해 그의 이름으로 특별 세션을 개최하였다. 그의 저서 『혁신적 기업가 정신의 미시이론』(*The Micro Theory of Innovative Entrepreneurship*, 2010)은 혁신적 기업가의 역할에 대한 최초의 공식적인 미시 경제학 이론서이다.

1970년대 후반에 보몰은 기업가 활동을 미시 경제학의 표준 모형에 통합하는 대규모 프로젝트를 시작하였다. 그는 완전하게 '경쟁적'(competitive)인 시장 개념을 새로운 참가자의 잠재적 경쟁에 의해 규율되는 완전하게 '경쟁 가능한'(contestable) 시장으로 일반화함으로써, 가격 수용자라는 점에 대한 강조를 신속한 진입 및 퇴출에 대한 강조로 대체하였다. 경쟁가능시장 모형의 핵심적 문제는, 실현 비용이 상당히 많이 드는 진입과 퇴출 및 전략적 행동이 균형을 달성하는 데 필요한 조건을 뒤집는 경향이 있다는 점이다. 따라서 제기될 수 있는 일반적 질문은 기업가를 정학적인 균형 분석틀 내에 의미 있는 방식으로 내생화할 수 있는지의 여부이다(Eliasson and Henrekson 2004).

보몰은 새로운 아이디어를 실행하는 혁신형 기업가와 모험적인지의 여부와 상관없이 새로운 사업에 착수하는 모방형(replicative) 기업가를 구별하였다. 현실 세계에서 급진적 혁신은 혁신형 기업가에 의해 드물게 나타나며, 기업가의 압도적 다수를 차지하는 것은 모방형 기업가이다. 혁신형 기업가는 예외적이며 대부분의 기업가는 추종자 그룹에 속한다. 보몰은 경제 성장에 영향을 미치는 혁신형 기업가의 중요한 역할을 준공식적(quasi-formal) 이론으로 분석함으로써, 혁신형 기업가 정신을 미시 경제학에 수용할 수 있는 길을 열고 효과적인 정책을 설계하는 데 사용할 수 있는 통찰력을 제공하였다.

보몰은 혁신에서의 분업이 소기업과 대기업을 특징짓는다고 생각하였다. 기업가적 소기업은 주요 혁신의 큰 부분을 담당하는 반면, 주요 대기업은 이러한 혁신의 미세한 개선을 담당한다. 즉, 그는 소기업과 대기업의 기업가를 구분하고 전자에 기업가적 심리가 있다고 하였다. 따라서 소기업과 대기업의 기업가는 각각 혁신의 과정에서 중요한 부분을 담당하면서 상호 보완적인 역할을 수행한다. 그런데 대기업이 위험을 하나로 모으는 능력, 신속하게 확장할 수 있는 자원, 공급자 및 소비자에 대한 더 나은 접근성 등과 같은 이점을 갖고 있음에도 불구하고 극적인 혁신의 많은 부분을 소기업이 담당하고 있는 것은 이해하기 쉽지 않다. 보몰은 그것이 혁신 활동에 대한 대기업의 전형적인 관료적 통제에서 기인하는 것임을 시사하였다. 보몰에 의하면 모든 소규모 혁신형 기업가는 독립을 선호하고 혁신 활동을 통해 이익을 도출하고자 하기 때문에, 대기업은 기존 경로를 이탈하는 창조적 혁신을 그런 기업가에게 아웃소싱할 것이다. 이것이 가능한 이유는, 아웃소싱을 받는 소기업 기업가에게는 심리적 편익이 실질적인 보상으로 주어지며, 또한 대기업은 이런 오너 기업가, 즉 대기업의 노동자보다 더 낮은 보수로도 일할 준비가 되어 있는 독립적인 혁신형 기업가에게 아웃소싱함으로써 자신이 부담해야 할 비용을 크게 줄일 수 있기 때문이다.

보몰은 기업가 정신이 다른 생산요소와 뚜렷하게 구별되는 '생산의 네 번째 요소'로 포함되어야 한다고 주장하였다. 그는 혁신을 '산업혁명 이후에 생산 및 생산성 증가의 대부분을 설명하는 인적 및 물적 자본에 대한 투자의 궁극적인 직·간접적 원천'이라고 생각하였다. 그리고 자원 배분에서의 정학적 효율성 달성과는 상반되는 혁신의 외부성을 낳는 기업가 정신의 중요성을 강조하였다. 보몰은 혁신의 출현뿐 아니라 혁신의 보급에 대해서도 길게 설명하였다. 혁신의 빠른 보급을 위해서는 혁신의 가격을 낮추는 것이 필요하지만 그것은 혁신의 출현에 대한 인센티브를 약화시키므로 둘 사이에는 상충 관계가 있다. 보몰은 자유 경쟁시장이 이러한 상충 관계를 어느 정도 조정한다고 본다. 예컨대, 특허 제도는 혁신의 파급 효과를 내부화하여 발명을 자극할 뿐만 아니라 보급을 자극하도록 고안되어 있다. 한편, 기업가 정신은 생산적 활동과 비생산적 활동 사이에 재배분되며 배분 과정은 두 활동에 대한 보상의 상대적 크기를 결정하는 제도에 달려 있다. 보몰은 기업가가 제도의 영향을 받는다기보다 제도의 형성에 조력한다는 점에 주목한다. 그에 의하면, 기업가와 제도는 쌍방향적 관계를 가지고 있으며, 제도는 기업가 활동과 그에 따른 보상의 중요한 결정 요소이지만 기업가는 자신에게 가장 이익이 되는 방식으로 제도를 만들어 간다.

이처럼 보몰은 기업가적 행동을 신고전파 경제학으로 통합하려는 시도를 하였지만, 정학적인 신고전파 모형에 기업가의 동학적 역할을 실제로 통합하는 데는 여전히 문제가 있다. 이는 그가 새롭고 혁신적인 기업가 활동이 제약 조건을 따른다고 하는 최적화 알고리즘으로 기업가의 의사 결정을 모형화하였기 때문이다. 경제가 정학적 균형 상태에 있으면 알고리즘은 명확한 결과를 갖게 되며 거기서 기업가의 역할은 미미할 수밖에 없다. 따라서 어떤 충격이 기업가 정신의 내생성을 제거하지 못한다면 이론적으로는 정학적 최적화를 탈출할 방법이 없다. 보몰 자신도 최적화 모형이 갖고 있는 문제를 인정하면서, 신고전파 경제학이 혁신적 기업가의 내생성을 명확히 할 수 없는 점에서 기업가의 혁신 활동을 설명하는 견고한 이론이 되기 어려운 결함을 갖고 있다고 하였다(Courvisanos and Mackenzie 2014).

제6장

거래비용과 신제도경제학

1. 제도경제학의 흐름

1) 구제도경제학

신고전파 경제학의 연역적, 기계론적 방법론과 물리역학적 균형 개념을 비판하며 인간 행동을 제도적 배경 속에서 이해하여야 한다는 주장이 19세기 말에 미국에서 등장하였다. 초기에 이러한 주장은 19세기 말의 독일과 오스트리아의 경제학자에 의해 주도된 '방법론 논쟁'의 부산물로써 나타났다. 많은 경제학자들이 철학자 칸트와 헤겔 및 초기 낭만주의 흐름으로부터 힘과 영감을 얻어, 보편적 법칙을 주장하는 신고전파 경제학의 전통적 아성에 도전하였는데, 그중 하나가 19세기 말의 방법론 논쟁이다.

독일 역사학파의 슈몰러는 경제 행위가 사회적 틀 속에서 이뤄지며, 이 틀은 문화적, 역사적으로 형성된다고 하였다. 따라서 특정한 경제체제의 특성을 알기 위해서는 역사적 비교 연구가 필요하다고 보았다. 슈몰러와 그의 동료들은 경제학이 경제인(이기적 합리성을 가진 인간)이라는 아주 단순한 가정을 버리고 경제 행위에 대한 보다 현실적인 모형을 가져야 한다고 주장하였다. 그들의 방법론은 구체적·귀납적이며, 연구 대상은 개인이 아니라 국민 또는 민족이며, 이론은 보편적·절대적이지 않고 상대적이며, 경제학은 윤리적·규범적인 가치 판단을 내포하였다. 이에 반해, 신고전파적 방법론의 중요한 방어자였던 멩거와 그가 이끈 오스트리아학파는, 현실을 단순화하는 가정과 추상적이고 초시간적인 보편적 경제 이론의 가치를 주장하였으며 사회 현상을 개인주의적으로 이해할 필요가 있다고 하였다. 멩거는 제도가 갖는 영향력의 중요성을 무시하였다기보다 제도를 어떤 이론적 설명이 필요한 사회 현상 정도로 이해하였다. 많은 지적 논쟁 속에서 각 당파가 자신들의 주장을 예리하게 완성시켰지만 어느 쪽도 상대방을 설득하지 못하였다. 화해와 종합은 이후 세대로 넘어갔으며 주로 베버의 논의를 통해 시도되었다(Scott 2008).

미국의 경제학자들은 독일 역사학파의 아이디어를 포용하고 더 발전시킴으로써 제도학파 경제학을 탄생시켰다. 제도학파는 독일 역사학파뿐 아니라 미국의 실용주의 철학의 영향도 받았으며, 베블렌(T. Veblen), 미첼(W. Mitchell), 커먼스(J. R. Commons) 등의 유명한 경제학자들을 포함하면서 20세기 초 미국 경제학의 중심을 차지하였다. 베블렌은 역사학파처럼 신고전파의 방법론을 문제 삼았으며 인간의 행동은 제도적 배경 속에서 이해되어야 한다고 하였다. 그는 경제 행위가 역사의 모든 시대에 공통적인 특정한 패턴, 즉 본능에 기초하고 있지만 그것이 구체적으로 표현될 때는 서로 다른 역사, 사회, 제도 속에서 다양한 방식으로 나타난다고 하였다. 습관적인 행동 양식은 제도로 정착되고 제도는 규범적인 힘을 가지며, 사람들은 제도가 그어놓은 선 안에서 삶을 펼쳐간다는 것이다(박기주 2016). 이는 인간에 대한 다음과 같은 이해에 기반한 것이었다.

> 인간은 자신을 환경의 힘에 맡기고 흘러가면서 행복이나 쾌락만을 추구하는 욕망꾸러미가 아니다. 인간은 적극적으로 활동하면서 자신의 실현과 표현을 추구하는 일관된 구조를 가진 성향과 습관의 꾸러미이다. … 인간의 기질과 상황은 현재 자신의 정신 상태를 구성하는 요소이며, 동시에 앞선 자들과 현재까지 살아온 자신의 삶의 성과이고 결과이며, 또한 자신의 유전적 특성과 과거 경험의 산물로서, 일련의 전통, 관습, 물적 환경하에서 누적적으로 형성되어 온 것이다(Veblen 1898: 74).

인간의 역사를 제도 진화의 역사로 보는 베블렌은 신고전파 경제학의 몰

역사성을 비판하였다. 신고전파 경제학이 사회 제도의 중요성을 철저히 무시하며, 모든 인간을 역사적 상황과는 관계없이 합리적이고 이기적인 계산에 의해 효용을 극대화하는 동질적 존재로 이해하고 있기 때문이었다. 베블렌은 자신의 첫 번째 저서 『유한계급론』(*The Theory of Leisure Class*, 1899)에서 자본주의가 인간의 일꾼 본능과 약탈 본능 중 후자를 높게 평가하며 유한계급이 과시적 소비를 통해 어떻게 자신의 약탈적 본능을 보여 주는지를 기술하였다. 베블렌은 사람들이 성공을 보여 주기 위해 부를 과시적으로 소비하는 동기를 분석하였다. 그에 의하면 자본주의 제도는 유한계급이 과시적 소비를 명예로운 것으로 사고하도록 하고 사회 발전에 유익한 기질을 억제시킨다. 과시적 소비라는 개념은 자본주의 시장경제가 효율적이라고 보는 신고전파 경제학의 견해를 정면으로 반박하였다.

커먼스도 역시 비슷하게 개인의 선택 행위에 대한 경제학의 전통적인 이해에 도전하였다. 그는 법률적 분석으로부터 차용한 '거래'라는 개념이 경제 분석의 가장 적절한 단위라고 하였다. 그는 거래란 희소성의 세계에서 둘 이상의 의지가 어떤 행동 메커니즘과 규칙에 따라 서로 주고받고 설득하고 강제하고 속이고 명령하고 지배하는 행위이며, 제도는 그것에 관한 행동 규칙이라고 하였다. 이러한 제도적 규칙은 개인이나 기업이 목적을 추구함에 있어서 경계를 정하기 위해 필요하다고 보았다. 한편, 미첼은 입증되지 않은 공리로부터 연역적 추론을 하는 신고전파 경제학의 방법론을 비판하고 경험적 관찰로부터 결론을 도출하는 귀납적 방법론으로 자신의 이론을 구축하였다. 그는 전미경제연구소(National Bureau of Economic Research)의 설립자 중 한 사람으로서, 많은 실증적 데이터를 수집한 개척자였으며 경제 이론이 사실에 기반해야 함을 주장하였다.

이들 세 사람으로 대표되는 미국 제도학파 경제학은 경제가 균형으로 수렴한다는 가정을 거부하고 경제 변화의 과정을 중요하게 생각하였다. 베블렌은 경제학이 진화론적 관점에서 기술 변화의 역할을 중시하고 경제의 변화 국면을 추적해야 한다고 주장하였다. 커먼스도 경제는 움직이고 변화하는 과정이라고 하였으며, 미첼도 신고전파 경제학이 경기 변동을 이해하는데 방해가 된다고 하면서 경제 변화의 연구에 진력하였다. 이들은 제도에 의해 경제적 행동이 형성된다는 점을 강조하였다. 이들은 제도를 단순하게 취향, 기술 및 자연으로 환원시키는 것을 거부하였다. 제도학파 경제학은 경제의 법률적 토대를 중요하게 생각하며(커먼스), 제도가 형성되고 변화하는 진화적이고 자발적이고 습관화된 과정을 강조하였다(베블렌). 또한 제도에 대한 광범위한 연구를 강조하고, 시장에서의 거래를 다양한 제도(예컨대, 개인, 기업, 국가, 사회 규범)의 복잡한 상호작용의 결과로 이해하였다. 이 같은 제도학파 경제학의 전통은 오늘날까지 주류 경제학과는 이질적인 접근 방식을 선도하고 있다.

자코비(S. M. Jacoby)는 제도학파 경제학이 신고전파 경제학과 대비되는 점을 다음과 같이 네 가지로 정리하였다. 첫째, 불확정성이다. 신고전파 경제학은 '완전경쟁과 특유의 균형'을 가정하지만, 제도학파는 시장 지배력이 만연해 있고 경쟁 결과가 불확정적임을 강조한다. 둘째, 선호의 내생성이다. 신고전파 경제학은 개인의 선호나 욕구를 주어진 것으로 상정하는 반면, 제도학파는 그러한 선호가 분석 대상인 사회 제도에 의해 형성된다고 주장한다. 셋째, 이론의 현실성이다. 신고전파 경제학은 개인이 이기심에 따른다는 공리주의적 가정으로 현실을 단순화하지만, 제도학파는 단순화를 위한 가정보다 현실에 기초해야 한다고 믿는다. 넷째, 통시적(diachronic) 분석이다. 신고전파 경제학은 시공간을 초월하는 가정을 함으로써 역사를 초월하는 공시적

(synchronic) 분석을 하지만, 제도학파 경제학은 경제 제도의 특징과 그것을 시공간적으로 변화시키는 조건을 분석한다(Jacoby 1990).

2) 신제도경제학의 출현

경제 행위를 지배하는 제도의 역할을 중시하는 사고는 이후에 소수의 경제학자들에 의해 추종되었을 뿐 경제학계에 미친 영향이 크지 않다가 20세기 후반에 재탄생하였다. 그것은 이전 제도학파의 문제의식을 인정하면서도 제도의 기원을 습관적인 행동양식의 결과로 보지 않고 선택 행위의 결과로 본다. 이에 19세기 말, 20세기 초의 제도학파 경제학을 구제도경제학, 20세기 후반에 재탄생한 것을 신제도경제학이라 한다. 구제도경제학은 많은 점에서 사회학자나 역사학파 경제학에 더 강한 지적 친밀함을 갖고 있는 반면, 역설적이게도 신제도경제학은 구제도경제학이 비판한 신고전파 경제학에 더 많은 빚을 지고 있다. 즉, 신제도경제학은 신고전파 경제학을 비판한 구제도경제학의 입장을 완전히 뒤집었다고 할 수 있다.

구제도경제학과 신제도경제학의 차이는 분명하였다. 스티글러(G. Stigler)는 구제도경제학이 실패한 것은 신고전파 경제학에 대한 적대적 입장 외에 아무런 내용이 없었다는 단순한 이유 때문이라고 혹평하였다. 코즈(R. Coase)는 신제도경제학이 '표준적인 경제 이론을 사용하여 이러한 제도의 작동을 분석하고 경제 운영에서 그들이 의도한 부분을 발견한다는 점'에서 구제도경제학과 다르다고 하였다. 또한 애로우는 "베블렌, 커먼스, 미첼과 같은 유능한 분석가들이 있었지만 구제도학파가 왜 그렇게 비참하게 실패하였는가? 지금 생각해 보면 (하나의 답은) 신제도경제학의 … 중요하고 특별한 분석에 있다.

그러나 그것은 자원 배분 및 효용 정도와 같은 경제학의 전통적 문제에 새로운 답을 하는 것이 아니다. 그것은 경제 제도가 왜 그런 방식으로 나타나고 다르게 나타나지 않는가라는 새로운 질문에 답하고 있으며, 경제사와 합쳐져서 지금까지 해오던 것보다 더 예리한 (미시 분석적) 추론을 한다"고 하였다 (Williamson 2000: 596).

이처럼 저명한 경제학자들이 구제도경제학과 신제도경제학의 차이를 강조하면서 구제도경제학의 실패가 이론의 부재 때문이라고 하였지만, 그것은 다소 과장된 것이며 구제도경제학에 이론이 부족하지 않았다고 보는 견해도 있다. 예컨대, 베블렌의 누적적 인과 개념은 경로의존성에 대한 현대적 아이디어와 일치한다. 또한 미첼은 무미건조한 실증주의자이기만 하였던 것이 아니라 중범위(middle-range) 이론에 의해 주도되고 있는 연구 아이디어를 제공하였다. 두 사람은 신고전파 경제학의 수학적 형식주의가 오히려 실제의 경제 행위를 이해하는 데 기여하는 바가 거의 없다고 주장하였으며, 코즈가 말한 것처럼, '현실의 제도가 부과하는 제약 내에서의' 경제 행위를 연구하는 사실주의적 지향을 보였다고 할 수 있다.

20세기 후반에 탄생한 신제도경제학은 두 가지 명제를 제시하였다. 첫 번째는 '제도는 중요하다'는 것이며, 두 번째는 '제도 결정의 요인은 경제 이론의 도구에 의한 분석에 민감하다'는 것이다. 제도가 중요하다는 점에 대해서는 신·구제도경제학 모두 같기 때문에, 결국 두 번째가 신·구제도경제학을 구별하는 중요한 명제이다. 따라서 신제도경제학은 제도(조직)를 중요한 연구주제로 하고 있다는 점 외에는 구제도경제학보다 신고전파 경제학에 더 가깝다고 할 수 있다. 신제도경제학은 코즈의 거래비용 및 재산권 이론, '제한적 합리성'에 관한 사이먼의 연구, 하이에크의 영향을 받은 현대 오스트리아학파와 슘페터의 혁신 이론, 넬슨과 윈터의 진화경제학 이론과의 교감이 크다(Scott 2008).

신제도경제학이 꽃을 활짝 피운 것은 윌리엄슨(O. Williamson)의 연구에 의해서였다. 윌리엄슨은 코즈의 거래비용 개념에 기초한 「시장과 위계」("Markets and Hierarchies: Some Elementary Consideration," 1973)라는 논문을 발표하고, 그것을 확대 심화시켜 『시장과 위계』(*Markets and Hierarchies: Analysis and Antitrust Implications*, 1975)라는 같은 제목의 저서를 발간하였으며, 이후 신제도경제학의 다양한 주제를 다룬 『자본주의 경제제도』(*The Economic Institutions of Capitalism: Firms, Markets, Relational Contracting*, 1985)를 출판하였다. 신제도경제학 학자 중에는 지금까지 4명의 노벨 경제학상 수상자(코즈, 노스, 윌리엄슨, 오스트롬)가 포함되어 있다.

코즈의 논문은 기업의 기원과 발전에 관한 연구이다. 역사적으로 보면 시장경제의 초기에는 수많은 독립 자영업자가 공급자였지만 차츰 법인 기업이 공급자로 등장하였으며, 기업이라는 제도 없이는 자본주의 시장경제는 존립할 수 없을 정도가 되었다. 그래서 경제학 교과서에서도 당연하게 기업을 공급의 주체로 설정하고 있지만, 신고전파 경제학은 기업을 단지 생산의 주체로 규정하고 당연시하고 있을 뿐, 기업이 어떤 이유로 등장, 존립하게 되는가를 설명하지 못한다. 경제학 이론이 말하듯이 시장이 효율적이라면 '왜 모든 거래가 시장에서 이뤄지지 않고 기업이라는 권위와 명령에 의거한 조직이 필요한가?' 신제도경제학의 기본 분석틀은 바로 이러한 질문에서 시작되었다.

신제도경제학은 비시장적 환경에서 생산하는 것이 더 효율적일 때 시장의 대안으로 기업이 등장한다고 본다. 기업은 '법률적으로 인격이 부여되어 법률상의 권리·능력을 갖춘 조직체'이다. 기업은 외부적으로는 시장에서 하나의 주체로서 상대방과 자유롭게 거래하지만, 내부적으로는 강제(즉, 지시와 명령)에 의해 많은 거래, 예컨대 인사 발령에 의한 노동 이동이나 구매와 생산 부서 간의 거래 등을 수행한다. 따라서 기업은 위계적 규칙과 합의의 조직이라고 할 수 있다. 이처럼 기업이라는 조직 혹은 제도는 시장과는 다른 조정 방식에 의존한다. 물론 시장이 완전하지 않듯이 기업도 완전하지는 않다. 기업은 위계적 조직이지만 경영자가 모든 의사 결정을 하지 않고 많은 결정이 분산적으로 이뤄지기도 하며 그 속에서 해결되지 않는 다양한 문제도 존재한다.

신제도경제학의 기업 이론은 다양한 질문에 답하는 것을 목적으로 한다. 기업이 등장하게 되는 이유는 무엇이며 모든 경제적 거래가 시장을 통해 중재되지 않는 이유는 무엇인가? 규모와 생산의 다양성 면에서 기업과 시장 간의 경계가 어떻게 구분되며, 기업 내부적으로는 어떤 거래가 수행되는가? 기업은 왜 위계(hierarchy)나 탈중앙화와 같은 특정한 방식으로 조직화되며, 공식적 관계와 비공식적 관계 간에 어떤 상호작용이 존재하는가? 기업의 행동과 성과 면에서 나타나는 이질성을 주도하는 요인은 무엇인가? 특히 신제도경제학을 탄생시킨 것은 기업의 등장 및 존재에 관한 질문이다. 이하에서는 그에 대한 답을 중심으로 신제도경제학의 기본 분석틀을 설명한다.

2. 신제도경제학의 분석틀

1) 거래비용 경제학

코즈는 고전적인 자신의 논문, 「기업의 본질」("The Nature of the Firm," 1937)에서 왜 일부의 경제적 거래가 시장에서의 가격 메커니즘에 의해 직접 이뤄지지 않고 기업 내에서 규칙 및 위계적 강제의 메커니즘에 의해 이뤄지는가라는 질문에 답하였다. 그는 질문에 대해 다음과 같이 시장에서의 가격 메커니즘을 이용할 때 발생하는 비용을 줄이기 위해서라고 답하였다.

> 기업을 설립하는 것이 이익이 되는 주요한 이유는 가격 메커니즘을 이용하는 데는 비용이 든다는 점일 것이다. 가격 메커니즘을 통해 생산을 '조직하는' 비용으로 가장 분명한 것은 관련 가격이 무엇인지 탐색하는 비용이다. 그런 정보를 파는 전문가가 등장한다면 비용이 줄어들 수는 있겠지만 사라지지 않을 것이다. 또한 시장에 일어나는 각 교환 거래마다 별도의 계약을 협상하고 마무리하는 비용을 고려해야 한다. 어떤 시장에서는 이러한 계약 비용을 최소화할 수 있는 기술이 개발되겠지만 그 비용이 사라지지는 않는다. … 가격 메커니즘을 사용하는 데는 또 다른 불리함 또는 비용이 있다. 어떤 재화나 서비스의 공급에는 장기 계약이 요구될 수도 있다. 여러 번의 단기 계약 대신에 한번의 장기 계약으로 매번 계약에 드는 비용을 피할 수 있다는 사실 때문이다. … 요약하면, 시장의 작동이 무언가의 비용을 발생시킨다는 점과 조직을 만들어 권위자('기업가')가 자원을 배치하도록 함으로써 시장의 비용이 줄어든다는 점이다(Coase 1937: 21-22).

코즈는 시장 거래에서 비용이 발생하는 이유로 정보의 부족 또는 불완전한 지식과 장기 계약의 필요성을 들고 있다. 신고전파 경제학의 세계에서는 경제 주체가 완전한 정보를 갖고 있어 아무런 비용 발생 없이 거래가 자동적, 동시적으로 성립한다. 그러나 현실의 경제는 그렇지 않다. 코즈는 1937년 논문에서는 아직 거래비용이라는 특별한 용어를 사용하지는 않고, 그것을 '시장 메커니즘을 이용하는 데 드는 비용'이라고 하였다. 거래비용이라는 용어는 1970년대까지 사실상 그다지 많이 사용되지 않았으나, 윌리엄슨의 연구에 의해 대중화되었다. 거래비용 개념은 경제사가인 노스(D. C. North)에 의해 경제사 연구에서도 사용되었다. 그는 근세 유럽 각국의 제도를 비교하면서 사회의 일련의 규칙으로 이해되는 제도가 거래비용을 결정하는 핵심이라고 하고 낮은 거래비용을 유발하는 제도를 가진 국가의 경제 성장을 촉진한다고 하였다.

거래비용은 크게 탐색, 협상, 집행의 세 가지 범주로 나눌 수 있다. 첫째, 탐색 비용은 필요한 재화를 가장 낮은 가격으로 시장에서 구할 수 있는지 판단하는 행위와 관련한 비용이다. 둘째, 협상 비용은 적절한 계약의 작성 등 상대방과 수용 가능한 합의에 도달하는 데 필요한 비용이다. 셋째, 집행 비용은 상대방이 계약 조건을 준수하는지 확인하고 만약 계약이 제대로 준수되지 않을 경우에 종종 법률 시스템을 통해 적절한 조치를 취할 때 드는 비용이다. 예를 들어, 중고차 구매자는 다양한 거래비용에 직면한다. 탐색 비용은 자동차를 판매할 파트너를 찾고 자동차의 상태가 어떤지를 판단하는 노력 및 금전의 지출이며, 협상 비용은 판매자와 가격을 포함한 거래 조건을 협상하는 비용이며, 집행 비용은 거래 계약을 체결한 후 판매자로부터 약속된 대로 차량을 인도받고 만약 그것이 이행되지 않을 경우 처벌하는 데 드는 비용이다.

코즈의 거래비용 이론은 기업이라는 조직의 등장에 관한 이론이다. 코즈의 논문이 나오기 전까지는 기업과 같은 독립체가 왜 존재해야 하는지에 대한 지속적인 관심이 없었다. 경제 이론은 시장만을 이해하는 데 초점을 맞추어져 있었으며 기업(조직)이 존재하는 이유에 대한 연구는 거의 없었다. 코즈는 물론이고 이전의 일반 관찰자의 눈에도 상품과 서비스 생산에서 기업이라는 조직 속에 있는 개인에 비해 독립적으로 활동하는 개인이 중요한 비중을 차지하지 않았다는 것은 분명하다. 그럼에도 불구하고 신고전파 경제학의 생산 이론은 기업을 개인과 마찬가지로 최소 단위로서의 개체로만 취급할 뿐이었다.

기업은 '자원의 배치를 기업가에 의존하는 조직 시스템'이다. 코즈에 설명에 따르면, 시장의 가격 메커니즘을 이용하여 생산을 조정하는 데는 거래비용이 들기 때문에 기업을 설립한다. 시장을 통한 거래에는 무엇인가 비용이 발생하는 반면, 조직을 만들고 어떤 권위자(기업가)가 지시할 수 있도록 하면 그 비용을 피하거나 절약할 수 있기 때문이다. 특히 정보의 비대칭성과 자산특수성이 존재하는 노동이나 자산을 시장에서 거래할 경우에는 상당한 거래비용이 발생할 수 있다. 만일 기업이 시장 시스템처럼 작동한다면 많은 계약이 필요할 것이다. 그러나 기업이 피고용인에게 임금을 지불하면서 피고용인에 대한 경영자의 지시 권한을 규정하는 계약을 하는 경우는 사실상 드물다. 그런 종류의 계약은 불확실성이 존재하는 상황, 특히 계약 관계가 장기간 유지되어야 하는 상황에서는 필요하겠지만, 그런 상황은 신고전파 경제학 이론에 부합하지 않는다. 왜냐하면 신고전파 경제학이 상정하는 시장에서는 청산이 즉각적으로 이뤄지며 따라서 계획이나 신뢰나 주인-대리인(경영자-피고용인) 관계가 발전하기 어렵기 때문이다. 코즈는 이처럼 단기 계약이 만족스럽지 않은 경우나 정보의 불완전성이 큰 경우에 시장을 대신하여 기업이 등장할 가능성이 크다고 하였다(Coase 1937).

그러나 기업의 형성과 발전을 설명하는 코즈의 거래비용 이론은 당시의 경제학계 분위기에서는 관심을 받지 못하였다. 로빈스(L. Robins)는 경제학을 '목적과 대체 용도를 가진 희소한 자원 사이의 관계로서 인간 행동을 연구하는 학문'이라고 정의하였다. 그것은 바로 소비자의 한계효용 이론과 생산자의 생산함수 이론을 병렬적으로 발전시킨 신고전파 경제학이었다. 신고전파 경제학이 지배적 패러다임이었으며, 경제학자들은 한계분석의 도구를 광범위하게 적용하여 상대가격 및 가용 자원의 변화가 수량에 미치는 영향을 분석하는 데 집중하였다. 그러나 이러한 신고전파 경제학의 선택 이론이 복잡한 경제 현상을 잘 설명하였다고 할 수 없다. 필요한 것은 거래비용에 의한 계약의 이론을 병행 개발하는 것이었다.[1]

기업(조직) 이론을 구축한 윌리엄슨은 '선택'에서 '계약'으로 관점을 이동시킬 것을 제안하면서 코즈의 거래비용 이론을 부활시켰다. 윌리엄슨의 거래비용 경제학은 불완전한 계약의 맥락에서 교환이 제기하는 전략적 위험과 이러한 위험 비용을 완화하기 위한 효율적인 거버넌스를 찾아내고 설명하는 데 중점을 둔다. 거래비용 경제학은 복잡한 경제 '조직'을 더 잘 이해하기 위해 법률, 경제학, 조직 이론을 동원하고 그것들을 선택적으로 결합한다. 윌리엄슨은 거래비용 경제학이 주류 경제학과 차이가 있음에도 불구하고 여러 면에서 양자가 상호 보완적이라고 하였다. 즉, 경쟁시장 이론은 단순한 시장 교환의 분석에 적합한 반면, 거래비용 이론은 주로 거래의 당사자가 소수인 복잡

1 신제도경제학에는 재산권적 접근과 계약 이론적 접근이라는 두 갈래의 흐름이 있다. 양자는 조직 이론에서 경쟁적이었으나 사실상 보완적인 형태로 연구가 이뤄지면서 양자 간의 긴장은 해소되었다. 전자는 제도적 환경에 해당하며 후자는 제도적 배치(즉, 거버넌스)에 해당한다. 전자는 특히 다른 시점, 국가, 혹은 문화 간 비교에 적절하며, 후자는 경제 활동이 조직되는 방식의 이유를 설명한다. 후자가 코즈의 질문이고 거래비용 경제학의 핵심이다(Williamson 1993b).

한 계약 및 비시장적 조직의 미시적 분석에 더 적합하다는 것이다.

2) 기본 분석틀

(1) 기본 가정

코즈는 왜 기업이 등장하는가라는 질문에 대해 불완전한 정보에 의한 거래비용 때문이라는 답을 내놓았다. 신제도경제학자 청(S. N. S. Cheung)은 거래비용을 로빈슨 크루소 경제에서는 존재하지 않을 비용, 즉 제도로 인해 발생하는 비용으로 폭넓게 정의하였다. 이런 폭넓은 정의를 출발점으로 하여, 많은 경제학자들은 어떤 제도가 특정 상품이나 서비스를 생산하고 유통하는 데 드는 거래비용을 최소화하는지에 대해 연구하였다. 신제도경제학을 주도한 윌리엄슨은 거래의 빈도, 특이성, 불확실성, 제한적 합리성 및 기회주의적 행동을 거래비용 결정요인으로 보았다. 윌리엄슨은 "인간은 거래를 체결함에 있어 제한적 합리성이라는 조건하에서 자신의 이익을 극대화하고자 하며 동시에 기회주의의 위험으로부터 거래를 보호하려 한다"(Williamson 1993a: 93)고 함으로써, 특별히 제한적 합리성과 기회주의적 행동에 주목하였다.

윌리엄슨의 연구에서 핵심적인 첫 번째 가정은 사이먼이 제안한 제한적 합리성이다. 신고전파 경제학은 완벽하게 합리적인 '경제인'의 존재를 가정하지만, 윌리엄슨은 인간이 지식에 대한 접근과 접근 가능한 정보를 처리하는 능력에서 한계를 갖고 있다고 본다. 따라서 행위자는 합리적으로 행동하지만 신고전파 경제학이 가정하듯이 완벽하게 합리적이지는 않으며, 능력의 한계 내에서 행동한다고 본다. 그는 제한적 합리성을 다음과 같이 설명한다. "제한적 합리성은 '의도에서 합리적이지만 제한적으로만 그런' 인간의 행동과 관련 있다. … 제한적 합리성은 한편으로는 신경생리학적 한계와 다른 한편으로는 언어적 한계를 포함한다. 물리적 한계는 개인이 오류없이 정보를 수신, 저장, 검색, 처리할 수 있는 능력에 대한 속도 및 저장의 한계를 의미한다”(Williamson 1975: 21).

거래비용 경제학은 이러한 제한적 합리성이 인간의 인지 능력에 대한 적절한 가정이라는 것에 동의한다. 계약에 관한 연구에서 제한적 합리성의 가정이 주는 중요한 시사점은 모든 복잡한 계약이 불가피하게 불완전하다는 점이다. 따라서 거래비용 경제학을 최적화 이론으로 해석해서는 안된다. 그러나 거래비용 경제학은 한 단계 더 나아가, 제한적 합리성의 가정이 행위자가 근시안적임을 의미한다고 보는 일반적 견해에 대해 예외를 둔다. 즉, 인간에게는 앞을 내다보고 계약상의 있을 법한 위험을 찾아내고 계약에 따른 효과를 계산할 수 있는 능력이 있다고 가정한다(Williamson 2008).

두 번째 가정은 윌리엄슨이 거래비용의 요인으로 본 기회주의이다. 기존의 경제학은 계약을 맺은 당사자들이 계약을 준수하기로 되어 있고 또한 그렇게 할 것에 대해 의심하지 않는다. 그러나 인간은 간계(guile)를 부려 자신의 이기심을 채우려는 유혹에 노출되어 있으며, 그래서 단기적으로 이익이 된다면 계약을 파기하는 기회주의적 성향을 보인다. 기회주의적 행동에는 중요한 정보를 의도적으로 은닉 또는 왜곡하거나 합의된 것보다 작업을 덜 수행하거나 공식 또는 비공식적 약속 및 의무를 이행하지 않거나 품질이 낮은 상품을 생산하거나 상품을 늦게 배송하거나 계약 조항을 따르지 않는 것 등이 모두 포함된다. 기회주의에 대해 윌리엄슨은 다음과 같이 설명한다.

기회주의는 경제 주체가 전략적 행위를 허용하는 이기심에 의해 인도된다는 전통적 가정을 확장한다. 전략적 행위는 간계가 있는 이기심 추구를 포함하며, 여러 대안적인 계약 관계 중에서 선택한다는 심오한 의미를 갖고 있다. … 기회주의는 스튜어드십 행동 및 도구적 행동과 구별된다. 스튜어드십 행동은 유대감으로 표시될 수 있는 신뢰 관계를 포함하며 … 도구적 행동은 보다 중립적인 [행동] 양식이다. … 기회주의적 행동은 잘못되고 허구적인, 즉 자기 불신의 위협 및 약속을 의미하므로 양자와는 다르다(Williamson 1975: 26).

대부분의 사람들은 자신이 말한 대로 행동한다고 할 수 있다. 기회주의는 예외적 존재, 즉 많은 현안이 있고 당사자들이 협력 정신에서 벗어나 불완전한 계약을 주장하는 경우가 종종 관찰되는 상황에서의 이탈자(outlier)와 관련 있다. 그것은 시장의 규칙으로는 감당할 수가 없으며, 기회주의적 행동이 큰 힘을 갖고 실제로 결과에 영향을 미칠 수 있는 거래에서 나타난다. 따라서 기회주의의 위험으로부터 거래를 보호하기 위한 안전 장치로서의 제재가 필요하게 된다. 제재는 자발적으로 계약을 준수하는 자가 준수하지 않는 자에 의해 손해를 입지 않을 것을 보장한다. 기회주의의 가정을 도입해서 보면, 왜 불필요한 것으로 생각되는 여러 제도적 관행들이 존재하는가를 이해할 수 있다.

(2) 분석 단위와 자산특수성

구제도경제학자 커먼스는 경제 조직의 문제는 '갈등, 상호성, 질서'의 원리를 다루는 것이고 이 세 가지 원리의 최소 구현체가 거래이므로 거래를 분석의 기본 단위로 한다고 하였다. 커먼스의 주장을 계승하여 거래비용 경제학도 원자적인 개인이 아니라 거래를 분석의 기본 단위로 삼는다. 거래는 기술적으로 분리 가능한 행위자 상호 간에 재화와 서비스가 이동하는 것이며 두 행위 주체 간의 양자적 교환(dyadic exchange)이다. 거래비용 경제학은 조직에서 갈등, 상호성, 질서의 원리가 어떻게 나타나는지를 탐구한다. 따라서 신고전파 경제학의 분석이 원자적 개인의 선택 행위에 대한 미시적(micro) 분석이라면, 거래를 기본 단위로 하는 거래비용 경제학은 조직에 대한 분석인 중간적(meso) 분석이다(박길성·이택면 2007).

거래비용 경제학은 분석의 기본 단위인 거래를 세 가지 중요한 기준, 즉 자산특수성(asset specificity), 불확실성의 정도와 유형, 거래 빈도에 따라 구분한다. 자산특수성은 재배치 불가능성의 척도로서, 물적 형태, 인적 형태, 지리적 위치, 전용성, 브랜드 명칭 등 다양한 형태로 나타난다. 불확실성은 교란적 요소로서, 거래에 영향을 주고 잠재적인 부적응을 발생시킨다. 거래 빈도는 거래의 반복 회수를 나타내며 시장에서의 평판 효과와 전문적인 내부 거버넌스의 비용 인센티브에 영향을 미친다(Williamson 2008). 이들 세 가지 기준이 모두 중요하지만, 거래비용 경제학에서 이론적으로 많은 논쟁적 함의를 갖고 있으며 설명이 필요한 것은 자산특수성이다.

자산특수성은 거래 대상인 자산이 갖고 있는 '관계 특수적'(relation-specific) 성질을 말하며, 나름의 특별한 용도를 가진 자산이 다른 용도에서 본래의 가치를 얼마나 유지할 수 있는가를 나타내는 개념이다. 자산특수성이 높은 자산은 현재의 사용처가 아닌 다른 사용처에서 재사용될 수 없거나 재사용되더라도 원래의 사용처에서 지니고 있던 생산적 가치의 상당 부분을 상실한 상태로 재사용될 수밖에 없다. 따라서 특정한 거래에 특화된 자산을 거래하는 당사자들은 자산의 관계 특수적 성격 때문에 상호 의존적일 수밖에 없다. 판매자는 자신이 생산한 혹은 가진 자산이 특정 구매자 외에는 아무런 가치가 없기 때문에 다른 구매자를 찾기 어렵고, 구매자 역시 자신이 필요로 하는 자산을 공급할 수 있는 다른 판매자를 찾기 어렵다. 이러한 관계 특수적 성질이 강한 자산을 거래하는 쌍방은 상호 의존적인 상황에 놓이게 된다.

이러한 점에서 자산특수성은 기회주의와 밀접한 관련이 있다. 관계 특수적 성질이 강한 자산, 즉 자산특수성이 큰 자산을 거래하는 경우, 거래 쌍방은 거래에 구애되고 그렇게 되면 상대방의 의존성을 이용하여 단기적 이익을 꾀하려는 강한 기회주의적 유인을 갖는다. 즉, 자산특수성이 큰 경우에는, 자신의 이익을 위해 거래 상대방에게 계약 파기나 지연 또는 부당한 요구를 할 유인을 갖는다. 따라서 자산특수성이 큰 경우에는 그로 인해 발생할 기회주의적 행동을 방지할 안전 장치가 마련되지 않으면 거래가 성립할 수 없게 된다. 이처럼 자산특수성이 축적됨에 따라 양자 간의 상호 의존성이 증가하는 것과 함께 기회주의로 인한 계약의 불완전성과 복잡함이 더해지면서 거래비용은 증가한다.

3) 거버넌스

거래비용 경제학, 넓은 의미에서의 신제도경제학은 경제적 거래를 조직하고 관리하는 거버넌스(관할 또는 지배)에 대해 설명한다. 거버넌스는 거래가 제도화된 양식 또는 거래를 조직하는 양식이라 할 수 있으며, 윌리엄슨은 거버넌스를 거래에서 발생할 수 있는 잠재적 갈등이 상호 이익을 실현할 기회를 위협하거나 무산시킬 수도 있는 상황에서 질서를 달성하게 해주는 수단이라고 정의하였다.

거버넌스의 유형을 구분하는 기준은, 계약법의 유형과 성격, 거래 환경에 대한 적응 방식, 인센티브의 작용, 관리적 도구의 사용 여부이다. 이들 기준에

표 6-1 거버넌스 비교

	시장	위계	혼합형
계약법의 유형과 성격	독자적·자율적인 거래 주체들 간의 완전 계약을 준거로 하는 고전계약법	법의 심판은 유보되고 계약 당사자 간 분쟁은 위계상의 상급자가 최종 판단	거래 주체의 독자성·자율성과 계약의 불완전성을 인정하는 신고전계약법, 중재와 조정
거래 환경에 대한 적용 방식	개별 주체들의 각자 판단에 따른 자율적·자발적 적용	상급자의 판단에 따른 명령·강제에 복종하고 협력하는 방식의 적용	시장의 자율적·자생적 조정과 위계의 강제적·의도적 조정이 혼재
인센티브의 작용	결과에 따른 혜택·손실은 전적으로 개별 당사자에 귀속 → 인센티브 작용 강함	경영중의 의사 결정에 따라 혜택·손실이 배분 → 인센티브 작용 약함	인센티브 작용이 위계보다 강하고 시장보다 약함
관리적 도구의 사용	관리적 통제 필요 없음	상층부의 관리적 통제	시장과 위계의 중간

자료: 유홍준·정태인(2011: 110-111).

따라, 거버넌스는 시장, 위계 및 그 둘의 혼합형으로 구분된다([표 6-1]). 계약법의 유형 및 성격과 관련하여, 시장은 독자적·자율적인 거래 주체들 간의 완전한 계약을 준거로 하므로 계약법의 구속력이 가장 강한 반면, 위계 조직은 한 당사자가 상대방의 지배에 속하고 명령에 복종하는 거버넌스이기 때문에 계약법의 구속력이 가장 약하며, 혼합형이 중간적이다. 거래 환경에 대한 적응 방식과 관련하여, 시장은 각자의 판단에 따라 거래 환경에 독자적·자율적으로 적응하는 경우인 반면, 위계적 거버넌스에서는 상급자의 판단에 따라 명령이나 강제에 협력하는 타율적 적응이 나타나며, 혼합형은 그 중간이다. 인센티브의 작용과 관련해서는, 시장에서는 거래의 모든 결과가 개별 행위자 개인에게 귀속되므로 인센티브가 매우 강하게 작용하는 반면, 위계 조직에서는 각 행위자나 부서가 혜택을 전유하지 못하고 손실의 전가도 가능하므로 인센티브가 강력하게 작용하기 어렵다. 관리적 도구의 사용 여부와 관련하여 시장 거버넌스에서는 관리적 통제의 필요성이 없는 반면, 위계적 거버넌스에서는 관리적 통제가 강하며 혼합형은 그 중간이다.

신제도경제학은 거버넌스가 중요한 이유를 거래비용에서 찾는다. 신고전파 경제학의 세계에서는 거래가 아무런 비용의 발생 없이 자동적으로 동시적으로 성립하지만, 그런 상황은 가상의 세계일 뿐이며 현실에서는 많은 비용이 발생한다. 거래비용은 거래를 조직하는 양식, 즉 거버넌스에 따라 달라지므로 거버넌스 비용이라고도 한다. 시장과 위계 중 어떤 거버넌스가 거래비용을 최소화하는가? 윌리엄슨은 단순한 거래를 복잡한 거버넌스 구조로 다루려고 하면 당연히 불필요한 비용이 발생하며 또한 복잡한 거래를 단순한 구조로 다루려고 하면 당연히 긴장이 발생한다고 하였다. 만일 시장에서의 거래비용이 지나치게 큰 경우라면 기업이라는 명령-복종의 위계적 거버넌스가 효율적일 것이다. 앞서 말한 것처럼 자산특수성이 클수록 상호 의존성과 기회주의적인 부당한 요구 문제가 커지므로 거래비용이 증가한다. 거버넌스는 거래비용을 최소화하기 위한 것이므로 결국 자산특수성에 따라 거버넌스가 달라진다. 시간에 따라 자산특수성(거래 자산의 기술적 특성)이 변한다면 거래비용 절감을 위해 거버넌스도 변한다고 할 수 있다.

거버넌스에 대한 기본적인 주장은 다음 세 가지이다. 첫째, 시장은 자율적 적응에 적합하고 위계는 자산특수성에 따른 적응에 상대적으로 이점이 있으며 혼합형은 그 중간이다. 둘째, 거래마다 자산특수성에 따른 적응의 요구가 다르다. 셋째, 자산특수성이 존재하지 않을 경우에 거버넌스 비용은 시장이 가장 작고 혼합형, 위계로 갈수록 증가한다. 자산특수성을 k라 하자. 범용적 자산의 거래에서는 $k=0$이며 이는 자산이 어떤 특수성도 포함하고 있지 않

그림 6-1 자산특수성과 거버넌스 비용의 관계

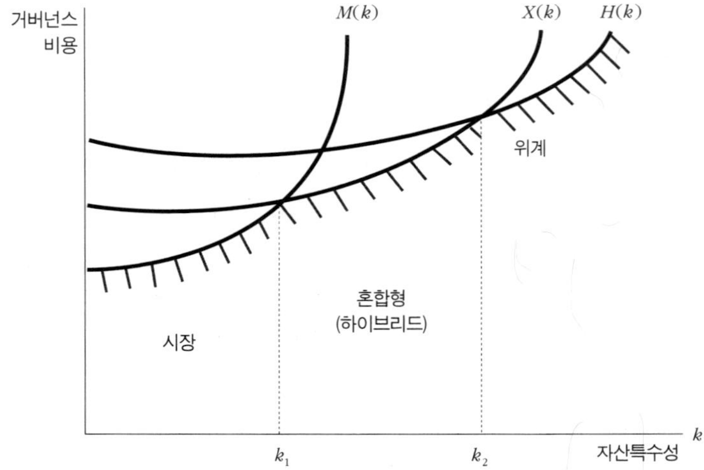

자료: Williamson(2008: 49).

다는 의미이다. 특수한 자산의 거래에서는 $0<k<1$의 값을 갖는다. 시장과 혼합형 및 위계의 거버넌스 비용은 자산특수성의 함수로 표시되며 각각 $M(k)$, $X(k)$, $H(k)$이다. 자산특수성이 없는 경우($k=0$)에는 거버넌스 비용에서 위계가 가장 불리하고 다음이 혼합형이며 시장이 가장 유리하다($M(0)<X(0)<H(0)$). 자산특수성의 변화에 따른 거버넌스 비용의 변화, 즉 한계비용은 자산특수성에 대한 적응력의 차이 때문에 시장에서 가장 크고 다음이 혼합형이며 위계에서 가장 작다($M'>X'>H'$).

[그림 6-1]은 자산특수성에 따라 거버넌스 비용이 어떻게 변하는지를 설명해 준다. 자산특수성이 작을 때는 위계보다 시장의 거버넌스 비용이 작지만 자산특수성이 커지면서 점점 그 차이는 사라지고 마침내 역전된다. 따라

서 자산특수성이 k_1보다 작으면 시장, k_2보다 크면 위계, 그 사이에서는 혼합형의 거버넌스가 가장 효율적이다. 이처럼 거래비용 경제학은 자산특수성이 클수록 시장보다 위계적 거버넌스가 거래비용을 최소화할 수 있음을 보여 준다. 이는 왜 시장이 아닌 기업이라는 조직이 등장하는가라는 코즈의 최초 질문에 대한 이론적 설명이다. 이처럼 일견 간단해 보이는 신제도경제학 이론은 다양한 사회 제도가 등장하고 변하는 것에 대한 이론적 설명에도 기여하였다.

3. 신제도경제학의 확장

1) 신고전파 경제학과의 비교

구제도경제학의 베블렌은 인간의 역사를 제도의 진화로 보고 신고전파 경제학의 몰역사성을 비판하였다. 그는 신고전파 경제학의 근본적인 문제가 인간 본성에 대한 잘못된 관념, 즉 공리주의적 인간관에 있다고 보았다. 신고전파 경제학이 가정하는 인간은 합리적이고 이기적인 계산에 의해 효용을 극대화하는 동질적 존재이며 행복을 욕망하고 그것에 의해 충동받지만, 선행하는 사건도 결과도 없으며 그저 고립되고 유한한 존재로서 외부적 힘이 가해지기 전에는 안정적 균형 상태에 있다(박기주 2016). 신제도경제학은 제도의 중요성을 강조하고 있다는 점에서는 구제도경제학과 공통적이지만, 인간관이나 거래비용이라는 개념과 방법론 등에서는 신고전파 경제학에 더 가깝다.

신제도경제학은 경제 활동의 기반이 되는 제도에 초점을 맞춤으로써 신고전파 경제학이 미치지 못하는 현실의 영역으로 경제학적 분석을 확장한다는 전망을 보여 주었다. 윌리엄슨은 『시장과 위계』에서 내부노동시장, 시장의 수직적 통합, 사업부제, 기술 및 조직 혁신, 독점과 과점 등의 다양한 제도적 문제를 다루었다. 그는 이러한 문제에 대해 설명할 때 인간은 합리적이고 자신의 효용을 극대화하려 하지만 인지적 한계가 있고 완전한 정보를 갖고 있지 못하며 계약을 모니터링하고 시행하는 데 어려움을 갖고 있다고 가정하며, 그로 인해 발생하는 거래비용을 효과적으로 줄이는 방법으로서 여러 제도가 등장하게 된다고 본다. 즉, 신제도경제학은 제한적 합리성과 기회주의와 자산특수성의 제약 조건하에서, '경제화'하려는 성향으로부터 다양한 제도의 등장과 변화를 설명한다.

신제도경제학은 신고전파 경제학과 여러 가지 다른 점이 있다. 가령, 가정과 이론 면에서 신고전파 경제학은 희소성의 가정하에서 경쟁이 효율성을 가져온다고 보는 반면, 신제도경제학은 희소성을 가정하기는 하지만 재산권과 같은 제도가 효율성 달성에 중요하다고 본다. 신고전파 경제학에서는 제도가 외생적 변수이지만 신제도경제학에서는 내생적 변수이다. [표 6-2]에서 보듯이 그 외에도 양자 간에는 많은 차이가 있다. 그럼에도 불구하고 신제도경제학과 신고전파 경제학이 본질적으로 다르다고 보기는 어렵다. 첫째, 신제도경제학은 신고전파 경제학과 마찬가지로 이기적 인간관을 전제로 한다. 또한 제도를 기능주의적으로 협소하게 이해하여, 재화와 서비스의 생산과 분배의 거래비용을 최소화하고 거래를 유지시키기 위한 것으로 본다. 이런 점에서는 경제 행위를 제도와 역사적 상황 속에서 이해하는 구제도경제학과 오히려 근본적인 차이가 있다고 할 수 있다. 둘째, '경제화'라는 신고전파 경제학의 효율성 관점도 유지하고 있다. 다만, 신고전파 경제학은 희소성하에서

표 6-2 신고전파 경제학과 신제도경제학의 비교

	신고전학파 경제학	신제도경제학
가정과 이론	희소성→ 경쟁→ 효율성	희소성 → 경쟁+제도(게임 룰)→ 효율성
제도	제도는 외생변수	제도는 내생변수이고 중요
합리성	완전한 합리성	제한적 합리성
교환	거래비용 없음	거래비용 존재
인간 능력	제약 없는 완전한 능력	제한적 인지 능력, 다양한 제약 직면
시간	정태적, 마찰이 없는 세계	발전하고 변하는 세계
정보	완전한 정보	불완전한 정보
정부 개입	반개입주의, 시장 실패 때문에 개입	친개입주의, 거래비용상의 대안적 제도

자료: https://niebifrost.files.wordpress.com/

경쟁을 통해 효율성을 달성한다는 보는 반면, 신제도경제학은 거래비용을 줄일 수 있는 제도를 통해 효율성을 달성한다고 본다. 셋째, 순수 시장경제를 이론의 출발점으로 하며, 시장과 기업이라는 거버넌스에 대한 분석 방법 및 틀을 신고전파 경제학으로부터 계승하고 있다고 할 수 있다. 이러한 유사성 때문에 신제도경제학에 대해서는 신고전파 경제학에 대한 비판과 동일한 비판이 가능하다(Ankarloo and Palermo 2004).

2) 연구의 확장

신제도경제학은 원래 기업 이론에서 출발하였지만 응용 분야가 점차 확장되고 있다. 앞에서 말한대로, 윌리엄슨은 경제학의 관점을 '선택'에서 '계약'으로 이동시켜 거래비용에 의한 계약 이론을 개발하였다. 공공선택 이론으로 노벨 경제학상을 수상한 뷰캐넌(J. M. Buchanan)은 공적 재정 영역에서 계

그림 6-2 선택 및 계약 이론의 갈래

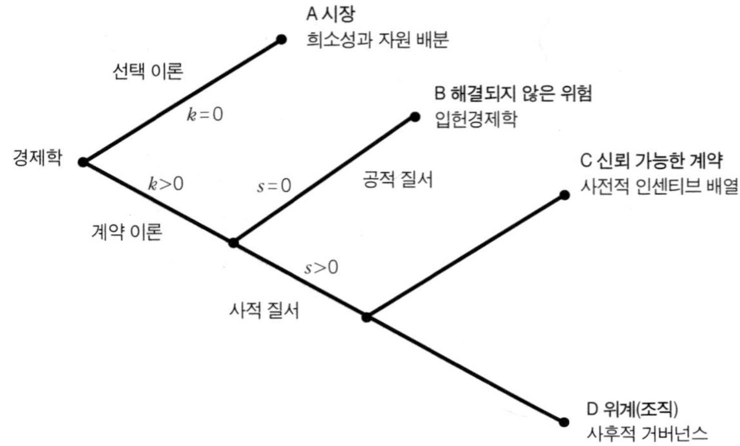

자료: Williamson(2008: 44, 50).

약 이론이 필요하고 그것은 '공적 질서'의 형태를 갖는다고 하였다. 그러나 계약은 사적 거래 관계에도 유용하게 도입되며 거기서는 거래 당사자 간의 '사적 질서'가 된다. [그림 6-2]는 계약 이론을 포함하면 경제학 이론의 분야가 어떻게 구분되는지를 간명하게 설명해 준다. 먼저, 경제학 이론은 선택 이론과 계약 이론으로 구분된다. 신고전파 경제학은 선택 이론이라고 할 수 있다. 다음에 계약 이론은 공적 질서(입헌경제학적 문제)와 사적 질서 이론으로 나뉘며, 사적 질서 이론은 다시 두 개의 영역으로 구분된다. 하나는 사전적인 인센티브 배열 및 그것과 관련한 메커니즘 설계, 주인-대리인, 재산권 문제 등을 다루는 영역이고 다른 하나는 계약의 사후적 거버넌스 문제를 다루는 영역이며, 양자는 이론상 보완적이면서 긴장 관계에 있다고 할 수 있다. 이 중에서 특히 부적응(maladaptation) 문제가 나타나는 계약의 사후적 거버넌스가 거래비용 경제학의 주요 분석 대상이다. 즉, 거래비용 경제학은 불완전한 계약의 맥락 속에 존재하는 거래의 전략적 위험과 그러한 위험을 완화하기 위한 비용 효율적인 거버넌스를 설명하는 데 중점을 둔다(Williamson 2008: 43-44).

거래비용 경제학은 자산특수성 외에 기회주의에 대한 보호 동기를 도입함으로써 분석을 확장하였다. 계약에서 양자 의존적(bilaterally dependent) 당사자들은 거래의 연속성을 높이고 특수한 자산의 거래를 보호하려는 동기를 갖는다. 그림에서 k와 s는 각각 자산특수성과 보호 동기의 크기를 나타낸다. $s=0$은 아무런 보호 장치가 없는 상태이며 $s>0$은 무엇인가의 보호 장치를 두는 것을 의미한다. $k=0$인 A의 경우는 자산특수성으로 인한 상호 의존성이 없기 때문에 시장 가격을 통한 거래가 가장 효율적이다. B는 자산특수성이 존재함($k>0$)에도 불구하고 보호 장치가 존재하지 않는다($s=0$)는 점에서 당사자 간 계약에는 해결되지 않은 위험이 존재한다. C는 계약에 대한 보호 장치가 거래에 존재하는 경우이며, D는 보호 장치가 존재함에도 불구하고 계약의 파기가 계속되면서 마침내 거래가 사라지고 통합 소유권하에 조직되는 경우이다. 이러한 통합적 위계 조직(기업)은 높은 자산특수성에 기회주의적 불확실성까지 추가되어 협력적 적응의 필요성이 크게 요구될 때 등장한다(Williamson 2008).

[그림 6-2]에 제시된 다양한 계약 관계는 수직적 시장 제한(소비자나 지역의 제한 또는 서비스 범위의 제한), 노동시장, 금융시장, 자연독점 등 다양한 부문의 분석에 응용이 가능하다(Williamson 2008: 54-58). 수직적 시장 제한은 거래비용 경제학의 패러다임을 잘 보여 준다. 후방으로의 원료 및 부품 공급 단계나 전방으로의 유통 단계를 통합하거나 또는 계약을 맺을 수 있는 위치에 있는 기업의 경우를 생각해 보자. 수직적 시장 제한은 종종 시스템의 이해와 개별적

이해가 상충하는 거래에 질서를 세우는 효과가 있다. 예컨대, 제조업체는 자기 자산인 브랜드 가치를 유지하기 위해 프랜차이즈 가맹점의 재판매 행위를 금지한다. 만약 프랜차이즈 가맹점이 할인업자에게 재판매하여 이익을 실현할 수 있는 기회가 있음을 알고 재판매한다면 브랜드 가치가 훼손될 수 있기 때문이다. 좀 더 일반적으로 말하면, 시장 지배력이 낮은 단순한 시장 교환(A)으로는 상품의 차별화된 가치가 유지될 수 없고 또한 유통 단계의 수직적 통합(D)에 많은 비용이 드는 경우에는, 신뢰 가능하고 이행의 효과도 있는 수직적 시장 제한(C)이 매우 권장할 만하다고 할 수 있다.

거래비용 경제학의 계약 관계 도식으로 내부노동시장의 형성도 설명할 수 있다. 회사가 노동력을 자산처럼 소유할 수는 없기 때문에 D의 경우는 제외되며, 비교는 A, B, C로 국한된다. A는 노동력이 생산적 가치의 손실없이 다른 사용처나 사용자에게 쉽게 재배치되는 경우에 해당한다($k=0$). 예컨대, 전문직 종사자처럼 고도의 숙련된 노동이더라도 자산특수성이 없다면 노동자나 기업 모두 원치 않는 퇴사 및 해고에 대해 벌금을 부과하거나 고비용의 내부노동시장, 정보 공개 및 검증 절차, 기업별 분쟁 해결 장치 등을 만들 필요가 없다. 그러나 $k>0$이면 결과가 달라진다. 가령 기업 특수적 기술을 가진 노동자는 해고되면 갖고 있는 기술이 쓸모없게 되며, 기업은 그 노동자가 퇴사하면 신규 인력을 위한 교육 비용이 추가로 발생한다. 따라서 위험에 대한 보호 장치가 없는 상태(B)가 아니라 상호 이익이 되는 거버넌스가 필요해진다. 고용의 연속성은 기업과 노동자 모두에게 가치가 있기 때문에 해고나 퇴사를 억제하고 신뢰 가능한 방식으로 분쟁을 해결할 수 있는 거버넌스가 권장된다. 따라서 고용 거래 당사자들의 목표는 상호 신뢰의 집단적 조직 구조(C)를 만드는 것이 된다. 그 결과 고용, 훈련, 임금 등은 비인격적 시장이 아니라 내부적으로 정해진 제도 및 규칙에 의해 지배된다. 이를 내부노동시장이라 한다(본서 제10장 참고).

금융시장과 관련해서도 거래비용의 도식을 적용할 수 있다. 일반적으로 채권과 주식의 발행은 상호 대안적 금융 방식일 뿐 아니라 대안적 거버넌스이다. 기업이 어떤 프로젝트를 위해 비용 면에서 효율적인 금융 방식을 찾고 있다고 가정해 보자. 채권 발행은 거의 전적으로 시장 규칙에 따라 작동하는 금융 방식이다. 이러한 시장 규칙 기반의 금융은 자산특수성이 없는($k=0$) 일반적 투자 프로젝트에 적합하다. 대출 기관이 그것을 거의 생산적 가치의 손실 없이 다른 사용처나 사용자에게 재배치할 수 있기 때문이다. 즉, 채권 발행은 시장 거버넌스(A)에 해당한다. 그러나 보다 특수한, 즉 재배치 가능성이 낮은($k>0$) 투자 프로젝트는 어떤가? 자산특수성이 심화됨에 따라 우선 청구권의 가치가 하락하기 때문에, 채권 발행을 통한 자금 조달은 불리한 조건으로 이뤄질 것이다. 사실 그런 프로젝트에 필요한 자금을 채권 발행으로 조달한다는 것은 보호 장치가 없다는 것이며($s=0$), 거래 당사자들이 위험 프리미엄을 부담한다는 것이다(B). 채권과 달리, 주식은 손익이나 자산유동화 측면에서 '잉여'에 대한 청구권이고 회사와 수명을 같이 하며 의사 결정권을 갖는 이사회에서 권리를 행사할 수 있는 지분이다. 이러한 속성은 자산특수성이 큰 프로젝트에 대해 일종의 보호 장치를 두는 것($s>0$)과 같기 때문에 그러한 프로젝트를 위한 자금 조달의 위험과 비용은 줄어든다(C).

공공 정책에 대한 거래비용 이론의 응용은 초기에 산업 조직 분야, 특히 반독점 및 규제 분야에서 이뤄졌으며, 그 다음에는 노동, 건강, 농업, 공공 재정, 경제 개발 및 개혁 등의 분야로 이어졌다. 이 중에서 반독점 정책에 대해 생각해 보자. 미국에서 반독점을 위한 오랜 고민은 어떻게 수직적 통합(D)을 하도록 만들까라는 것이었다. 또한 기업은 무엇 때문에 단순한 시장 교환을 넘어 유통업체에 대해 고객, 지역 및 기타의 수직적 시장 제한을 하는가라는 것이었다. 수직적 시장 제한에 대한 지배적인 견해는 관습법의 전통에서 그것을 호의적으로 보지 않고 반독점의 전통에서는 그것을 배척한다는 것이었다. 즉, 모두 단순한 시장 교환을 할 때가 가장 좋다고 본다. 그러나 시장을 너무 경이롭게 본 나머지, 자산특수성이 존재하는($k>0$) 거래에 대해서도 반독점 정책으로 보호 장치가 없는 상태를 강제하거나(B) 수직적 시장 제한으로 보호 장치를 두는 것(C)을 금지하는 것은 너무 나아간 것이다. 사실 어떤 종류의 거래가 어디서, 왜 이뤄지는가를 우리가 이해한다면 모든 형태의 조직은 경이롭다고 말할 수 있을 것이다.

거버넌스는 '사회 규범 및 제도를 생성, 강화 또는 재생산하는 문제에 개입하고 있는 행위자 간의 상호작용 및 의사 결정 과정'과 관련 있다. 거버넌스는 다양한 동기와 결과에 따라 다양한 형태를 취할 수 있다. 예를 들어, 정부는 민주주의로 운영되는 반면, 비영리 조직이나 기업은 보다 구체적인 목표를 추구하기 위해 소규모 이사회에 의해 운영된다. 거버넌스는 안정적인 관행과 조직이 생기고 지속되도록 하는 행동 및 과정에 관한 이론적 개념이다. 이러한 행동 및 과정은 모든 규모의 공식 및 비공식 조직에서 작동할 수 있으며, 이익이나 선악과 무관한 목적을 위해서도 기능할 수 있다. 따라서 거버넌스 개념은 국가, 기업, 비영리 단체, NGO, 파트너십 및 기타 협회, 비즈니스 등 다양한 관계에 적용될 수 있다. 거버넌스 이론은 합리적 행위자가 기업과 국가를 포함하는 공식 조직과 네트워크 및 관행과 같은 비공식 조직을 어떻게 구축하고 유지하는가를 보여 준다. 거버넌스 문제는 국제적인 거시 체제로부터 개인 간의 미시적 교환까지 여러 차원에서 존재한다. 거버넌스에 대한 연구는 조직을 기계적 체계가 아니라 유기적 체계로 이해한다. 이러한 연구 방향은 제도의 형성과 변화 과정을 설명하는 것이며 제도 비교의 전망을 보여주는 것이기도 하다.

제7장

진화론적 기업 이론

1. 진화론적 경제사회 이해

1) 진화론적 이해의 전통

19세기 초에 라마르크(J-B. de Lamarck)는 종의 진화에 대한 이론을 제시하였다. 그에 의하면, 진화는 획득 형질의 유전을 기반으로 하여 진행된다. 종은 살아 있는 동안 환경의 변화에 적응하여 획득한 형질을 다음 세대에 유전되면서 진화가 일어난다는 것이다. 그로부터 반세기 후에 다윈(C. Darwin)이라는 또 다른 생물학자가 『종의 기원』(*On the Origin of Species by Means of Natural Selection*, 1859)에서 생물학계에서 가장 개연성이 높은 이론 중 하나인 진화론을 제시하였다. 다윈의 진화론은 돌연변이(mutation)에 의해 생긴 유전(heredity) 형질의 다양성이 자연선택(natural selection)에 의해 환경의 변화에 가장 잘 부합하도록 유기체의 기질을 변화시킨다는 것이다. 즉, 각 유기체에 자기 증식과 유전의 기제가 존재하므로 개체군 내에 변이가 나타나면 생존경쟁을 통해 환경에 적합한 기질의 유기체가 자연선택되어 유전된다. 규칙성과 반복성을 중시한 전통 과학의 관점과는 달리, 다윈은 진화의 과정이 불가역적이고 비반복적으로 나타난다고 보았다. 진화는 이처럼 변이, 유전, 자연선택이라는 세 가지 원리가 작용하여 일어난다. 다윈은 거기에 네 번째로 생존 투쟁의 원리인 적응(adaptation)을 포함시켰다. 즉, 모든 생물은 적응의 과정을 통해 생태적으로 생존 지위를 확보한다(Langton 1984b).

진화론적 사고는 지금의 신고전파 경제학과는 분명히 상충되지만, 일정 부분에서는 경제학의 전통과 일치한다. 애덤 스미스는 『국부론』에서 국가의 자연적 진보에 대한 믿음을 표현하였으며 그러한 진보의 과정을 방해하고 왜

곡하는 제도를 비판하였다. 스미스와 마찬가지로 밀(J. S. Mill)은 생산 기술과 경제 제도의 진화에 대한 역사적 논의를 풍부하게 제시하였다. 마르크스 경제학도 대체로 진화론적이다. 그는 경제사회를 역동적인 진화 시스템으로 정의하였다. 단, 그의 이론은 계급 없는 완전한 사회를 발전의 최종 귀착점으로 보는 점에서 진화의 최종 귀착점을 상정하지 않는 다윈의 진화론적 사고와는 차이가 있으며, 진화론과 양립 불가능한 뉴턴의 균형적 세계관을 담고 있다. 마셜은 신고전파 경제학의 토대를 놓은 인물이지만, 당시 유럽 지성계를 풍미하던 진화론으로부터 자극을 받아 경제학이 기계론적 유추에 머물러서는 안되며 생물학적인 유추와 유기체적 발전의 관점을 가져야 한다고 하였다. 그는 자신의 책 『경제학 원리』(*Principles of Economics*, 1890) 서문에 '경제학의 메카는 경제 동학보다는 경제 생물학에 있다'는 유명한 말을 남겼다. 한편, 사회제도를 자생적인 질서로 보는 오스트리아학파는 선험적인 합리성을 배격하며, 인위적인 것이 아니라 상호작용을 통한 자연적 진화 과정을 통해 조화롭고 기능적인 제도가 탄생한다고 하였다.

경제학에서 진화론적 이해와 관련하여 가장 영향력이 크고 눈길을 끄는 인물은 베블렌이다. 그는 신고전파 경제학처럼 어떤 보편적 인간 본성을 호출하지 않았다. 그는 진화론의 기본 원칙을 경제사회에 적용하는 진화론적 관점을 제시하였으며, 신고전파의 정학(statics)과 개인주의의 장벽에 도전하는 '진화경제학'(evolutionary economics)이라는 용어를 만들었다. 그에 의하면 경제생활은 변화하는 목적에 수단을 적응시키는 누적적 과정이며 따라서 어떤 시점에서 행위자와 그의 환경은 과거로부터 누적되어 온 습관의 결과이다. 이러한 습관이 굳어진 것이 제도이며 제도는 본성상 변화하는 환경이 주는 자극에 반응하기 때문에 환경이 변하면 제도도 변할 수밖에 없다. 베블렌의 진화경제학에서 제도는 이중의 의미를 갖고 있다. 제도는 환경에 따라 선택과 적응의 과정을 거친 결과임과 동시에, 그것에 맞는 최적의 기질을 가진 개인을 선택하고 적응하도록 하는 역할을 한다(Veblen 1899).

슘페터의 경제 발전 이론은 당시에 경제학과 진화론의 친화력을 가장 잘 보여 준 것이라고 할 수 있다. 본서 제6장에서 설명한 바와 같이, 그는 자기 이론의 출발점을 일반적인 거시 경제적 균형에 두었다. 그런데 이 균형은 기업가의 혁신에 의해 끊임없이 파괴된다(창조적 파괴). 기업가의 혁신에는 이윤이라는 경제적 보상이 따르며, 다수의 기업가에 의해 혁신의 모방이 나타나면서 이윤은 사라지지만, 혁신과 모방의 메커니즘을 통해 경제는 발전한다. 혁신, 모방, 발전은 진화론에서의 변이, 적응, 진화에 상응한다. 슘페터는 자신의 경제 분석을 다윈주의의 단순한 유추로 보려는 어떤 시도에 대해서도 부정적이었으나, 나중에는 그런 입장에서 후퇴하여 생물학적 용어가 다른 어떤 것보다 자기 이론의 의미를 표현하는 데 더 가깝다고 하였다. 슘페터는 자본주의 연구를 진화 과정에 대한 연구라 하고 기업가의 혁신에 의해 균형이 불안정해지고 경제가 발전하는 방식을 설명하였지만, 분석을 위한 세련된 형식적 모형에는 이르지 못하였다.

한편, 진화론은 사회학에도 영향을 미쳤다. 영국의 철학자이자 사회학자인 스펜서(H. Spencer)는 다윈의 『종의 기원』을 읽고 자연선택을 적자생존이라는 보다 대중적인 용어로 바꾸었으며, 다윈도 제5판부터는 적자생존이라는 용어를 사용하였다.[1] 스펜서는 다윈의 책을 읽고 생물 유기체가 자연선택을

---

1 오늘날의 진화생물학은 적자생존이라는 용어를 사용하지 않으며 그것을 자연선택과는 다른 의미로 본다. 생존은 자연선택의 한 측면일 뿐 가장 중요한 것이 아니며, 또한 적자라는 것이 개체의 증가(번식률)가 아니라 물리적 강인함으로 혼돈되고 있기 때문이다.

통해 진화하는 것처럼 사회도 유사한 과정을 통해 진화하고 복잡성이 증가한다고 하였다. 그는 사실 다윈보다 맬서스의 인구론과 라마르크의 진화론에 더 큰 영향을 받아 우생학적 사회진화론을 주장하였다. 다윈은 진화론의 사회적 의미를 거의 언급하지 않았지만, 스펜서와 맬서스의 이론을 따르는 사람들은 자신들이 참이라고 믿었던 생존경쟁과 적자생존의 사회 현상을 다윈의 과학 이론이 지지하고 있다고 인식하였다. 이 같은 사회진화론 또는 사회다윈주의는 진화를 진보와 동일시함으로써 자유방임주의와 사회적 계층화 등을 정당화하였다.

베버는 다윈 진화론의 선택과 적응이라는 주제에 대해 관심을 갖고 탐구하였으며, 서로 유사하지만 구별되고 독립적인 선택을 개체의 생물학적 선택, 인간의 사회적 선택, 관계·행동 유형의 사회문화적 선택이라는 세 가지로 구분하였다. 그의 유명한 프로테스탄트 윤리 테제는 사회문화적 선택의 경우를 설명하려는 시도였다. 그러나 베버는 다윈이 말하는 종의 자연선택과 유사한 사회문화적 선택이라는 개념을 사용하면서도 그것을 심리적, 사회적, 경제적 요소의 함수로 인식함으로써 사회진화론 및 사회생물학 패러다임의 약점을 피하고자 하였다(Langton 1984a). 베버의 사회학 접근 방식은 비교론적이면서 또한 진화론적이었다. 그는 명시적인 다윈주의 개념과 암묵적인 행동 학습 원리를 사용하여 서구 자본주의가 가진 합리성의 중요한 측면을 설명하였다. 그의 관료제 개념은 합리주의적이고 기계론적이지만 시스템에 관한 진화론적, 다윈주의적 관점과 양립 불가능하지 않다. 베버에 의하면, 관료제는 기술적 관점에서 볼 때 최고 수준의 효율성을 달성할 수 있는 가장 합리적인 제도이며, 관료제화는 시스템의 다윈주의적 적응에 따라 나타나는 다차원적 과정이라고 할 수 있다(Langton 1984b).

2) 진화경제학과 동형화

기업은 혁신을 통해 시장경제를 확장시키는 역할을 하는 시장 생태계의 중심적 존재이다. 신고전파 경제학에서 기업은 공급자로서 시장의 균형 상태를 구현하는 정도에 불과하다. 기업은 투입과 산출의 관계를 설명하는 생산가능함수로 표현되며 항상 이윤 극대화의 방법을 알고 그런 선택을 한다고 간주된다. 거기서는 생산 및 판매 과정에 소요되는 시간을 고려하지 않으며 기술 진보를 외생적인 것으로 간주하며 정보량의 제한이나 정보 처리 비용도 없는 것으로 가정한다. 이는 기업이 자신의 행동에 관한 모든 조건을 알고 미리 계획할 수 있다고 보는 것과 같다. 기업에 대한 이러한 접근법을 잘 보여주는 것이 마셜이 말한 '대표적 기업'이다. 대표적 기업은 반드시 실존할 필요는 없고 단지 시장 전체가 어떻게 작동하는가를 보여 주기 위한 도구적 개념에 불과하며, 시장의 균형 상태에서 아무런 변화를 경험하지 않는다. 그러나 이는 시장에서 상호 경쟁하면서 변화를 경험하는 현실의 기업과는 맞지 않다.

시장에서의 경쟁은 자연 생태계에서의 경쟁처럼 불확실성을 내포하며 기업은 혁신과 적응을 통해 생존 시험을 통과해야 한다. 슘페터는 『경제 발전의 이론』과 『자본주의, 사회주의, 민주주의』 각각에서 혁신의 두 가지 유형을 제시하였다(본서 제5장 참고). 하나는 기업가가 새로운 기업을 설립하고 혁신을 도입하는 창조적 '파괴'(유형 I)이며, 이는 혁신적 기업가의 진입과 기존 기업의 경쟁 및 기술적 이점의 쇠퇴를 통해 혁신이 지속적으로 '확산'되는 것을 말한다. 다른 하나는 과점적 경쟁하에서 기업이 기존의 혁신 활동을 기반으로 혁신을 해 가는 창조적 '축적'(유형 II)이며, 이는 시간이 지남에 따라 기술 및 혁신 역량을 축적해 가는 소수 기업에 의해 혁신이 '심화'되는 것을 말한다. 유형 I은 자금을 조달하고 창업하는 개인 기업가의 혁신을 기반으로 하는 것이고, 유형 II는 혁신과 적응이라는 상반된 메커니즘이 나란히 작동하는 기업(조직) 행동과 관련 있다. 슘페터는 주로 전자에 대해서만 이론적 설명을 하였는데, 그것은 아마도 유형 II를 그럴 듯하게 정의하기 어려웠기 때문일 수도 있다(Anderson 2008).

기업 행동 이론을 진화론적 관점에서 체계적으로 발전시킨 것은, 알치안(A. A. Alchian)의 「불확실성, 진화 및 경제 이론」("Uncertainty, Evolution, and Economic Theory," 1950)을 선구적 연구로 하여, 그 뒤를 이은 넬슨(R. R. Nelson)의 「불확실성, 학습과 R&D 경제학」("Uncertainty, Learning and the Economics of Parallel R and D," 1961)과 윈터(S. G. Winter)의 「경제적 자연선택과 기업 이론」("Economic 'Natural Selection' and the Theory of the Firm," 1964) 등의 연구였다. 이후 넬슨과 윈터(NW) 두 사람의 공동 연구를 통해 진화론적 관점의 경제학이 이론화되었다. 그들이 대안적 경제학으로 제시한 진화경제학은 생물학의 아이디어를 차용한 것이지만 사실 그것은 이미 맬서스가 다윈의 사고에 제공한 자극이었고 따라서 경제학자들이 사용할 자격이 있는 옵션이었다.

넬슨과 윈터는 슘페터와 마찬가지로 자본주의 발전의 원동력으로서의 기술 경쟁에 주로 초점을 맞추었다. 그러나 그들의 접근 방식은 슘페터의 접근 방식과 몇 가지 주요한 차이점이 있다. 첫째, 그들은 자연과학 이론을 경제학에 적용하려는 시도에 비판적이었던 슘페터와 달리, 생물학의 진화론과 자신의 연구 사이의 연관성을 분명히 인식하였다. 둘째, 사이먼의 제한적 합리성이라는 아이디어를 바탕으로 기업의 행동 방식에 대해 훨씬 더 정교한 이론적 관점을 추가하였다. 셋째, 모형화를 통해 기업의 행동 및 전략과 산업 특성의 다양성을 설명하였다. 마지막으로, 슘페터와 달리, 경제적 진화에서 필수적인 불연속성에 대해서는 중요성을 크게 부여하지 않았다(NW 1982: 39-41). 이러한 차이 때문에 진화경제학에서 슘페터의 이름을 떠올리는 것은 오해의 소지가 있고 잘못된 것이라고 볼 수 있다. 그러나 진화경제학과 슘페터 간의 차이점이 공통적인 핵심을 능가하지는 않으며, 진화경제학은 슘페터가 말한 '이질적 행위자'를 기업가 개인이 아닌 기업 수준에 적용시킨 이론으로 보는 것이 적절하다.

신고전파 경제학자들은 진화경제학의 기업 이론이 자신들의 기업 이론과 사실상 같은 것이라는 견해를 갖고 있다. 프리드먼은 "사업에서 명백하고 즉각적인 행동의 결정 요인이 습관적 반응이든 무작위적 기회이든 또 다른 무엇이든 상관없다. 이 결정 요인이 합리적이고 정보에 입각한 이윤 극대화와 일치하는 행동으로 이어지면 사업은 번창하고 확장할 자원을 획득할 것이며, 그렇지 않다면 사업은 자원을 잃게 된다. … 자연선택하에서 이윤 극대화의 가설은 생존의 조건을 적절하게 요약한다고 가정할 수 있다"(Friedman 1953: 22)고 하였다. 이러한 프리드먼의 주장은 신고전파 경제학자들이 계속 자신의 방식을 고집하도록 할 뿐 아니라 진화론이나 다른 방식으로 기업 및 산업 행동을 보다 통합적으로 설명하는 것을 방해하는 도구적 신화가 되었다.

한편, 사회학에서는 전통적으로 기업(조직)을 독립적인 연구 대상으로 하는 경우가 거의 없었다. 제도를 개인의 행동을 강제하는 객관화된 상징 체계로 이해하는 전통에 따라, 사회학의 분석은 주로 거시적 수준에서 이뤄졌으며, 개인과 거시적 제도 사이를 매개하는 중간적(meso) 제도로서의 조직에 대한 관심은 부족하였다. 그러나 머튼(R. K. Merton)[2]의 연구를 계기로 제도에 대

2 사회를 이해하는 일반적 기초를 확립하는 사회과학의 필요성을 강조한 파슨스와 달리, 머튼은 중

한 전통적인 관심과 조직론이 결합되었다. 사회학에서 신제도주의적 조직 이론은 심리학의 인지 이론과 문화인류학 연구의 한 분야인 민속방법론(ethnomethodology)의 영향을 받아 발전하였다. 인간의 인지 능력의 한계와 주관적 인지틀의 중요성을 강조하는 심리학의 인지 이론에 의하면, 인간은 능력의 한계와 주관성으로 인해 최적의 결론에는 이르지 못하지만, 그럼에도 불구하고 능동적으로 환경과 구조를 해석하고 의미를 부여한다. 민속방법론적 연구는 조직 구성원이 직면한 상황에 대처하기 위한 규칙과 절차를 어떻게 만들어 가는지를 파악한다. 이 방법에 의하면 인간은 규칙과 루틴을 만들어 내는 능동적 주체이며, 유사한 상황에서는 합리적 선택이 아니라 기존의 규칙과 절차를 기계적으로 준수한다(박길성·이택면 2007).

신제도주의 조직 이론의 선구적 연구는 마이어(J. W. Meyer)와 로완(B. Rowan)의 논문 「제도화된 조직」("Institutionalized Organizations: Formal Structure as Myth and Ceremony," 1977)이다. 그들은 근대 사회에서 나타난 관료제의 합리화와 확산에 관심을 가졌으며, 관료제가 '조직 및 교환의 복잡한 네트워크'와 제도적 맥락이라는 두 가지 조건에서 등장한다고 보았다. 두 사람에 이어 신제도주의 조직 이론을 선도한 논문은 디마지오(P. J. Dimaggio)와 포웰(W. W. Powell)의 「제도적 동형화와 조직장의 집단 합리성」("Institutional Isomorphism and Collective Rationality in Organizational Fields," 1983)이다. 디마지오와 포웰은 조직 구조에 변화가 나타나는 것은 경쟁이나 효율성의 필요 때문이 아니라 조직을 더 유사해지도록 하는 과정, 즉 동형화 때문이라고 하였다. 동형화는 생물학적 용어로서 어떤 유전적 배경으로 인해 유기체가 형태적 유사성을 갖는 것

범위(middle-range) 이론을 선호하였다. 중범위 이론은 사회라는 광범위하고 추상적인 실체보다는 명확하게 정의되는 사회적 현상에 대한 이론화를 추구한다.

을 의미하며, 사회학에서는 상이한 조직의 구조나 과정이 유사성을 보이는 것을 의미한다. 이처럼 다양한 분야의 조직이 유사한 구조로 변하는 것은 조직이 무엇인가에 적응하는 현상으로 볼 수 있다.

앞에서 설명한 것처럼, 슘페터의 유형 II에는 기업의 혁신과 적응이라는 상반된 메커니즘이 존재한다. 넬슨과 윈터의 진화경제학이 기업의 혁신 메커니즘과 연관된 것이라면, 디마지오와 포웰의 동형화 이론은 기업의 적응 메커니즘과 연관되어 있다. 따라서 진화경제학과 동형화 이론은 이하에서 설명할 '루틴'을 이론의 중요한 출발점으로 삼고 있다는 점에서 상통하는 바가 있지만, 기업 행동에 대해 주목하는 바가 다르다고 할 수 있다.

2. 진화경제학의 기업 이론

1) 인식론과 방법론

슘페터는 사회과학에 진화론이라는 생물학의 아이디어를 호출하는 것을 내켜하지 않았지만, 넬슨과 윈터는 진화론의 아이디어가 자본주의에 대한 슘페터적 관점을 정교하게 이론화하는 실행 가능한 접근 방식을 제공한다고 보았다. 진화론적 관점에서 볼 때, 사회 변동은 시스템 자체의 구조 변화를 의미하며 불가역적이고 비반복적인 과정이며 종착점이 없다. 넬슨과 윈터는 사회 변동이 하나의 요인이 아니라 많은 요인에 의해 결정되는 것으로 파악하였다. 이러한 중층적 결정의 사고는 복잡한 경제 현상을 단순한 것으로 환원시키는 것이 아니라 현상을 있는 그대로 파악하고 모순과 변화의 상호작용을 이해하는 것으로 이어진다. 그들은 경제 현상에 다양한 요인의 복잡한 상호작용이 존재하며 확실성이 아니라 불확실성, 균형이 아니라 불균형, 무질서와 변화가 존재함을 인정한다. 그들은 기업의 행동 패턴과 시장의 결과가 결정되는 역동적인 과정에 주된 관심을 갖고 기업이 불확실성하에서의 시행착오, 학습과 적응을 통해 어떻게 진화해 가는지를 구명하는 동학적 기업 이론을 구축하였다.

슘페터의 혁신 이론을 계승한 진화경제학은 기업의 조직과 활동을 시장 균형이나 이윤 극대화의 과정이 아니라 진화적 과정으로 이해한다. 혁신은 신고전파 경제학의 분석틀에서 보면 불확실성의 세계에서 일어나는 불균형적인 현상이며 변화를 의미한다. 신고전파 경제학은 산업이 장기 균형 상태에 있다고 가정하며, 최적화 모형은 그런 균형 상태에서만 성립 가능하므로 불균형적인 현상을 의미하는 혁신 행위를 전혀 특정할 수 없다. 이윤 극대화라는 개념은 정학적 균형의 세계관에 입각하고 있기 때문에 슘페터적 혁신과 기술적 변화에 대한 분석을 근본적으로 막는 장애물이라고 할 수 있다. 따라서 슘페터적 불균형을 상정하고 있는 진화경제학의 관점은 균형 상태에 주목하는 주류 경제학의 관점과는 크게 다르다.

신고전파 경제학이 완벽한 합리성을 가정하는 것과는 달리, 진화경제학은 제한적 합리성을 가정한다. 따라서 경제적 행동이 각양각색으로 나타나며, 행동 특성의 변이가 출현한다고 본다. 행동경제학(본서 제2장)과 거래비용 경제학(본서 제6장) 역시 제한적 합리성을 가정하지만, 그것들은 신고전파 경제학으로부터 완전히 벗어난 것으로 보기 어렵다. 예컨대, 거래비용 경제학은 신고전파 경제학적 효율성에 입각하여 거래비용을 감소시키는 방향으로 기업의 구조가 변화한다고 설명하며 시행착오나 학습을 통한 진화에 대해서는 언급하지 않는다.

진화경제학은 방법론에서도 신고전파 경제학과 다르다. 신고전파 경제학은 복잡성을 단순성으로 환원하는 방법을 사용하며, 규칙성과 반복성을 중시하고 예기치 못한 사건의 발생에 대해서도 이론의 보편성을 고수하며 역사적, 실증적 반증을 무시한다. 그러나 진화경제학은 보편적 공준에 의거한 균형이 아니라 변화의 패턴을 발견하는 방법에 의거한다. 진화경제학은 신고전파 경제학의 환원론적이고 인과론적인 설정을 거부하고 단순한 것으로의 환원이 아니라 진화의 복잡한 과정을 있는 그대로 파악한다. 이런 진화론적 연구 방법은 기업 행동에 나타나는 대부분의 규칙적이고 예측 가능한 부분인 루틴을 설명하는 것에 초점을 두는 것이 아니라, 기업의 행동이 규칙적이고 예측 가능한 패턴을 따르지 않을 수 있다는 사실에 주목하며 의사 결정과 그 결과에 확률적 요소가 있다고 본다(NW 1982: 15).

진화경제학은 기업들이 이윤에 의해 동기가 부여되고 이윤 증가를 모색한다고 보지만, 잘 정의된 외생적 선택 대안들을 두고 이윤을 극대화한다고 간주하지 않는다. 진화경제학은 수익성 높은 기업이 수익성 낮은 기업을 시장에서 추방하는 경향이 있음을 강조하지만, 그렇다고 균형이라는 가설적 상태에 대한 분석에 집중하지 않으며 일반균형 이론의 엄밀한 설명을 매우 부적절하다고 인식한다. 균형의 해를 구하는 미분 방정식과 최적화라는 신고전파 경제학의 형식 모형으로는 진화적 과정을 설명하기에 적합하지 않다고 보고, 체계동학모형(system dynamics model)과 '시뮬레이션'을 통해 진화 경로를 가상공간에 재생함으로써 진화 메커니즘을 설명한다. 체계동학모형은 의사 결정의 상호작용을 피드백 루프를 통해 구조화한 것이며 매우 복잡한 구조로 되어 있어 분석적 해를 구하기 어렵다. 그것은 시뮬레이션을 통해서 동학을 가장 잘 탐구할 수 있다고 보는 모형이므로 시스템의 균형을 상정하지 않는다.

진화경제학은 유형론적(typological) 사고가 아니라 개체군(population)적 사고에 입각하여 분석한다. 즉, 전형적인 개체는 존재하지 않는다고 보고 개체군을 특징의 분포로 묘사한다. 변이는 유형론적 사고에서는 범주에서 벗어난 예외로 취급되지만 개체군적 사고에서는 오히려 관심의 대상이다. 진화경제학은 생물학에서처럼 경제 영역에서의 변이, 유전, 생존경쟁, 자연선택의 메커니즘을 구명한다. 즉, 전체 집단에 '대표적 행위자'의 특성을 외삽하여(이를 유형적 사고라고 함) 경제 현상을 이해하는 것을 목표로 하는 전통적인 신고전파 경제학과는 달리, 진화경제학은 변이적 행위자의 집단 내 상호작용에 의한 사회경제적 결과에 주목한다.

진화경제학은 신고전파 경제학이 갖고 있는 이론적 일관성의 중요성과 응용적 탄력성 및 확장성을 과소평가한다는 비판을 받고 있지만, 반대로 신고전파 경제학은 이론이 현실을 잘 설명할 수 있어야 한다는 점의 중요성을 부정하고 있다는 비판을 피할 수 없다.

2) 기본 개념: 루틴, 탐색, 선택 환경

진화경제학의 기본 개념은 루틴, 탐색, 선택 환경이다. 먼저, 루틴은 가장 중요한 개념이며, 넬슨과 윈터는 이 개념에 기초하여 기업과 산업 차원의 행동에 관한 이론을 만들었다. 기업은 무엇을 할 것인지를 결정하는 규칙과 일련의 방식을 갖고 있으며 학습하는 존재라고 할 수 있다. 진화경제학은 신고전학파 경제학과는 달리, 기업을 생산함수로 이해하지 않고 과거의 결과를 평가·저장할 수 있는 능력을 갖춘 조직으로 간주한다. 기업은 내부에 저장되어 있는 정보, 즉 루틴을 갖고 있으며, 기업의 행동에는 소속 구성원들의 활동을 프로그래밍하는 루틴이 각인되어 있다.

기업(조직)의 루틴은 '여러 행위자가 수행하는 상호 의존적인 행동의 반복적이고 인식 가능한 패턴'으로 정의된다. 넬슨과 윈터는 조직의 루틴을 개인의 기술과 유사하다고 생각하였다. 개인이 가진 기술은 순차적인 조건부 행동을 기반으로 하는 프로그램적 속성과 '암묵적' 지식을 의미한다. 매클럽(F. Machlup)이 말한대로 "비즈니스맨은 항상 계산한 후에 결정을 하는 것이 아니며 항상 결정하고 나서 행동하는 것도 아니다. 계산이 항상 필요하지 않은 것은 명확한 수치로 환원시키지 않고서도 상황을 평가할 수 있는 능력이 있기 때문이다"(Merigo 2017: 7). 암묵적, 프로그램적, 자동적이라는 특성은 상호 연관되어 있다. 넬슨과 윈터는 개인적 기술의 특성을 그대로 조직의 루틴 개념에 적용하여 기업의 행동 패턴을 설명한다. 이는 그들이 조직을 상당히 보수적인 것으로, 즉 변화에 저항적인 것으로 보고 있음을 의미한다. 넬슨과 윈터는 루틴의 범위와 역할에 대해 다음과 같이 설명한다.

> 루틴은 기업의 모든 규칙적이고 예측 가능한 행동 패턴을 표현하는 용어이다. 이 용어에는 물건을 생산하기 위해 잘 특정된 기술적 루틴에서부터 고용·해고 절차, 재고 주문, 또는 높은 수요 품목의 생산 강화는 물론, 투자, R&D 또는 광고, 다각화 및 해외 투자에 관한 정책에까지 이르는 다양한 기업의 특성이 포함된다. 우리의 진화 이론에서 루틴은 생물학적 진화론에서 유전자가 하는 역할을 한다. 그것들은 유기체의 지속적인 특징이며, (실제 행동은 환경에 의해서도 결정되지만) 가능한 행동을 결정한다. 오늘의 유기체로부터 생성된 내일의 유기체는 동일한 특성을 많이 가지고 있다는 의미에서 루틴은 유전되는 것이며, 특정 루틴을 가진 유기체가 다른 것보다 더 낫다면 집단(산업)에서 그 루틴의 상대적

중요성이 시간이 지남에 따라 증가한다는 의미에서 루틴은 선택될 수 있다(NW 1982: 14).

진화경제학 및 일반적인 진화론은 루틴이 사회적 복제자, 즉 특정 행동과 지식을 전달 또는 복제할 수 있는 메커니즘의 역할을 하는 것으로 본다. 루틴은 규칙적이고 예측 가능한 패턴이며, 환경에 의해 유전되고 선택 가능하기 때문에 생물 유기체의 유전자와 같다. 따라서 루틴은 환경으로부터 오는 충격에 적합한 행동을 결정하며 기업의 조직 기억으로 유전될 수 있고 그것을 적용하는 기업의 운명을 통해 선택된다. 또한 루틴은 강한 관성을 갖고 있음에도 불구하고 바뀔 수 있으며 그 과정은 생물학에서의 돌연변이 과정과 유사하다.

루틴은 코드화되지 않은 암묵적 지식으로서 일종의 '기억' 장치의 역할을 한다. 루틴을 세 가지로 구별하는 것이 편리하다. 첫 번째는 단기적으로 쉽게 증가시킬 수 없는 플랜트, 장비 및 기타 생산요소의 재고를 고려할 때 기업이 언제든지 수행할 수 있는 것과 관련 있는 루틴이다. 두 번째는 회사 자본금의 기간별 증가 또는 감소를 결정하는 루틴이다. 기업의 투자 규칙은 기업의 수익성과 다른 변수에 영향을 미칠 것이다. 따라서 수익성이 있는 기업은 성장하고 수익성이 없는 기업은 축소된다. 마지막 세 번째는 기업이 시간이 지남에 따라 운영 특성의 다양한 부분을 수정하도록 작동하는 루틴이다(NW 1982: 16-17).

조직의 유전자로서 '루틴 지식은 어디에 있는가'라는 질문에 대한 가장 개연성 있는 대답은 '조직의 기억 속'이다. 그러면 조직의 기억은 무엇이며 어디에 있는가? 조직 내에서 행동의 루틴화가 조직 운영의 지식을 저장하는 가장 중요한 형태를 구성한다. 즉, 기본적으로 조직은 '실행을 통해 기억'한다. 물론 이것은 공식적(formal) 기억이 중요한 역할을 한다는 것을 부정하는 것은 아니다. 그러나 조직의 기억에는 공식적인 것보다 훨씬 더 많은 것이 있어야 한다. 조직이 루틴한 운영을 지속하는 데 필요한 것은, 구성원 모두가 루틴하게 정해지는 자기 일을 아는 것이다. 정보는 실제로 조직 구성원의 기억 속에 주로 저장되며, 거기에 루틴을 구성하는 명확하고 암묵적인 모든 지식이 있다. 구성원이 조직의 루틴을 수행하는데 필요한 많은 정보를 저장하고 있다는 의미에서, 조직이 가진 지식이 개별 구성원의 지식으로 환원될 수 있다는 명제는 본질적으로 타당하다. 단, 그렇게 구성원의 기억에 저장된 지식은 조직의 맥락 속에서만 의미가 있고 효과를 발휘할 수 있다(NW 1982: 99-105).

다음으로, 탐색(search) 개념은 기존의 루틴을 평가하고 새로운 것으로 대체하는 것과 관련된 활동을 의미한다. 기업 행동이 루틴에 의해 지배된다는 것은 그것이 변하지 않거나 비효과적이거나 비합리적이라는 것이 아니다. 루틴을 이해할 때 중요한 것은 루틴한 행동의 유연성에는 한계가 있다는 점과 변화하는 환경이 기업으로 하여금 루틴의 수정에 생존의 리스크를 걸도록 할 수 있다는 점이다. 탐색은 현재의 루틴을 평가하는 조직 활동과 루틴을 수정하거나 급격하게 변경 또는 치환하는 것으로 이어질 수 있는 모든 조직 활동을 나타낸다. 탐색을 통해 얻는 것은 수정된 루틴 또는 새로운 루틴을 가진 집단의 특성이다. 이러한 탐색 개념은 분명히 진화론에서의 돌연변이 개념과 일치한다(NW 1982: 18).

조직은 영구적으로 작동하는 기계가 아니며, 어떤 형태로든 환경과의 교환을 통해 살아가는 개방형 시스템(open system)이다. 따라서 시간이 지나면서 루틴은 탐색의 과정을 통해 변화되고 궁극적으로 교체되기도 한다. 루틴의 유지·관리는 종종 조직 운영의 목표가 되기도 하지만 일반적으로 말해서 궁극적인 목표는 아니다. 물론 시간과 환경의 변화가 잠재적인 돌발적 사건을 동반하면서 조직을 뒤흔들면 조직의 통제 시스템은 그것에 저항한다. 그렇다고 탐색이라는 돌연변이가 항상 해로운 것은 아니며, 역할 수행의 향상을 내포하고 있는 루틴의 수정은 아마도 환영받을 것이다(NW 1982: 113-117). 한편, 탐색 활동은 부분적으로 루틴화되어 있고 예측도 가능하지만, 그것을 만드는 자나 실행하는 조직의 관점에서 볼 때 확률적(stochastic) 사건이라는 특성을 갖고 있다. 즉, 탐색은 확률적으로 돌연변이를 낳는다(NW 1982: 400).

마지막으로, '선택 환경'(selection environment) 개념이 중요하다. 선택 환경은 조직의 복지와 조직의 확장 또는 축소의 정도에 영향을 미치는 것으로 생각되는 요소의 전체를 의미한다. 그것은 부분적으로는 해당 산업 또는 부문의 기업 외부적 조건(예컨대, 제품의 수요와 생산요소의 공급 조건)에 의해 결정되지만 부분적으로는 해당 부문에 속해 있는 다른 기업의 특성 및 행동에 의해서 결정된다. 불리한 선택 환경에 있는 기업은 성공적 대응이 가능한 새로운 루틴을 필요로 할 것이며, 따라서 기업은 탐색을 통해 스스로 새로운 루틴을 찾거나 혹은 성공한 기업의 루틴을 모방한다(NW 1982: 401).

진화경제학은 기업의 의사 결정 규칙 및 절차의 변화를 경제적 환경의 변화와 연결하는 절차에 강조점을 둔다. 이와 관련하여 넬슨과 윈터는 주류 경제학에 대한 대안적 이론을 생각하면서 생물학에서의 '자연선택'이라는 아이디어를 차용하였다. 그들은 경제적 변화 과정에서 연속적인 측면의 중요성을 강조하지만, 변화가 때때로 매우 빠르다는 것을 부인하지 않는다. 즉, 그들은 획득 형질의 '유전'과 시의적절하게 출현한 '변이' 둘 다를 경제적 변화 과정으로 본다. 그리고 수익을 내는 기업이 성장하고 그렇지 못한 기업이 축소되는 진화경제학적 선택 메커니즘은 생물학적 진화론에서 순 번식률이 상이한 유전형(genotype)의 자연선택 메커니즘과 매우 유사하다고 본다(NW 1982: 9-17).

진화경제학의 핵심적 관심은 기업의 행동과 시장에서의 성과가 상호 결정되는 다음과 같은 동학적 과정이다. 각 시점에서 기업(조직)의 운영 특성, 자본 스톡 규모 및 기타의 변수들이 기업의 투입 및 산출 수준을 결정한다. 부연하면 공급 및 수요의 외생적 조건과 기업의 결정이 투입물과 산출물의 가격을 결정하며 그에 따라 기업의 수익률이 결정되고 수익률은 기업의 확장 또는 축소를 결정하는 주요 요인으로 작용한다. 그리고 기업의 규모가 변하면 동일한 운영 방식에서 투입과 산출이 달라지고 가격과 수익률도 달라진다. 따라서 비록 개별 기업의 운영 방식이 일정하더라도 이러한 선택 과정을 통해 산업 전체의 투입 및 산출과 가격 수준에 동학적 변화가 나타난다. 그리고 기업 운영의 방식도 탐색 활동을 통해 변경될 수 있다. 이처럼 탐색과 선택은 진화 과정에서 동시에 상호작용한다. 탐색과 선택의 상호작용을 통해 기업은 시간에 따라 진화하며 각 시기의 상태는 다음 시기의 상태에 씨앗이 된다(NW 1982: 18-19).

3) 루틴의 변화와 혁신

넬슨과 윈터는 자신들의 개념이 상당한 범위에서 다양한 모형을 구축할 수 있는 기초를 제공한다고 보았다. 경쟁적 균형에 관한 문제와 시장 조건의 변화에 대한 기업의 반응은 주류 경제학의 모형이 다루는 중요한 주제이다. 진화경제학도 동일한 주제에 대해 답할 수 있지만 설명의 방식이 다르다. 진화경제학에서의 분석의 초점은 실제의 반응 경로의 특성에 있다. 따라서 진화경제학 모형은 불균형의 조정 과정에 대한 주류 경제학의 상투적인 설명이 제공하지 못하는 통찰력을 제공한다.

진화경제학의 분석 모형은 다양한 루틴 간의 유사성에 주목한다. 루틴은 기업이 어떤 작업을 할지를 결정하는 일련의 함수를 다양한 외부 변수(주로 시장 조건)와 내부 상태 변수(예컨대, 기업의 자산 스톡이나 최근의 평균 수익률)의 함수로 정의한다. 그렇게 정의된 함수에는 생산된 산출물과 필요한 투입을 연결하는 함수(기업의 기술), 기업의 생산물을 시장 조건과 연결하는 함수(기업의 공급 곡선), 그리고 가변적인 투입 비율을 가격 및 기타 변수와 연결하는 함수가 포함될 수 있다. 주류 경제학에서는 기술은 주어져 있고 기업의 결정 규칙은 이윤 극대화라고 가정하고 있지만, 진화경제학에서는 기업의 결정은 각 시점에서 기업의 행동을 지배하는 루틴을 단순히 반영하는 것으로 본다. 지배적인 루틴은 그 시점에서 주어진 것이며, 루틴의 특징은 그것이 형성되어 온 진화 과정으로부터 이해될 수 있다(NW 1982: 16).

진화경제학의 중요한 기여는 어떤 시점의 루틴이 다음 시점의 루틴으로 이행하는 과정의 특징을 보여 준다는 점에 있다. 그러나 이론이 함의하고 있는 것은 그 과정이 확정적이지 않으며 특히 탐색의 결과가 확률적이라는 점이다. 또한 기업은 환경에 개방되어 있지만 스스로를 수정하는 데는 큰 어려움이 있다. 새로운 루틴은 회사 내 조정, 정보, 기술에서의 고도의 수정을 의미한다. 그러한 변경은 환경과의 충돌 후에 발생한다. 슘페터는 루틴한 행동에서 벗어나는 것이 혁신임을 강조하고 혁신이 지속적으로 균형을 뒤집는다고 하였다. 넬슨과 윈터도 루틴의 변화를 혁신으로 간주한다.

루틴은 어떻게 바뀌는가? 루틴이 바뀌는 것은 혁신과 모방의 두 가지 경우가 있다. 변화의 필요성은 환경(시장 조건)과 기업의 내부 구조(패턴) 간의 상호 의존성으로부터 시작된다. 그리고 공개된 지식은 존재하지 않고 생산 기술은 부분적으로 암묵적이라고 가정한다. 루틴의 변화는 슘페터적 경쟁하에서 회사의 수익성을 바꾸는 시장 조건의 변화(특히 요소 가격 변동)로 인해 나타난다. 시장 조건이 변함에 따라 기업은 이윤을 극대화할 수 없지만 만족스러운(satisficing) 수준의 이윤을 유지하려고 한다. 그러나 목표로 하는 수준 아래로 이윤이 하락하면 기업에서 무언인가가 작동하기 시작한다. 이때 기업이 취하는 두 가지 전략은 혁신을 위한 탐색과 모방을 위한 탐색이다.

먼저, 혁신을 위한 탐색의 경우에는 의사 결정의 규칙이 R&D 수준을 정하고 탐색 전략은 절차적 접근을 따른다. 탐색 전략은 주어진 예산하에서 수요 측면의 요인과 혁신의 용이성 또는 비용에 영향을 미치는 요인을 검토하는 의사 결정자에 따라 달라진다. 의사 결정자는 기술에 대해서는 잘 모르더라도 기술의 발전과 관련된 경제적 특성을 검토하고 예상한다. 반면, 모방을 위한 탐색은, 수익성이 높은 대안이 존재한다는 조건하에서 의사 결정자가 혁신이 기업의 상황에 부적합하거나 비용이 많이 든다고 생각하는 경우에 나타난다. 그리고 이윤이 소위 임계치 아래로 떨어지지 않으면 루틴의 변화와 혁신이 나타나지 않는다(Merigo 2017). 여기서 분명히 해야 할 것은 기업이 추구하는 것이 이윤의 극대화가 아니라 만족스러운 수준의 이윤이라는 점이다. 이에 대해 넬슨과 윈터는 다음과 같이 말하였다.

> 전통적인 가정은 객관적으로 이용 가능한 모든 대안을 포함하는 선택지에 대해 포괄적이고 결함이 없는 완전한 최적화가 존재한다는 것이다. 예컨대, 이는 기업이 항상 현상 유지 정책으로 작동한다는 가정과 명확하게 상충된다. 기업은 완전히 통제되지 않는 과정에 의해 제시되는 대안들과 현상 유지 정책의 수익성을 부정확하게나마 비교하며, 제시된 대안이 현재 상태를 능가한다면 정책을 변경한다. 이러한 가정이 진화론의 정신에 더 가깝다. 그것은 '이윤 추구' 또는 '이

윤 동기의 노력'을 가정하는 것이지만, 확실히 이윤 극대화를 가정하는 것은 아니다(NW 1982: 31).

주류 경제학 이론은 일반적으로 행위자가 직면한 상황과 무관하게 일관적인 높은 수준의 합리성이 행위자에 내재하는 것으로 보지만, 현실의 행위자에게는 최적화 이론이 상정하는 방대한 계산 및 인지 능력이 없다. 특히 조직의 의사 결정 과정은 합리성의 기본 원칙에서 어긋나는 것 같은 특징을 종종 보인다. 그러면 조직은 그 정도로 합리성에서 제한적이면서도 어떻게 인상적인 역량을 보일 수 있는가? 이러한 역량 퍼즐에 대한 진화경제학적 답은 조직이 루틴을 학습하고 실천을 통해 그것을 완성하는 단계에 이르면 높은 역량을 발휘할 수 있다는 것이다. 진화의 '능력'은 학습과 실천의 역할, 특히 현재의 도전과 행위자를 훈련시킨 과거의 경험 간의 일치성에 달려 있다. 이처럼 루틴은 역량 퍼즐에 대한 학습 기반적 설명에서 핵심 요소이다. 그것은 행동의 연속성을 특징짓는 기초이며, 시행착오의 누적적 학습을 통해 생겨난다(NW 2002: 29-31).

한편, 진화경제학과 신고전파적 신성장이론은 모두 기술을 중시하지만 차이가 있다. 첫째, 진화경제학은 불확실성의 환경에서 시행착오를 통해 자신의 길을 찾아가는, 변종이고 제한적 합리성을 가진 행위자에 초점을 맞추고 있지만, 신성장이론에서는 행위자를 완전한 정보를 가진 완벽하게 합리적인 존재로 환원시킨다. 둘째, 진화경제학에서 지식은 분산적 현상이며 그것은 실행을 통해 복제되는 '루틴'의 공유 형태로 기업에 존재한다. 이와 대조적으로, 신성장이론에서 지식은 공공재 또는 공개적으로 이용할 수 있는 정보의 축적이며 특별한 법적 조치가 없으면 누구나 무료로 이용할 수 있는 것이다. 즉, 지식은 국가로부터 보조금 지원을 받아 공공재처럼 무상으로 공급된다고 본다. 셋째, 진화경제학적 관점에서 보면 신성장이론이 가정하는 최적 성장률이라는 것은 없다. 따라서 경제가 만족스러운 방식으로 작동하는지 아닌지를 결정하는 것은 정치에 맡겨져 있다.

3. 조직의 제도적 동형화

1) 동형화 이론

진화는 자연선택에 성공한 종의 개체가 지배적으로 되는 과정이기도 하다. 마찬가지로 동일한 환경을 공유하는 조직은 그 환경에 최적의 적합성을 보이는 조직과 유사한 형태를 취하는 경향이 있다. 따라서 조직들의 구조와 형태가 처음에는 다양하지만 일정한 시간이 지나면서 유사하게 변한다. 조직 연구에서 오랫동안 제기되어 온 질문은 무엇이 조직을 서로 비슷하게 만드는가라는 것이며 연구의 출발점이 된 것은 베버가 말한 관료제이다. 베버는 관료제를 서구 사회의 합리성이 투영된 가장 효율적인 조직으로 인식하였다. 그렇다면 대부분의 기업이 관료제적 지배 구조를 갖는 것은 과연 그것이 효율적이기 때문인가? 베버는 근대 사회의 인간은 합리주의 질서의 '철창'(iron cage)[3]에 갇혀 있다고 하고, 관료제가 목표 구현을 위한 합리적 수단이자 통제

---

3 파슨스가 철창으로 번역한 베버의 'stahlhartes Gehäuse'는 서구 자본주의 사회에 합리주의가 만연한 것을 설명하는 개념으로, 목적론적 효율성, 합리적인 계산 및 통제에 기반한 시스템에 인간을 가두어 둔다는 것을 의미한다.

가능한 도구이며 그 때문에 모든 조직으로 확장되어 간다고 하였다.

그러나 디마지오와 포웰은 어떤 형태로의 조직 변화도 합리성과는 무관하다고 주장한다. 즉, 많은 조직의 구조와 행태는 효율적이기 때문에 채택되는 것이 아니라 그 사회에 형성된 문화적 관행을 전파시키는 과정에서 발생한 결과라는 것이다. 만약 사회나 엘리트는 현명하지만 조직은 그렇지 못하다고 한다면, 그런 역설적 상황에 대해 어떤 설명이 가능할까? 하나는 자연선택이 작동하는 시장에서 경쟁을 통해 적합하지 않은 조직들이 결국은 사라지게 된다는 것이다. 그러나 넬슨과 윈터는 경쟁이 가장 잘 통할 것 같은 영리부문에서조차도 보이지 않는 손이 기껏해야 가벼운 터치만 할 뿐이라고 하였다. 또 하나의 답은 핵심 엘리트가 결국 사회 시스템을 안내하고 통제한다는 것이다. 즉, 조직은 일반적으로 표준 운영 절차에 따라 움직이지만, 아주 중요한 전환의 순간에 엘리트가 결정에 개입하여 길을 잡아간다는 것이다. 그러나 디마지오와 포웰은 자연선택과 엘리트 통제 중 어느 것도 비효율적인 조직이 여전히 존속하고 있는 현실과 부합하지 않는다고 한다. 그들은 다양한 분야의 조직에서 효율성과 무관하게 관료제화와 동질화가 나타나는 것에 대해 다음과 같이 말하였다.

> 오늘날 조직의 구조적 변화는 점점 경쟁이나 효율성에 대한 필요성에 의해 주도되는 것처럼 보이지 않는다. 조직을 더 효율적이게 하지 않으면서도 더 유사하게 하는 과정의 결과로 관료제화와 기타의 변화가 발생한다. 관료제화와 동질화(homogenization)는 조직장의 구조화로부터 등장한다. … 고도로 구조화된 조직장은 불확실성과 제약을 합리적으로 처리하려는 개인의 노력이 전체적으로 구조, 문화 및 산출물의 동질성으로 이어지는 맥락을 제공한다(Dimaggio and Powell 1983: 147).

디마지오와 포웰에 의하면, 조직의 관료제화와 동질화는 경쟁이나 효율성의 필요로부터 점차 멀어지고 있으며 조직을 더 효율적으로 만들지는 않으면서 더 유사하게 만드는 과정이 진행된 결과이다. 그들은 이런 조직의 동질화 과정을 설명하기 위해 동형화(isomorphism)라는 개념을 사용하였다. 동형화는 생물학에서 비롯된 개념으로서, 집단의 한 개체가 동일한 환경 조건에 처해 있는 다른 개체와 형태적으로 유사하게 되어 가는 과정이다. 이것은 조직장(organizational field) 안에 있는 어떤 조직이 동일한 환경에 직면한 다른 조직과 유사해지도록 압력을 가하는 과정이다. 즉, 인간의 행위가 그가 속한 사회의 성격에 의해 제약을 받는 것처럼, 조직의 구조와 행태가 조직 환경인 조직장의 규범적 성격에 의해 규정된다고 할 수 있다. 조직의 동형화를 설명하기 위해서는 조직장과 정당성(legitimacy)에 대해 이해할 필요가 있다.

먼저, 조직장은 '총체적으로는 인지된 제도적 영역을 구성하는 조직들'로 구성된 일종의 공동체를 의미하며, 조직장 내의 조직들 간에는 상하 혹은 중심-주변의 서열이 존재한다. 그것은 일반적으로 핵심적 공급자, 소비자, 규제 기관, 비슷한 생산을 하는 기타의 조직들로 구성된다. 조직장의 구조는 선험적으로 결정될 수 없으며 실증적 조사에 기반하여 정의된다. 조직장의 구조화(structuration)는 조직 간의 상호작용 범위의 증가, 지배와 연합의 패턴이 잘 정의된 조직 간 구조의 출현, 조직장 내 조직이 주장해야 할 정보량의 증가, 조직 참가자들 사이에 공동 조직에 속해 있다는 상호 인식의 발전이라는 네 부분으로 구성되어 있다(Dimaggio and Powell 1983: 148). 조직장은 조직들이 '불확실성'하에서 상호작용하는 가운데 형성되는 공통의 의미 체계와 규범적 틀을 제공한다. 또한 고도로 구조화된 조직장은 불확실성과 제약을 합리적으로 처리하려는 개별 조직의 노력이 구조, 문화 및 산출물의 동질성으로 이어지도록 하는 맥락을 제공한다.

다음으로, 정당성은 조직 이론의 중심 개념이며, 기존의 문화적 요소가 조직의 존재, 기능 및 관할권(jurisdiction)을 설명해 주고 다른 대안을 거부하는 정도를 의미한다(Meyer and Scott 1983). 따라서 조직이 완벽한 정당성을 갖고 있다면 그 조직에 대해서는 어떤 문제도 제기되지 않는다. 조직이 번성하려면 물질적 자원이나 정보의 활용뿐 아니라 사회적인 용인, 인정, 신뢰가 필요하다. 조직은 사회적 비난을 피하고 외부적 책임에 대한 요구를 최소화하며 필요한 자원을 확보할 기회를 개선하고 생존 가능성을 높이려고 한다. 여기서 도출되는 가설은 조직이 제도화된 규범을 준수하면 정당성이 생기고 생존 전망이 향상된다는 것이다. 즉, 순응을 요구하는 제도적 압력을 받아들인다면 그 조직은 정당성을 추구하고 있다고 추정할 수 있다. 정당성을 확보하기 위해 조직은 제도적 맥락 속에서 동형화된다. 정당성 확보에서 결정적 역할을 하는 것은 경쟁과 국가와 전문가 집단이다. 경쟁은 경제적 논리로 조직에 정당성을 부여하며, 국가와 전문가 집단은 그것이 갖고 있는 상징적 권위로부터 조직을 정당화한다.

조직 이론에서 조직장을 분석 단위로 삼는 것의 장점은, 단순히 경쟁하는 기업이나 실제로 상호작용하는 조직 네트워크뿐 아니라 관련 행위자 전체에 대해 관심을 갖는다는 점이다. 이러한 접근 방식은 조직의 특성이 환경(조직장)의 특성과 비교 적합성(comparability)을 높이는 방향으로 수정된다는 것을 시사한다. 그렇기 때문에 동일한 사업 라인에 있는 별개의 조직이 하나의 조직장으로 구성되면 강력한 힘이 작용하여 서로 비슷해진다. 그런데 혁신을 도입하는 초기 조직들(early adopters)은 당연히 성과를 향상시키려는 열망에 의해 움직이지만, 조직 혁신이 확산되면 성과 개선보다는 정당성이 혁신의 채택에서 더 중요해지는 경계에 도달한다. 그 결과, 어떤 전략이 개별 조직에게 합리적이라 할지라도 다수가 그 전략을 채택하면 합리적이지 않을 수 있다 (DiMaggio and Powell 1983).

조직은 최적의 투입과 산출을 의미하는 기술적 효율성의 화신이 아니며, 문화적 정당성의 산물로서, 동일한 환경에 있는 다른 조직의 선택을 보고 그것을 닮아 가게 된다. 여러 조직의 사례에서 볼 수 있듯이, 조직 집합체의 활동의 결과로써 조직장이 형성·구조화되며, 조직장이 일단 성립되면 조직과 신규 진입자의 동질화가 일어난다. 합리적 선택을 하는 조직들도 장기적으로는 자신들의 변화 능력을 제약하는 환경에 스스로를 조정해 간다. 따라서 비록 개별 조직들이 끊임없이 변화를 시도할 수 있지만, 조직장의 구조화 과정이 특정 시점을 지나면 변화의 총체적 효과는 조직장 내의 다양성 감소와 동질성 증가로 나타난다. 요컨대, 동형화 이론은 '합리성' 보다 '정당성' 을 전제로 하며 '혁신' 이나 변화보다 '동질화' 의 증가에 방점을 두고 있다.

조직 이론을 적용할 수 있는 대표적인 조직이 기업이다. 기업은 신고전파 경제학의 관점에서 보면 효율성을 위한 조직이지만, 다양한 상황에서 효율성과는 무관하게 특정한 방향, 예컨대 관료제적 구조로 동질화되는 경향을 갖고 있다. 이런 동형화가 기업에게는 불확실성에 대처하는 준거틀을 제공한다. 특히 산업 초창기의 기업은 일반적으로 두 가지 과제에 직면한다. 첫째는 무지와 불확실성의 상황에서 효과적인 루틴과 역량을 발견하고 만들어야 한다는 학습과 관련된 것이며, 둘째는 신규 조직을 수용하거나 인정하지 않을 수도 있는 환경과의 관계를 구축해야 한다는 정당성과 관련된 것이다. 이러한 문제를 처리하기 위한 전략을 개인 및 집단 수준에서 설계하거나 복사하거나 발견하는 기업은 선택 압력에서 살아남을 가능성이 높다.

2) 제도적 동형화의 유형

디마지오와 포웰은 동형화를 강제적, 모방적, 규범적 동형화라는 세 가지 주요 유형으로 구분하였다. 첫째, 강제적 동형화는 조직이 의존하는 다른 조직과 사회적 기대에 의해 조직에 가해지는 공식적, 비공식적 압력에서 발생한다. 이는 정치적 영향력과 정당성의 문제로부터 나오는 동형화이다. 국가 권력에 의한 정책 또는 법적 제약이나 원청 기업의 요구는, 조직의 행동과 구조에 영향을 미치고 강제적 동형화를 가져온다. 예컨대, 제조업체는 환경 규정을 준수하기 위해 새로운 오염 제어 기술을 채택해야 하고, 비영리 단체는 조세법의 요건을 충족하기 위해 계정을 유지하고 회계사를 고용해야 하며, 모든 조직은 차별 혐의를 막기 위해 차별 시정 담당자를 고용해야 한다. 국가 및 기타 대규모 조직이 사회 생활의 더 많은 영역에서 지배력을 확장함에 따라 조직 구조는 점점 제도화되고 정당화된 규칙을 반영하게 된다.

둘째, 모방적 동형화는 원인과 해결책이 불명확한 상황에 봉착하여 유사한 상황의 다른 조직의 행태를 모방함으로써 나타난다. 모든 제도적 동형화가 강압적 권위에서 파생되는 것은 아니다. 불확실성은 모방을 장려하는 강력한 힘이기도 하다. 조직의 기술이 제대로 이해되고 있지 않거나 목표가 모호하거나 환경이 상징적 불확실성을 생성할 때, 조직은 영향력 있는 성공한 다른 조직을 모형으로 삼을 수 있다. 조직은 원인이 모호하거나 해결책이 불명확한 문제에 직면하였을 때 모방적 탐색을 통해 적은 비용으로 실행 가능한 해를 얻을 수 있다. 기업은 롤 모형을 벤치마킹하는 혁신을 채택함으로써, 정당성을 강화하고 최소한 상황을 개선하려고 노력하고 있음을 보여 주려고 한다.

셋째, 규범적 동형화는 전문가(경영자) 집단이 전문지식 습득 과정의 공통점에 의해 무엇이 규범적으로 인정되고 정당화되는지에 대해 유사한 관점을 갖는 것에서 기인한다. 전문화는 자신의 업무 조건과 수단을 정하고 자신의 생산 활동을 통제하며 직업적 자율에 대한 인지적 기반 및 정당성을 확립하기 위한 집단적 노력을 의미한다. 전문화의 두 가지 측면이 규범적 동형화의 중요한 원천이다. 하나는 대학이라는 공식 교육이 형성하는 인지적 기반에서의 정당성이다. 대학 및 전문 훈련 기관은 전문 경영자와 참모들 간의 조직 규범을 발전시키는 중요한 중심이다. 다른 하나는 조직 전반에 퍼져 있는 전문가 네트워크의 확대이다. 전문가 협회는 조직 및 전문가 행동에 관한 규범적 규칙을 정의하고 확산시킨다. 이러한 메커니즘은 상호 교체 가능한 전문가 인재 풀을 만든다. 전문가들은 다양한 조직에서 비슷한 지위를 차지하며 조직의 행동을 상이하게 하는 전통이나 통제의 차이를 넘어서서 비슷한 성향을 갖는다.

디마지오와 포웰은 어떤 조직장이 구조, 과정, 행동에서 가장 동질적인지를 경험적으로 예측할 수 있는 동형화의 예측자로서 몇 가지 가설을 제안하였다([표 7-1]). 가설은 조직 차원과 조직장 차원으로 구분하여 동형화 유형별로 2개씩 구성되어 있다. 동형화의 지표가 되는 것은 변동이나 다양성의 감소이다. 조직 차원의 가설은 조직의 특정한 요소가 개별 조직의 동형화 정도에 미치는 효과를 설명하며, 조직장 차원의 가설은 조직장의 여러 특성이 조직장 내의 동형화 정도에 미치는 효과를 설명한다. 이러한 가설은 시간이 지남에 따라 어떻게 조직이 유사해졌는지에 대한 이해를 심화시키고 실증적 연구를 위한 장을 제공한다.

조직장 내의 조직이 동질화되어 간다는 동형화 이론에 대한 실증적 연구

표 7-1 동형화 가설

		가설
조직 차원	강제적 동형화	A1 다른 조직에 대한 의존도가 클수록 구조, 분위기 및 행동 중심에서 그 조직과 유사해진다.
		A2 자원 공급의 중앙집중화가 클수록 자원을 공급하는 조직과 유사하게 동형적으로 변화될 가능성이 커진다.
	모방적 동형화	A3 수단과 목적 사이의 관계가 불확실할수록 성공한 것으로 인식되는 조직을 모델로 할 가능성이 커진다.
		A4 조직의 목표가 모호할수록 조직이 성공하였다고 인식하는 조직을 모델로 할 가능성이 커진다.
	규범적 동형화	A5 경영자 및 직원을 선택할 때 학력에 대한 의존도가 높을수록 조직이 해당 분야의 다른 조직처럼 될 가능성이 커진다.
		A6 무역 및 전문 협회에 대한 조직 경영자의 참여가 많을수록 조직은 해당 분야의 다른 조직과 같거나 같아질 가능성이 커진다.
조직장 차원	강제적 동형화	B1 조직 분야가 중요한 차원에 대한 단일(또는 몇 개의 유사한) 지원 소스에 의존하는 정도가 클수록 동형화의 수준이 높아진다.
		B2 장 내의 조직이 국가 기관과 거래하는 정도가 클수록 장 전체에서 동형화의 정도가 커진다.
	모방적 동형화	B3 한 분야에서 눈에 보이는 대체 조직 모델의 수가 적을수록 해당 분야에서 동형화의 속도가 빨라진다.
		B4 기술이 불확실하거나 장 내에서 목표가 모호할수록 동형화율이 커진다.
	규범적 동형화	B5 한 분야의 전문화 정도가 클수록 제도적 동형화의 정도가 커진다.
		B6 조직장의 구조화 정도가 클수록 동형화의 정도가 커진다.

자료: Dimaggio and Powell(1983: 154-156).

가 아직 많지 않지만 해결해야 할 다양한 문제점을 안고 있다. 무엇을 가지고 조직이 비슷해진다고 보는지는 동형화와 관련한 중요한 질문이지만, 연구들이 보여 준 공통된 특징은 동형화를 확인할 수 있는 유사성의 차원과 수준 및 지표가 애매하다는 점이다. 또한 많은 연구는 세 가지 유형별로 동형화의 메커니즘을 분석하고 있지만, 결과로 나타나는 동형화의 수준에 대한 연구는 드물다. 동형화에 관한 연구의 핵심 질문은 조직이 동형화하거나 하지 않도록 하는 환경이 무엇인가라는 것이다. 만일 동형화의 압력이 조직에 의해 사회적으로 구성되는 것이라면 동형화 압력의 원천은 내생적인 것이 된다. 어떻게 이질적인 제도적 환경에서도 동형화가 일어날 수 있는가라는 것도 중요한 질문이다. 그와 반대로 성숙한 조직장에서도 조직의 비유사성이 존재하는 사례가 있음을 보여 주는 실증적 연구도 있다(Boxenbaum and Jonsson 2017).

3) 조직 이론의 비교와 변화

기업(조직)에 대한 연구는 미시적이거나 거시적인 분석이 아닌 중간적(meso) 분석인 점에서 중요한 의미를 갖고 있다. 제6장에서 기업 이론으로서 거래비용 경제학을 설명하였는데, 그것과 동형화 이론은 불확실성과 제한적 합리성을 배경으로 하고 있지만 다음과 같은 차이가 있다. 먼저, 거래비용 경제학은 기업이라는 조직의 등장을 설명하는 이론이다. 그것은 기업을 거래관계에서 발생하는 비용과 불확실성을 줄이기 위한 전략적 선택으로 이해하며, 효율성과 자기 이익을 핵심 요소로 하는 논리적 추론에 기반하고 있다. 따라서 조직의 행동에서 나타나는 동형화에 대한 이론적 전망이 부재하고 개별 조직의 전략에서 거시구조적 특성이 추론되지 않는다. 반면, 동형화 이론은 조직이 동질화되는 현상에 주목하며 동형화가 상황 의존성과 강하게 연관되어 있고 효율성의 추구와는 무관하다고 본다. 그러나 동형화 이론은 조직장 형성과 동형화 간의 논리적 필연성을 분명하게 제시하지 못한 상태에서 아직 동형화의 유형론에 머물러 있다.

동형화 이론은 진화경제학의 자연선택 이론과 마찬가지로 생물학적 비유인 '루틴'이라는 개념을 사용하고 있다. 진화경제학은 슘페터의 혁신 이론을 '진화론적 조직 이론'으로 발전시켰으며, 환경 조건의 변화가 기존의 루틴에 의한 수익률에 영향을 미치면서 조직의 혁신과 모방이 나타나는 메커니즘을 설명하였다. 진화경제학은 돌연변이적 혁신에 주목하고 기업을 혁신과 적응의 조직으로 이해하며, 환경에 의한 선택 메커니즘이 환경에 덜 적합한 조직 유형을 도태시킨다고 본다. 반면, 동형화 이론은 비효율적인 조직을 종종 소멸시키는 자연선택이 존재함을 인정하지만, 조직의 구조적 동질화에 주목하고 그것을 설명하고자 한다. 이 이론은 자연선택에 의해 부적합한 조직이 도태한다는 점보다 환경에 대한 적응을 통해 조직이 유사해지는 점에 주목하며, 조직에서 흔히 볼 수 있는 비합리성과 모호한 행동 동기를 설명한다. 혁신의 확산 과정에서 그것을 모방하는 조직의 수가 일정 수준을 넘어서면 이제 그것을 채택하는 것 자체가 조직의 정당성을 부여하게 된다. 이는 혁신의 모방과 채택 자체가 점차 제도화되고 조직 구조의 필수불가결한 구성 요소가 되어 간다는 것을 의미한다.

디마지오와 포웰이 선도한 신제도주의 조직 이론은 점차 변화하였으며 지금까지 두 개의 상호 연관된 주장이 제시되었다. 첫 번째 주장은 지금까지 설명한 동형화 이론이다. 조직은 기술적 압력뿐 아니라 사회의 기대에도 적응해야 하며, 그것이 제도적 동형화를 가져온다. 동형화 이론은 조직이 어떤 '합리화된 신화'를 따른다는 것을 말해 준다. 신화가 조직의 문제에 대한 적절한 해법으로 합리화되는 것은 그것에 대한 믿음이 확산될 때이다. 신화를 따르는 조직이 많아질수록 신화는 더 깊이 제도화되고 결과적으로 제도적 동형화로 이어진다. 조직과 관련한 두 번째 주장은 제도와 업무적 환경이 상충하거나 제도적 압력들이 상충하는 경우에 조직의 실제 활동과 형식적 구조 간에 디커플링(decoupling)이 나타난다는 것이다. 디커플링은 조직이 제도적 압력을 피상적으로만 준수하고 그것을 따르지 않는다는 것을 의미한다. 디커플링에 관한 논의는 제도적 환경과 압력에 대한 대응에서 조직의 동질성보다 이질성을 더 강조하는 쪽으로 조직 이론이 전환하고 있음을 의미한다.

합리화된 신화에 적응해야 하는 조직은 다음과 같은 문제에 직면할 수 있다. 즉, 합리화된 신화가 조직을 위한 효율적인 해법이 아닐 수 있으며, 또한 그것과 상호 모순적이면서 경쟁적인 합리적인 신화가 동시에 존재할 수 있다. 디커플링에 내재되어 있는 주장은, 조직의 실천은 효율성에 관심을 갖고 결정하는 행위인 반면 조직 구조는 정당성에 대한 제도적 압력에서 비롯된다는 것이다. 디커플링은 비일관적이거나 조직에 유해한 적응의 요구에 대한 합리적인 대응이 될 수 있다. 즉, 디커플링을 통해 조직은 형식적으로 드러나는 구조를 통해서는 정당성을 확보하고 실제 행동을 통해서는 효율성이나 일관성을 유지함으로써 생존 가능성을 높여 간다고 할 수 있다(Boxenbaum and Jonsson 2017). 디커플링은 동형화와 마찬가지로 조직 이론에서 중요하며 이론적 계보상으로도 동형화와 밀접하기 때문에, 양자가 서로 어떻게 관련되어 있는지에 대한 연구가 필요하다.

제8장

신경제사회학과 네트워크 이론

1. 경제사회학의 흐름

1) 구경제사회학

신제도경제학자이자 경제사가인 노스는 제도의 변화에 대해 설명하면서, "우리는 현재 한 경제의 제도 구조에 대해 알고 있는 것보다 더 세부적인 지식이 필요한데, 그 경우 우리는 기존의 제도 배열(matrix)을 알게 될 것이며, 따라서 상호 연관에 관하여 스스로 인식하게 될 것이다. 그 자체로 보면 비논리적이기는 하지만 사회학자들이 시도한 정보 네트워크 분석은 그 배열을 잘 파악하기 위한 첫걸음이었다"(North 2005: 187)고 하였다. 경제사회에 대한 네트워크 분석은 그라노베터(M. Ganovetter)를 위시한 신경제사회학자들에 의해 이뤄지고 있다. 신경제사회학은 경제에 대한 사회학적 이해의 전통을 계승하고 있으며, 사회학의 새로운 발전을 보여 주고 있다. 이에 신경제사회학을 설명하기에 앞서 구경제사회학, 즉 사회학에서의 경제에 관한 연구에 대해 살펴보기로 한다.

19세기 이래로 과학적 방법론을 내세운 신고전파 경제학이 학문 영역에서 우월적 지위를 누리고 있었기 때문에, 사회학에서의 경제사회에 대한 연구는 열세였으며 경제학이 다루지 않는 잔여의 문제에 국한되어 있었다. 사회학은 경제와 사회가 불가분의 관계에 있음을 발견하였지만 경제 행동을 이론화하는 것은 경제학의 영역이었다. 경제학은 개인의 이기심이 행동을 주도한다는 공리로부터 연역적으로 행동 이론을 도출하였다. 반면, 사회학은 귀납적으로 행동을 관찰함으로써 사회적 행동 이론을 도출하였다. 경제 행위에 대해 경제학이 합리성을 강조하였다면 사회학은 규범이나 가치, 제도, 네트워크 등 경제학이 분석에서 배제한 요인들을 중요시하였다. 사회학은 경제 행위를 사회적 행위의 하나로 보고 경제 행위와 경제 시스템을 사회학적 이론 체계에 의거하여 구명하려고 하였다. 이를 경제사회학이라 하는데, 그것은 전통적으로 경제학자들이 다룬 질문을 사회학적 용어로 재정의하려는 시도라고 할 수 있다.

사실 사회학자들은 일찍부터 많은 경제적 이슈에 대해 연구하였다. 이기심은 경제 행위를 결정하는 데 중요한 역할을 하는 것은 분명하지만 그것만으로는 각 사회마다 그리고 시간이 지남에 따라 다르게 나타나는 경제 행위를 설명하기 어렵다. 사실 경제 행위의 상당 부분은 사회의 관습이나 제도나 자원의 차이에 의해 설명될 수 있다. 사회학은 일반적으로 경제가 별개의 영역이 아니라 경제와 사회가 서로 얽혀 있는 것으로 보았다. 19세기 중엽에서 20세기 초에 이르는 시기에 경제사회학의 고전은 '사회', '경제와 사회', '경제사회' 또는 단순히 '사회'라는 명칭으로 경제와 사회의 다른 영역(문화, 정치, 종교, 법 등)과의 관계를 강조하였다. 이러한 경제사회학에는 사회학의 발전을 주도해 온 콩트, 스펜서 퇴니스(F. Tönnies), 뒤르켐, 짐멜(G. Simmel), 베버 등의 연구가 포함된다.

퇴니스와 뒤르켐은 근대 경제사회에서의 이기주의와 도구주의적 관계의 확산에 대해 설명하였다. 그들은 애덤 스미스의 '보이지 않는 손'이 말하는 비인격적 시장 관계로 통합된 사회의 등장을 게마인샤프트(Gemeinschaft)에서 게젤샤프트(Gesellschaft)로의 변화 혹은 기계적 연대의 사회에서 유기적 연대의 사회로의 변화로 표현하였다. 이런 개념들은 전통적인 도덕 공동체가 해체되었음에도 불구하고 어떻게 노동의 사회적 분업을 통해 사회가 통합될 수 있는지를 설명하기 위해 고안되었다. 퇴니스는 게젤샤프트의 경제적 측면을 부분적으로 설명하는 데 그쳤지만, 개인주의와 이기적 동기의 확산에 의해 근대적 경제인이 창조되었다고 하였다. 뒤르켐은 유기적 연대의 사회에서 나타나는 개인주의와 이기주의를 경제학자들이 합리성으로 옹호하는 것을 비판하였는데, 그러한 동기가 쾌락주의적 행동과 만족될 수 없는 욕망의 고삐를 풀어놓아 아노미적 상황을 만든다고 생각한 때문이었다(본서 제3장 보론). 또한 그는 『경제심리학』(*Economic Psychology*, 1902)에서 경제학자들이 경제의 심리적 토대에 대해 제대로 논의하지 않은 점을 비판하였다. 짐멜은 『화폐의 철학』(*The Philosophy of Money*, 1900)에서 상징으로서의 화폐의 사회적 의미에 주목하였으며 화폐가 사회 관계에 미치는 영향과 사회적 신뢰에 기반하는 방식을 설명하였다. 베버 역시 경제 문제를 광범하게 다루었다. 그의 책 『프로테스탄트 윤리와 자본주의 정신』(*Die protestantische Ethik und 'Geist' des Kapitalismus*)은 문화가 경제적 합리주의와 근대적 경제체제의 주체와 정신을 형성시킨 것으로 이해하였으며, 『경제와 사회』(*Economy and Society*, 1922)는 사회적 행동을 네 가지(정서적, 전통적, 목적합리적, 가치합리적)로 유형화하여 설명한 것으로 잘 알려져 있다(Daoud and Larsson 2011).

2) 구조기능주의

20세기 사회학을 지배한 패러다임은 구조기능주의였다. 파슨스(T. Parsons)와 스멜서(N. J. Smelser)가 베버의 저서와 같은 제목의 『경제와 사회』(*Economy and Society*, 1956)를 출판한 것을 계기로, 1950년대에 시카고 대학을 중심으로 경제사회에 대한 사회학적 시각의 연구가 활발하게 이뤄졌다. 이들은 경제학적 시각을 비판하면서도 경제는 사회와 분리되어 있는 것으로 이해하였다.

인간 행동의 규범적 측면을 강조한 파슨스의 행동 이론은 미시적 차원에서 경제학과 사회학의 구분을 출발점으로 삼았다. 신고전파 경제학이 합리적 인간이라는 아주 단순하고 대담한 가정에 기초하여 경제 시스템을 설명하듯이, 파슨스는 사회 시스템에 대한 체계적인 설명을 개발하고자 하였다. 즉, 행위자와 그의 사회적 행동에 대한 최소한의 가정을 채택하는 장치를 통해 사회학에서도 경제학과 유사한 합리적 선택 이론이 재현될 수 있다는 견해를 갖고 있었다. 이로써 그는 '사회학도 경제 이론과 같은 차원의 분석 과학'이라고 하였다. 『경제와 사회』는 그런 입장에서 나온 중요한 결과 중 하나이며, '경제 이론과 사회 이론의 통합적 연구'라는 부제가 말해 주듯이, 경제를 사회의 다른 부문과 연결하고 경제학과 사회학을 종합하였다.

파슨스를 중심으로 하는 사회학의 분석틀을 구조기능주의라고 한다. 사회학이 전통적으로 유지해 온 기능주의는 다양한 사회 제도가 사회의 원만한 유지를 가능하게 하는 역할을 한다는 관점에 입각해 있다. 이는 사회학에서 마르크스 이론을 따르는 갈등주의적 입장과는 대립적인 관점이다. 기능주의의 발전된 형태인 구조기능주의도 전반적인 사회 구조의 작동을 위한 다양한 기능이라는 관점에서 사회 제도를 분석한다. 구조기능주의적 분석을 대표적으로 보여 주는 것이 파슨스가 제창한 AGIL 도식이다. 파슨스는 모든 사회가 안정적으로 유지되기 위해 충족되어야 할 사회적 기능을 적응(Adaption), 목표 달성(Goal attainment), 통합(Integration), 잠재성(Latency)이라고 하였다. 적응은 환경과 상호작용하는 사회의 역량이며 사회적 재분배를 위한 자원 수집 및 생산을 포함한다. 목표 달성은 미래의 목표를 설정하고 결정을 내리는 역량이며 정치적 결의와 사회적 목적 실현은 그것의 일부이다. 통합은 사회의 가치와 규범이 견고하며 충분히 수렴되어야 한다는 것을 의미한다. 잠재성은 사회가 통합적 요소를 유지하도록 하는 요소로서, 가령 가족이나 학교와 같은 제도가 기성 세대와 후속 세대 사이의 신념 체계와 가치를 중재하는 것을 의미한다.

구조기능주의적 관점은 개인의 행동이 사회 전체가 가지고 있는 목적을 위하여 기능한다고 인식한다. 또한 사회를 구성하는 각각의 제도, 관계, 역할, 규범은 사회의 목적에 봉사하며 사회 전체가 지속적으로 존재하기 위해 필수 불가결하다고 생각한다. 이처럼 구조기능주의 또는 기능주의는 사회를 '각 부분이 연대와 안정을 촉진하기 위해 함께 작용하는 복잡한 시스템으로 보는 패러다임'이다. 이러한 접근법은 사회 구조에 초점을 맞춘 거시적 지향을 통해 사회를 바라보며 사회의 구조와 기능 모두를 분석한다. 파슨스는 구조기능주의를 특정 학파라기보다는 사회학 방법론의 특정한 발전 단계로 보았다. 그는 뒤르켐과 베버의 영향을 많이 받았으며 그들의 연구 대부분을 자신의 행동 이론으로 통합하였다. 그의 행동 이론은 자발적 행동에 대한 시스템 이론의 개념과 방법론적 원칙에 기반하고 있다. 그는 구조주의자들과 달리, '사회 시스템이 개인의 행동에 의해 구성된다'고 주장한다. 그러나 구조기능주의는 1960년대에 나타난 사회 변화나 구조적 모순과 갈등을 설명하지 못한다는 점에서 비판을 받았다. 또한 긴장과 갈등의 구조적 요인인 인종, 성, 계급의 불평등을 간과하였으며 1980년대에 이르러서는 갈등론적 접근과 후기 구조주의에 의해 중심에서 밀려났다.

[표 8-1]은 구조기능주의를 포함하는 주요 사회학 패러다임의 연구 초점과 사회에 대한 설명을 간단히 비교한 것이다. 구조주의 관점은 근본 요소들 사이의 상호 관계 위에 성립한 정신적, 언어적, 사회적, 문화적 '구조'가 존재하며 그 구조 위에서 특정 개인이나 문화의 의미가 생산된다고 본다.[1] 상징적

표 8-1 사회학 패러다임의 비교

	차원	연구의 초점	사회에 대한 설명
상징적 상호작용주의	미시적	상징의 사용, 대면적 상호작용	사회는 개인의 일상적 상호작용에 의해 생성되는 공유 상징의 산물이다. 개인은 다른 사람의 행동과 상징은 물론 자신의 행동과 상징에 의미를 부여
(구조) 기능주의	거시적	사회 각 부분 간의 관계, 사회 여러 측면의 기능	사회의 각 측면은 상호 의존적이며 사회 전체의 기능에 기여한다. 사회는 구성원이 사회 전체에 최선인 것을 달성하기 위해 노력한다는 합의 또는 결속에 의해 유지
갈등론	거시적	희소한 자원을 둘러싼 경쟁, 엘리트의 통제 방식	사회의 본질은 부정적, 갈등적이며, 끊임없는 변화이다. 각 집단은 서로 대립되는 가치와 의제를 가지고 있어 경쟁하며, 끊임없는 경쟁이 지속적인 사회 변화의 기초
구조주의	거시적	성·연령·지위 등의 속성, 구조에 의한 인간 행동의 결정	속성에 따라 개인을 분류하고 그것에 기반한 사회 구조가 존재한다. 초기에는 구조를 선험적·보편적인 것으로 생각하였으나, 후기에는 역사적이고 상대적인 것으로 인식

상호작용주의는 미시 사회학과 사회심리학에서 취하고 있는 패러다임으로서, 사회를 언어와 같은 공유 상징의 산물로 이해한다. 따라서 사회는 개인이 사회적 상호작용에 부여하는 의미에 의해 구성되며 이러한 상징은 언어처럼 세대를 이어 전달된다. 갈등론은 마르크스와 베버의 전통을 가진 패러다임으로서, 사회는 합의와 순응보다는 지배와 권력에 의해 유지된다고 본다. 따라서 사회의 각 집단 간에 이익과 권력을 둘러싼 긴장과 갈등이 존재하며 이러

1 구조주의는 20세기 초에 소시르(F. Saussure)의 구조언어학에서 등장하였으며, 사회과학에서 구조주의라는 용어는 프랑스 인류학자 레비-스트로스(Lévi-Strauss)가 『동족의 기본구조』(*The Elementary Structures of Kinship*, 1949)에서 처음 사용하였다. 구조주의는 1960년대 초에 하나의 운동으로서 등장하였고, 일부 사람들은 그것이 인간 생활의 모든 분야를 포괄하는 통합적 접근 방식을 제공한다고 믿었다. 구조주의는 인간의 경험과 행동이 다양한 구조에 의해 결정되는 방식에 주목한다.

한 갈등이 사회 변화에 기여한다고 본다.

3) 네트워크 이론의 등장

마르크스, 베블렌, 뒤르켐의 경제학과 사회학, 19세 말의 방법론 논쟁, 1920년대 베버의 경제사회학, 1950년대 파슨스의 구조기능주의, 슘페터의 혁신 이론, 인류학에서의 형식론과 실체론 논쟁, 1970년대 윌리엄슨의 신제도경제학 등은 경제 행위에 대한 총체적 이해의 폭을 넓혀 왔다. 이러한 다양한 관점은 새로운 경제사회학의 출현을 자극하였으며, 그 결과 1980년대에 신경제사회학의 패러다임이 등장하였다. 특히 경제학에서 제도의 문제를 재등장시킨 신제도경제학과 경제사 분야의 연구에 자극받아, 사회학 분야에서 시장, 계약, 교환 등 경제학적 문제를 사회학적 시각과 개념으로 설명하려는 시도가 본격화하면서 신경제사회학의 네트워크 이론이 탄생하였다.

신고전파 경제학은 인간 행위를 설명할 때 이기적 합리성을 가정한다. 그러나 합리성에 대한 개념과 정의가 학문에 따라 상이하며, 경제 행위에는 합리적 요인뿐 아니라 비합리적 요인도 중요하게 작용하고, 나아가 합리적인 것과 비합리적인 것의 구분 자체가 곤란하기도 하다. 따라서 그동안 경제학과 사회학의 영역을 엄밀하게 구분하던 것도 재고할 필요가 있었으며, 이것이 신경제사회학이 탄생하게 된 하나의 중요한 이유이기도 하였다. 신경제사회학은 경제학자 베커가 신고전파 경제학의 접근법, 즉 효용 극대화 및 균형 이론을 생산이나 무역 같은 경제 현상과는 전혀 관련 없는 사회 현상의 분석에 도입하려는 시도에 대한 사회학 분야에서의 답변이기도 하다. 한편, 경제가 원래 사회 속에 '매립'되어 있었다고 한 폴라니의 연구는 신경제사회학에 큰 영향을 미쳤다. 신경제사회학을 탄생시킨 그라노베터의 논문「경제 행동과 사회 구조」("Economic Action and Social Structure: The Problem of Embeddedness," 1985)는 개인 또는 기업의 경제적 행위가 사회적 관계 속에서 발생한다고 함으로써 폴라니의 매립 개념을 정교화하였으며, 네트워크 분석법을 통해 경제 현상을 구명하였다.

신경제사회학에서 '신'(new)이 의미하는 바는, 경제와 사회의 관계를 분석하는 것으로부터 시장, 물가, 화폐, 기업 등 경제의 중심을 차지하는 제도에 대한 분석으로 초점을 이동시킨다는 것이다. 신경제사회학은 단순히 경제학적 연구에 사회적 맥락을 추가한다는 것에 더하여, 권력, 연대, 경제 과정의 통합에 주목함으로써, 경제가 '사회적 구성물'임을 설명하려고 한다. 사회학과 경제학을 보완적인 관계로 본 파슨스와는 달리, 신경제사회학은 신고전파 경제학의 대체재를 개발한다는 입장에서 신제도경제학의 일부 특성을 공유한다. 목표는 경제 제도가 행위자에 대해 갖는 의미, 그것이 사회적으로 구성되는 방식, 그것의 사회적 원인과 결과를 포함하는 여러 수준의 분석을 통해 경제 제도를 사회학적으로 이해한다는 것이다(Daoud and Larsson 2011).

[그림 8-1]의 좌측은 신제도경제학자 윌리엄슨이 제시한 것으로서, 신제도경제학 이론에 따른 인과적 모형의 개략도이다. 거래비용 경제학은 계약 관계의 거버넌스를 설명한다. 거버넌스는 제도적 환경(거시적 특징)과 경제 행위자의 속성(미시적 특징)에 따라 달라진다. 상호작용은 이 세 개의 층위 간에 이뤄진다. 그림에서 실선은 세 가지 주요 효과이며 점선은 이차적 효과이다. 모형에서 제도적 환경은 게임의 규칙을 의미한다. 즉, 재산권, 계약법, 규범, 관습 등과 같은 제도적 환경의 변화가 거버넌스의 상대적 거래비용을 변화시키면 전반적으로 경제 조직, 즉 거버넌스는 재구성된다. 개인으로부터 거버

그림 8-1 신제도경제학 모형도와 신경제사회학의 모형도

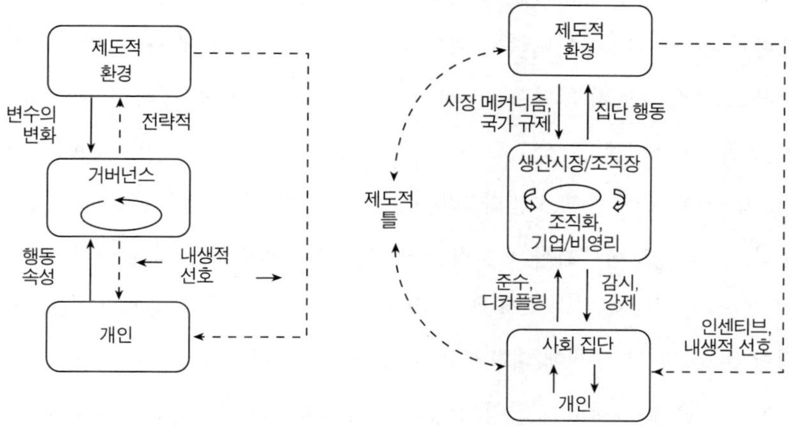

자료: Williamson(1994: 80); Nee and Swedberg(2008: 801).

넌스로 향하는 실선 화살표는 개인의 행동에 사적 이익 추구의 기회주의적 행동 속성이 있으며 거버넌스 구조는 그것을 해결하도록 설계된다는 것을 의미한다. 마지막으로 거버넌스 내의 원형 화살표는 조직이 고유한 생명력을 갖고 있다는 명제를 반영한다(Williamson 1993b).

우측 그림은 신경제사회학이 제시한 다층적 인과 모형이다. 이는 윌리엄슨이 제시한 신제도경제학 모형과 관련이 있지만 다른 점이 있다. 첫 번째 층위의 제도적 환경은 재산권, 시장, 기업을 지배하는 공식적 규칙이며 국가가 그것을 모니터링하고 실행한다. 제도적 환경은 시장 메커니즘과 국가 규제를 통해 기업이나 비영리 조직에 제약을 부과하며, 그것을 통해 '인센티브' 구조가 형성된다. 이러한 차원의 제도 메커니즘은 미시적 메커니즘이나 중간적 차원의 근접 사회(또는 네트워크) 메커니즘과 달리 원위적(distal)이다. 제도는 조

직과 개인을 위한 인센티브 구조를 형성하고 그럼으로써 근접 메커니즘이 작동하는 맥락을 형성하기 때문에 근원적인 요소를 포함하고 있다. 경제학자와 사회학자 간에 제도 메커니즘에 대한 이해는 개념과 가정에 차이가 있음에도 불구하고 크게 다르지 않다. 다만 신제도경제학은 '공식적' 규칙의 감시 및 강제에 의한 '인센티브'를 강조하는 반면, 신경제사회학은 이익의 실현 과정에서 '공식적' 규칙과 긴밀 집단의 '비공식적' 규범이 '상호작용'하는 방식을 강조한다. 또한 신경제사회학은 시장 메커니즘에는 제도적 환경에 따른 다양성이 존재한다고 보지만 신고전파 경제학자들은 완전경쟁이 존재한다는 것을 가정할 뿐, 시장 그 자체에 대해서는 주목하지 않는다.

제도적 틀에는 제도적 환경의 공식적 규칙과 사회적 관계에 내재하는 비공식적 규범이 포함되며, 양자의 상호작용이 경제적 행동을 형성한다. 두 번째 층위에 있는 조직은 집단 행동을 통해 공식적 규칙이 조직의 이익에 더 가깝도록 변경하기 위한 로비를 한다. 기업 조직은 조직장 내에 배열되며 실천 활동에서 매우 큰 유사성(동형화)을 보인다(본서 제7장 참고). 생산 시장은 인지된 품질의 위계에 따라 배열된 긴밀한 기업 네트워크이며 그 안에서 기업들은 우월적 지위를 차지하기 위해 경쟁한다. 영리적 기업이든 비영리 조직이든 정당성(legitimacy)을 갖는 것이 중요하며, 그것은 조직이 정치·경제 영역에서 생존 기회를 높이고 이점을 확보할 수 있도록 하는 조건이다.

세 번째 층위에서 긴밀 집단 내 개인의 전략적 행동에 영향을 미치는 메커니즘은 조직장 내 조직의 활동을 지배하고 동기화하는 메커니즘과 다르지 않다. 그 메커니즘은 강제적, 규범적, 모방적 측면을 갖고 있다. 행위자 개인은 집단 속에 형성·유지되고 있는 이익과 선호에 의해 동기를 부여받으며, 합리성은 맥락에 의해 제한받고 개인 간 유대 속에 매립되어 있다. 개인의 이익과 선호는 복지 극대화라는 규범 속에 내포되어 있으며, 이 규범은 제도적 환경에 의해 형성된 인센티브 구조에 따라 공식적 규칙에 대한 준수를 강화하거나 반대 규범을 따르는 디커플링을 유발한다.

이러한 다층적 인과 모형은 세 번째 층위에서의 구체적인 사회적 관계, 즉 네트워크의 성격과 구조가 제도의 배열이나 조직 형태보다 경제 행위에 더 많은 영향을 미친다는 점에 주목한다. 예컨대, 네트워크는 신뢰를 조성하고 부정 행위를 억제하는 역할을 한다. 신뢰는 낯선 사람과의 거래에서보다 현재 존재하는 사회적 관계 속에서 더 많이 발견된다. 그것은 사회적 관계에 내재해 있는 상벌 메커니즘이 협조적 행동과 집단 행동을 가능하게 하기 때문이다. 즉, 협조적 행동으로서의 신뢰는 네트워크 내에서의 사회적 상벌에 반응하는 합리적 행동으로부터 나온다. 상벌 메커니즘은 긴밀 집단 구성원의 공동 행동을 촉진하고 동기화하고 지배하는 비공식적 규범의 하나이다.

비공식적 사회 집단(또는 네트워크)과 공식적 조직 간의 관계는 공식적 규칙의 감시 및 강제 비용에 큰 영향을 미친다. 집단 구성원의 이익과 선호가 공식 조직의 생존 및 이익과 결합될 때 집단의 규범은 공식적 조직의 목표 달성에 기여할 수 있다. 집단 구성원이 조직의 목표를 동일시할 때 공식적 규칙을 강화하는 내생적 동기가 네트워크 내에 생긴다. 반대로, 공식적 규칙이 집단의 이해나 정체성과 맞지 않을 때 반대 규범이 생기며, 기회주의와 부정행위가 증가하면서 감시 및 강제 비용이 증가한다. 제도적 환경에서 생기는 인센티브는 개인의 이익 및 선호와 결합하여, 네트워크가 공식적 규칙과 비공식적 규범의 긴밀한 결합을 가져올지 반대 규범을 통한 디커플링을 가져올지에 영향을 미친다(Nee 2005). 따라서 신경제사회학은 네트워크 분석이 사회 구조에 대한 이론을 구축하기 위한 유일하고 중요한 방법을 제공한다고 본다.

2. 네트워크 분석 이론

1) 분석 시각과 방법

사회학자와 인류학자들은 개인이 어떻게 서로 연결되어 있는지, 그리고 어떻게 이러한 유대가 일을 처리하는 윤활유 역할을 하고 사회 생활에 질서와 의미를 제공하는 접착제 역할을 하는지에 대해 오랫동안 생각하였다. 사회학자들은 20세기 초부터 '사회 네트워크'라는 개념으로 대인 관계에서 국제 관계에 이르는 다양한 크기의 사회에서 존재하는 구성원 간의 복잡한 관계를 설명하였다. 뒤르켐은 '상호작용'하는 개인이 개별 행위자의 속성을 갖고는 설명할 수 없는 현실을 만들 때 나타나는 것을 사회 현상이라고 하였다. 짐멜은 네트워크의 크기가 상호작용에 미치는 영향과 네트워크의 특성을 설명하고 집단이 아닌 느슨한 형태의 네트워크에서 나타나는 상호작용의 가능성을 언급하였다. 파슨스도 초기의 연구에서는 사회 구조를 이해하기 위해 관계적 접근 방식의 단계를 설정하였다. 하버드 대학 사회학 교수 화이트(H. White)는 사회 네트워크 분석을 지지하고 정교화하였으며 후에 네트워크 연구를 발전시킨 그라노베터(M. Granovetter)와 웰만(B. Wellman)은 모두 그의 제자들이다. 1970년대에 본격적으로 시작된 네트워크에 대한 관심은 사회 생활을 설명함에 있어서 환영받을 만한 내용과 역동성을 제공하였다.

기존의 구조주의적 접근 방식은 개별 행위자들의 고유한 속성(성, 연령, 지위)에 근거한 계급으로 사회 구조를 파악하였다. 그러나 네트워크 분석은 행위자들의 속성이 아니라 행위자들 간의 특정한 관계의 유형으로 사회 구조를 파악한다. 즉, 속성에 의한 집계가 아니라 관계에 의한 집계로써 사회를 파악한다. 행위자들은 진공 상태의 원자적 존재가 아니라 사회적 맥락 속에 매립되어 있는 존재이며, 개인 간의 상호작용이 네트워크를 형성하며, 개인은 타자와 맺고 있는 관계 네트워크를 통해 상호 영향을 주고받는다. 따라서 네트워크는 사회와 개인을 연결하는 기초 고리이며, 네트워크상의 여러 과정은 개인과 거시적 사회 구조의 중개 과정이라고 할 수 있다. 이에 네트워크 분석은 행위자들 간의 관계 네트워크를 측정하고 유형화하며, 그것을 통해 사회 구조를 설명하고 개인의 행위와 사회 구조 간의 상호작용의 메커니즘을 파악하고자 한다.

경제 활동에 대한 다양한 형태의 네트워크 분석은 일반적으로 몇 가지 중요한 점을 공유한다. 첫째, 분석의 초점을 행위자의 속성보다는 관계의 성격에 둔다. 둘째, 정보와 자원이 흐르는 큰 맥락 속에서의 위치(location)에 주의를 기울인다. 마지막으로, 관계에 대한 '투자' 수익은 증가하며, 투자는 신속한 동원, 누적 이익, 혹은 잠금(lock-in) 효과를 발생시킨다고 본다(Smith-Doerr and Powell 2005). 여기서 잠금 효과는 네트워크에 의해 형성된 사회적 정체성이 네트워크를 협소하고 배타적이게끔 하는 것을 말하며, 가족, 민족, 인종, 종교 네트워크에서 강하게 나타난다.

사회적 상호작용을 이해하기 위한 네트워크 분석의 공리는, 분석 단위 자체의 속성이 아니라 분석 단위들 간의 관계와 단위 내 관계의 성격을 통해 사회 현상이 인식되고 연구되어야 한다는 것이다. 이 때문에 사회 네트워크 이론에 대한 일반적인 비판의 하나는 분석에서 개별 주체를 종종 무시한다는 점이다. 네트워크 분석은 네트워크로 사회 구조를 연구하는 것이며, 점 또는 노드(node)와 그것들을 연결하는 선 또는 링크(link)로 네트워크 구조를 특성화한다. 분석은 연구자가 갖고 있는 이론적 질문에 따라 세 가지(미시적, 중간적,

거시적) 수준에서 이뤄지며 그것들은 상호 배타적이지는 않다. 네트워크 분석은 현대 사회학의 핵심 기법으로 부상하였으며, 인류학, 생물학, 인구학, 커뮤니케이션학, 경제학, 지리학, 역사학, 정보과학, 조직학, 정치학, 공중보건학, 사회심리학, 개발학, 사회언어학 및 컴퓨터 과학 등에서도 다양하게 이뤄지고 있다.

네트워크 분석은 문화결정론적 방식과 달리 행위 주체를 위한 여지를 제공하며, 개인주의적이고 원자적인 접근 방식과 달리 구조와 제약 조건을 강조한다. 처음에 네트워크를 연구한 사회학자와 인류학자들은 사회의 구조적 측면에 관심을 가졌으며 경제 행위에 대해서는 지속적인 관심을 기울이지 못하였다. 그러나 신경제사회학이 출범한 이후에 경제적 측면에서 네트워크가 하는 역할에 대한 관심은 엄청나게 증가하였다. 많은 연구는 네트워크가 시장의 '보이지 않는 손'과 조직의 '보이는 손' 사이에서 아주 두드러진 중요성을 갖는다는 것을 보여 주었다. 이러한 네트워크 연구의 주된 과제는 여러 영역에서의 네트워크의 출현과 활성화 및 지속성을 설명한다는 것이었다(Smith-Doerr and Powell 2005).

2) 기본 개념

네트워크 분석은 노드와 노드 간의 유대(ties)라는 개념을 사용한다. [그림 8-2]에서 점으로 표시한 노드는 개인, 그룹 또는 조직과 같은 행위자를 나타내며, 선으로 표시한 링크는 행위자들 간의 유대(또는 연관)를 나타낸다. 네트워크 구조는 관계의 주체인 점과 관계의 내용인 선에 의해 결정된다. 집단 개념이 집단에 속한 사람과 집단 밖에 있는 사람을 구분하는 일종의 사회적 경계를 두는 것과 달리, 네트워크는 특정 유형의 연관을 갖고 있는 행위자 집합이다. 예컨대, 어떤 산업은 여러 기업들의 집합이며 기업은 모두 해당 산업 협회의 회원이고 그 산업의 다양한 간행물에 이름이 등재되어 있을 것이다. 그러나 산업 네트워크는 기업 간의 제휴, 이사 겸임 또는 구매와 판매의 수요공급 관계를 의미한다. 네트워크 분석은 관계의 유형이 관계 속에 있는 자들에게 영향을 미칠 뿐 아니라 관계의 중심에 있는 자의 행동을 형성한다고 보며, 현재 맺어져 있는 관계뿐 아니라 누락된 관계도 중요하다고 보고 그것을 다양한 기법으로 분석한다.

네트워크는 개인 혹은 조직 사이에 존재하는 연관성(connectedness)을 중요하게 생각한다. 유대는 강한 경우도 있고 약한 경우도 있다. 다음 [그림 8-2]의 (a)에서 실선과 점선은 각각 강하고 약한 유대를 의미한다. 그런데 강한 유대가 무조건 좋은 것은 아니다. 약한 유대가 갖고 있는 장점에 대한 아이디어는 구직 과정에 대한 그라노베터의 선구적인 작업 덕분에 네트워크 연구에서 기본적 요소가 되었다. 유용한 정보에 접근하는 데는 강한 유대보다 컴퓨터를 통해 지원받는 약한 유대가 더 도움이 되며, 온라인상의 다양하고 약한 유대를 가진 노동자가 더 나은 기술적 조언을 받는다는 것이 연구를 통해 밝혀졌다.

밀도(density)는 관계가 얼마나 강한가를 측정하는 지표로서, 참가자 간의 링크의 수로 표현된다. 즉, 밀도는 참가자의 링크 수를 참가자가 가질 수 있는 총 링크 수로 나눈 값으로 정의된다. 예를 들어, 그림 (b)에서처럼, 4명이 참여하는 경우에 각 노드는 잠재적으로 3개의 다른 노드와 연결될 수 있다. 그림처럼 모든 링크가 구현된 상태이면 밀도 1로 가장 큰 밀도이며, 가능한 6개의 링크 중 3개만 있으면 밀도가 0.5이다. 밀도는 개별 노드가 아닌 전체 네트워크의 구조적 속성을 파악하는 척도이며, 특별히 한 개의 노드를 중심으로 밀

그림 8-2 사회 네트워크의 분석 개념

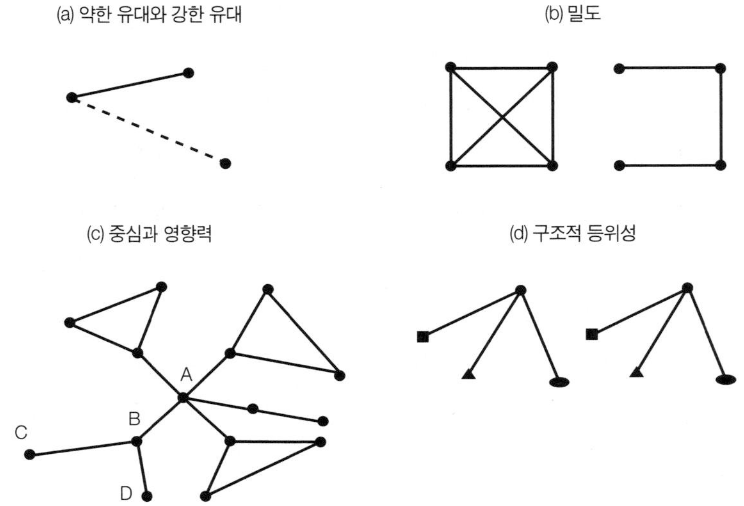

자료: Smith-Doerr and Powell(2005: 382).

도를 측정하는 경우를 자기 중심적 밀도라고 한다. 우리나라의 계와 유사한 순환신용조합에 대한 비가트(N. W. Biggart)의 분석은 보다 조밀한 사회적 관계의 안정적인 공동체가 동료 집단에 대한 대출 제도의 성공에 필요한 맥락을 제공한다는 것을 보여 준다.

중심성(centrality)은 네트워크 내 특정 노드의 중요도 또는 다양한 의미에서의 영향력을 정량화하기 위한 지표이다. 중심성은 네트워크 내 개별 노드에 초점을 맞춘 개념이다. 즉, 중심성은 한 노드가 네트워크 내에서 다른 노드와 상호작용하는 정도를 나타낸다. 어떤 노드가 네트워크 내에서 직접 연결된 노드가 많을수록 중심성이 커진다. 점 중심성은 개별 노드가 전체 네트워크에서 얼마나 중심적인가를 나타내며, 네트워크 중심성은 네트워크 전체가 얼마나 중앙집중화되어 있는지를 나타낸다. 중심성은 네트워크에서 발휘되는 영향력과는 다르다. 그림 (c)에서 링크는 하나를 선택하면 다른 것을 선택할 수 없는 영합적(zero-sum) 거래를 의미한다. 그림과 같은 네트워크에서 B는 A, C, D와 링크를 갖고 있지만 그중 하나와 거래하면 다른 노드와는 거래할 수 없다. 그런데 이 네트워크에서 A는 가장 중심에 있는 노드이지만 그렇다고 영향력이 강력하지는 않다. A에게 5명의 잠재적 거래 파트너가 있지만 A에게만 의존하는 것은 하나도 없기 때문이다. 반면, B는 네트워크의 중심에 있지는 않지만, C와 D의 거래를 모두 독점하기 때문에 가장 강력한 영향력을 갖는다.

구조적 등위성(equivalence)은 어떤 노드들이 네트워크 내 다른 노드들과 동일한 관계를 맺고 있음을 의미한다. 그림 (d)에서 두 개의 네트워크를 비교해 보면, 두 개의 원형 노드는 정사각형, 삼각형 및 타원형의 노드에 대한 유대를 가지고 있다는 점에서 구조적 등위성을 갖고 있다. 원형의 노도가 맺고 있는 유대가 비록 같은 노드를 파트너로 하고 있는 것은 아니지만 동일한 유형의 관계이기 때문에, 원형의 두 노드는 비슷한 위치를 갖는다고 할 수 있다. 예컨대, 대학들마다 각각 기부 기업들, 학자금 대출 기관들, 정부 부처와 실효적인 유대를 맺고 있다고 하면, 대학들은 구조적 등위성, 즉 비슷한 위치를 갖고 있다고 할 수 있다. 만약 하나의 네트워크 내에서 구조적 등위성을 갖는 집합들이 여럿 존재하면 그 네트워크는 하위의 여러 네트워크로 분화할 가능성이 있다.

네트워크는 서로 다른 정도로 불규칙하게 침투한다. 따라서 어떤 사람들은 다른 사람들보다 더 좋은 위치를 갖고 있기도 하고 어떤 집단은 다른 집단

보다 더 고립되어 있기도 하며, 어떤 공식 조직에는 다른 조직보다 더 많은 비공식적인 파벌이 있기도 하며, 어떤 공동체에는 다른 공동체보다 더욱 연합적인 생활이 존재하기도 한다. 즉, 연결이 존재하는 수준과 그런 연결이 작동하는 시기와 관련하여 많은 가변성이 존재한다.

광범위한 분야에서 이뤄진 실증적 연구는 네트워크가 경제 활동에 대해 미치는 영향을 다음과 같이 분석하였다. 첫째, 네트워크는 노동 현장 및 노동 시장에서 노동과 관련된 결과를 형성하는 비공식적인 관계를 나타낸다. 사회적 유대와 경제적 교환이 서로 깊이 엮여 있기 때문에 어떤 목적이 있는 활동에 우정, 평판 및 신뢰가 뒤얽히게 된다. 둘째, 네트워크는 자산 통합(asset pooling)이나 자원 제공 형태로 이뤄지는 교환이며, 이 교환은 가치를 도출하기 위해 지속적으로 상호작용하는 둘 이상의 당사자 간에 이뤄진다. 이러한 네트워크 관계는 상호 필요에 의해 형성되지만, 상호 의존성과 반복적인 상호작용으로 이어지면서 공식적 통제의 필요성을 줄여 줄 수 있다. 셋째, 네트워크는 권한이 광범위하게 분산되어 있는 관계형 거버넌스이다. 이러한 배열은 일반적으로 시장과 환경이 자주 변하고 적응 프리미엄이 존재하는 상황과 연관되어 있다. 이러한 형태의 조직화는 혁신가형 기업, 테러 조직 세포, 교차기능 집단을 광범하게 운용하는 조직, 다수의 초국경 동맹체를 가진 국제적 기업, 불법 마약 카르텔 등에서 볼 수 있다(Smith-Doerr and Powell 2005).

3) 다양한 네트워크 분석

먼저, 시장에 대한 네트워크 분석을 보도록 하자(박길성·이택면 2007). 시장은 재화와 서비스의 구매와 판매가 이뤄지는 하나의 네트워크이며, 시장 네트워크는 개별 소비자와 생산자가 고려해야 하는 사회적 맥락의 일부이다. 시장 네트워크 분석은 각 행위자들 간의 거래 관계를 통해 생산자와 소비자, 생산요소 공급자가 서로 어떤 관계를 맺고 있는지, 행위자들 간의 구조적 등위성이 어떠하며 시장이 동질적인지 아니면 하위 집단으로 분화된 것인지 등을 포착한다. 가령 4명의 생산자 A, B, C, D가 동일한 생산물을 동일한 기술로 생산하며 생산요소 공급자 및 소비자와 동일한 관계를 맺고 있다고 하자. 그러면 이들은 구조적으로 동등한 행위자이고 따라서 서로 완벽한 대체가 가능하며, 이러한 자들로 구성된 시장은 완전경쟁시장에 해당한다.

소비자에 대한 네트워크 분석은 소비자를 원자적이고 고립된 존재가 아니라 타자와 맺고 있는 네트워크라는 사회적 맥락 속에서 파악한다. 신고전파 경제학의 소비자 행동 이론은 소비자의 효용이 오직 소비하는 재화에 의해서만 정의된다고 간주한다. 그러나 네트워크 분석은 소비자를 원자적이고 고립적인 존재가 아니라 다른 소비자와 맺고 있는 관계라는 사회적 맥락 속에 있는 존재로 파악한다. 재화의 소비에서 소비자가 얻는 효용은 다른 소비자의 존재를 인지하는 것에 의해 영향을 받는다. 즉, 소비자의 효용함수는 단순히 재화의 양뿐만 아니라 그것과 함께 다른 소비자를 얼마나 자신과 유사하다고 생각하는지에 따라 그 구조가 결정된다.

생산자에 대한 네트워크 분석은 생산자의 이윤 극대화 행동이 시장 네트워크를 구성하고 있는 다른 생산자의 과거 행동에 대한 관찰에 의해 결정된다고 이해한다. 신고전파 경제학에서의 생산자는 다른 생산자나 생산요소와 무관한 고립 상황에서 이윤 극대화를 추구하는 존재이지만, 네트워크 분석에서의 생산자는 고립적이고 원자적인 행위자가 아니라 네트워크의 특성을 사회적 제약으로 하여 이윤을 추구하는 존재라고 할 수 있다. 생산자는 자신의 비용함수에 대해서는 알지만, 가격을 결정하는 시장의 수요와 공급에 대한 정보를 갖고 있지 않다. 따라서 그는 자신이 가진 정보에 비추어 판매량에 따른 수입과 그에 따른 비용을 생각한다. 전자를 시장 스케줄, 후자를 비용함수라 하는데, 양자는 판매와 구매가 얽혀 있는 시장 네트워크의 구조적 특성에 의해 결정된다. 생산자는 이윤 극대화를 위해 시장 스케줄과 비용 함수의 차이가 최대가 되는 수준에서 생산을 결정한다.

네트워크 분석은 전체 시장 네트워크의 변화라는 거시적 측면의 변화도 분석한다. 개별 시장 모형은 개별 시장을 하나의 네트워크로 보고 그 특성을 포착하지만, 전체 시장 네트워크는 경제 전체를 하나의 네트워크로 보고 구조적 특성을 파악한다. 전체 네트워크는 수많은 하위 네트워크, 즉 개별 시장으로 분화되는 구조라고 할 수 있다. 구조적 자율성이 낮은 소규모의 개별 시장의 구성원은 구조적 자율성을 높이려는 유인을 갖는다. 구조적 제약을 줄이기 위해 구성원이 취하는 대응의 집합적 결과는 개별 시장의 자율성을 높인다. 이는 개별 시장이 다른 시장과 맺고 있는 관계에 구조적 변동이 있게 됨을 의미하며, 나아가 경제 전체의 네트워크 구조가 변한다는 것을 의미한다.

다음으로, 개인이나 조직에 대한 네트워크 분석을 보자. 개인에 대한 네트워크 분석의 유명한 사례는 구직에 관한 연구이다. 그라노베터에 의하면, 개인은 친구나 가족과 같은 강한 유대보다 약한 유대를 통해 더 쉽게 일자리를 얻는다. 약한 유대는 강한 유대가 제공하지 못하는 취업 정보를 취업자에게 제공할 수 있기 때문이다. 강한 유대 관계에 있는 가까운 친구와 가족은 구직을 도우려는 동기가 더 클 수 있지만 구직자와 동일한 연락처와 정보를 갖고 있을 가능성이 큰 반면, 약한 유대 관계에 있는 지인은 구직자가 갖고 있지 못한 연락처와 정보를 갖고 있다. 일반적으로 대부분의 구직자는 공식 채널이 아닌 사적인 관계를 통해 일자리를 구하며, 고용하는 기업(조직)도 네트워크를 통한 고용에서 얻는 유익이 있기 때문에 낯선 사람을 고용하지 않으려는 강한 동기를 갖는다. 직장을 구하는 것 외에도 대인 관계 네트워크는 개인의 경력을 개선시킬 수 있는 중요한 통로가 되기도 한다.

조직에 대한 네트워크 분석에 의하면, 기업 역시 정보 및 자원에 대한 접근, 신속한 제품 개발 및 더 향상된 혁신 등의 형태로 네트워크 유대의 이점을 누릴 수 있다. 서로 다른 조직들 간의 긴밀한 상호작용은 더 큰 혁신과 학습으로 이어지는 새로운 정보 조합을 생성할 수 있다. 또한 조직들 간의 네트워크는 새로운 생산 방법의 도입을 촉진할 뿐 아니라 생산성을 높이는 데 기여할 수 있다. 다른 조직들과의 연결은 조직의 생존 가능성과 자금 조달 능력을 향상시킬 수도 있다. 예컨대, 영리적 파트너와의 유대가 없는 대학은 중요한 특허가 적은 반면, 여러 파트너와 다양한 관계를 맺고 있는 대학은 영향력이 큰 특허를 많이 갖고 있는 것으로 나타났다.

그런데 네트워크는 사실 여러 가지 복합적인 결과를 가져온다. 예컨대, 긴밀한 네트워크를 가진 구직자는 신속하게 일자리를 찾을 수 있지만 이직하면서 평균적으로 상당한 소득의 상실을 경험한다. 긴밀한 네트워크에 의한 현지 탐색은 신속한 결과를 얻을 수 있는 정보를 제공하지만, 대신에 더 높은 임금의 일자리에 대한 탐색 기회는 줄어들기 때문이다. 네트워크는 또한 어두운 면을 포함하기도 한다. 즉, 범죄 조직(예컨대, 콜롬비아 마약 카르텔)과 같은 위험과 불확실성이 큰 환경에서는 긴밀한 네트워크가 일반적이며 그러한 조건이 강한 신뢰 관계를 만들 뿐 아니라 격렬한 경쟁심도 불러일으킨다.

이처럼 네트워크는 시장, 개인, 공식 조직에 이르기까지 다양한 수준에서 존재하며 복합적인 결과를 포함한다. 그러나 네트워크 분석은 어떤 요소가 네트워크 형성에 기여하며 어떤 네트워크가 유익하고 유익하지 않은지에 대한 설명을 하지 않는다. 이를 위해서는 공식 및 비공식 조직 간의 관계를 탐색하고 네트워크에 대한 보다 일반적인 정의를 개발해야 하지만, 모든 상황을 포괄할 수 있는 일반적 이론이 아직 없으며 경제학에서처럼 행동을 규제하는 가격 신호에 비견할 만한 단일 메커니즘도 없다. 네트워크 분석에 대해 계속되는 첫 번째 비판은 관계의 구조에 초점을 맞추고 관계의 내용을 무시하는 경향이 있다는 것이다. 연결 구조를 지나치게 강조하면 모든 관계를 내용이나 맥락에 관계없이 비교 가능한 것으로 간주해 버릴 수 있다. 두 번째의 일반적 비판은 네트워크 분석이 정학적이며 횡단면적인 특성을 갖고 있다는 점이다. 물론 그렇다고 양자적 관계의 동학과 네트워크의 진화를 분석하는 진전이 전혀 없었던 것은 아니다. 세 번째 비판은 네트워크 분석이 관계에 초점을 맞추고 있기 때문에, 정치 및 제도에 대한 관심을 더 많이 희생한다는 것이다. 이 때문에 네트워크 이론은 근시안적이고 신자유주의적이라는 비판을 받기도 한다(Smith-Doerr and Powell 2005).

3. 신경제사회학의 기본 명제

1) 사회적 행위로서의 경제 행위

신경제사회학이 내놓은 명제는 세 가지로 정리할 수 있다(유홍준·정태인 2011). 첫 번째 명제는 경제 행위를 사회적 행위로 이해한다는 것이다. 신고전파 경제학은 인간이 합리적으로 행동한다고 가정하고 효용 극대화의 원리를 내세운다. 이는 경제적 동기만을 중시하고 비경제적 동기를 배제한 이론이라 할 수 있다. 이처럼 경제 행위를 합리성의 관점에서 파악하는 입장은 경제적 동기 외의 것을 비합리적인 것으로 보고, 경제 행위를 인간의 다른 행위와 구분한다. 그러나 이러한 폐쇄적 관점으로는 현실을 잘 설명하기 어렵다는 점에서 경제 행위에 대한 사회학적 관점을 수용할 필요성이 생긴다. 뒤르켐은 순수한 이기적 동기에 의한 경제 행위로는 사회가 유지될 수 없으며, 경제 행위가 '집합 표상'에 맞추어져 있다고 본다. 베버 역시 경제 행위는 사회적 의미를 통해 다른 사람을 고려하는 행위이며 권력의 중요한 원천을 구성한다고 하였다. 그는 자유 경쟁시장에서도 경제 행위가 권력의 배분에 의해 영향을 받고 가격은 갈등과 협상의 산물이라고 하였다. 이런 사회학의 전통에 따라 신경제사회학은 경제 행위에는 합리적 요소와 사회적·문화적 요소가 모두 포함되어 있다고 본다.

신경제사회학은 신고전파 경제학의 기본 가정, 즉 경제는 그것을 둘러싼 사회와 독립적으로 기능하는 균형 체제이며 행위자는 효용을 극대화하는 합리적 인간이라는 가정에 동의하지 않는다. 즉, 경제학이 생각하는 '경제인'이 존재할 수는 있지만 그것이 경제 분석의 출발점이 될 수는 없다고 본다. 신경제사회학은 합리적 행위가 없다고 주장하는 것이 아니라, 우리가 실제로 경험하는 행위자의 동기 및 합리성의 다양성을 이해하고 경제적 합리성을 가진 행위자가 어떻게 사회적으로 생산될 수 있는지를 설명하고자 한다. 그런데 합리성의 가정이 왜 문제가 되는지에 대해서는 완전히 상호 배타적이지는 않은 두 가지 상이한 답이 있다. 하나는 인간의 행동을 '목적합리적', '논리합리적' 또는 '도구합리적'으로 이해할 것이 아니라 더 섬세하게 개념화되어야 하기 때문이라는 것이다. 또 하나의 답은 집단주의적 접근법이 선호하는 것으로서, 인간의 행동이 항상 사회적 맥락에 매립되어 있고 사회적 맥락에 의해 공동 생산되기 때문이라는 것이다.

일찍이 베버는 인간의 행동을 정서적, 전통적, 가치합리적 및 도구합리적 (또는 목적합리적) 행동의 네 가지 유형으로 구분하였다. 정서적 행동은 감정에 기초한 행동(예컨대, 주식 시장의 패닉)을 중심으로 하는 반면, 전통적 행동은 행동의 습관적 측면을 더 많이 나타낸다. 이러한 습관적 행동은 가치합리적 행동과도 관련이 있지만 후자는 이해관계에 대한 윤리적 평가를 기반으로 한다. 마지막으로 도구합리적 행동은 주로 물질적 이익을 지향한다. 베버는 '합리적'이라는 것이 행동 이론의 출발점으로 자연스럽게 주어지는 것이 아니며 역사적 산물이라고 하였다. 그런데 이러한 구분은 경제학과 사회학을 분업화하려는 파슨스의 행동 이론의 도약대였다. 파슨스는 경제학이 행동의 도구적 측면(즉, 목적-수단 논리)을 분석하고 있는 반면, 사회학은 행동의 가치적 요소에 특화되어야 한다고 보았다. 파슨스의 이러한 구분에 대해 하버마스(J. Habermas)의 비판이론은 의사소통적 합리성 및 행동을 제시하였다.

한편, 하버마스의 비판이론을 계승한 베케르트(J. Beckert)는 신경제사회학이 도구적 합리성의 문제보다는 도구적 합리성의 선행 조건과 관련된 문제에 더 많이 집중해야 한다고 주장한다. 여기서 그는 근본적인 불확실성의 문제를 언급하고 있다. 그는 '우리가 효용을 극대화하고 싶지만 최적화 결정을 추론할 수 있는 인과관계를 알지 못하기 때문에 어떤 행동 전략을 선택해야 할지 모른다. 그러므로 비합리적이지 않음에도 불구하고 합리적으로 행동하는 것이 불가능하다'고 한다. 이는 경제 행위가 사회학의 대상인 전통, 습관, 루틴, 규범, 제도, 결정의 구조적 요인, 권력에 항상 의존한다는 것을 의미한다. 따라서 우리는 경제 행위와 조직에서 일어나는 일을 이해하기 위해 경제의

'매립성'에 주목해야 한다(Daoud and Larsson 2011).

2) 경제는 사회적 관계에 매립

두 번째 명제는 경제는 구체적인 사회적 관계, 즉 네트워크에 매립되어 있다는 것이다. 이는 신경제사회학의 출현을 가져온 핵심적 사고이다. 통상적으로 신고전파 경제학의 합리성 개념에 대한 비판이 많지만, 그라노베터가 신고전파 경제학 이론의 또 다른 근본적인 특징으로서 비판의 여지가 매우 크다고 본 것은 행위자가 다른 사람과 격리되어 의사 결정을 한다는 방법론적 개인주의, 즉 '원자화된 의사 결정'의 가정이라고 하였다. 그는 경제 행위자가 경제학 이론이 우리에게 믿도록 강요하는 것처럼 서로 독립적 개체로 원자화되어 있지 않으며, 결과에 중요한 영향을 미치는 상호작용 및 상호작용의 구조 속에 있다고 한다. 이처럼 그는 경제 행위를 단순히 공급자 대 수요자라는 양자적 관계로만 환원시키는 것을 거부하고 경제 행위가 장기적 사회관계, 즉 사회 네트워크에 의해 영향받는다는 점을 강조한다. 그라노베터는 경제 활동이 구체적이고 지속적인 사회 관계 속에 있으며 따라서 경제 활동의 양상이 신뢰 구축과 부정 억제에 작용하는 네트워크의 역할에 따라 매우 달라진다고 본다. 여기서 그는 폴라니가 유행시킨 매립이라는 용어를 사용한다. 그는 경제 행위, 결과, 제도가 사회 네트워크에 매립되어 있으며, 경제 행위는 그것이 매립된 사회 네트워크의 내용과 구조에 의해 제약을 받는다고 하였다.

그라노베터는 폴라니의 매립 개념이 사회학에서 나타나는 인간에 대한 과잉사회화의 시각에 영향을 받은 것으로 보고, 매립 개념을 '구체적인 개인 관계 및 구조(또는 네트워크)의 역할'로 좁혀서 사용하였다. 이후 신경제사회학자들은 인지적 매립, 문화적 매립, 구조적 매립, 정치적 매립 등 다양한 형태로 매립 개념을 사용하였다. 인지적 매립은 개인 집단이 전통, 습관, 관습, 규칙 및 경제 지식에 의해 형성된 비슷한 사고틀을 공유한다는 것을 의미한다. 예컨대, 개인은 자원을 도구적 합리성에 따라 기계적으로 배분하는 것이 아니라 사회화된 주관성, 즉 아비투스(habitus)[2]에 매립되어 있는 실천적 이유에 따라 배분한다. 문화적 매립은 행위자들에게 공통되는 제도적 혹은 문화적 차원의 집단적 이해가 경제적 전략과 목표를 형성한다는 것을 의미한다. 집단적 이해는 사회를 규범과 규제로 조직하며 종교나 법률 시스템 속에 제도화된 가치 체계를 포함한다. 구조적 매립은 상이한 상황에서 개인이 차지하는 사회적 지위가 다양하다는 것을 의미한다. 따라서 개인 간의 공식적, 비공식적 연결을 의미하는 네트워크 개념은 상대적으로 안정적인 사회 조직 및 상호작용이 어떻게 생길 수 있는지를 설명하는 데 사용된다. 정치적 매립은 개인과 거시적 조직 사이에 권위주의적 관계가 공식적으로 조직화, 제도화된다는 것을 의미한다. 이에 의하면 시장은 제도의 지원 없이 존재할 수 없고 시장에서의 경쟁과 부의 창출도 사회적, 정치적 조건에 의존한다(Daoud and Larsson 2011).

스웨드버그(R. Swodberg)는 그라노베터가 매립 개념을 창안한 폴라니보다 그것을 더 분석적이고 유용하게 사용하고 있다고 한다. 폴라니는 시장경제에서는 경제가 사회로부터 분리되며 재분배와 호혜의 통합양식에서는 경제가 사회와 문화 구조 속에 매립되어 있다고 하였다. 그러나 그라노베터는 자본

2 아비투스는 개인이 내면화하고 체화한 사회적, 문화적 구조를 말한다. 선호와 취향 등의 인식 및 공감은 집단적이고 개별적인 역사의 산물이다.

주의 경제도 전자본주의 경제만큼 사회 구조에 매립되어 있다는 의미에서 모든 경제가 사회 구조에 매립되어 있다고 주장하면서 폴라니의 생각에 도전하였다.[3] 비록 근대적 시장이 사회 구조와 분리되어 있는 것처럼 보일 수 있지만, 그런 이미지는 사회 시스템의 복잡한 상호 의존성을 간과한 것이라고 본다. 또한 그는 모든 경제 행위가 사회 네트워크에 매립되어 있다고 함으로써 매립 개념에 분석적 정확성을 부여하였다. 경제의 일반적 매립과 같은 것은 없고 모든 경제 행위는 관계적이므로, 매립 개념은 네트워크 이론 덕분에 비로소 정확하게 정의될 수 있게 되었다(Swedberg 2006). 신경제사회학에 의해 매립 개념은 이처럼 네트워크 이론과 연결되면서 매우 유용해졌다. 신경제사회학의 논문 중에서 매립을 언급하지 않는 논문은 거의 없으며, '우리 모두는 폴라니안'이라는 말에 동의하지 않을 신경제사회학자도 거의 없다.

신경제사회학에서 매립이 중심 개념이 된 것은 폴라니의 연구에서 그것이 갖는 제한적인 의미를 고려할 때 아이러니하다. 그라노베터는 네트워크 이론에 매립 개념을 연결함으로써 신경제사회학에서 이 용어가 널리 사용되는 데 기여하였지만, 그 때문에 폴라니의 매립 개념은 '대전환'이라고 말할 수 있을 정도의 근본적인 변화를 하였다. 신경제사회학에서 폴라니의 매립 개념은 선택적으로 사용되었으며, 그것과 폴라니의 나머지 이론과의 관계는 무시되었다.[4] 원래 폴라니의 매립 개념은 거시적 차원과 관련이 있으며 사회로부

3 그라노베터는 "비시장 사회에서 경제 행동의 매립 수준은 실체론자와 발전론자들이 주장하는 것보다 낮으며 근대화가 되어도 그들이 생각하는 것보다 덜 변하였다"(Granovetter 1985: 482)고 하였다. 그러나 이러한 주장이 퇴니스의 게젤샤프트나 뒤르켐의 유기적 연대라는 개념 이래의 거의 모든 전통적인 사회학적 지식과 위배된다는 비판도 있다(Daoud and Larsson 2011).

4 매립 개념에 담긴 폴라니의 의도는 자본주의를 비판하고 그것이 인간과 자연 모두에 미친 심각한 악영향을 폭로하는 것이었다. 그렇기 때문에 이러한 비판적 차원을 취하지 않는 모든 견해는 폴라니의 유산을 주장할 권리가 없으며 따라서 '우리 모두는 폴라니안'이라고 하는 것은 잘못이다

터 분리된 자본주의적 시장경제의 예외적 특성을 드러내기 위해 사용되었다. 그러나 신경제사회학은 자본주의 시장경제를 포함하는 모든 경제의 매립성을 주장하며, 매립 개념을 중간적(meso) 혹은 미시적 차원에서 개인의 행동이 항상 사회 네트워크의 일부이자 한 묶음이라는 의미로 사용하고 있다.

폴라니의 이론에서 시장은 구조적으로 동등한 생산자 '네트워크'가 아니라 완전한 하나의 '사회 제도'이다. 사회로부터의 경제의 분리는 시장이라는 자율적 시스템의 역사적 등장을 의미하며, 그 이전의 경제는 항상 사회 시스템에 매립되어 있었다. 따라서 폴라니에 의하면 경제의 매립과 분리는 사회가 시장경제인지의 여부와 밀접하게 연관되어 있다. 이와 대조적으로, 모든 경제의 매립성을 주장하는 네트워크적 접근 방식은 시장 제도가 아니라 시장에서의 관계 네트워크를 분석 대상으로 하고 있다. 따라서 네트워크 이론의 매립 개념은 개별 행위자의 속성과 제도적 규칙을 고려하지 않기 때문에 두 가지 한계를 갖고 있다. 첫째, 가치(가격), 경쟁, 협력의 문제와 같은 개별 행위자가 해결해야 할 조정 문제를 다루지 않는다. 둘째, 매립 개념이 중간적, 미시적 차원의 경제사회학 연구를 지향하기 때문에 경제 현상 탐구에서 중요한 거시적 변화의 과정을 간과한다(Beckert 2007).

3) 경제 제도는 사회적 구성물

신경제사회학의 세 번째 명제는 경제 제도는 사회적 구성물(constructs)이라는 것이다. 그라노베터가 매립 개념만큼 중요하게 생각한 것은 사회적 구

(Machado 2011).

성물이라는 개념이다. 제도는 경제 행위의 환경이라는 점에서 중요하다. 따라서 제도의 형성과 변화를 이해하는 것은 사회과학의 핵심 의제이며 연구의 공통된 출발점이다. 근대적 경제 제도를 설명하기 위해 사용된 중심 개념들은 사회적 분화(differentiation)와 문화적·조직적 합리화였다. 부르디외(P. Bourdieu)가 주장하였듯이, 근대적 시장경제 제도의 성격을 이해하기 위해서는 행위자의 경제적 성향의 기원을 이해해야 할 뿐 아니라 경제 영역 자체의 기원과 자기 법칙을 따르는 경제를 창출한 분화 및 자율화 과정을 이해해야 한다. 시장경제에서 자기 이익을 추구하는 행동은 경제적 맥락에서 정당하며, 따라서 주류 경제학 이론은 그런 경제적 맥락에 맞게 사회적으로 제도화된 행동 동기에 초점을 맞추고 있다. 그리고 '윤리적 중립화'와 '몰인격화'(depersonalization)의 제도화가 분화와 합리화를 통해 달성되었다고 하는 것이 일반적인 설명이다(Daoud and Larsson 2011).

그러나 앞서 설명하였듯이, 신경제사회학은 신고전파 경제학처럼 경제가 사회와 독립적으로 작동한다고 간주하고 개인주의적 합리성을 가정하는 것을 거부한다. 그와는 대조적으로, 신경제사회학은 경쟁적 균형보다는 불안정과 갈등을 일으키는 이해 충돌에 초점을 맞추며 행위자들의 합리성과 동기가 다양하다고 주장하며 경제 행위자 및 경제가 사회 네트워크에 매립되어 있음을 강조한다. 그렇다면 신경제사회학은 분화와 합리화가 아닌 무엇으로 근대적 경제 제도의 형성을 설명하는가? 경제의 사회적 구성이라는 표현을 한 현상학자 버거(P. Berger)와 러크맨(T. Luckman)은 제도가 객관적이고 외재적인 것이 아니라 오랫동안 사회적으로 만들어진 결과물이라고 하였다. 그라노베터는 그러한 인식을 수용하고 거기에 네트워크적 관점을 추가하였다.

신경제사회학에 의하면, 경제 제도는 사회 네트워크를 통해 자원을 동원하여 만들어진 구성물이다. 그라노베터는 제도 형성의 초기 단계에 네트워크가 특별하게 중요한 역할을 하며, 네트워크가 제도로 굳어지면 네크워크 역할이 제도에 영향을 미치지 않는다고 본다. 따라서 제도의 형성 과정을 동학적으로 분석하는 것이 필요하다. 예컨대, 시장 제도는 단순한 진화론적 적응의 결과가 아니라 사회 네트워크의 여러 위치에서 창출되는 행위자들의 힘이 공모하고 합종연횡하면서 나타난 결과이다. 따라서 제도를 사회적 구성물이라고 보는 것은 경제적 효율성과는 무관하다. 반면, 신제도경제학은 모든 제도가 거래비용을 절감하기 위한 것이라고 생각한다. 예컨대, 신제도경제학은 기업이라는 위계 조직이 정보의 불완전성과 기회주의로 인한 시장의 실패를 해결하고 효율성을 높인다고 설명한다. 그러나 신경제사회학은 기업에 의해 기회주의가 제거된다는 것이 경험적으로 확인되지 않는다는 점과 집단 이익을 위한 네트워크가 비효율적인 독점적 산업 조직을 형성시키는 반면, 시장의 복잡한 거래 관계에서도 높은 효율성과 질서가 가능하다는 점에서 신제도경제학의 설명을 비판한다.

신경제사회학은 경제 제도의 분석을 진일보시킨 것으로 평가된다. 예컨대, 미국 시카고 지역 전기산업의 형성에 관한 연구는 사업가들 간의 광범하고 약한 유대의 네트워크가 전기산업의 제도화를 초래했다고 하였다. 또한 집단이익 보호를 위한 네트워크가 특정 직업의 독점화를 통해 전문 직종을 형성시켰다는 연구 결과도 있다(유홍준 · 정태인 2011). 그러나 제도에 대한 신경제사회학의 설명에 대한 반론도 있다. 인간의 행동이 '구체적이고 지속적인 사회 관계 시스템에 매립'(Granovetter 1985)되어 있는 것은 사실이지만, 이러한 시스템은 결국 분리된 경제에 의해 구성되고 결정된다고도 할 수 있다. 즉, 사회 시스템에 의해 경제의 틀이 만들어지는 것이 아니라, 사회 시스템의 틀이 경제에 의해 만들어진다. 또한 네트워크는 제도의 형성에 중요한 영향을 미치지만 제도의 틀이 갖춰지면 그 역할이 감소할 것이며, 시장과 네트워크가 상호 보완적이면 좋은 성과를 내지만 양자가 대체적일 수도 있다. 예컨대, 시장이 공동체적 네트워크를 대체하면 공동체가 담당하였던 보육, 교육, 빈곤 구제가 이익 추구적으로 변하며, 또한 완고한 혈연 네트워크가 이익 추구 활동을 저하시킴으로써 시장의 원활한 작동을 방해하기도 한다.

제3부

종합적 이해

제9장

경제 행위와 경제 제도의 이해

1. 경제 행위에 대한 이해

1) 경제 행위자에 대한 가정

재화나 용역을 생산·교환·분배·소비하는 것뿐만 아니라 기업을 설립하고 주식에 투자하며 기부도 하고 도박을 하는 이 모든 것이 경제 행위에 포함된다. 이러한 경제 행위를 이해할 때 다음과 같은 다양한 질문이 제기된다. 우리가 관심을 가져할 것은 경제적인 교환 관계인가 혹은 그것의 배경이 되는 역사나 사회인가? 경제 행위에 영향을 미치는 것은 시장의 가격 체계인가 혹은 상호 연관성(또는 매립성, 제도, 규범)인가? 경제 행위는 합리적인가 혹은 전통적이거나 정서적인가? 경제 행위의 특징이 개인의 선호에 있는가 혹은 사회적 의미에 있는가? 거래는 평등한 사이의 거래인가 혹은 권력의 개입이 있는 거래인가?

이런 서로 무관하지 않은 듯한 문제에 답하기 위해서는 경제 행위자를 어떻게 규정할지를 먼저 생각해 보아야 한다. 그것은 인간의 본성을 묻는 질문이다. 사이먼은 “연구 의제를 설정하고 연구 방법을 알리는 데 있어서 우리가 그 행위를 연구하고 있는 인간의 본성에 대한 견해보다 더 근본적인 것은 없다”(Simon 1985: 303)고 하였다. 인간의 본성에 대한 견해가 경제 행위를 분석하는 출발점이며 설명에 결정적인 영향을 미친다는 것이다. 흔히 인간의 본성이 이기적인가 이타적인가를 둘러싸고 견해가 나뉘지만, 인간에게는 양 측면이 공존한다고 보는 것이 타당할 것이다. 사실 인간이 이기적인가 이타적인가에 대한 판단은 어떤 상황에 있는가에 따라 달라질 수 있다. 인간이 고립적 개인이라면 이기심 외에는 생각할 필요가 없을 것이며, 그렇지 않다면 이타심이 들어갈 여지가 있다. 이하에서는 인간 존재에 대한 가정을 이기적 개인, 사회적 인간, 도덕적 인간으로 구분하고 앞의 여러 질문과 연관하여 각각을 설명한다(본서 제1부 참고).

(1) 이기적 개인

이기심을 자연적 본성으로 이해하는 신고전파 경제학은 이기적 개인을 가정한다. 개인은 안정적인 선호 체계를 갖고 있으며 효용 극대화를 달성하기 위한 선택을 한다. 효용 극대화를 추구하는 것은 '합리적'인 행동이며, 합리성은 증명이 필요 없는 공준이다. 효용 극대화의 행동은 공리주의의 특징인 결과주의, 복지주의, 총계주의를 반영한다. 모든 개인은 다른 사람들로부터 완전히 독립적이고 효용 극대화의 행동을 하므로 원칙적으로 개인의 행동은 예측 가능하며, 경제 행위의 '의미'는 개인의 선호와 재화의 가격 및 수량으로부터 도출된다. 경제 행위는 등가적 교환 행위이므로 '권력'이라는 변수를 고려할 필요는 없다. 특히 완전경쟁시장에서는 어떤 판매자와 구매자도 가격에 어떤 영향도 미치지 못한다. 따라서 이기적 개인을 가정하는 신고전파 경제학은 권력에 대한 관념이 희박하며, 모든 시장 참가자가 시장의 보이지 않는 손에 의해 이끌려 행동하며 이로써 안정적이고 조화로운 질서 체계가 탄생한다고 본다.

이기적 개인을 가정하는 경제학 모형의 핵심적 원리는 합리적 선택이며, 개인은 제약 조건하에서 선택 대안들을 일관성 있게 평가하고 논리적 사고를 통해 효용 극대화의 선택을 하는 존재로 묘사된다. 그러나 이윤 극대화 또는 효용 극대화 원리의 보편성에 대해서 선진 자본주의 사회에서조차도 의문이 제기되고 있다. 심리학자들은 사실 자원 배분 문제가 너무 복잡하므로 경제 모형에서와 같은 논리적 추론을 허용하지 않는다고 주장한다(Ortiz 2005). 비록 애덤 스미스 이래로 경제학이 도덕철학적 문제를 논리와 합리성과 과학의 영역으로 옮겨 놓았지만, 이기적 개인과 사회 사이의 긴장은 여전히 존재한다. 경제학은 타인과의 관계나 제도적 구조가 개인의 경제 행위에 미치는 영향을 논의에서 배제하였지만, 인간은 타인과의 관계에서 종종 이타심을 발휘한다. 예컨대, 판매자와 구매자가 깊은 우정의 관계라면, 어떤 물건이 다른 곳에서 싼 가격에 거래되고 있다는 사실이 양자 간의 거래를 단절시키지 않는다.

(2) 사회적 인간

인간의 본성이 이기적이라는 것에 쉽게 동의할 수 없는 것은 가족과 집단과 사회 속에서 주어지는 기대와 역할에 따라 행동하는 경우가 드물지 않기 때문이다. 인간은 고립적으로 살아가는 것이 아니라 집단 속에 무리지어 행동하고 살아간다는 점에서 인간의 본성이 사회적이라고 보는 입장이 있다. 중세 공동체하에서는 물론이지만, 공동체가 해체된 후에도 인간은 사회나 집단을 형성하여 살아간다. 사회나 집단은 구성원들을 지배하는 힘을 갖고 있고 구성원의 욕구나 욕망과 상관없이 순응을 강요할 수 있다. 사회적 인간이라는 가정하에서 개인은 사회적 규범을 자동으로 내면화하는 실체(entity)이며, 공장에서 돌아가는 거대한 톱니바퀴의 작은 톱니 하나와 같다. 개인은 집단의 공통 목적을 위해 단결하고 집단을 위해 개인적 이익을 유보하기도 하며(뒤르켐), 개인은 계급으로 구분되고 사회적 혹은 계급적 실존이 개인의 의식을 결정한다(마르크스). 뒤르켐은 사회의 통합과 기능적 안정성을 강조한 반면, 마르크스는 불평등과 착취 관계에서 생기는 계급갈등과 변화를 강조하였지만, 두 사람 모두 인간은 본성적으로 사회적이며 경제 행위는 사회 구조와 역사적 상황을 반영한다고 본다.

사회적 인간의 가정은 경제 행위의 동기를 개인의 이기심이 아니라 사회적으로나 계급적으로 요구되는 역할이나 행동으로 이해한다. 개인은 사회로부터 아무런 영향을 받지 않는 독립적인 존재가 아니라, 상호작용하는 행위자 혹은 사회 속의 행위자이다. 따라서 신고전파 경제학이 이해하는 것과는 달리, 경제 행위는 비합리적일 수도 있고 전통적이거나 정서적일 수도 있다. 집단이 개인보다 우위에 있으며 합리성은 개인이 아니라 집단(계급)의 이익이나 생존의 관점에서 정의된다(이를 집단 합리성이라 한다). 그러나 이러한 사회적 인간의 가정은 왜 경제 행위에서 이기심이 이타심을 압도하며 사람들이 자신의 사적 이익에 따라 개인으로서 행동하는지를 설명하지 못한다.

(3) 도덕적 인간

도덕적 인간의 가정은 합리성의 동기가 인간의 욕구이지만 욕구 자체가 문화적이어서 가변적이라고 본다. 여기서 합리성은 정신 능력으로 정의된다. 그것은 인과적 해석을 하고 복잡한 문제를 해결하는 능력과 상징을 사용하고 범주화하는 의사 소통의 능력이다. 따라서 그것은 전적으로 '상대적인' 고유의 문화 영역에 속한다. 예컨대, 동남아시아에서 가난한 농민이 종교 의례와 승려를 위한 잔치에 많은 지출을 하는 것은 전혀 비합리적 행동이 아니며, 그들의 문화적 맥락에서는 합리적이다. 따라서 경제학이 가정하는 '보편적' 합리성은 존재하지 않는다. 합리성은 하나의 변수일 뿐이며, 증명이 필요 없는 공준이 아니라 평가되거나 설명될 수 있는 하나의 현상이다. 모든 경제적 과정과 대상은 전적으로 그것들이 인간 행동에 대해 갖는 '의미'에 따라 특징지워지며, 의미는 어떤 가정과 외부 조건으로부터 도출되는 것이 아니라 역사적으로 구성되고 경험적으로 확인된다. '권력'은 경제 행위에 대해 광범위하고 중요한 위치를 차지한다. 이에 베버는 경제 행위라는 개념에 통제나 처분의 권력 범주를 포함시키는 것이 매우 중요하다고 생각하였다.

베버는 역사적 상황에 의해 형성된 관념과 가치가 사람들이 특정한 방식으로 행동하도록 하며 각 집단마다 그 문화에 독특한 성격을 부여하는 자기만의 독특한 가치를 갖고 있었으나, 근대에 들어와 합리성이 모든 인간관계에 침투하고 합리적 계산과 세속적 물질주의가 지배하면서 이전의 모든 것을 파괴하였다고 하였다. 마찬가지로 폴라니도 전통 사회에서는 경제가 사회에 매립되어 있지만 자본주의 시장경제에서는 경제가 사회로부터 분리된다고 보았다. 그러나 경제인류학자 살린스는 문화적 범주가 일차적이고 재화의 생산과 분배를 지배하고 있기 때문에 현대 사회의 경제 질서도 문화적, 상징적 의미 구조로 볼 때 가장 잘 이해될 수 있다고 주장한다. 가령 미국에서는 소를 식용으로 하지만 쇠고기 생산 비용이 더 싸다거나 소 사육이 미국의 자연 환경에 더 적합하기 때문이 아니라 개나 말을 더 친근하게 생각해 온 문화 때문이라는 것이다. 도덕적 인간의 가정에 의하면, 문화가 인간 행위를 이해하는 열쇠이며 어떠한 인간의 행동에도 적용될 수 있는 원리는 문화적 질서와 상징이다. 그러나 도덕적 인간의 가정에 대해서는 문화 상대주의적이고 합리성이 애매모호하고 측정 불가능하며 문화가 모든 것을 결정할 수 없다든가 문화가 어느 정도를 결정하는지 알 수 없다는 등의 비판이 있다.

2) 행위자 가정에 대한 비판적 대안

이기적 개인의 가정하에 경제 행위를 설명하는 신고전파 경제학에 대해서는 경제학 내부에서 도전이 있었다. 그것은 사이먼의 제한적 합리성 가정과 코즈의 거래비용 개념이다. 사이먼에 의해 완벽한 합리성 혹은 초합리성(hyper-rationality)의 가정은 제한적 합리성으로 대체되었다. 그것에 의하면, 인간은 합리적이지만 의사 결정 능력의 한계, 인지적 한계, 시간적 제약으로 인해 제한적으로 합리적이다. 제한적 합리성을 가정하는 행동경제학은 경제 행위에 심리적 요인을 도입함으로써 신고전파 경제학의 의사 결정 모형을 대신할 대안적 기초를 제공하였다. 또한 거래비용 개념에서 출발한 신제도경제학도 개인은 제한적 합리성을 갖고 효율성을 추구하며 그 과정에서 형성되는 규범과 제도에 의해 영향을 받는다고 본다. 물론 그렇다고 해서 행동경제학이나 신제도경제학이 신고전파 경제학을 부정하는 것은 아니다. 인간이 비합리적, 비이기적으로 행동한다는 것이 아니라 완벽하게 합리적, 이기적이지 않다는 것일 뿐이다. 한편, 슘페터는 혁신이라는 대안적 행동 이론을 통해 합리적 행동 모형의 한계를 보여 주었다. 그는 합리적 행동 모형의 단점을 통찰하고 동학적인 혁신 이론의 토대를 구축하였다. 그에 의하면 단순히 합리적인 극대화 행위로써 기업가의 행동을 이해할 수 없다. 기업가는 종종 비정상적인 경로를 취하며 루틴의 추종과 합리적 계산이라는 협소한 범위를 초월한다. 상황에 대한 인식과 루틴이 제공하는 솔루션 간의 불일치가 루틴한 행동의 지속을 중단시키기 때문이다(Beckert 2003).

한편, 개인과 사회의 오래된 이분법의 딜레마는 개인에게 영향을 미치는 많은 욕구와 동기가 사회적 환경에 의해 만들어지기 때문에 개인이 사회에 첨예하게 반대할 수 없다는 점에 있다. 즉, 개인이 없이는 사회가 구성될 수 없지만 동시에 사회의 영향을 받지 않는 개인도 없다. 그러나 일반적으로 말해서, 이기적 개인의 가정은 개인의 주관적인 자유 의지에 우선권을 부여한다. 이는 개인이 자신을 둘러싼 세계를 어떻게 해석하고 자신의 활동에 어떤 의미를 부여하는지에 기초하여 자신의 활동으로 사회적 현실을 창조하는 행위자라고 보는 '아래로부터의 관점'이다. 이러한 관점에 의하면, 사회 제도, 구조 및 시스템은 상호 연결된 개인의 행동, 즉 개인들의 상호작용의 결과로써 아래로부터 구축된 것이다. 반면, 사회적 인간의 가정은 사회가 구성 요소의 단순한 집합체가 아니라 그 이상이라는 철학적 가정에 기반하고 있다. 따라서 사회와 사회 제도 및 구조는 개인과 개인의 행동으로부터 설명될 수 없고 그 자체의 원칙에 입각하여 설명되어야 한다. 뒤르켐에 의하면, 사회의 첫 번째 특징은 초개인적이고 개인의 외부에 있으며 개인의 의지와 무관하게 외부에서 의식 속으로 들어간다는 것이며, 두 번째 특징은 강제력이 부여되며 개인이 순응하도록 압력을 행사할 수 있다는 점이다(Subrt 2015).

그러나 사회적 인간의 가정은 특히 인간의 자유, 창의성 및 자율성을 위한 공간을 남기지 않기 때문에 문제가 있다. 사회적 인간에게는 정해진 역할을 수행하는 자 외의 다른 차원은 없다. 역할은 강제적이고 확정적이며 그 역할 속에서 개인에 대한 사회의 지배가 나타난다. 행위자는 일반적으로 이미 사회적으로 주어진 대안 중에서 선택하며, '사회적으로' 형성되어 온 중재적 기준에 따라 무엇이 바람직하고 편리하고 합리적이고 윤리적이고 유익한 것인지를 결정한다. 그러나 개인에 대한 사회의 외적 강제력은 만능이 아니며, 인간은 무력하게 강제된 역할만 하는 존재가 아니다. 자유는 사회가 제시하는 여러 대안들 중에서 선택하는 자유이지만, 사회적으로 용인되는 가치와 표준을 버리고 변칙적, 일탈적으로 행동할 가능성도 포함한다. 사실 인간의 행동은 확고하게 정해진 목표가 아니라 계속 수정되는 다소 모호한 의미를 갖고 시작된다. 개인의 창의성은 새롭고 예상치 못한 놀라운 것을 창조하며 사물을 이전과 달리 보고 기존의 경험에 새로운 것을 결합시킨다. 창의성은 실패의 큰 위험을 감수하면서 비정상적으로 생각하고 행동하는 자세에서 나타난다(Subrt 2015).

요컨대, 이기적 개인과 사회적 인간의 가정에는 각각 과소 사회화와 과잉 사회화의 문제가 내포되어 있다. 사실 인간의 경제 행위에는 이기적 측면도 있고 사회적 측면도 있다. 그러나 이기적 개인의 가정은 사회 구조나 사회 관계가 개인의 경제 행위(생산, 분배, 소비)에 어떤 영향도 미치지 않는다고 보기 때문에 과소 사회화의 문제를 안고 있다. 예컨대, 사회 현상에 대한 베커의 연구는 경제의 구조적 매립성을 단순화시키고 개인을 사회적·역사적 맥락에서 분리된 원자적 행위자로 만들었다(본서 제1장 참고). 반면, 사회적 인간이나 도덕적 인간의 가정은 개인이 다른 사람들의 의견에 민감하고 사회화 과정을 통해 사회 규범을 완벽하게 내면화하기 때문에 사회적 규범과 가치 체계에 복종한다고 보는 과잉 사회화의 문제를 갖고 있다. 이 가정에 입각한 분석은 개인이 어떤 집단에 속하는지 알면 그의 모든 행동을 알 수 있다고 본다. 그라노베터는 과소 사회화뿐 아니라 과잉 사회화도 사회 관계적 측면을 무시하는 점에서 사실 원자화된 행위자를 전제로 하고 있다면서 그것에 대해 다음과 같이 비판하였다.

> 인간 행동에 대한 유익한 분석은 과소 사회화와 과잉 사회화 개념의 이론적 극단에 내포된 원자화를 피해야 한다. 행위자는 사회적 맥락 밖에서 원자처럼 행동하거나 결정하지 않으며, 그들이 우연히 차지한 사회적 범주가 특정하게 교차하면서 만들어진 대본을 노예처럼 고수하지도 않는다. 의도적 행동에 대한 그들의 시도는 구체적이고 지속적인 사회 관계 시스템에 매립되어 있다(Granovetter 1985: 487).

인간의 행동이 사회적 '관계'에 의해 어떤 영향을 받는가라는 것은 사회이론의 고전적인 질문 중 하나이다. 인간을 과소 사회화하거나 과잉 사회화한 설명은 역설적이게도 사회적 관계의 구조를 무시한다는 점에서 서로 유사하다. 인간은 타인과의 관계 속에서, 사회적 행동을 하거나 타인의 행동을 생각하는 존재이다. 인간은 사회와 무관하게 원자적 존재로만 행동하지 않으며 그렇다고 자신들이 속한 사회나 단체에 전적으로 구속되어 행동하는 것도 아니다. 그라노베터는 경제 행위가 사회 관계 속에 매립되어 있다고 하였다. 그는 어느 사회든 경제 행위에 대한 정교한 설명은 경제의 구조적 매립성을 고려해야 한다고 주장한다(Granovetter 1985). 그는 경제 행위가 경제학이 말하는 효용 극대화라는 단순하고 직접적인 경로를 따르지 않고, 네트워크에 의해 구조화되어 상당히 복잡한 경로를 따른다고 본다. 따라서 경제 행위는 타인과의 사회적 관계 속에서 이뤄지며 제도라는 사회적 구성물에 의해 영향을 받는다고 본다.

2. 경제 제도에 대한 이해

1) 제도의 정의와 형성

경제 행위는 일정한 제도하에서 이뤄지며 제도에 따라 경제 행위의 성과가 달라지며 제도는 불변적이지 않고 변화한다. 따라서 제도에 대한 이해가 없이는 현실의 경제 행위를 설명하기 어렵다. 제도를 이해하기 위해서는 제도는 무엇이고 어떻게 형성되며, 행위자와 어떤 관계에 있는가라는 질문에 답해야 한다. 신고전파 경제학이나 전통적 사회학의 분석은 제도를 외생 변수로 취급하거나 이미 주어진 것으로 간주한다. 그러나 경제학자로는 베블렌 등이 제도의 중요성을 강조하였으며, 사회학자로는 베버가 관료제를 '철창'(iron cage)으로 비유하면서 사회 조직의 제도화를 설명하였으며, 영·미의 정치학계에서는 1950년대까지 정치 제도에 대한 연구가 활발하였다. 이들 구제도주의는 비교 관점에서 공식적 제도를 분석하는 데 중점을 두었다. 제2차 세계대전 이후 연구의 초점이 개인으로 이동하면서 제도에 대한 관심은 거의 사라졌으나 1970년대 중엽부터 제도에 대한 연구가 다시 기하급수적으로 증가하였고 전문 저널도 등장하였다.[1] 이 신제도주의는 개인 및 집단의 행동에 대한 공식 및 비공식적 제도의 효과에 주목하였으며, 거기에는 신제도경제학과 신경제사회학을 비롯하여 학문 분야별로 다양한 접근 방식이 있다.

(1) 제도의 정의

정치학자 헌팅턴(S. P. Huntington)은 제도를 '안정적이고 가치 있고 반복되는 행동 패턴'이라고 하였다. 경제학자 호지슨(G. M. Hodgson)은 제도를 '사회적 상호작용을 구조화한 사회적 규칙과 관습의 지속 가능한 체계'라고 하였다. 제도경제사학자 노스는 제도를 '반복되는 인간의 상호작용을 구성하는 규칙, 규칙의 집행 특성 및 행동 규범'이라고 하였다. 제도에는 일반적으로 사회의 중요한 관습 또는 행동 패턴과 같은 비공식 제도와 정부 및 공공 서비스와 같은 실체가 만든 공식적 제도 모두가 포함된다. 제도는 사회의 모든 구성원이 동의하는 사회적 행동의 규칙성이며, 어떤 반복되는 상황에서의 행동을

1 *Journal of Economic Behavior and Organization*, *Journal of Institutional and Theoretical Economics*.

특정한다. 즉, 제도는 어떤 사회 또는 집단 속에 있는 개인들의 행동을 지배하는 메커니즘이라고 할 수 있다.

신제도경제학에서 제도는 인간이 불확실성을 줄이고 환경을 통제하기 위해 고안한 규칙, 규범 및 규제이다. 여기에는 첫째, 계약 관계 및 기업 거버넌스를 지배하는 문서화된 규칙과 협약, 둘째로 정치, 정부, 재정 및 사회를 광범위하게 지배하는 헌법, 법률 및 규칙, 셋째로 비문서화된 행동 양식, 행동 규범과 신념 등이 포함된다. 노스는 제도가 헌법, 법률 및 재산권과 같은 공식적 규칙과 금기, 관습, 전통 및 행동 강령과 같은 비공식적 요소로 구성된다고 하였다(North 1991). 그는 제도의 비공식적 요소를 가장 먼저 말한 사람 중 한 명이며 사회적 관계에 매립된 제도의 비공식적 요소를 이해하는 데 큰 관심을 갖고 있었지만, 주로 공식적인 게임 규칙, 즉 법률이 제시하는 기본 규칙을 일관되게 강조하였다. 그러나 공식적 규칙은 제도의 중요한 부분이지만 일부일 뿐이다. 공식적 규칙이 효과적으로 작동하려면 이를 보완하고 집행 비용을 줄여주는 비공식적 요소로 보완되어야 한다. 공식적 규칙과 비공식적 요소가 서로 일치하지 않을 경우 긴장으로 인해 정치적 불안정이 초래될 것이다.

제도에 대한 신경제사회학의 개념도 신제도경제학과 크게 다르지 않다. 신경제사회학에서 말하는 제도는 인센티브 구조를 정하는 공식 및 비공식적 제약이나 사회 시스템의 제도적 요소뿐 아니라, 구체적인 제도하에서 실질적 이익을 추구하는 개인이나 조직의 행위자를 포함한다. 제도는 상호 연관되어 있는 공식 및 비공식적 요소(규범, 규칙, 관습, 신념)의 지배적 시스템이며, 행위자는 자기 이익을 추구할 때 자신의 행동을 이 시스템에 맞춘다. 이러한 관점에서 보면, 제도는 행위자의 이익을 조직·촉진하고 주인-대리인 관계를 강화함으로써 집단적 행동을 위한 통로 역할을 하는 사회적 구성물이다. 이 같은 이익 관계적(interest-related) 정의에 의하면, 제도 변화는 단순히 공식적 규칙을 다시 만드는 것뿐 아니라 이익과 규범과 권력의 근본적인 재조정을 필요로 한다(Nee 2005).

한편, 제도와 함께 많이 사용되는 용어가 조직이다. 신제도경제학적 정의에 의하면, 조직은 생산 및 교환을 위해 구현된 거버넌스 양식이다. 제도와 조직의 관계에 대해 세 가지 견해가 있다. 첫째, 가장 잘 알려져 있고 많이 받아들여지고 있는 노스의 견해에 의하면, 제도(예컨대, 재산권 제도나 계약법)는 게임의 규칙이고 조직은 경기자로서 활동하는 주체이다. 둘째, 조직과 조직의 구조 및 절차를 포괄해서 제도로 보는 절충적 입장인 윌리엄슨에 의하면, 제도는 거버넌스를 실행하고 거래비용을 최소화하도록 설계된 시스템이며 조직은 행위자에 의해 설계되거나 행위자의 선택에 의해 진화하는 상대적으로 독특한 제도이다. 셋째, 도빈(F. Dobbin) 등의 경제사회학자들은 사회적이고 초국가적인 수준에서 일어나는 여러 과정과 개별 조직의 구조 및 운영 사이의 강력한 연관을 강조함으로써 조직과 제도 사이의 구분을 인정하지 않는다(Scott 2008).

(2) 제도의 형성

주류 경제학은 확실성과 에르고딕(ergodic)[2]한 세계를 가정하기 때문에, 인간이 불확실성을 줄이기 위해 만드는 제도에 대해서는 아무런 질문을 하지 않는다. 경제학은 불확실성을 곧 해소될 비정상적 상태로 보고 확실성의 세계만을 우아한 수학적 모형으로 표현한다. 그러나 불확실성은 비정상적인 상

2 에르고딕은 상당한 시간이 지나면 처음과 비슷한 상태로 돌아가는 조건하에 있음을 의미한다.

태가 아니며 우리가 살고 있는 세계는 불확실성이 가득하며 가변적이다. 인간은 불확실성을 줄이기 위해 자신의 처한 환경을 지각하고 구조적으로 이해하려고 한다. 신제도경제학은 효율성 관점에서 제도의 형성을 이해한다. 즉, 제도는 시장의 불확실성이나 거래비용을 줄이기 위해 형성되며 거기에는 경제에 대한 신념 체계가 내포되어 있다. 어떤 신념 체계가 하나의 공감대를 형성하면서 일반적 지지를 받게 되면 지배적 신념이 되며 그것이 인간들의 상호 행동의 패턴과 경제적 성과를 결정하는 제도를 만들어 낸다. 이처럼 신념 체계나 제도는 다양한 불확실성에 대한 끊임없는 대응이라고 할 수 있다 (North 2006).

제도를 시장과의 관계 속에서 이해하고 합리적 개인들이 추구하는 효율성의 결과물로 본다는 점에서, 신제도경제학은 주류 경제학을 대체하는 것이 아니라 보완한다고 할 수 있다. 그것은 행위자를 합리적인 원자적 존재로 보는 점에서 신고전파 경제학과 다르지 않지만, 제도를 외생 변수로 취급하지 않고 경제적 거래에 영향을 미치면서 유지되고 변형되는 것으로 본다. 신제도경제학은 '공식적' 규칙의 모니터링과 실행에 의해 구조화된 '인센티브'를 강조한다. 윌리엄슨은 기회주의와 자산특수성에 내포된 인센티브가 다양한 거버넌스가 존재하는 원인이라고 본다. 노스는 제도가 경제적 인센티브 구조를 결정하므로 시장의 성과에 영향을 미친다고 하면서 특히 소유권 제도와 같이 국가에 의해 정해지는 공식적 제도를 중요하게 생각하였으나, 그라이프 (A. Greif)는 비공식적 제도(관습과 신뢰 등)를 중요시하였다.

윌리엄슨은 '시장과 위계'에 대한 연구에서 경제적 거래를 하는 실제적 관계의 '유형'에 체계적인 관심을 기울였다. 이러한 관심은 수직적 통합의 동기를 더 잘 분류할 수 있도록 할 뿐 아니라 이상적이고 원자화된 시장과 완전히 수직적으로 통합된 기업 사이의 다양하고 복잡한 중간 형태를 더 쉽게 이해할 수 있도록 한다(본서 제6장 참고). 그러나 주류 경제학 내에서 산업 조직에 대한 기존의 실증적 연구는 관계의 유형에 대해서는 거의 관심을 기울이지 않았다. 이는 관련 데이터가 기술 및 시장 구조에 대한 데이터보다 찾기 어렵기 때문이기도 하지만 그보다는 경제학의 지배적인 분석틀이 사회와 격리된 원자화된 행위자를 고수하기 때문이었다(Granovetter 1985).

신경제사회학은 효율성이 아니라 사회 관계가 경제 제도의 형성에 영향에 미친다고 설명한다. 즉, 경제 제도는 사회적 구성물이며 따라서 시장도 하나의 사회적 구성물로 이해한다. 신경제사회학은 경제 행위가 비경제적 목표와 연계되어 있고 사회적 상호작용 속에 매립되어 있다고 보고, 경제 행위와 경제 제도가 구체적인 사회 관계에 어떻게 매립되어 있는지를 분석한다. 경제 행위자는 인적 관계와 네트워크 구조에 의해 영향받으며, 사회 관계 네트워크는 경제 생활의 다양한 부문에 존재한다. 네트워크 이론은 경제 제도가 실제로 어떻게 작동하는지를 설명하기 때문에 경제 행위를 사회학적으로 분석하는데 유용하게 활용되고 있다. 그러나 일반화를 지향하는 경제학과는 달리, 네트워크 분석은 아직 '상황적'(contingent) 분석에 그치고 있다.

신경제사회학을 대표하는 그라노베터는 신고전파 경제학이 말하는 익명적 시장은 사실상 존재하지 않으며 모든 거래에는 사회적 연결이 만연하다고 주장하였다. 일반적으로 비즈니스에 사회적 관계가 어느 정도 혼합되어 있는지에 대한 증거는 우리 주변에 많다. 크고 작은 많은 기업들이 겸임 이사제로 연결되고 이사들 간의 관계가 긴밀한 것은 잘 알려져 있다. 기업이 개인의 관계 네트워크로 연결되는 것은 최상위 수준뿐 아니라 모든 수준의 거래에서 발생한다. 따라서 실제의 거래가 신고전파 경제학 이론의 시장 모형에 가깝지 않다는 것은 매우 일반적인 일이다. 또한 그라노베터는 신제도경제학의 윌리엄슨이 위계(기업) 조직의 효율성을 과대평가하였다고 비판하였다. 모든 비용 회계는 매우 임의적이므로 효율성에 기초하여 결정되는 기술적 절차가 아니라 정치화되기 쉬운 과정이라는 것이다(Granovetter 1985). 따라서 윌리엄슨과 달리, 그라노베터는 시장과 조직을 설명할 때 효율성보다 관계 네트워크가 더 중요하다고 점을 다음과 같이 말하였다.

> 윌리엄슨은 위계적으로 통합된 기업으로 복잡한 경제 활동을 포괄함으로써 경제 생활에서의 '기회주의' 또는 불법 행위가 억제되고 협력과 질서가 일반적으로 존재한다고 설명한다. [그러나] 실증적 증거에 따르면 (기업 경계를 넘어서는) '시장'에서 복잡한 거래에도 불구하고 높은 수준의 질서가 발견될 수 있으며, 또한 기업 내에서 높은 수준의 무질서가 발견될 수 있다. 윌리엄슨의 기대와 달리, 그러한 일이 발생할지의 여부는 인적 관계와 회사 간 혹은 회사 내의 관계 네트워크의 특성에 달려 있다. 나는 질서와 무질서, 정직과 불법 행위가 조직 형태보다 관계 구조와 더 많은 관련이 있다고 주장한다. … 예를 들어, 다른 것들이 같다면, 거래 회사를 연결하는 인적 관계 네트워크가 부족하거나 그러한 네트워크가 갈등, 무질서, 기회주의 또는 불법 행위로 이어지는 시장에서는 수직적 통합을 향한 압력을 예상할 수 있다. 반면에 안정적인 관계 네트워크가 복잡한 거래를 중재하고 기업 간의 행동 표준을 생성하는 경우에는 그러한 압력은 없을 것이다(Granovetter 1985: 502-503).

2) 제도와 행위자의 상호성[3]

(1) 행위자 중심의 구성적 관점

제도는 국가마다 혹은 시간에 따라 다양한 모습을 보인다. 제도 간의 유

3 이 부분의 서술은 Jackson(2010)에 주로 의거하였다.

사성과 차이에 대한 분석은 경제 성장, 불평등, 혁신 등과 같은 관심사의 결과와 관련되어 있다. 그러나 행위자와 제도의 관계에서 보면, 제도가 행위자의 비동일성 및 구성과 어떤 관련이 있고 행위자에 어떤 영향을 미치며 그리고 행위자의 행동과 제도화의 과정이 어떤 관련이 있는지 등의 질문이 제기된다.

행위자와 제도 간의 관계에 대해서는 서로 다른 관점의 풍부하고 다양한 설명이 있다. 경제학의 게임이론적 접근 방식은 대개 제도를 행위자의 전략적 선택으로 간주하고 게임의 내생적 결과라고 본다. 노스와 같은 제도경제학자는 제도를 게임의 규칙으로 본다. 제도가 공식 및 비공식적 규칙을 통해 행위자의 행동을 규제한다는 것이다. 게임이론은 행위자를 '규칙 제정자'로 보고 제도경제학자는 '규칙 수용자'로 보지만, 둘 중 어느 쪽으로 보는가는 대개 연구자가 갖는 질문에 달려 있다고 할 수 있다. 그러나 두 관점 모두 신고전파 경제학의 방법론적 개인주의를 공유하고 있다는 점에서 제도와 행위자의 관계를 이해하는 이론으로서는 불완전하다. 사회과학에서 통용되고 있는 다른 대안은 행위자와 제도가 서로를 구성하는 것으로 보는 '구성적' 관점이다. 행위자는 규칙 제정자일 수 있지만 기존의 규칙을 자신의 정체성과 이익을 정의하는 출발점으로 삼는다. 또한 행위자는 규칙 수용자일 수 있지만, 그럼에도 불구하고 때때로 규칙을 수정하거나 심지어 뒤집기도 한다. 제도는 행위자의 이해와 정체성에 영향을 미치며, 역으로 제도는 특정한 정체성과 이해를 가진 행위자의 안정적인 구성에 의해 비로소 정의될 수 있다. 요컨대, 구성적 관점은 행위자와 제도의 관계를 상호 의존적이고 반사적으로 서로 얽혀 있는 것으로 설정한다.

제도에 대한 구성적 관점이 비교 제도 분석에만 국한되는 것은 아니지만,

그럼에도 불구하고 행위자가 제도를 통해 사회적으로 구성된다는 사실은 비교 분석에서 매우 본질적인 역할을 한다. 일반적으로 제도의 국가 간 비교는, 경제의 특정 영역에서의 조사 혹은 더 넓은 범위에서 경제를 구성하는 다양한 영역 간의 연결에 대한 '총체적' 조사를 통해, 제도의 유사성과 차이에 대해 체계적으로 검토한다. 이는 국가마다 제도가 다를 뿐만 아니라 행위자 및 행위자의 정체성, 관심사 및 자원도 다르기 때문이다. 게임의 규칙과 경기자가 시공간적으로 달라지기 때문에, 모든 비교 분석은 마치 전혀 다른 '사과와 오렌지'를 비교하는 것과 같으며 따라서 '맥락화된(contextualized) 비교'가 필요하다. 이는 제도와 행위자의 쌍대성(duality)을 인식하면서 제도화를 '행위자 중심'의 역동적인 사회적 과정으로 볼 필요가 있음을 의미한다.

비교 제도경제학자인 아오키(M. Aoki)는 제도를 '압축된 그리고 일반적으로 인식된 게임 진행 방식의 표현'으로 정의하였다. 아오키에 의하면, 행위자는 제도에 의해 제약을 받으며 제도는 행위자의 전략적 행동에 의해 생산되고 재생산된다. 또한 제도는 행위자의 이익 추구 활동을 제약할 뿐 아니라 행위자의 인지 능력과 성향을 형성하며, 단기적으로는 행위자에게 외생적이고 고정된 것처럼 보이지만 장기적으로는 가변적인 것으로 간주된다. 역사 제도주의(historical institutionalism)는 행위자와 제도 간의 역동적인 상호 구성의 과정을 이해하고자 하며 비교 제도경제학의 접근법과 의제를 공유한다. 역사 제도주의 역시 행위자와 제도가 상호 구성하며 시간의 경과에 따라 변한다고 주장한다.

행위자 중심의 제도화에서 한 가지 유념할 것은, 제도 자체가 행위자의 정체성, 인식, 목표 및 방향, 궁극적으로 행위를 완전히 결정하지 않는다는 점이다. 제도는 상호작용을 형성하며 행위자는 제도적 제약 내에서 선택의 범위를 유지하거나 전략적 또는 해석적 행위를 통해 제약을 변경하기도 한다. 행위자와 행위자의 역할에 대한 이러한 설명은 제도가 종속 변수이자 동시에 독립 변수임을 의미한다. 요컨대, 행위자의 정체성과 이익은 보다 광범위한 제도적 환경에 의해 형성되기 때문에 고정되거나 외생적인 것으로 간주되어서는 안된다. 마찬가지로 제도 분석은 주어진 제도적 영역 내의 행위자들 및 그들의 상호작용을 중요하게 고려해야 한다. 이 공통의 원칙하에서도 학문 분야 간의 접근 방식에서 다양한 차이가 존재한다. 경제학적 접근은 행위자가 규칙을 결정하는 면을 더 강조하는 반면, 사회학적 접근은 행위자가 규칙을 수용하는 것으로 보는 경향이 있다.

(2) 행위자의 비동일성

비교 제도 분석을 할 때 중요한 이론적, 방법론적 문제는 서로 다른 제도적 맥락 속에 있는 행위자의 '비동일성'이다. 여기서 말하는 행위자는 개인이나 기업뿐 아니라 노조, 협회, 정부 기관 등과 같은 조직도 포함한다. 비교 제도 연구에서 특히 중요한 것은 행위자의 정체성과 이해관계의 다양성이다. 경제 주체로서 기업의 성격은 매우 다양하다. 예컨대, 기업은 권위를 사용하여 자원을 배분하지만 권위의 성질과 경계가 종종 불분명하며, 활동 및 자원의 규모와 범위에서도 상이하다. 행위자의 비동일성과 관련한 비교 제도 연구는 다양한 분야에서 이뤄지고 있다.

먼저, 노사관계에 대한 비교 연구를 보면, 피고용자의 이해관계는 객관적으로 결정되는 것이 아니라 그들이 가장 중요하다고 생각하는 개인 및 노조의 정체성에 따라 결정된다고 할 수 있다. 그리고 노조는 제도적 맥락 속에서 기능하며, 노조 구성원의 기대를 전달하고 상대방(고용주나 국가)과 상호작용한다. 이러한 관계는 어느 하나가 '독립 변수'인 단방향이 아니라 복잡한 상호 작용의 집합이다. 따라서 인과성은 노조에 대한 정체성에서 이해관계로 이어지는 것뿐만 아니라 그 반대로도 존재한다. 스트릭(W. Streeck)은 이러한 상호 작용을 노사관계의 세 가지 이념형(조합주의, 다원주의, 온정주의)으로 구분하였다.[4] 이념형은 행위자와 제도의 복잡한 관계를 설명하기 위한 것으로서, 제도가 다양한 행위자 간의 타협을 반영하는 '논리' 또는 합리성의 원칙을 어떻게 구현하는지를 보여 준다.

다음으로, 기업 거버넌스에 대한 비교 연구에 의하면, 기업 거버넌스는 소유자와 경영자 간의 관계 또는 보다 광범위하게 경영자와 다양한 이해관계자 간의 관계로 정의되며, 제도적 맥락에 따라 기업 거버넌스에 상당한 변이가 존재할 수 있다. 영국과 미국처럼 '주주 가치' 개념에 기초한 시장 기반 모형으로 간주되는 맥락 속에서도 행위자 집단이 복잡하고 가변적이라는 점은 기업 거버넌스의 다양성과 변화를 이해함에 있어서 매우 중요하다. 주주는 소유 지분의 분산 또는 집중에 따라 통제 능력에 차이를 보여 줄 뿐 아니라, 보다 근본적으로는 상이한 국가 제도의 맥락 속에서 기업에 대한 전반적인 성향 및 사회적 관계 측면에서 차이를 보인다.

행위자와 제도 사이의 이러한 관계는 정학적 균형과는 거리가 먼 동학적 상호 의존의 과정이며, 상호 의존 속에서 상이한 유형의 행위자의 등장과 퇴장이 제도적 다양성과 변화의 원동력으로 작용한다. 행위자들의 비동일성은 비교 제도 연구가 항상 어느 정도는 '사과와 오렌지'처럼 전혀 다른 것을 비

---

4 예컨대, 직능 모형에 기반하고 있는 다원주의의 경우에, 피고용자의 정체성은 개인의 전문성과 직업을 나타내는 인적 자본 및 자격과 연결되어 있다. 따라서 노동조합은 조합원의 특별한 직능적 지위에 기초한 특별하고 배타적인 직능조합의 형태를 취하기 쉽다.

교하는 것과 같다는 것을 함의한다. 결과에서의 국가 간 차이는 제도적 맥락의 다양한 특징으로 설명되며, 그것만큼이나 행위자의 특성이 다양하기 때문에 특정 이슈의 중요성은 국가마다 크게 다를 수 있다. 요컨대, 제도 비교는 일반적인 유형화를 넘어서 '맥락화된' 방식으로 행위자의 정체성을 보아야 한다. 이 점에서 비교 연구는 항상 역사적 유일성과 이론적 일반화 사이에서의 불완전한 균형 잡기라는 도전에 직면한다.

제도는 다양한 규제적, 규범적, 인지적 압력을 통해 경제 행위에 제약을 가한다. 규제적 압력은 행동을 규제하는 법률과 같은 공식적 규칙에 기반하며, 규범적 압력은 정당한 행동에 관한 집단적 도덕에 뿌리를 두고 있으며, 인지적 압력은 상황 및 세계관의 당연한 정의(definition)에 기반하고 있다. 제도는 또한 다양한 방법으로 경제적 행동의 기회를 창출한다. 제도는 시장, 위계, 네트워크, 협회, 국가 규제 등의 대안적 거버넌스 양식을 제공하는 방식으로, 경제적 교환을 위한 기본틀을 제공할 뿐만 아니라 집단적 행동의 문제를 해결한다. 그러나 비교 제도 분석은 국가마다 상이한 제도가 경제적 이점을 갖고 있음을 지나치게 강조한 나머지, 행위자에 대해 결정론적이고 과잉 사회화된 설명을 하며 제도의 동형적 성격을 일방적으로 강조한다는 비판을 받고 있다. 또한 제도적 맥락과 의도적 행동 사이의 간격은 제도 이론에서 충분히 탐구되지 않았으며, 대부분의 행동 이론도 목적-수단의 도식에 의존하고 있다. 그러나 비교적 덜 결정론적인 행동 이론에서는 제도를 상황의 한 요소로 본다. 거기서는 행위자가 제도를 다양한 방식으로 해석하거나 활용하며 제도의 경계를 새로운 상황에 맞게 조정하거나 일탈적 행동을 통해 제도적 제약을 피할 수 있다. 중요한 점은 제도가 행위자 외부의 고정되고 객관적인 현실로 간주되어서는 안된다는 것이다.

제도는 행동을 위한 비결정적 맥락이라고 할 수 있다. 이러한 제도의 맥락 속에서 상이한 기술과 능력을 가진 여러 행위자들은 동일한 제도를 각자 다른 방식으로 해석할 수 있다. 여기서 한 가지 주의할 사항은 제도가 특정 행위자 집단에 의해 사회적으로 구성되며 비결정적인 면을 갖고 있다고 해서 무한히 유연하다고 보면 안된다는 점이다. 아오키가 말한 바와 같이, 행위자는 자신의 정체성이나 이해관계가 제도에 부합한다거나 상충한다고 판단할 때 반드시 현재의 제도를 준거로 한다. 비교 제도 분석에서 행위자의 중요성이 갖는 개념적, 방법론적 함의는, 시공간에 따라 행위자의 비동일성을 허용하는 행위자 중심의 방식으로 제도를 검토해야 한다는 점이다. 제도는 동일한 행위자가 동일한 게임을 해서 나온 상이한 결과물이 아니며, 마찬가지로 상이한 행위자들이 상이한 게임을 해서 동일한 결과물을 낼 수도 있다.

3. 자본주의의 다양성[5]

1) 다양성 비교의 기본 시각

애덤 스미스는 교환의 본성으로부터 자연스럽게 시장이 탄생하고 그것이 분업의 크기를 결정한다고 설명하였다. 이기적 개인이 자신의 이기심을 최대한 발휘할 때 시장에서 보이지 않는 손의 작용에 의해 사회적으로 가장 바람직한 상태, 그의 표현을 빌리면, 신의 뜻에 가장 부합하는 결과가 나타난

5 이 부분의 서술은 Hall and Soskice(2001)에 주로 의거하였다.

다. 오스트리아학파의 하이에크는 시장을 개인들의 의도하지 않은 행위에 의해 생겨나서 진화해 가는 자생적 질서로 생각하였다. 시장은 자원을 배분하는 시스템이며 경제적 자유를 보장하는 유일한 제도로 간주된다. 경제학이 설명하는 시장은 자율적, 자기 규제적, 일시적, 비인격적이며, 상품과 화폐가 교환되는 현물 시장(spot market)이며, 거기에서는 참여한 많은 사람들이 서로 경쟁하는 가운데 안정적인 가격이 형성된다. 그러나 경제학은 제도나 조직의 문제를 다루지 않기 때문에 시장 제도가 다양하다는 것에 대해 경제학자들은 낯설어 할 수밖에 없다.

홀(P. A. Hall)과 소스키스(D. Soskice)는 자본주의의 제도적 유사성과 차이를 이해하기 위한 틀을 정교화하였다. 자본주의의 다양성에 대한 그동안의 연구 방식은 크게 세 가지로 구분된다. 첫째는 민간 부문에 대한 국가의 영향력에 초점을 둔 근대화 접근, 둘째는 고용주 및 노동조합과 항구적인 협상을 할 수 있는 국가의 협상 능력과 연관되어 있는 신조합주의적 접근, 셋째는 거버넌스, 국가혁신 시스템, 유연한 생산체제 등을 분석하는 생산 시스템적 접근이다. 홀과 소스키스는 근대화 접근 방식의 연구에서는 민간 부분의 조직에 깊이 뿌리박은 비교가 부재하며, 신조합주의적 접근에서는 노조의 운동이 강조되고 있는 반면 조정에서 기업이나 고용주 조직이 하는 역할이 경시되고 있으며, 생산 시스템적 접근에서는 기업에 중심적 역할을 부여하고 생산 조직과 외부 지원을 연결시키고 있지만 국민경제의 다양성에 주목하지 않는다고 평가하였다.

홀과 소스키스는 경제 주체의 행동이 경제 제도에 의해 영향받는 방식을 이해함에 있어서 기존의 접근 방식에서 근본적으로 벗어나 있다. 그들은 다음과 같은 세 가지의 기본 인식이 경제 행위와 제도의 관계에 대한 비교 분석을 지배하고 있다고 본다. 첫째, 제도는 사람들에게 특정 규범이나 태도를 주입하는 사회화 대행자이다. 둘째, 제도의 효과는 제도가 특정 행위자에게 부여하는 권력에서 나온다. 셋째, 경제 제도는 관련 행위자가 반응하는 제재와 인센티브의 조합이다. 이러한 접근 방식은 경제 제도가 경제 행위에 영향을 미치는 중요한 방식을 포착하겠지만 경제 주체의 행동에서 중심이 되는 '전략적 상호작용'을 빠트리거나 불완전하게 파악하게 된다. 상호작용이 경제적, 정치적 결과의 핵심이라면 어떤 경제를 다른 경제와 구별하는 가장 중요한 제도는 그러한 상호작용의 조건을 결정하는 제도일 것이다. 따라서 홀과 소스키스는 게임이론적 용어로 관계를 해석하고 전략적 상호작용의 결과에 영향을 주는 그런 제도들에 초점을 맞추었다.

자본주의 경제는 기업이 핵심적 행위자인 기업 중심의 경제이다. 기업은 핵심 역량이나 역동적인 능력을 개발하고 활용하고자 하는 행위자이다. 중요한 것은 기업이 내부적으로 자체 직원과 맺는 관계와 외부적으로 다양한 다른 행위자와 맺는 관계의 성격이라고 할 수 있다. 위계적 질서에 의해 행위자들의 협력을 쉽게 확보할 수 있는 경우에도 기업은 도덕적 해이와 역선택과 같은 문제에 직면한다. 그래서 많은 경우에 위계적 환경에서도 기업의 효과적인 운영을 위한 행위자들 사이의 암묵적 계약이 있다. 또한 기업이 외부의 행위자와 맺는 많은 관계는 불완전한 계약을 포함한다. 결국 기업의 성공은 광범위한 이해관계자를 효과적으로 조정할 수 있는 능력에 달려 있다. 기업의 역량에 핵심적인 조정 문제를 해결하기 위해 발전시켜야 하는 관계는 노사관계, 직업훈련·교육, 기업 거버넌스(금융에 대한 접근과 투자자의 수익 보장 시스템), 기업 간 관계, 내적 역량(구조)이라는 다섯 가지의 영역으로 요약된다.

홀과 소스키스는 다섯 가지 영역에서 직면하는 조정 문제를 해결하는 방식과 관련하여, 경제를 기본적으로 자유시장경제(Liberal Market Economies)와 조정시장경제(Coordinated Market Economies)의 두 유형으로 구분하였다. 먼저, 자유시장경제에서 기업은 주로 위계와 경쟁시장의 질서를 통해 활동을 조정한다. 이러한 형태의 조정은 윌리엄슨의 연구에서 잘 설명되어 있다. 반면, 조정시장경제에서 기업은 다른 행위자와의 관계를 조정하고 핵심 역량을 구축하기 위해 비시장적 관계에 더 많이 의존한다. 즉, 비시장적 조정 방식은 일반적으로 관계적이거나 불완전한 계약, 네트워크 내부의 개인 정보 교환을 기반으로 하는 네트워크 감시, 그리고 기업의 역량을 구축하기 위한 협력 관계에 많이 의존한다. 이러한 유형 구분은 다양한 기업 관계의 발생이 국가마다 체계적으로 다르다는 점에 근거하고 있다. 예를 들어, 어떤 국가에서는 기업이 직원 및 금융 제공업체와의 관계를 조직하기 위해 주로 공식 계약이나 치열한 경쟁시장에 의존하지만, 어떤 국가에서는 그것을 다른 방식으로 조정한다.

이러한 조정 문제의 분석에는 제도, 조직과 문화·역사가 포함된다. 노스의 정의에 의하면, 제도는 행위자가 일반적으로 따르는 공식적, 비공식적 규칙의 집합이며, 조직은 공식적 구성원이 있는 지속 가능한 실체를 의미하지만, 조직의 규칙 또한 제도에 포함된다. 이런 관점에서 보면, 시장은 대등한 관계와 높은 수준의 경쟁을 특징으로 하는 관계를 지원하는 제도라고 할 수 있다. 또한 모든 자본주의 경제는 시장에서 대응할 수 없는 문제를 해결하기 위해 기업이 만든 위계 질서를 포함한다. 따라서 자유시장경제에서 시장과 위계는 기업이 조정을 위해 의존하는 중요한 제도이다.

조정시장경제에서도 시장과 위계는 중요한 요소이지만, 조정시장경제에서 기업은 조정을 위해 추가적인 조직 및 제도를 이용한다. 그것은 기업이 전략을 조정하여 모든 관련자에게 더 높은 수익을 줄 수 있도록 하며, 타인의 행위에 의한 불확실성을 줄이고 상호 신뢰할 수 있는 약속을 하도록 한다. 일반적으로 이러한 제도에는 강력한 업계 단체나 사용자 단체, 강력한 노동 조합, 광범위한 순환출자 네트워크, 정보 공유 및 협업 촉진 법률 또는 규제 시스템이 포함된다. 이런 것들이 존재하는 경우에, 기업은 시장 관계만으로는 불가능하였을 전략으로 조정을 할 수 있다. 또한 조정시장경제는 심의 제도의 중요성을 강조한다. 잠재적 상호 협력자들이 참여하는 심의 제도는 여러 가지 이유로 중요하다. 참가자들은 이해관계와 신념에 대한 정보를 광범위하게 공유하는 심의 제도를 통해 각자의 전략에 대한 확신을 향상시킬 수 있다. 심의 제도는 단체의 공동 지식을 실질적으로 증가시킬 수 있으며, 협력에 수반되는 위험과 이익을 설정하고 그것과 관련된 분배 문제를 해결할 수 있는 기회를 제공한다. 또한 심의 제도는 그것이 없으면 불가능하였을 전략적 역량을 기업들에게 제공한다.

시장과 위계는 조정의 적절한 균형을 달성함에 있어 필수적인 전제 조건이지만, 그러한 공식적 제도만으로는 조정의 균형을 보장하기에 충분하지 않다. 행위자들을 조정하여 특정한 균형으로 이끌려면 다른 것이 필요하다. 행위자들을 특정한 균형으로 이끄는 것은, 다른 행위자들도 그런 상황에서 할 듯한 적절한 행동에 대한 일련의 공유된 이해이다. 따라서 많은 전략적 상호작용에서 균형을 확보하기 위해서는 비공식적인 규칙과 이해가 중요하다. 이것은 역사와 문화에 대한 분석과 연결된다. 많은 행위자들은 친숙한 행위자들과의 경험 덕분에 일련의 비공식 규칙을 따르는 법을 배우며 이 경험을 통해 공유된 이해의 축적이 문화를 만든다. 또한 경제 제도는 두 가지 측면에서 역사와 뗄 수 없는 관계에 있다. 즉, 한편으로 제도는 공식적 제도와 그 운영 절차를 만드는 활동에 의해 형성되며, 다른 한편으로 반복되는 역사적 경험은 행위자들이 효과적으로 상호 조정할 수 있도록 하는 공동의 기대치를 만든다.

홀과 소스키스는 신제도경제학의 주류적 견해에서 다소 벗어난 분석을 한다. 첫째, 그들은 비록 '시장'과 '위계'의 이분법을 사용하지만 여러 변형이 존재한다는 것을 부정하지 않는다. 특히 조정시장경제에서 많은 기업은 시장에서의 관계나 위계적 관계로 잘 설명되지 않는 관계, 즉 다른 기업, 외부 행위자 및 피고용자와의 관계를 발전시키기 때문이다. 둘째, 핵심적 경제 제도의 구조는 가장 효율적인 제도를 찾는 기업에 의해 수립된다고 가정하는 것이 일반적이지만, 홀과 소스키스는 제도의 구조가 특정 기업에 의해 생성되거나 통제되는 구성물로 간주하는 것은 비현실적이라고 본다. 어떤 경제에서도 기업은 자신이 통제할 수 없는 성질의 조정 제도에 직면하며 제도가 제시하는 기회에 적합한 전략을 취한다. 따라서 국가 간에는 제도적 구조의 차이에 상응하는 기업 전략의 차이가 존재한다.

2) 시장경제 제도의 비교

강조되어야 할 것은 국가적 수준에서 기업 전략이 다양하다는 점이다. 그것은 기업의 행동을 제약하는 많은 제도적 요소가 국가 간에 다르기 때문이다. 관련 제도는 각국의 발전 과정에 따라 크게 좌우되며 각국의 법령이나 규정에 크게 의존한다. 자유시장경제와 조정시장경제 간의 제도적 차이는 기업 전략의 차이를 만든다. 전형적인 자유시장경제인 영국의 기업과 조정시장경제인 독일의 기업은 유사한 충격에 대해 매우 다르게 반응한다. 예컨대, 환율이 상승한 경우에 영국 기업은 수익을 유지하기 위해 가격 인상으로 고객에게 전가하는 반면, 독일 기업은 시장 점유율을 유지하기 위해 가격을 유지하고 낮은 수익을 감수하는 경향이 있다. 조정시장경제의 기업은 특수적 자산에 기꺼이 투자하려고 하는 반면, 자유시장경제의 기업은 전환 가능한 자산에 더 광범위하게 투자한다. 즉, 조정시장경제는 특수적 자산의 가치를 실현하는 데 필요한 전략적 상호작용에 더 많은 제도적 지원을 하는 반면, 자유시장경제는 행위자에게 더 높은 수익을 찾아 자원을 이동시킬 수 있는 기회를 더 많이 제공한다. 조정시장경제에서 기업은 전략적 상호작용을 통해 많은 문제를 해결하며 결과적으로 균형은 비시장적 조정을 지원하는 제도의 존재에 부분적으로 의존한다. 반면, 자유시장경제에서 기업은 문제 해결을 위해 시장 관계에 더 많이 의존하며 경쟁시장이 강력하게 작동하므로 비시장적 조정에 대한 제도적 지원은 적다.

한편, 제도적 보완성이 시장경제 간의 차이를 더욱 선명하게 한다. 어떤 제도의 존재나 효율성이 다른 제도의 효율성을 증가시킨다면 두 제도가 보완적이라고 한다. 예컨대, 금융 시스템이 현재의 수익을 중요시하지 않는 조건으로 자본을 제공하는 곳에서는 장기 고용이 실현될 가능성이 크다. 반면, 자원을 이리저리 쉽게 이전하고 그래서 노동 수요도 유지할 수 있는 금융시장이 존재하는 상황에서는 유연한 노동시장이 고용을 유지하는 데 더 효과적일 수 있다. 즉, 자유시장경제의 국가는 금융 시스템과 노사관계 시스템 모두에서 시장에 의존하는 노력을 조정하는 경향이 있는 반면, 조정시장경제의 국가는 두 영역 모두에서 더 높은 수준의 비시장적 조정을 반영하는 제도를 갖는다는 것이다.

이러한 제도적 보완성은 비교 제도 연구에서 특별한 의미를 갖는다. 그것은 경제의 한 영역이 특정한 유형의 조정 제도를 가지고 있으면 다른 영역에서도 보완적인 제도가 개발되는 경향이 있음을 시사한다. 경우에 따라서는 한 영역에서 조정을 유지하는 제도가 다른 영역에서 유사한 형태의 조정을 지원하는 데 사용될 수도 있다. 기업은 제도가 제공하는 효율성의 이익을 확보하기 위해 이미 존재하는 제도에 보완적인 제도의 개발을 촉진하도록 정부에 압력을 가할 수 있다. 제도적 보완성에 대한 이러한 설명이 맞다면 국가마다 제도가 무작위로 배열되는 것은 아니라고 할 수 있다. 이하에서는 기업이 발전시켜야 하는 다섯 가지 중요한 영역의 조정 방식과 제도적 상호 보완성에서 자유시장경제와 조정시장경제 간의 차이를 비교해 본다.

첫째, 조정시장경제에서 금융 시스템은 금융에 대한 접근을 기업에게 제공할 때 공개된 재무 데이터나 당장의 수익에 전적으로 의존하지 않는다. 장기 자본에 대한 이러한 금융 시스템은 기업이 경기 침체기에도 숙련 노동력을 유지할 수 있도록 한다. 단, 투자자가 투자 가치를 확보하기 위해 기업의 성과를 감시할 수 있는 다른 수단을 가져야 한다. 이에 일반적으로 '네트워크 평판 감시'(network reputational monitoring)라고 할 수 있는 시스템이 기업의 평판과 운영에 대한 정보를 다양한 방식으로 투자자에게 제공한다. 반면, 자유시장경제에서 금융 시스템의 특징은 기업이 현재의 수익과 시장에서의 주식 가격에 예민하도록 한다는 것이다. 기업의 자금 확보는 투자자가 공개된 정보에 근거하여 기업의 가치를 평가하는 주식 시장에서 기업의 주식이 어떤 평가를 받는가에 크게 좌우된다. 따라서 기업은 현재의 수익성처럼 주가에 영향을 미치는 평가 가능한 공개적 성과 측면에 집중하게 된다. 이는 기업이 주가나 현재의 수익성에 주의를 기울일 필요가 없는 조정시장경제와는 대조적이다.

둘째, 조정시장경제에서는 기업의 내적 구조가 네트워크 감시 시스템을 강화한다. 최고 경영자는 일방적으로 행동할 수 있는 권한이 거의 없으며, 피고용자 대표와 주요 주주를 포함하는 감독위원회로부터 주요 결정에 대한 동의를 얻어야 한다. 경영자든 노동자든 개인적 인센티브는 기업의 인센티브만큼 중요하다. 장기 고용 계약과 어떤 계획에 합의를 도출하는 경영 능력에 주어지는 프리미엄은, 경영자가 평판 유지에 더욱 집중하도록 하며 자유시장경제의 경영자에 비해 수익성에 덜 집중하도록 하는 경향이 있다. 반면, 자유시장경제에서는 최고 경영자에게 권한을 집중시키는 기업 구조가 금융 시장의 압력에 직면하였을 때 쉽게 노동력을 방출할 수 있도록 하며 또한 자산의 유동성이 큰 경제에서 자주 나타나는 시장 기회를 활용할 새로운 전략을 쉽게 강요할 수 있도록 한다.

셋째, 조정시장경제에서 많은 기업은 고도로 숙련된 노동자에 의존하는 생산 전략을 추구한다. 숙련 노동자에게 작업상의 상당한 자율성을 제공하며 제품 라인 및 생산 과정의 지속적 개선을 위한 정보의 공유를 권장한다. 이런 경우에 기업이 피고용자로부터의 압박과 다른 기업에 의한 숙련 노동자 탈취에 취약하기 때문에, 노동조합과 사용자 단체는 산업별 교섭을 통해 임금을 결정함으로써 그러한 문제를 해결한다. 노동조합과 사용자 단체 간의 교섭을 통해 산업 전반에 걸쳐 동등한 기술에 대한 임금을 균등화함으로써 기업 간의 노동자 탈취를 어렵게 하고 노동자가 기업에 대한 헌신의 대가로 가능한 최고의 급여를 받을 수 있도록 한다. 반면, 자유시장경제에서 기업은 일반적으로 개별 노동자와 사용자 간의 시장적 관계에 크게 의존한다. 최고 경영진은 일반적으로 고용 및 해고의 자유를 포함해서 기업을 일방적으로 통제한다. 기업은 직장 평의회와 같은 피고용자 대표 기구를 설립할 의무가 없으며 노동조합은 일반적으로 조정시장경제에서보다 덜 강력하다. 이러한 매우 유연한 노동시장은 기업과 개인이 추구하는 전략에 영향을 미친다. 기업은 새로운 기회를 이용하기 위해 비교적 쉽게 노동력을 방출하거나 고용하며 장기 고용에 기반한 생산 전략을 추구하지 않는다. 개인은 기업 특수적 기술보다는 기업 간 이전이 가능한 일반적 기술과 회사 간의 이동을 포함하는 경력 관리에 투자한다.

넷째, 조정시장경제는 일반적으로 높은 기술의 노동력을 광범위하게 사용하기 때문에 그에 적합한 기술 교육 및 훈련 시스템에 의존한다. 예컨대, 독일에서 사용자 단체 및 노동조합은 주요 기업들에게 견습생을 고용하도록 압력을 가하고 그러한 계획에 대한 참여를 감시함으로써 다른 기업의 훈련 노력에 무임승차하지 못하도록 하며, 각 부문의 기업과 기술 범주 및 훈련 지침을 협상함으로써 훈련이 기업의 요구에 맞는지 확인한다. 반면, 자유시장경제에서 교육 및 훈련 시스템은 일반적으로 매우 유연한 노동시장에 보완적이다. 기업이 산업별 기술을 제공하는 견습 제도에 투자하는 것을 싫어하기 때문에 직업 훈련은 일반적으로 일반 기술에 중점을 둔 정규 교육을 하는 제도에 의해 이뤄진다. 중등에서 대학까지의 대부분의 교육 프로그램, 경영과 엔지니어링 교육 프로그램조차도 전문적인 역량의 습득보다 일반 기술 자격에 치중한다. 이는 일반 기술이 중요시되는 서비스 부문의 고용 증가에는 적합하지만, 결과적으로 고도로 전문적이거나 기업 특수적 기술을 갖춘 인력의 부족을 야기한다.

다섯째, 조정시장경제에서 기업은 장기 고용 계약을 광범하게 사용하기 때문에 자유시장경제처럼 기술 이전을 수행하기 위해 과학자 또는 기술자의 기업 간 이동에 많이 의존할 수 없다. 대신, 그들은 경제 전반에 걸쳐 기술의 확산을 촉진하는 기업 간 관계를 발전시키는 경향이 있다. 독일에서는 이러한 관계가 여러 제도에 의해 지지된다. 비즈니스 협회는 기업의 역량을 향상시킬 수 있는 부분을 결정하고 공적 보조금 프로그램을 조정함으로써 신기술의 보급을 촉진한다. 또한 계약법이 제정되어 기업 간의 관계적 계약을 장려하고 기술 이전을 촉진한다. 표준을 공표하고 기업 간 분쟁을 해결할 수 있는 강력한 협회의 존재는 그러한 계약법의 전제 조건이다. 반면, 자유시장경제에서 기업 간 관계는 대부분 표준적인 시장 관계와 집행 가능한 공식적 계약에 기반한다. 사후 서비스가 필요한 영역에서는 기업이 평판을 구축해야 불완전한 계약을 성공적으로 체결할 수 있지만, 평판을 빠르고 넓게 유포할 긴밀한 네트워크나 협회가 없는 경제에서 광범위한 평판을 구축하기는 어렵다. 또한 시장이 기업으로 하여금 현재의 수익성 변동에 민감하도록 하기 때문에 관계적 계약을 하는 것도 어렵다. 기술 이전은 한 기업에서 다른 기업으로 과학자와 기술자의 이동을 통해 확보되며, 새로운 기준에 대해 합의할 수 있는 업계 단체가 있는 분야가 거의 없기 때문에 표준 설정은 거의 불가능하다.

요약하면, 각각의 경제에 제도적 상호 보완성이 존재한다는 것은 분명하다. 조정시장경제에서 기업들은 특정 기술과 높은 수준의 기업 헌신도를 갖춘 노동자에 의존하는 생산 전략을 추구한다. 이것이 가능한 것은 네트워크 감시 메커니즘을 갖춘 기업 거버넌스 시스템이 수익성 변동과 비교적 무관하게 금융에 대한 접근성을 기업에 제공하기 때문이다. 또한 탈취를 억제하는 노사관계 시스템의 지원을 받는 효과적인 직업훈련 계획은 높은 수준의 기업 특수적 기술을 제공한다. 금융 및 기술에 대한 접근이 기업의 평판에 따라 달라지며 합의에 의해 의사 결정을 하는 기업 구조가 그런 평판을 개발할 수 있도록 한다. 반면, 자유시장경제에서 기업이 후퇴기에 노동력을 줄여 비용을 절감할 수 있도록 하는 노동시장은 현재의 수익성에 따라 기업이 자금에 접근할 수 있도록 하는 금융 시장과 보완적이다. 기업 특수적 기술보다는 일반 기술을 우선시하는 교육 방식은 유연한 노동시장과 보완적이다. 또한 후자는 노동 이동성에 의존하는 기술 이전을 가능하게 한다. 최고 경영자에게 권한을 집중시키는 기업 구조는 금융 시장의 압력에 직면하였을 때 쉽게 노동력을 방출하고 변화하는 시장 기회를 활용할 새로운 전략을 쉽게 부과할 수 있게 한다.

제10장

노동시장의 특성과 이해

1. 노동의 의미와 시장의 특성

1) 노동에 대한 이해

시장에서 거래되는 것 중에 노동만큼 특별한 것은 없다. 국가마다 노동관련 법과 관습에 차이가 있기 때문에 노동시장은 국가나 지역마다 상이하다. 주지하듯이 미국은 고용과 해고가 유연한 반면, 유럽은 그렇지 않다. 노동시장은 국가마다 차이가 있을 뿐 아니라 일반 상품시장과도 다르다. 임금은 노동 능력에 따라 결정되는 것으로 보이지만, 그것과는 무관한 인종과 성, 혹은 사업체 규모에 따른 차별이 존재한다. 예컨대, 미국에서 2017년에 백인 여성 노동자는 백인 남성 노동자에 비해 소득의 중간값이 20% 낮았고 흑인 여성은 흑인 남성에 비해 13% 낮았으며, 흑인 남성은 백인 남성에 21% 낮고 흑인 여성은 백인 여성에 비해 15% 낮았다. 또한 고용 형태가 변화하면서 최근에는 고용의 불안정성이 크게 높아졌다. 예컨대, 한국에서 이전에는 주로 청소 및 경비 용역 등 주로 주변적 업무에 한정되었던 비정규직 고용이 이제는 거의 모든 직종에까지 확산되었다. 2015년 8월에 임금노동자 중 비정규직은 45.0%이고 정규직은 55.0%이며, 2018년 8월 현재 300인 이상 사업체 정규직 노동자 임금에 비해 비정규직은 63.2%고, 5인 미만 사업체의 정규직은 58.2%, 비정규직은 31.0%이었다(김유선 2019).

노동시장에서 고용과 임금의 결정에는 경제적 요인뿐 아니라 다양한 비경제적 요인이 복잡하게 개입하고 있음을 쉽게 알 수 있다. 다수의 하청기업을 거느린 대기업 H사의 노조는 임금 인상 등을 요구하며 장기간 파업을 하였다. 노조는 파업을 통해 임금 인상 요구를 관철시키고 파업기간 중에 받지 못한 임금까지 보전받았다. H사는 파업으로 인한 막대한 영업 손실을 메우기 위해 하청기업의 납품 단가를 인하할 수밖에 없었으며 그 때문에 하청기업 노동자의 임금이 삭감될 수밖에 없었다. 이후 H사는 노조와의 대립 없이 고용을 신축적으로 조정할 수 있도록 비정규직 파견근로자의 비중을 늘렸다. 파견근로자는 정규직 노동자와 동일한 노동을 함에도 임금이 절반에 불과하며 정규직 노동자가 회피하는 잔업도 해야 하고 인원 감축이 필요할 때는 우선 감축 대상이었다. H사의 노조는 정규직 장기근속 노동자의 자녀가 H사에 입사할 때 가산점을 부여할 것을 고용주 측에 요구하여 관철시켰다. 이 사례는 임금의 결정, 고용 형태, 취업경로 등 모든 면에서 노동시장이 매우 특별한 시장임을 단적으로 보여 준다.

이러한 노동시장을 이해하기 위해서는 먼저 노동에 대해 이해할 필요가 있다. 노동은 토지, 자본과 함께 본원적 생산요소일 뿐 아니라 독특한 성질을 갖고 있는 의제화된 상품이다. 노동시장에서의 거래는 토지, 자본을 포함하는 다른 어떤 상품처럼 단순히 판매와 구매가 순간적 행위로 끝나지는 않고 일정한 기간 동안 지속되며 또한 노동 공급자가 노동과 분리되지 않는다. 거기에는 일반적인 시장에서 나타나지 않는 감정과 같은 이질적 요소가 개입되면서, 노동자는 종종 고용주의 갑질에 대해 몰래 보복성 태업을 하고 고용주는 노동자의 능력과 무관하게 마음에 들지 않는다는 이유로 승진에서 누락시킨다. 노동은 상품화되지 않는 인간적 요소를 항상 포함하며 따라서 노동의 거래는 물질적 동기와 이기심만으로 설명할 수 없다. 돈이 노동자에게 완전한 동기를 부여하지 않으며 그들의 활동 가치를 소진시키지도 않는다. 노동은 노동자의 삶과 자아로부터 분리될 수 없는 노동자의 일부이다(Radin 1996).

노동이라는 개념에는 부정적인 의미(수고, 고통)와 긍정적인 의미(근면, 봉사)가 포함되어 있지만, 영어로 '노동'(labour)은 수고와 고통의 부정적인 의미를 많이 담고 있다. 애덤 스미스는 '근면'이라는 단어를 사용하면서도 수고와 고통으로 정의되는 '노동'이라는 단어를 선호하였으며, 노동을 부의 원천이고 가치의 원천이라고 하였다. 즉, 매년의 노동은 모든 생활 필수품과 편의품을 공급하는 근원적 자원이며, 생산적 노동자 수를 증대시키거나 노동자의 생산성을 증대시키는 것 외에 어떤 방법으로도 연간 생산물의 가치를 증대시킬 수 없다고 하였다.

노동이 부를 형성하는 원천이라는 생각은 고대로부터 존재하였다. 그러나 고대의 노동관은 노동이 수고이고 여가가 인간 존재의 중심이라는 것이었다. 이는 노동과 여가에 대한 현대인의 사고와 상당히 다르다. 여가를 삶의 중심에 둔다는 것은 노동을 무언가를 위한 수단으로 본다는 것을 의미한다. 노동은 먹고 살기 위해서나 타인에게 봉사하기 위해, 또는 육체를 단련하거나 무엇인가를 채우기 위한 '수단'이며, 따라서 그 자체가 '선'이거나 '목적'일 수는 없다. 노동을 인내하는 것은 그것이 다른 목적을 위한 수단이기 때문이다. 노동 자체를 목적으로 여기는 사고는 근대 이전의 서구적 전통에서는 찾아보기 힘든 것이었다. 근대 이후 유럽은 경제적으로 번영하기 시작하였으며, 베버는 유럽의 이러한 경제적 성공을 노동에 대한 사고와 태도의 변화로 설명하였다. 베버의 주장은 비록 프로테스탄트의 교의와 맞지 않고 객관적 증거도 부족하다는 비판을 받고 있지만, 수단적 노동관으로부터 노동 자체를 목적으로 보는 금욕적 노동관으로의 변화를 부분적으로 반영하고 있다(猪木武德 1987).

노동은 이제 인간이 삶을 영위하는 실체이고 목적이 되었다. 노동은 인간이 가진 고유한 능력이며, 객체인 자연 대상에 인간의 아이디어를 자유롭고 창조적으로 구현하는 능력이며, 자연 대상을 인간의 욕구에 적합하게 변형시키는 능력이다. 즉, 노동은 자연 대상을 변환시키는 활동이며, 그 자체가 생산 활동이자 자신의 가치를 실현하는 창조 활동이기도 하다. 많은 이론은 사람들이 자신의 솜씨를 뽐내고자 하는 본능 때문이든 또는 완전하고 분리되지 않는 제품을 생산하려는 장인의 욕망 때문이든 궁극적으로 자기 실현을 위해 일을 원한다고 가정한다. 또한 노동은 의식적이고 목적을 가진 활동이며 사회적 의미를 갖고 있다. 이는 노동의 보편적 능력이 고립적으로 완결될 수 없고 사회 속에서 온전하게 실현될 수 있음을 의미한다. 즉, 인간은 사회적 분업이라는 상호 의존 또는 협력을 통해 자신을 실현할 수 있다.

유럽에서 노동 개념의 발전 과정에서 다음과 같은 세 가지 점이 중요하였다. 즉, 생산적 수고에 대한 시선이 멸시에서 긍정으로 전환한 점, 노동이 공동선을 향한 집단적(사회적) 과정에 대한 참여를 의미한다는 점, 그리고 자연과의 생산적 관계를 개인화(individualization)한다는 점이다. 경제학자들이 계승한 노동 개념 속에는 이러한 생산적, 사회적, 개인적 측면이 섞여 있으며, 마르크스는 그것을 이론적 구성의 초석으로 삼아 발전시켰다. 그의 노동 개념은 노동이 물질의 생산으로 객관화되는 에너지이고 사회적·집단적 선이며 개인의 자족적 창조 에너지라는 생각에 기초하고 있다. 또한 노동은 일반적으로 자본과 짝을 이루는 것이며 자본 축적 과정의 맥락과 연관되어 있다. 마르크스는 노동을 노동자가 생계를 유지하기 위해 자본 소유자와 맺는 임금 관계로 이해하는 것을 넘어서, 무임금 노동과 비노동(실업, 여가, 게으름)조차도 자본 축적과 연결되는 다양한 관계로 이해한다. 즉, 그는 노동이 자본과 맺는 다양한 형태의 관계를 노동의 핵심적 의미로 본다(Narotzky 2018).

이러한 노동 개념에 의하면 생산 활동은 노동자의 구체적인 자아 실현이며 따라서 노동이 자신의 결과물에 대한 권리를 갖지 못할 때 소외라는 현상이 발생한다. 마르크스의 정의에 의하면, 소외는 한편으로는 노동의 생산물과 생산한 노동자의 분리(객관화 과정)이며 다른 한편으로는 생산에 관여하지 않은 누군가에 의한 노동과 생산물의 전유(착취)이다. 이러한 이중의 소외 중에서 노동의 '객관화 과정'은 당연하고 보편적인 현상이라고 할 수 있다. 반면에 '착취'는 특정한 역사적 시기, 즉 임노동과 상품화가 지배적인 자본주의 사회에 한정된다(Narotzky 2018). 마르크스는 노동을 상품으로 판매해야 하는 상황이 다음과 같은 결과를 가져온다고 하였다. 즉, 노동자는 노동의 생산물로부터 분리되고 그 가치의 일부만을 받는다. 그는 자신의 활동에서 격리되어 단순한 도구로 전락하며 타인이 고용의 여부와 수행할 작업 및 수행 방식을 결정한다. 그는 동료와도 분리되며 동료를 자신과 마찬가지의 기능을 수행하는 또 다른 비인간화된 도구로 간주한다. 그는 '유적 존재'(Gattungswesen)라는 인간성으로부터 단절되고 인간의 본질인 창의성 및 공동체의 잠재력을 실현할 수 없게 된다(Koechlin 2015).

그러나 객관화와 착취의 이러한 개념적 분리는, 비자본주의적인 상호작용의 영역이나 비서구적인 문화 환경뿐 아니라 자본주의적 생산의 상품 사슬[1]과도 부합하기 어렵다. 창조 에너지를 개념적으로 개인에게 부여하는 것은 자유주의적 계몽에만 국한될 수 없는 역사적 상호작용에 대한 이념적 창작이다. 창조 에너지는 인간과 비인간(nonhuman)을 결합하는 네트워크 속에 분포되어 있으며, 개인은 사회적 상호작용의 가변적 형태라고 할 수 있다. 소외 개념에 대한 보다 일반적인 비판은 자본주의적 관계가 지배하는 상황에서도 인

---

1 상품 사슬(commodity chain)은 기업이 자원을 수집하여 그것을 상품으로 변형시키고 소비자에게 배분하는 전 과정을 말한다.

간 노동이 결코 완전히 분리되지 않는다는 것이다. 사실, 상품 사슬을 따라가 보면 특정 방식으로 노동을 착취할 수 있게 하는 노동의 소외가 항상 사회적 환경과 분리될 수 없는 관계에 의존함을 관찰할 수 있다. 그러므로 인간의 구체적인 삶과 잉여 착취나 전유 형태를 관찰해 보면, 친족적 의무나 요구와 같은 것이 구체적인 고용 형태에 얼마나 중요하게 작용하는지 알 수 있다 (Narotzky 2018).

2) 노동시장의 특성

자본주의 시장경제에서 노동은 상품으로 사고팔린다. 노동은 매우 '특별한' 성격의 상품이며 아마도 실제로는 전혀 상품이 아니라고도 할 수 있다. 그러나 현실의 시장에서 본원적 생산요소인 노동을 비롯하여 토지와 자본의 구매와 판매가 일어나고 있기 때문에, 폴라니는 그것들을 허구적 상품이라고 하였다. 노동시장에서 고용 계약을 맺은 노동자는 자신의 노동에 대한 통제를 자본가에게 맡기고 그가 지시한 업무를 수행한다. 노동자는 임금을 받는 대신 노동의 결과물과 결별하므로 그것을 향유할 수 없다. 노동시장에서 노동자가 판매자이고 기업이 구매자이며 노동은 기업이 지불하는 임금과 맞교환된다. 다른 상품시장이나 생산요소 시장과 비교할 때, 노동시장이 가진 특수성을 다음과 같이 정리할 수 있다.

첫째, 노동은 사회적, 개인적, 물리적 내재성으로 인해 판매자의 삶으로부터 분리되지 않는다. 노동은 다른 본원적 생산요소인 토지나 자본과 마찬가지로 인위적으로 소유권이 설정되어 시장에서 거래된다. 그런데 일반 상품은 물론, 토지나 자본도 객체로서 이 사람에서 저 사람으로 소유자가 바뀌면서 소유자와 분리된다. 인간은 객체인 토지와 자본을 판매하고 구매하고 축적하며 자유롭게 처분할 수 있다. 그러나 인간이 자기 노동을 타인이 소유할 수 있는 대상으로 파는 것은 불가능하다. 고용 계약은 주체인 인간으로부터 노동력을 일정 기간 동안 '억지로' 분리하는 것일 뿐이다. 따라서 노동력 구매자의 입장에서는 노동력을 사용하는 동안 노동력 사용에 대한 판매자(노동자)의 협력이 필요하다. 또한 구매자가 노동력 판매자를 상품으로 간주하여 자유롭게 처분권을 행사한다면 노동자의 자기 결정권은 상실된다. 따라서 노동자가 숙련과 기능을 갖지 않으면 구매자와 대등한 계약 주체가 될 수 없다.

둘째, 노동자의 숙련과 기능 등을 경제학에서는 인적 자본이라고 하는데, 그렇게 노동을 단순한 상품이 아니라 자본으로 의제하여 인적 자본이라고 해도 시장에서 노동이 가진 특수성은 사라지지 않는다. 물적 자본에 고장, 감모, 과잉이 존재하는 것과 마찬가지로 인적 자본에도 질병·부상, 육체적·정신적 쇠퇴, 실업이 존재한다. 그러나 인적 자본은 기계설비와 같은 물적 자본과 달리 감가상각을 통해 갱신할 수도 없다. 또한 노동자가 노동을 할 수 없다거나 노동력이 과잉이라고 해서 노동자를 기계처럼 간단히 폐기할 수 없다. 폐기(해고)한다는 것은 노동자의 생존을 박탈하는 것을 의미하기 때문이다. 따라서 가족이나 공동체 또는 국가가 질병, 실업, 고령화 등으로 노동을 할 수 없게 된 자들의 생존을 유지시키는 것은 필요불가결하다.

셋째, 노동력은 동질적이지 않으며 따라서 한 사람의 노동이 언제든지 다른 사람의 노동으로 쉽게 대체될 수 있는 것은 아니다. 노동의 이동성은 현실적으로 제한되어 있어, 시장의 수급 상황의 변화에 즉각적으로 반응하기가 어렵다. 노동 공급은 사회 구조 및 특성과 얽혀 있어 단기 전환이 어렵고 인적 자본의 틀 속에 갇혀 있다고 할 수 있다. 예컨대, 많은 비용을 들여 교육과 훈련을 받은 후 그에 맞는 일자리에 취업한 노동자가 시장 상황의 변화로 실업 상태가 되었을 때 새로운 지식과 기능을 습득하여 새로운 직종에 고용되기가 쉽지 않다. 즉, 노동시장에서는 공급 측면(노동자의 선호나 교육)보다 수요 측면(고용주의 제품 시장)이 임금 결정에 훨씬 더 크게 영향을 미치는 경향이 있다. 또한 노동생산성에 영향을 미치는 자본의 양과 질, 사용되는 기술을 기업이 제어하기 때문에 대체로 노동 수요자 측이 노동시장에서 상당한 교섭력을 갖는다. 이러한 특성이 노동시장의 불완전성을 야기하며 그로 인해 노동시장은 단일하지 않고 세분화되는 모습을 보인다.

넷째, 노동시장은 노동자의 속성에 대한 불완전한 정보 혹은 정보의 비대칭성 때문에 도덕적 해이나 역선택이 나타날 가능성이 다른 어떤 시장보다도 크다. 이러한 문제에 대해 고용주들은 다양한 방식으로 대응하며, 노동자들은 정보가 부족한 잠재적 고용주에게 자신의 정보(학력 등)를 알리는 신호보내기를 한다. 또한 노동시장은 사회 네트워크(학연, 지연, 혈연 등)에 의한 비공식적 상호작용, 인구학적 요인(성, 인종, 민족 등), 개인의 인적 자본의 속성(학력, 경력), 고용주의 목표와 고용 전략, 경기변동적 상황, 정부 정책, 비경제적 요인(제도, 문화 등) 등의 다양한 요인들에 의해 영향을 받는다. 따라서 노동시장을 몇 개의 변수를 사용하여 안정적이고 보편적인 설명을 한다는 것은 거의 불가능하다.

2. 신고전파 경제학과 대안적 접근

1) 신고전파 경제학

노동시장에 대한 분석에는 미시 경제학적 접근과 거시 경제학적 접근이라는 두 방식이 있다. 전자는 노동시장에서의 개인과 기업의 행동을 분석하고 임금과 고용이 결정되는 메커니즘을 설명하며, 후자는 한 나라의 노동시간, 취업자 수, 인적자원의 배분, 실업, 노동시장과 다른 시장(재화, 화폐) 및 무역과의 관계 등을 분석한다. 전자는 임금과 고용의 결정에 초점을 맞추고 있으며 후자는 실업률에 초점을 맞추고 있기 때문에, 노동 문제를 이해하는 방식이 상이하다. 예컨대, 미시 경제학적 접근인 신고전파 경제학은 실업이라는 문제를 시장에서 균형 임금보다 상회하는 임금에서 나타나는 현상으로 설명하지만, 거시 경제학적 접근인 케인스의 실업 이론은 실업을 거시 경제 변수인 유효수요의 부족에 기인한다고 설명한다.

노동자는 노동 여부뿐 아니라, 노동 시간, 투입할 노력의 정도, 습득할 기술, 취업을 중단할 시기, 취업할 직업, 노동조합 가입 등을 결정한다. 신고전파 경제학에 의하면, 그것에 대한 결정은 최적화, 즉 다양한 대안들 중에서 자신의 만족을 최대화할 수 있는 선택에 의해 이뤄진다. 기업은 고용 및 해고할 노동자의 수와 유형, 노동 시간, 노동과 결합할 자본의 양, 노동자에게 어떤 작업 환경을 제공할지 여부를 결정한다. 기업은 상품시장의 요구에 가장 적합한 생산을 위한 고용 및 해고 결정을 내림으로써 이윤을 극대화하려 한다. 따라서 공급자인 노동자는 일반적으로 임금이 높을수록 더 많은 노동력을 공급할 것이며 고용주인 기업은 임금이 낮을수록 더 많은 노동자를 고용하고 높을수록 고용을 자제할 것이다.

신고전파 경제학은 합리적 인간을 가정하고 임금과 고용의 결정을 다음과 같은 간결한 수요-공급 모형으로 설명한다. 노동 공급 이론은 소비자 선택 이론을 응용한 것이라고 할 수 있다. 노동자는 동일한 만족을 주는 여가와 근로소득의 묶음을 연결한 무차별곡선과 가용한 시간과 시간당 임금에 의해 정해지는 예산제약선하에서 선택한다. 노동 공급은 무차별곡선의 기울기(한계대체율)가 예산제약선의 기울기(임금)와 일치하는 균형점에서 결정된다. 노동자는 임금이 상승하여 예산제약선의 기울기가 변하면 여가를 줄이고 노동 시간을 증가시키는 선택을 하며, 이는 곧 노동 공급 곡선이 우상향함을 의미한다. 그러나 높은 임금에서는 임금 상승이 오히려 여가를 늘리고 노동 시간을 줄이기 때문에 노동 공급 곡선은 후방으로 굴절하는 형태를 갖게 된다. 기업의 노동에 대한 수요는 노동의 한계생산(노동 1단위가 추가로 투입되었을 때 발생하는 산출량의 증가)에 산출물의 시장 가격을 곱한 노동의 한계생산물가치가 시장의 임금이 일치하는 수준에서 결정된다. 그런데 노동의 한계생산이 감소하기 때문에 노동의 한계생산물가치 곡선, 즉 노동 수요 곡선은 우하향한다. 이러한 개별 기업의 노동 수요 곡선과 개별 노동자의 공급 곡선을 집계한 시장에서의 노동 수요 곡선과 공급 곡선에 의해 임금 수준이 결정된다.

노동자와 기업은 노동시장에서 상충되는 이해관계를 갖고 거래한다. 높은 임금에서는 많은 노동자들이 기꺼이 더 많은 노동력을 제공하려 하지만 그것을 고용하려는 기업은 거의 없다. 반대로 낮은 임금에서는 노동력을 제공하려는 노동자는 거의 없지만 많은 기업은 노동자를 찾는다. 이러한 상충되는 이해관계는 자유로운 경쟁시장에서 조정 과정을 통해 수요와 공급이 일치하는 균형 상태에 이르게 되고 그 상태에서 균형 임금과 균형 고용량이 결정된다. 이 같은 완전경쟁적 노동시장의 균형 상태에서 노동자가 받는 임금은 노동의 한계생산물가치와 정확히 일치한다(한계생산력설적 분배이론).

신고전파 경제학자들은 수요와 공급이 임금과 고용량을 결정한다는 점에서 노동시장을 다른 시장과 유사하다고 본다. 그러나 신고전파 경제학은 이론에 부합하지 않는 수많은 예외적 노동시장이 존재하는 것을 설명하지 못한다. 노동시장은 비청산적 시장(non-clearing market)이라고 할 수 있다. 대부분의 시장은 초과 공급이나 초과 수요가 존재하면 가격이 변하여 수요와 공급이 일치하는 균형 상태에 이르지만, 노동시장은 그렇지 않고 실업이나 노동력 부족의 상태가 지속될 수 있다. 한편, 노동시장에 존재하는 정보의 비대칭성은 신고전파 경제학의 완전한 정보에 대한 가정과 어긋난다. 우선, 고용주는 노동자가 얼마나 열심히 생산적으로 일하는지를 완전하게 감시할 수 없다. 이는 노동자가 고용주를 위해 모든 노력을 하지 않을 인센티브, 즉 도덕적 해이를 유발한다. 이를 막기 위해 고용주는 스톡 옵션이나 유연한 고용 계약을 도입한다. 또한 정보의 비대칭성은 고용주가 노동자의 감춰진 속성을 잘 모르고 채용하는 상황을 내포한다. 이 경우에 바람직하지 못한 역선택이 일어날 수 있다. 역선택을 막기 위해 고용주는 고능력자와 저능력자를 구분할 수 있는 다양한 골라내기(screening)를 한다.

신고전파 경제학에는 경쟁시장에서의 수요와 공급에 의해 임금과 고용량이 결정된다는 균형 이론과 함께 임금이 노동의 질적 차이를 반영한다고 보는 인적자본론이 있다. 이 이론은 1960년을 전후한 시기에 미국 시카고대학 중심의 경제학자들에 의해 개발되었다. 이론은 노동시장이 '단일'하다고 가정하며, 따라서 임금은 노동자 개인의 특성과 직업의 특성에서 나오는 생산성의 차이를 반영한다고 본다. 고되고 지루하고 위험한 직업은 그렇지 않은 직업에 비해 임금이 높은 경향이 있으며 그것을 보상적 임금 격차라고 한다. 또한 교육과 훈련 등의 인적 자본을 많이 축적한 노동자는 생산성이 높기 때문에 기업이 높은 임금을 지불하려고 하는 반면, 교육 수준이 낮은 노동자는 생산성이 낮기 때문에 기업이 낮은 임금을 지불한다. 인적자본론은 임금 격차가 타고난 재능, 노력, 운 등과 같은 계량화할 수 없는 변수에 기인하기도 하지만, 그것의 절반은 학력, 경력이나 연령, 직업의 속성과 같은 관찰 가능한 변수로 설명된다고 한다. 또한 높은 임금은 교육을 통해 높아진 생산성에 대한 보상이므로 교육이 확대되고 고학력자가 많아지면 임금 격차가 줄어들 것이라고 한다.

그러나 인적자본론에 대해서는 다음과 같은 비판이 있다. 첫째, 인적자본론은 모든 생산요소를 등가적인 것으로 환원시킴으로써 자본주의에 내재해 있는 착취와 불평등을 은폐한다. 노동시장에서 노동자와 고용주 간의 심각한 차이를 무시하고 임금을 제약 조건하에서의 최적화 행위의 결과로 이해한다. 둘째, 인적자본론은 노동 공급 측면만 중시하고 노동 수요 측면을 무시한다. 그런데 인적자본론이 가정하는 단일 노동시장은 존재하지 않으며 현실의 노동시장은 노동 수요자인 고용주에 의해 분절되어 있다. 셋째, 인적자본론은 소득 불평등의 발생 원인을 사회 구조가 아니라 개인적 속성에서 찾음으로써 소득 불평등을 정당화하며, 개인을 분석의 기본 단위로 함으로써 계급의 존재 및 중요성을 부정한다. 즉, 노동시장에는 개인의 자율적이고 독립적인 결정만 있고 계급 같은 것은 없다고 본다.

2) 대안적 접근

(1) 마르크스 경제학

마르크스는 노동이 모든 가치의 원천이며 자본주의 사회의 근본적인 특징이 노동의 상품화에 있다고 보았다. 자본주의 사회에서 노동자는 자신의 노동력만을 판매하며 자본가는 개별 노동력의 가치를 지불할 뿐, 결합된 노동력의 가치를 지불하는 것은 아니다. 즉, 분업과 협업의 노동 과정에서 나타나는 노동의 사회적 생산력은 비록 노동자에 의해 창조되지만 자본가에게 주어지는 무상의 선물과 같다. 또한 노동자는 자유 의사로 임노동 계약을 하지만 생존의 필요를 배경으로 하며 따라서 노동 과정은 타인에 의한 강제와 부자유를 내포한다. 이러한 강제와 부자유에 대한 자각이 계급의식의 발로이다. 노동자는 단순한 개인이 아니라 계급적 존재로서 자본가 계급과 대립적인 관계에 있다. 주류 경제학의 통념에 도전하는 이러한 마르크스 경제학의 관점을 계승하는 급진적 좌파 경제학은 노동시장에서 다음과 같은 점들을 중요하게 생각한다(Zweig 2015).

첫째, 넓은 의미에서 생산은 다양한 참가자 간의 정치적 관계를 설정하는 사회적 과정이다. 이러한 관점은 생산이 고용주와 노동자를 지배와 종속이라는 구조적인 갈등 관계로 이끄는 노동 과정과 밀접하게 묶여 있다는 사실로부터 도출된다. 주류 경제학처럼 투입과 산출 간의 기술적 관계를 보여 주는 생산함수로부터는 구조적인 갈등 관계를 제대로 설명할 수 없다. 사실 생산은 기술적일 뿐만 아니라 사회적이며, 따라서 생산을 이해하기 위해서는 기술적 측면과 사회적 측면, 그리고 이 두 측면이 상호작용하고 서로를 정의하는 방식을 고려해야 한다.

둘째, 노동시장은 일련의 사회적 관계이다. 노동시장에서 노동자와 고용주는 함께 노동 계약기간과 조건에 대한 협상을 한다. 주류 경제학은 이러한 협상 및 협상에서 공식화되는 조건이 시장에서 노동자와 고용주가 내리는 수많은 개별 결정의 자연스러운 결과라고 설명하지만 그렇게 이해하는 것은 적절하지 않다. 노동시장에서는 자본주의적 생산의 특징인 사회적 지배와 종속의 메커니즘이 작용한다. 노동시장은 자본주의의 가장 중심적인 제도 중의 하나이며, 그것을 통해 노동자와 고용주는 개별적이면서 사회적인 과정 속에서 상호작용한다.

셋째, 노동자와 고용주는 개인이 아닌 계급으로 만난다. 노동시장은 개별 노동자와 개별 고용주의 행동을 통합한다. 시장에서 노동자는 다른 노동자와 경쟁하고 고용주는 다른 고용주와 경쟁하며 또한 노동자와 고용주도 서로 경쟁한다. 그러나 시장에서의 행위자들을 각자 자신의 선호에 따라 행동하는 고립된 개인으로 생각하는 것은 잘못이다. 노동자와 고용주는 개별적인 것에 기반해서는 설명할 수 없는 권력을 반영하는 사회구성체 속에 있으며 계급 집단에 매립되어(embedded) 있다. 노동자와 고용주의 선택과 상대적인 협상력은 개인의 특성이 아니라 주로 계급의 위치로부터 도출된다. 이러한 이해 방식은 개인과 사회 간의 관계, 개인의 상호 결정, 사회 구조 등을 어떻게 이해하고 설명할 것인가라는 더 깊고 일반적인 질문을 던진다.

넷째, 노동시장은 하나의 시장이 아니며 분단되어 있다. 자본주의 사회에서 인종과 성의 구분이 작동한다. 노동시장에서 인종과 성의 차이에 따라 노동조건이 다르다는 사실을 통해 그것을 확인할 수 있다. 자본주의 체제는 인종주의와 가부장주의를 구현하면서 두 개의 경로로 노동시장을 분단시켜 나간다. 먼저, 직접적으로 여성과 유색 인종에 대한 체계적인 억압이 초착취를 가능하게 한다. 그로 인해 자본에게 주어지는 경제적 이익이 차별에 대한 자본가의 어떤 개인적 취향보다 우선된다. 다음으로, 인종과 성에 따른 노동시장의 분단과 그것을 정당화하는 인종주의 및 남성 우월주의는 사회 통제의 수단이다. 자본은 그것을 통해 노동시장뿐 아니라 정치, 문화 영역에서도 노동 계급을 분리시키고 약화시킨다.

다섯째, 노동 과정이 생산적 노동과 비생산적 노동 간에 분할된다. 마르크스의 자본 축적 이론에서 생산적 노동은 새로운 가치 및 잉여가치를 창출하는 노동이며, 비생산적 노동은 잉여를 포착하고 배출하는 노동이다. 생산적 노동은 기본 계급의 노동이며, 비생산적 노동은 포섭 계급의 노동이다. 전자는 잉여가치를 생산하는 노동이며 후자는 전자가 생산한 잉여를 자본가로부터 분배받는 노동이다. 다소 복잡하지만 그럼에도 불구하고 생산적 노동과 비생산적 노동을 구분하는 것은 자본주의의 금융화·상업화의 기초와 의미, 제국주의의 동학, 지속적인 자본 축적의 전망과 같은 문제를 이해하는 데 중요한 역할을 할 수 있다.

여섯째, 자본주의가 심각한 위기를 통과하면 그에 따라 노동시장과 노동 과정도 주기적으로 질적인 변화를 하게 된다. 노동시장에 대한 이러한 통찰은 경제사의 핵심적 개념이기도 한 '사회적 축적 구조'의 공식에서 나오는데, 그것을 정리하면 다음과 같다. 첫째, 시장과 경제 제도는 동학적이고 시간에 따라 변화한다. 둘째, 노동시장과 노동 과정은 자본 축적에 유용한 기간보다 더 오래 지속된다. 그것은 일정 기간 동안 자본 축적을 촉진하는 방식으로 작동하지만 시간이 지나면서 시대에 뒤처지게 되고 마침내 위기가 해결되는 광범위한 과정 속에서 변한다. 셋째, 자본주의의 경제 위기가 자본주의 자체의 혁명적 전복으로 이어지지 않는다. 그 대신 위기는 체제의 기본적 특징을 유지하면서 자본주의를 새로운 형태로 바꿀 수 있다. 노동 과정의 조직화는 이러한 자본주의 발전의 중요한 요소가 된다.

일곱째, 계급의 동학은 교육이 경제적 상향 이동성을 제공하는 길을 제한하며 임금이 생산성을 반영한다는 주장을 무효화한다. 신고전파 경제학은 임금의 차이가 생산성의 차이에 근거한다고 말한다. 따라서 빈곤과 저임금을 탈피하기 위해서는 노동이 보다 생산적일 필요가 있으며, 이는 더 높은 학력이 필요함을 의미한다. 여기서 교육은 계층 상승 이동의 열쇠이고 생산성은 임금 상승의 원인이 된다. 이것이 베커가 말하는 인적자본론이다. 그러나 계급 이론을 도입하고 사회적 동학을 받아들이면 신고전파 경제학의 그러한 주장은 타당하지 않게 된다. 즉, 교육이 소득에 긍정적 효과를 미치지만 보편적인 사회경제적 평준화를 가져오지는 못한다는 것을 알 수 있다.

(2) 제도경제학

신고전파 경제학은 노동시장이 전적으로 자유 경쟁시장 메커니즘에 기초해야 하며 다른 인위적인 수단이 개입되면 노동시장의 효율적인 작동을 방해하여 생산성의 손실과 노동의 비효율적인 배분을 초래한다고 본다. 그러나 그와 반대의 관점은 노동시장이 공정하고 지속 가능한 방식으로 작동하려면 이해관계자 사이에 존재하는 구조적 불평등으로부터 노동자를 보호하는 장치가 필요하다고 본다. 한편, 노동시장은 본질적으로 완전경쟁시장이 아니며 적절한 제도 없이는 제대로 기능할 수 없는 시장이다. 노동시장에는 고용주가 노동자를 완전히 감시하거나 노동자의 생산 기여도를 적절하게 평가하기 어렵다고 하는 정보의 문제가 있다. 정보의 문제는 특히 노동자의 기술 수준이 중요한 경우에 노동자와 일자리 간의 매칭을 복잡하게 만든다. 또한 노동시장에서 흔히 볼 수 있는 시장 지배력은 시장의 실패를 야기한다. 예컨대, 노사관계를 고용주가 지배한다면 생산성에 비해 임금이 너무 낮아지며 노동조합이 지배하는 경우에는 너무 높아질 수 있다.

많은 사회학자, 정치경제학자, 비주류 경제학자들은 신고전파 경제학이 임금 및 고용 결정의 복잡성을 간과하는 경향이 있다고 주장한다. 제도경제학은 노동시장에서의 임금과 고용이 관련 제도에 의해 영향을 받는다고 본다. 제도경제학은 정보의 비대칭성, 거래비용, 계약 이론 등의 개념을 사용하여 고용 관계에 영향을 미치는 제도를 설명한다. 커먼스 이래로 제도경제학자들은, 상황 변화에 따라 고용 계약 조건을 유연하게 조정하고 거래비용을 절감할 수 있는 제도의 중요성을 인식하였다. 예컨대, 합법적인 제도와 거래의 표준화는 정보에 대한 시장 참가자의 요구 사항을 줄이고 계약을 체결할 때마다 쓸데없이 시간을 낭비해야 하는 필요도 줄여준다(Streeck 2005).

신고전파 경제학은 모든 경우에 적용할 수 있는 하나의 매우 보편적인 모형이 있다고 주장하지만 제도주의는 신고전파적 모형의 보편적 설명력에 의문을 제기한다. 제도경제학은 보편적인 임금 이론이 없다는 것을 특별히 문제로 생각하지 않는다. 제도경제학에는 다양한 임금 이론이 있으며 그 때문에 하나의 보편적 임금 이론이 없다는 비판을 받고 있지만 그렇다고 이론이 임기응변적인 것은 아니다. 제도경제학의 임금 이론이 공통적으로 생각하는 주제는 생산성과 노사 간 협상력이다. 이와 관련하여 주변에서 흔히 볼 수 있는 사례가 신고전파적 분석틀로는 설명할 수 없는 특수한 경우인 내부노동시장과 효율 임금이다. 이 제도는 노동자들이 기업의 필요에 맞게 훈련되고 사회화되어야 하는 상황에서 나타난 고용주의 대응이라고 할 수 있다. 고용주는 훈련이 이어질 수 있도록 연공서열제를 도입하고 훈련을 이수한 노동자에게 승진 기회와 높은 임금을 준다. 어떤 산업이나 기업에서도 노동자와 고용주가 동등한 협상력을 갖는 경우는 거의 없지만, 생산성과 수익성을 유지하기 위해 필요하고 대체가 어려운 고숙련 노동자는 예외라고 할 수 있다. 그런 경우에 노동시장은 분단되고 노동자는 균형 임금보다 높은 효율 임금을 받는다(Greenwood 2016). 내부노동시장 및 분단노동시장에 대해서는 제3절에서 검토하기로 하고 이하에서는 효율 임금에 대해 살펴보도록 한다.

1914년에 포드 자동차 회사는 노동자의 일당을 5달러로 인상하였다. 당시 포드사와 다른 회사의 일반적인 일당은 2달러에서 3달러 사이였다. 이처럼 시장의 균형 임금보다 높고 생산성을 반영하는 것으로 볼 수 없는 임금을 효율 임금이라고 한다. 애컬로프(J. Akerlof)는 『노동시장의 효율 임금 모형』(*Efficiency Wage Models of the Labor Market*, 1987)에서 신고전파 경제학의 일반적 결론과 다르게 효율 임금을 설명하고 그에 대한 근거를 제시하였다. 그는 노동시장의 임금이 노동 수요와 공급에 의해 결정되는 균형 임금이 아니라, 사용자와 노동자 간의 선물 교환의 개념으로 볼 수 있는 '비균형적' 임금이라고 보았다. 취업을 기다리는 실업자가 존재하지만 그렇다고 고용주가 노동자들의 임금을 삭감하지는 않는다. 이런 시장에서 교환을 결정하는 것은 협상 당사자인 고용주와 노동자 간에 존재하는 도덕적 유대감 같은 것이며 애컬로프는 그것을 규범이라고 하였다(이성섭 2020).

효율 임금은 주인과 대리인의 관계로 설명될 수 있다. 고용주와 노동자는 주인과 대리인의 관계이며, 주인이 대리인을 감시하는 감독자를 고용하면 감독자는 위계 구조 속에서 주인의 이익이 최대화되도록 행동할 것이다. 그러나 감독자가 대리인과 공모하면 위계는 덜 효율적이게 되며, 대리인은 자신의 행동을 감독자가 감시하고 제재하는 것을 싫어할 수 있다. 대리인은 성과를 내지 못하는 것에 대한 제재로 해고당할 수 있지만 시장에서 동일 임금의 비슷한 일자리를 찾을 수 있기 때문에 대리인의 행동을 감시하고 지시하는 감독자의 권한 범위는 크게 제한된다. 이 경우에 대리인에 대한 더 큰 범위의 감시와 지시를 하기 위한 해답은 균형 임금보다 더 높은 효율 임금을 지급하는 것이다. 효율 임금의 수준에서는 노동의 과잉 공급이 존재하며 시장은 더 이상 청산되지 않는다. 그러면 대리인은 해고될 경우에 새로운 일자리를 찾기 위한 비용이 많이 든다. 따라서 결과적으로 대리인은 주인의 지시와 감시를 수용하려는 의지가 상당히 증가한다. 이것이 포드사가 일당 5달러를 지급한 이유였다.

효율 임금은 거래비용을 줄이려는 기업의 전략으로 해석할 수 있다. A와 B, 두 개의 부문이 있다고 하자. A는 노동자의 생산량을 관찰하기 어렵고 따라서 감시 비용이 많이 드는 부문이라고 하자. 이 부문에는 소프트웨어 개발자 또는 매일의 생산량을 쉽게 측정할 수 없는 전문가들이 고용되어 있으며 노동자가 많은 책임을 갖고 독립적으로 행동하는 직업으로 구성되어 있을 것이다. 기업은 노동자를 완벽하게 감시할 수 없는 상황에서 노동자들로부터 '올바른' 노력을 끌어낼 수 있는 시스템을 구축하기를 원하게 된다. 이에 기업은 균형 임금보다 더 많이 지불하는 것이 노동자의 노력을 끌어내는 데 도움이 되고 기업에게 유리하다고 판단한다. 반면, B는 노동자가 반복적이고 단조로운 업무를 수행하는 기업으로 구성된 부문이라고 하자. 기업은 노동자를 쉽게 감독할 수 있고 생산성을 지속적으로 감시할 수 있기 때문에, 노동자들이 일을 회피하는 것을 막기 위해 높은 임금을 지불할 필요가 없다.

기업이 노동자들의 태만과 이직률을 최소화하며 사기를 높이기 위해 지불하는 효율 임금은 후에 설명할 분단노동시장과 관련 있다. 예컨대, 노동시장이 높은 임금, 좋은 근무 조건, 고용 안정성 및 승진 기회가 제공되는 A 부문과 낮은 임금, 열악한 근무 조건, 높은 이직률 및 승진 기회가 거의 없는 B 부문으로 분단되어 있다고 하자. 신고전파 경제학의 경쟁 모형은 노동자가 저임금 부문에서 고임금 부문으로 이동함에 따라 두 부문 간의 임금 차이가 결국 사라질 것으로 본다. 그러나 효율 임금은 이러한 균형 조정 과정을 방해한다. 효율 임금 부문에서는 임금을 인하하면 생산을 감시하기 어렵고 노동자가 책임을 회피하기 때문에 오히려 기업에게 손실을 가져올 수 있다고 생각하므로 임금의 조정이 일어나지 않는다.

(3) 신경제사회학

신경제사회학은 노동시장에서 네트워크를 형성하는 개인 간의 분산된 비계약적 관계의 중요성에 주목하며, 특정한 계약적 고용 관계가 그 네트워크에 매립되어 있음을 강조한다. 일반적으로 사회학 이론은 경제학 이론이 생각하듯이, 노동시장이 보편적이고 비인격적이며 인종과 성의 차별이 없이 공급과 수요를 일치시킨다는 의미에서의 시장이 아니라고 본다. 사회학자들은 일반적으로 자유 노동시장은 불가능하며 규제되지 않은 노동시장은 자유롭지도 공정하지도 않음을 보여 주려고 한다. 노동시장을 바라보는 경제학자와 사회학자의 주된 차이는, 전자가 주로 효율성에 관심이 있는 반면 후자는 공정성을 더 많이 고려한다는 점이다. 다시 말하면, 신경제사회학은 노동시장이 경제학에서 생각하는 그런 시장이 아닐 뿐 아니라 그렇게 작동하지도 않는다고 본다. 한편, 신제도경제학은 노동시장을 규제하는 공식적 제도를 거래비용의 절감이라는 경제적 효율성으로 설명하지만, 신경제사회학은 노동시장 제도에 대한 보다 현실적인 다른 접근 방식을 제안한다. 즉, 제도에 대한 규범적 기초와 의무적 성격을 강조하는 것은 물론, 제도의 진화가 효율성에 대한 고려 외에도 권력의 분배와 같은 다양한 사회적 힘에 의해 지배된다는 사실을 강조한다(Streeck 2005).

신경제사회학은 노동시장에서 일어나는 거래의 바탕에는 개인적이고 특별한 사회 관계 네트워크 또는 유대가 있으며 그것이 본질적인 중요성을 갖고 있음을 강조한다. 사회 관계 네트워크는 모든 노동시장 거래의 바탕이 되지만 시장이 잘 작동하도록 하기 위한 목적으로 형성된 것이 아니다. 사회 네트워크에 접근한다는 것 자체가 정의상 경쟁시장에서의 평등주의와는 거리가 멀다. 경제적 행동과 경제 발전에 사회적·문화적 가치가 미치는 영향을 설명하기 위해 '사회적 자본'[2]이라는 용어가 흔히 사용되고 있는데, 사실 그 용어는 비공식적인 여러 사회 관계의 높은 시장 가치 및 불평등한 배분을 강조하기 위해 고안되었다(Streeck 2005).

네트워크적 접근을 통해 신경제사회학의 지평을 연 것은 그라노베터의 『일자리 구하기』(*Getting a Job*, 1974)였다. 사회학자들의 노동시장에 대한 연구에서 주류를 형성한 것은 사회적 이동에 관한 연구였으나, 그라노베터는 구직 과정에 주목하고 경제학자들의 설명과는 다른 구직 경로와 결과를 설명하였다. 여기서 그는 경제 행위가 사회 관계 속에 매립되어 있다는 점을 강조하면서 네트워크 이론을 전개하였다. 그라노베터는 공식적인 경로보다 개인들이 속해 있는 네트워크를 통해 구직 정보가 더 잘 전달되며, 따라서 네트워크가

2 사회적 자본을 부르디외는 '상호 인지와 인정이 다소 제도화된 관계 네트워크의 소유와 관련된 실제적 또는 잠재적 자원의 집합체'로, 콜만(J. S. Coleman)은 '거래비용의 감소와 효용의 극대화를 이루도록 하는 사회적 관계나 사회적 구조, 즉 생산적인 사회적 관계망'으로, 퍼트넘(R. Putman)은 '협력적 행위를 촉진하여 사회의 효율성을 향상시키는 신뢰, 규범, 네트워크와 같은 사회조직의 속성'으로 정의하였다.

개인의 구직 과정에 큰 제약 조건이라고 보았다. 그는 이직자들이 구체적으로 필요한 정보를 확보할 수 있었던 시기와 방법을 이직자 개인의 특성과 연관시켜 분석하였다. 일반적으로 구직 방식에는 신문 광고나 고용 중개 기관 등의 공식적 수단, 구직자가 아는 사람이 일자리를 소개하거나 고용주에게 추천하는 등의 인적 접촉, 그리고 공식적 수단이나 인적 접촉이 없는 상태에서 직접 회사를 방문하는 직접 지원이 있다. 그라노베터는 인적 접촉이 가장 보편적인 구직 방식이며, 고소득층일수록 구직 과정에서 인적 접촉이 사용되었을 가능성이 높다고 하였다. 다만 그라노베터의 연구는 노동시장과 관련한 다양하고 많은 통계들을 실제로 이용하고 있지 않기 때문에 충분한 통찰력을 제공하지 못하였다는 문제를 안고 있다(유홍준·정태인 2011).

그라노베터 이후에 많은 실증적 후속 연구에 의해 구직 과정에 관한 쟁점들이 논의되었다. 인적 접촉을 통한 구직 활동이 구직 기회와 채용 가능성을 높여 주는 효율적인 방식이라는 연구가 있고 인종, 민족, 성에 따른 인적 접촉의 이용도나 인적 접촉에 의한 구직과 직업 만족도 간의 상관 관계에 관한 연구도 있다. 그라노베터에 의하면 구직자가 이용한 네트워크의 특징에 따라서 구직의 결과가 달라진다. 제8장에서 말한대로 약한 유대가 강한 유대에 비해 구직에 더 도움이 된다. 이는 그냥 알고 지내는 사이가 친밀한 사이보다 다른 집단 속에서 활동할 가능성이 크고 따라서 유용한 직업 정보를 줄 여지가 더 크기 때문이다. 구직자의 과거 경력이 화려하다면 사회 네트워크를 통해 더 좋은 결과로 이어질 가능성이 있다. 경기 침체기에는 인적 접촉을 통한 비공식적 채용이 증가하는 것이 일반적이며, 어떤 제도와 문화에서는 구직 과정에서 강한 유대가 약한 유대보다 더 중요하게 작용하기도 한다(유홍준·정태인 2011).

구직 과정에 대한 그라노베터의 연구는 거시적 분석과 미시적 분석을 매개하는 연결 고리의 역할을 하였다. 구직 과정에서 일자리 기회에 관한 정보는 매우 중요하지만 경제학 이론은 그 문제를 다루지 않기 때문이다. 노동 이동에 관한 베커의 연구처럼 경제학 분야에서 노동의 수요와 공급, 노동 이동을 주제로 하는 연구는 많지만, 주로 거시 이론이나 미시 이론적 접근을 할 뿐, 구직 과정에 대한 연구는 거의 없다. 그런데 노동시장에서 직업 정보 취득 과정을 보면, 과거보다 공식적·보편적 절차가 광범하게 사용되고 있기는 하지만 여전히 비공식적 상호작용이 중요하다. 그라노베터는 이를 고용시장에 미치는 사회 네트워크의 영향으로 이해하였다. 구직 과정에 대한 신경제사회학의 논점을 요약한다면, 인적 접촉이 보편적인 사회에서는 구직 과정에서 비공식적 채널(예컨대, 대학 동문 네트워크를 활용한 채용)이 싸고 효율적이며, 따라서 신고전파 경제학이 가정하는 완전한 비인격적(impersonal)인 공식적 채널(공개적 채용)은 효율적이지 못하다는 것이다.

3. 분단노동시장과 노동조합

1) 분단노동시장과 내부노동시장

신고전파 경제학은 일반 상품시장과 마찬가지로 노동시장에서도 노동의 수요와 공급에 의해 임금이 결정된다고 보며, 동일한 숙련을 가진 노동자가 다른 임금을 받을 가능성을 부정한다. 그러나 현실의 노동시장에서는 노동능력이나 숙련에 따른 생산성과는 무관한 이유로 임금의 차이가 존재한다.

임금뿐 아니라 다른 고용 조건에서도 차이가 있으며 많은 경우에 그러한 차이는 시간이 지나도 사라지지 않는다. 이는 노동시장이 하나의 경쟁적이며 연속적인 시장이라고 가정하는 신고전파 경제학의 관점에서는 이례적인 현상이다. 대기업과 중소기업, 정규직과 비정규직, 정규직 내 또는 비정규직 내에서도 상당한 구분이 존재한다. 이처럼 노동시장은 하나로 통일되어 있지 않고 상호 연관성이 적은 두 개 또는 그 이상으로 구분되어 있는 것을 분단(dual) 또는 분절(segmented)노동시장이라 한다. 많은 사회학자, 대안적 경제학자들은 신고전파의 경제학이 노동시장의 이러한 복잡성을 간과하는 경향이 있다고 주장한다.

노동시장은 왜 분단되는가? 어떤 정치적·경제적 힘이 노동시장을 상이한 특징과 규칙으로 구별되는 몇 개의 시장 또는 부문으로 세분화한다. 분단노동시장은 그런 세분화의 결과이다. 노동시장의 세분화는 다음과 같이 나타난다고 보는 것이 비교적 유용하다(Reich et al. 1973). 첫째, 1차와 2차 노동시장으로의 세분화이다. 되링거(P. Doeringer)와 피오르(M. Piore)의 선구적 연구에 의하면 두 시장은 주로 고용 안정성에 따라 구별된다. 둘째, 주로 1차 노동시장 내에서 나타나는 기업 내의 종속적인 직무와 독립적인 직무 사이의 세분화이다. 셋째, 인종에 따른 세분화이다. 이는 특정 직업이 편견과 제도에 의해 인종 차별적으로 분리되는 것을 말한다. 넷째, 성별에 따른 세분화이다. 어떤 직업은 일반적으로 남성으로 제한되고 어떤 직업은 여성으로 제한되며, 여성이 종사하는 직업은 일반적으로 비교가 되는 남성의 직업보다 임금이 낮다.

분단이라는 단어는 1차 노동시장과 2차 노동시장으로의 분할을 의미하지만, 일반적 의미에서는 노동시장이 여러 개로 분절되는 것을 지칭한다. 1차 노동시장의 전형적인 예는 대규모 제조 시설을 갖춘 직업인 반면, 2차 노동시장의 대표적 예는 패스트푸드점과 같은 소규모 서비스 직업이다. 1차 노동시장은 고용의 안전성, 높은 임금, 양호한 근로 조건, 내부 승진 사다리 등이 보장되고 인적 투자의 기회가 많으며 경력에 따라 임금과 권한, 책임, 지위 등이 향상되는 시장이다. 반면, 2차 노동시장은 저임금, 열악한 환경, 내부 승진 기회의 부재, 높은 이직률 및 결근율 등의 특징이 보이는 시장이다. 이 시장은 단기 고용 관계이고 주로 시장 요인에 의해 임금이 결정되며, 블루칼라, 화이트칼라, 또는 서비스 산업 종사자에 관계없이, 진입이 쉬운 저급한 비숙련 일자리로 구성된다. 전적이라고 하기는 어렵지만, 2차 노동시장은 대체로 빈곤층과 소수 집단, 여성 및 청년으로 채워진다. 분단된 두 노동시장 간에는 임금과 근로 조건이 상이하며 노동의 상호 이동이 사실상 단절되어 있어, 노동자의 생산성이 동등하더라도 임금 격차를 사라지게 할 시장의 힘은 작동하지 않는다.

노동시장에서 인종, 성에 따른 차별을 가져온 인종주의와 가부장주의는 자본주의가 등장하기 오래전부터 존재하였지만, 자본주의 체제는 특정 방식으로 이러한 태도와 관행을 적절하게 활용해 왔기 때문에, 자본주의 권력의 지배 구조에 도전하지 않고서는 오늘날의 인종주의와 가부장주의에 효과적으로 도전할 수 없다. 물론 단순히 자본주의를 없앤다고 해서 그것이 인종주의와 가부장주의가 자동적으로 사라지는 것을 보장하지 않는다는 것도 사실이다. 미국에서 자본주의 권력에 대해 가장 역동적으로 도전하고 있는 것은 흑인 운동과 여성 운동이며, 노동 운동은 오히려 그러한 인권 운동에 적극적으로 반대하였다. 그 때문에 인권 운동이 노동 운동을 대신하여 진보적이고 급진적인 그룹의 전면에 나서게 되었다.

노동시장을 인종, 성에 따라 세분한다는 것에는 계급갈등 측면에서 또 다른 의미가 있다. 노동시장의 분단은 노동자들의 의식을 계급 지향적인 것으로부터 신분 지향적인 것으로 전환시키며 상이한 노동시장에 속하는 노동자들 간의 노동조건을 상이하게 함으로써 노동자들의 계급적 연대를 약화시킨다. 동일한 계급 혹은 계층에서도 흑인과 백인의 경험, 여성과 남성의 경험이 동질적이지 않기 때문이다. 모든 흑인들은 인종 차별의 일반적인 경험을 하지만, 흑인 노동자들은 전문직이나 지배 계층의 흑인과 동일한 계급적 또는 인종적 경험을 하지 않는다. 자본주의 사회를 특징 짓는 백인 남성의 사회적 헤게모니하에 종속되어 있는 백인 여성과 라틴계 및 기타 집단도 마찬가지이다. 따라서 인종과 성 차별의 배경인 백인 우월주의와 가부장주의에 반대하는 투쟁을 단순하게 계급갈등으로 환원하여 이해할 수는 없다(Zweig 2015).

한편, 내부노동시장은 '노동자의 임금 결정과 직무 배치, 교육·훈련 등이 일련의 관리 규칙과 절차에 의해 운영되는 하나의 관리 단위'를 말한다. 내부노동시장의 경우에 노동시장의 기능이 기업 내로 옮겨져 거의 모든 인력은 내부 승진과 배치에 의해 충원되며 최하위직의 신규 노동자만 외부노동시장에서 채용된다. 임금, 직무 배치, 훈련, 승진 등은 외부노동시장으로부터 영향을 거의 받지 않고 기업 내부에 미리 정해진 규칙과 절차에 의해 결정되며, 그것을 통해 노동력 편성, 임금 관리 등이 이뤄진다. 내부노동시장은 주로 1차 노동시장에서 형성되며, 노동자들에게 암묵적인 장기적 고용 관계에 따른 고용 안정성과 직무 위계를 따라 올라가는 안정적 임금 상승을 보장해 주는 한편, 고용주에게는 안정적인 노동력 확보와 더불어 노동자들의 자발적인 충성심을 유도함으로써 감시·감독의 통제 비용을 감소시켜 준다. 반면, 그것은 시장 환경 변화에 따른 유연성을 감소시키며 그에 따른 비용 부담을 증가시키는 요인을 내포하고 있다.

내부노동시장의 형성에 대한 가설로는 다음과 같은 것이 있다. 첫째, 효율성의 관점에서는 내부노동시장이 노동자들의 기회주의적이고 비효율적인 행동이 발생할 여지를 줄이고 노동 통제 비용을 감소시켜 줌으로써 고용주에게 이익이 된다고 본다. 둘째, 갈등론적 관점에서는 내부노동시장의 형성 이유를 기술적 필요성보다는 역사적으로 형성되어 온 자본에 의한 노동 통제의 욕구와 노동 연대의 파괴에서 찾는다. 셋째, 제도적 관점에서는 전문적 기술과 숙련을 유지하기 위해 안정적이고 자기 영속적인 메커니즘이 필요하고 또한 숙련이 직무 수행 과정에서 비공식적으로 취득되기 때문에 내부노동시장이 형성된다고 본다. 넷째, 신경제사회학의 매립 개념의 관점에서는 고용주의 이해관계와 기업 내부 집단들 간의 상호작용에 의해 제도화된 조직 관행이 내부노동시장 형성에 중요하게 작용한 것으로 이해한다.

라이흐(M. Reich) 등은 내부노동시장 출현의 역사적 과정을 독점적 대기업의 등장과 노동력의 동질화로부터 설명한다. 19세기 말부터 독점적 대기업들이 등장하여 권력을 공고히 하기 시작하였으나 노동력의 동질화로 인한 공통적 경험이 노동자들의 계급적 연대와 단결력을 강화하고 전국적 노동조합이 등장하면서 독점자본주의의 노동 통제를 위협하였다. 이러한 모순을 해결하기 위해, 대기업은 노동자를 다양한 부문으로 분할하여 노동자의 실제적 경험을 다르게 함으로써 자본가에 대한 공통의 반대 기반을 약화시키려고 노력하였다. 그런 노력의 하나로, 기업은 내부 관계의 재구조화를 통해 세분화된 내부노동시장을 만들었다. 신규 직무와 진급 패턴을 갖춘 승진 사다리가 새로 만들어지고 화이트칼라 노동자들은 블루칼라 노동자와는 다른 방식으로 승진하였으며, 특정한 신규 직무에 대한 자격을 갖추지 못한 노동자는 승진 사다리에서 배제되었다. 이에 대한 대응으로, 노동조합은 승진을 위한 연공

서열 기준을 요구함으로써 고용주의 자의적 재량권으로부터의 자유를 얻으려 하였다. 이는 사실상 노동조합이 내부노동시장을 받아들인 것을 의미한다. 즉, 노동조합은 내부노동시장의 작동에 대해 어느 정도 통제력을 갖는 대가로 그것의 합법화를 도왔다. 고용주는 내부노동시장으로 노동을 분할함과 동시에 노동조합을 약화시키고 파업을 파괴하기 위해 의도적으로 인종적, 민족적, 성적 적대감을 이용하였다. 또한 교육 자격증을 반숙련 화이트칼라와 고숙련 사무직을 인위적으로 분할하는 수단으로 사용하였다(Reich et al. 1973).

지금까지 분단노동시장과 내부노동시장을 설명하였지만, 신고전파 경제학의 인적자본론은 분단노동시장을 달리 설명한다([표 10-1] 참조). 인적자본론은 노동시장이 시장 원리에 따른 경쟁이 존재하는 하나의 시장이며, 따라서 노동시장이 분단되어 있는 것처럼 보이더라도 사실 그것은 두 시장의 노동력이 생산성에서 차이가 있기 때문이라고 본다. 그러나 노동시장에는 노동생산성에 영향을 미치지 않음에도 성, 인종, 종교 등에 대한 편견에 의한 임금 차별이 존재한다. 편견에 의한 임금 차별이 존재한다는 것은 시장의 균형 임금이 노동의 한계생산성과 일치한다는 신고전파 경제학 이론과 모순된다. 이 문제에 대한 베커의 설명에 의하면, 노동시장에서의 차별은 그런 편견을 가진 고용주의 합리적 선택이라고 할 수 있지만, 그런 편견을 가진 고용주는 그렇지 않은 고용주보다 더 많은 비용(차별 프리미엄)을 지불해야 하고 더 낮은 수익을 받아들여야 하므로, 경쟁시장에서 차별 행위는 장기간 지속될 수 없다. 그렇기 때문에 인종별 임금 격차는 실제로는 상당 부분 인적 자본의 차이를 반영한다. 여성과 남성 간의 임금 격차도 성적 차별보다는 여성의 근로 단절로 인한 경력 부족 때문이거나 남녀 간 직업의 질적 차이로 인한 보상적 임금 격차 때문일 가능성이 크다. 이처럼 인적자본론은 임금 격차가 인적 자본

표 10-1 노동시장 이론의 비교

	신고전학파 경제학	제도학파
이론	인적자본론 내부자-외부자 이론	이중/분절노동시장론 내부노동시장 이론
노동시장 구조	단일 노동시장 (시장원리 따라 자유경쟁)	이중/분절노동시장 (시장마다 서로 다른 원리)
임금과 고용의 결정	노동의 수요 공급에 따라 임금과 고용 동시 결정	관리 규칙과 절차에 따라 임금과 고용 분리 결정
중시하는 요인	노동의 공급 측면	노동의 수요 측면
임금불평등 발생원인	개인의 선택/개인 책임	시장/직무/계급구조 등 제도적, 구조적 요인
정치적 입장	현실 긍정적, 보수적	현실 개혁적, 급진적

자료: 김유선(2019: 9).

의 차이를 반영하며 인종과 성별 임금 격차가 존재한다고 해서 차별이 존재한다고 말할 수 없다고 본다.

내부노동시장에 대한 신고전파 경제학적 설명으로는 내부자-외부자 이론이 있다. 이는 특권적 지위에 있는 집단이 기업 행동, 국민 복지 및 임금 협상에 미치는 영향을 설명하는 이론이다. 임금 협상의 당사자들은 이미 고용되어 있는 내부자와 고용주이다. 내부자는 이미 고용 상태에 있기 때문에 특권적 지위에 있으며, 외부자를 위해 일자리 수를 확장하는 것에는 관심이 없다. 그들은 외부자가 취업할 수 있는 일자리를 확대하는 것보다 자신의 임금을 최대화하는 것에 관심이 많다. 내부자는 자신의 지위를 사용하여 외부자의 고용을 저지함으로써 임금 수준이 낮아지지 않도록 한다. 기업은 노동자 교체에 드는 비용(노동회전율 비용) 때문에 내부자와 흥정할 강력한 인센티브를 갖는다. 이처럼 내부자와 고용주의 이해관계가 일치하므로 높은 실업률에도 불구하고 외부자의 고용 가능성은 점점 낮아진다. 결과적으로 낮은 임금으로 일하려는 의지를 가진 실업자들이 많음에도 불구하고 임금이 낮아지지 않는다. 이는 시장에 의한 조정이 실패하고 임금이 노동시장의 요구나 선호를 반영하지 않음을 의미한다. 요컨대, 내부자-외부자 이론은 외부자의 희생으로 내부자들이 특권을 누리면서 시장의 효율을 저해한다고 본다.

2) 노동조합

노동조합은 노동자들이 연대감으로 협상력을 높여 공동의 목적인 더 나은 임금과 복지와 노동 조건 등을 확보하기 위한 조직이다. 노동조합에 대한 신고전파 경제학적 인식은, 그것이 균형 임금과 고용에 영향을 미쳐 경쟁시장의 효율성을 저해한다는 것이다. 즉, 경제학자들은 노동시장에서 노동조합을 잠재적 독점자로 보며 독점이론으로 노동조합 활동의 경제적 결과를 설명한다. 또한 케인스와 케인스학파는 노동조합이 임금을 하방 경직적이게 하는데 기여한다고 본다. 그러나 노동조합이 갖는 의미는 경제적일 뿐 아니라 사회적이고 좀 더 복잡하다. 노동조합은 노동의 공급과 수요 측면 모두에 대해 상호 영향을 미치며 노동시장에서 형성되는 고용 관계를 규제한다. 또한 공급, 수요, 고용 관계에 영향을 미치는 노동조합의 활동은 국가가 강제하는 사회 질서와 법적 질서에 의해 제한되거나 촉진되기도 하면서 국가의 개입과 상호작용한다([그림 10-1]).

노동 공급, 즉 시장에서 공급되는 노동의 양과 질은, 1차 산업과의 연관성과 같은 사회 구조, 소득분배 구조, 사회적 규범(여가와 소득에 대한 선호, 여성의 사회 활동, 교육 시스템, 사회복지 등에 관한 규범)과 기타 다양한 요인에 의해 결정

그림 10-1 노동조합의 활동

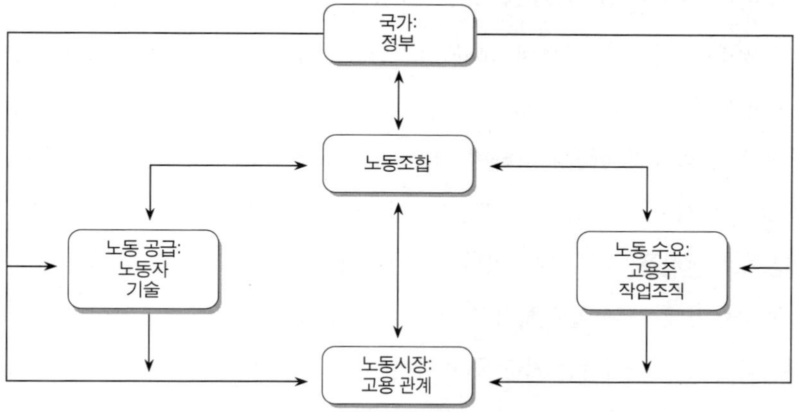

자료: Streeck(2005: 260).

된다. 노동 수요는 무엇보다도 재화 시장의 규모, 가용한 생산 기술, 생산 조직(특히 생산 현장의 수평적 분업 및 수직적 권한의 유형) 및 정부의 경제·사회 정책에 의해 영향을 받는다. 노동시장의 핵심인 고용 관계는 계약 형식으로 이뤄진다. 산업혁명 전의 선대제하에서 상인과 수공업자 간의 계약은 작업 계약이었지만 산업혁명 이후 공장제하에서 고용주와 임노동자 간의 계약은 고용계약이었다. 이러한 변화는 일에 대한 구상과 실행의 통합에서 분리로의 변화, 수공업 기술의 관리에서 관료적·위계적인 조정으로의 변화, 시장의 조정에서 기업 내 인센티브에 의한 조정으로의 변화를 의미한다. 작업 계약에서 상인은 제품 단가로 '금액'을 계산하여 수공업자에게 지불하였던 반면, 고용계약에서 고용주는 제품 개수가 아니라 정해진 일에 대한 수행 능력에 대해 '임금'을 지불한다.

노동의 공급과 수요는 다양한 방식으로 상호작용하면서 시장과 고용 관계에 영향을 미친다. 공급과 수요 둘 다 사회 질서에 의해 형성되고 역으로 그것에 영향을 미친다. 예컨대, 교육 시스템은 노동 수요를 예상하며, 고용주는 필요한 노동 공급을 할 수 있는 교육 제도와 정책을 원하며, 개인은 미래에 어떤 기술이 필요할지를 고려하여 기술을 습득한다. 교육 시스템이 기존의 사회 질서를 재생산할 수도 있고 반대로 기회나 소득의 균등화와 같은 가치를 명분으로 질서를 바꿀 수도 있다. 그런데 기계화와 분업에 의해 끊임없이 새로운 숙련과 기능이 필요해지고 기존의 것이 불필요해지는 상황이므로 노동자는 숙련과 기능이라는 자산을 유지하기가 쉽지 않으며 또한 현재의 교육이 미래에 달성될 소득을 비례적으로 보장하지 않는다. 상품으로서의 노동의 이러한 특수성은 노동시장의 불완전성을 초래하고 노동 공급의 파멸적인 경쟁 가능성을 높인다. 반면, 고용주는 인적 자본 틀에 얽매여 있는 노동자에게 해고의 위협을 가하며 임금을 낮추려고 한다. 즉, 아무런 규제가 없는 순수한 노동시장은 고용주에게 기회주의적 행동의 가능성을 제공함으로써 시장을 비효율적으로 만들며, 고용주와 노동자 간의 근본적인 힘의 불균형으로 인해 시장을 불공정하게 만든다. 이러한 거래의 비대칭성으로 인해, 자유로운 노동 계약은 형식과 문서에서만 자유로울 뿐, 적절한 사회 제도에 의해 시정되지 않는 한 강제적이고 불평등한 계약이 되기 쉽다.

노동조합의 결성은 노동시장의 불공정성, 즉 노동시장에서의 경제적 분배와 사회적 가치 평가 사이의 격차에 대한 노동자들의 대응이었다. 노동조합은 단체 행동을 통해 경제적 분배가 사회적 가치 평가에 부합하도록 함으로써 그 격차를 좁힌다. 단체 행동은 고용에 절대적으로 의존할 수밖에 없는 노동자들 사이의 분열된 경쟁이 초래하는 고용주와 노동자 간의 힘의 불균형을 바로잡기 위한 것이다. 노동조합은 특히 노동 공급의 카르텔화처럼 노동시장을 덜 순수하게 만드는 제도적 보호 장치를 통해 자유로운 노동시장을 공정하게 만든다. 그와 동시에 노동조합은 파멸적인 경쟁을 보류하고 기술에 대한 노동자의 투자를 보호하는 계약적 거버넌스 제도를 도입함으로써 노동시장의 불완전성을 개선한다. 한편으로 노동시장의 순수성을 해치지만 다른 한편으로 시장의 불완전성을 개선하는 노동조합의 양면성은, 노동이 노동자와 분리 불가능하므로 노동시장과 생산 조직이 합법적인 사회 제도에 의해 통제되는 경우에만 최소한의 이상으로 효율적일 수 있음을 의미한다.

요컨대, 고용 계약 관계에 대한 사회적 규제자로서의 노동조합은, 자유로운 노동시장에 결코 생경한 것이 아니라 처음부터 노동시장이 제대로 작동하기 위해 필수적이었다. 단체 행동은 노동을 완전한 상품화로부터 보호하고 사회를 시장의 변동성으로부터 보호하며, 노동시장을 합법적으로 덜 유연하게 한다. 경기적 조정을 위해 노동시장이 얼마나 유연한지 혹은 유연해야 하는지에 대해서는 논쟁의 여지가 있으며, 궁극적으로 그것은 자본주의 경제의 역동성과 사회적 관계의 안정에 대한 필요성 사이의 근본적인 긴장을 반영하는 문제이다. 노동조합은 기본적으로 세 가지 방식으로 노동시장에 경직성을 가져온다. 즉, 그것은 노동 공급을 통제하려 하거나 노동 수요를 노동 공급에 맞추려 하거나 노동자와 고용주에게 표준화된 계약조건을 강제한다. 대체로 경제학자들은 경직성이 없는 것이 최선이라고 믿는 경향이 있는 반면, 사회학자들은 사회적 경직성이 없이는 경제적 유연성도 있을 수 없다고 주장한다 (Streeck 2005).

제11장

시장과 국가에 대한 이해

1. 시장경제의 형성과 특징

1) 시장경제의 형성

경제학 이론은 이기적 합리성을 가진 경제 주체의 의사 결정 원리에 주목하고 시장에서 자원 배분이 어떻게 이뤄지는가를 분석할 뿐, 현실의 시장이 어떻게 형성되고 발전해 왔는가에 대해서는 설명하지 않는다. 그러나 시장은 역사적으로 긴 시간을 거쳐 형성되고 발전하였다. 과거에도 번성하였던 시장이 있었으며 그것을 적절하게 지원하는 제도도 있었다. 그러나 이슬람 세계나 중국에서는 시장의 초기적 성공이 이후 발전으로 이어지지 않았지만, 유럽에서는 시장이 중세 말에 시작된 상업적 확장을 거쳐 복잡하고 역동적인 근대 경제를 지원하는 발전으로 이어졌다. 따라서 시장을 이해하기 위해서는 유럽에서 나타난 시장 확장의 동학이 무엇이었는지에 대해 살펴볼 필요가 있다(Grief 2008).

시장 거래는 인류 역사의 오래전으로 거슬러 올라간다. 소금, 광물과 같은 자원이 고르지 않게 분포되어 있었기 때문이다. 초기의 거래는 국지적이었으며 원격지 간에는 아직 나타나지 않았다. 거래는 같은 부족이나 공동체의 구성원들 사이가 아니라, 다른 부족과의 사이에서 이뤄지는 외부적 현상이었다. 그러나 외부 시장에서 교환되는 물건의 가치는 아주 미미하였으며 사회는 생존이나 부의 창출을 위해 이런 거래에 의존하지 않았다. 내부 시장은 공동체 내부의 국지적 시장인데, 그 한 예로는 그동안 많이 회자된 고대 아테네의 아고라가 있다. 그러나 비록 시장 거래가 있었지만 당시의 지배적 경제는 자급자족적인 농장이었으며 시민들은 시장에서 상인과의 흥정을 하찮게 여겼다. 외부 시장인 원격지 거래도 인류 역사의 이른 시기부터 있었으며 중세에 부활하였다. 원격지 거래는 지리적으로 멀리 떨어진 지역 간의 거래이고 구조가 다르고 수익성이 매우 높았으며, 국지적 시장보다 훨씬 크고 강력한 유형의 시장이었다. 거기에는 상인들 사이에 통하는 관습적인 국제법이 있었으며 선출된 판사가 있는 자체 법정도 있었다. 물론 법적 결정을 집행할 강제적 장치는 없었지만 판사의 결정은 상인의 신용에 영향을 미쳤다. 원격지 거래에서 상인들은 신용이 좋은 상인들과만 거래하였기 때문에 신용을 유지하는 것이 중요하였으며, 이러한 비공식적 '평판 메커니즘'이 시장의 규칙을 강화하였다. 그러나 비록 원격지 거래가 활발하였지만 여전히 인구의 대부분은 자급자족적인 농업에 의존하여 살았다(Swedberg 2005).

유럽에서 근대적 시장은 지난 300년 동안 형성되었다. 근대적 시장은 이전에는 거의 없던 특징을 가지고 있다. 첫 번째 특징은 시장에서의 가격이 수요와 공급의 변화에 따라 유연하게 결정된다는 점이다. 고대 및 중세 시대에는 관습, 권위 및 전통에 의해 정해진 가격으로 거래가 이뤄졌다. 두 번째 특징은 사람들이 돈을 벌기 위해 일하고 먹을 것을 위해 거래한다는 점이다. 근대 이전의 시장은 전문화를 허용할 수 있을 정도로 성숙하지 않았다. 16세기 이전에 유럽인들 거의 모두는 자신이 경작할 수 있는 정도의 작은 땅을 갖고 생존 수준의 생활을 하였다. 17세기까지도 환금을 위한 작물을 기르고 돈을 위해 상품과 서비스를 사는 관행은 상대적으로 그다지 알려지지 않았으며 가격과 생산 사이의 피드백이 제대로 작동하지 않았다. 그러다가 18세기에서 19세기 중엽 사이에 서유럽과 북미에서 시장경제 시스템이 생겨났다.

시장은 작고 단순한 것에서 크고 복잡한 것으로 자연스럽게 발전하였다. 애덤 스미스는 교환을 인간 본성이라고 하였으며 좀바르트와 힉스(J. R. Hicks)

는 상인의 활동에 의해 시장이 발전한다고 보았다. 그러나 전국적 시장(national market)의 등장은 자동적이지 않았으며 국가의 도움이 필요하였다. 전국적 시장의 창출에 도움을 준 것은 중세의 지방주의에 맞서 국민 경제를 건설하려는 중상주의 정책이었다. 그러나 전국적 시장이 등장하기 위해서는 그보다 훨씬 더 많은 것이 필요하였다. 영국에서는 17세기에 시민혁명을 통해 자유 거래와 이주 및 정착의 자유가 가능하였다. 그러나 진정한 전국적 시장의 설립은 전신, 전화, 철도와 같은 통신 수단이 가장 먼 지역까지도 하나로 묶을 수 있을 때까지는 완성되지 않았다고 할 수 있다.

근대적 시장 시스템이 성립하기 위해서는 전국적 시장뿐 아니라 규범과 법을 통해 유지되는 질서가 필요하며 이 점에서 유럽의 국가들 간에는 상당한 편차가 존재하였다. 특히 재산권을 보장하는 법은 자신이 갖고 있는 거래 수단이 다른 사람의 전유로부터 안전하다는 것을 보장하고, 거래가 이익이 될 것이라고 믿는 개인이 서로 계약을 맺을 수 있는 권리를 인정하며, 자신의 거래 활동의 결실을 다른 사람이 누리는 것을 방지해 준다. 재산권에 대한 이러한 법적 보호가 존재할 때 각 개인은 자신의 목적을 증진하기 위해 매 순간 자유롭게 거래할 수 있으며 자신의 활동을 계획할 수 있다.

시장의 역할을 극적으로 변화시킨 것은 산업혁명이었다. 산업혁명으로 시장은 더 이상 특정의 영역에 국한되지 않고 지리적으로 확산되었다. 시장이 과거에는 공동체의 변경에 자리잡고 있었으나 이제 사회의 중심을 차지하였다. 이처럼 시장이 지배적인 거래양식이 된 사회를 시장경제라고 한다. 영국에서 이 같은 근대적 대중 시장의 성립은 18세기 후반으로 거슬러 올라가지만, 그것의 완전한 모습은 대략 1세기 후에 나타났다. 미국에서는 근대적 대중 시장이 1900년경에 경제를 거의 장악하였으며 일상 생활은 점점 더 그것에 의존하게 되었다. 예컨대, 1790년경에 미국에서 모든 의류의 80%는 집에서 만들어졌지만, 1세기 후에는 90%가 집 밖에서 만들어졌다(Swedberg 2005).

2) 자생적 질서 이론

그러나 많은 경제학자들은 시장이 고유한 역사적, 사회적 맥락 속에서 '인위적'으로 형성된 것으로 보지 않고 자연스럽게 탄생한 것으로 보았다. 애덤 스미스는 시장에서 각자 이기적으로 행동함에도 불구하고 보이지 않는 손에 의해 사회가 조화를 이루고 높은 수준의 효율성을 달성한다고 하였다. 스미스를 비롯한 많은 고전적 자유주의 사상가들은 시장경제를 다수의 개인이 상호 교환하고 조정하는 과정에서 만들어진 자생적 질서(spontaneous order)로 이해하였다. 특히 오스트리아학파의 설명에 의하면, 아무도 시장을 발명하거나 설계하지 않았으며 각자 경제 활동의 전문화와 교환으로부터 이익이 발생한다는 사실을 자연스럽게 알게 되었으며 시장에서 필요한 여러 제도들, 예컨대 화폐, 회사, 주식시장 등은 시장 거래에서 나타나는 경제적 문제들을 극복하는 과정에서 자연스럽게 등장하였다.

애덤 스미스는 시장이 개인의 '이기심'에 기초하여 움직인다고 하였지만, 자생적 질서는 반드시 통속적 의미에서의 이기심을 전제로 하지는 않는다. 시장은 행위자가 이기적이든 이타적이든 상관없이 각자 자유롭게 자신의 목적을 추구하는 가운데 생기는 질서인 것이다. 오스트리아학파는 자생적 질서인 시장이 인간의 생각으로 설계할 수 있는 어떤 질서보다 우월하다고 주장하였다.[1] 거기에 필요한 것은 소유권의 보장, 불법 행위에 대한 손해배상 제

---

1 폴라니와 하이에크는 모두 오스트리아 출신으로 같은 시기를 경험하였으며, 『대전환』과 『노예의

도, 계약에 관한 규칙이며, 이러한 것들이 준수된다면 자생적 질서는 기본적으로 유지된다고 보았다. 시장에서 각자는 규칙을 준수하면서 자기가 가진 지식과 자원을 사용하며 다른 사람과의 교환을 통해 이익을 얻는다.

오스트리아학파의 하이에크는 개별 경제 주체 각자가 자신의 기호, 기회, 전망 등에 대해 잘 알고 있으며 이들 조건의 변화에 대한 최선의 대응이 무엇인지를 가장 잘 판단할 수 있다고 하였다. 시장에서 전달되고 확산되는 방대한 양의 정보를 갖고 있는 것은 개별 소비자와 기업이며 정부는 그들 이상으로 효율적으로 정보를 수집하여 판단할 수 없다. 정부가 수집 · 작성하는 통계는 개별적인 세부 사항을 추상화하여 만들어진 것이기 때문에 시장에서 만들어지는 정보를 사실 그대로 전달할 수 없다. 따라서 관련된 모든 세부 사항을 알지 못하기 때문에 시장 가격에 영향을 주는 정부의 간섭은 예측하지 못한 결과를 초래한다. 이러한 관점에서 오스트리아학파는 정부보다 자생적 질서인 시장이 사회 전체에 보다 효율적인 경제를 창출한다고 본다. 즉, 사람들이 자유롭게 시장의 변화에 반응하도록 하는 것이 시장과 멀리 떨어져 있는 소수의 엘리트 관료에 의존하는 것보다 훨씬 낫고 효율적이라는 것이다.

신고전파 경제학에서의 시장은 매우 추상적인 이론적 구성물에 불과하다. 시장이 작동하는데 필요한 제도는 이미 주어진 것으로 논의의 대상이 아니다. 이론은 시장의 균형 상태에서 자원의 효율적인 배분이 달성된다는 것에 초점을 맞추고 있으며, 경쟁시장에서의 수요 및 공급 이론은 그러한 균형의 결과를 설명하기 위한 것이다. 그러나 1870년대 한계혁명의 3인방 중의 한

길』(*The Road to Serfdom*, 1944)은 각각 두 사람의 사상과 연구를 대표할 수 있는 책으로서, 같은 연도에 출판되었다. 『대전환』은 시장경제가 인위적으로 만들어진 것이라고 보며 시장경제를 비판하는 반면, 『노예의 길』은 시장경제를 자생적 질서로 보고 그것을 지지하고 있다.

사람인 멩거와 그의 이론을 계승한 오스트리아학파의 자생적 질서 이론은 시장에서의 '균형'이 아니라 시장에서 일어나는 '과정'을 중시하는 점에서 신고전파 경제학과 크게 다르다. 시장에서 구매자와 판매자는 매 순간 언제, 어디서, 무엇을 사고팔지에 대한 태도와 열망을 갖고 자신의 행동을 계속 조정해 간다. 이렇게 구매자와 판매자가 상호 조정해 가는 과정을 시장 과정(market process)이라고 한다. 이 시장 과정은 누군가에 의해 의도적으로 계획된 것이 아님에도 질서정연하고 효율적인 결과를 가져온다.

시장 거래에 참여하는 '모든' 개인의 판매량과 구매량이 '완전히' 일치할 때를 균형이라고 하며, 따라서 그것은 현실 세계를 설명해 주는 개념이라기보다 하나의 '가상적' 개념이다. 균형은 더 이상의 아무런 변화가 일어나지 않는 정학적 상태이다. 신고전파 경제학은 시장의 힘이 시장 참가자를 그러한 균형 상태로 이끌어간다고 본다. 그러나 오스트리아학파는 시장경제에서는 균형에 도달하는데 필요한 정보가 모든 참가자에게 분산되어 있기 때문에 결코 균형에 이르지 못한다고 본다. 사람들은 자신이 가진 정보를 사용하여 자신의 계획을 조정하지만 그러한 조정은 항상 완전하게 일어나지는 않는다. 또한 시장의 상황은 끊임없이 변하며 그에 따라 구매자와 판매자의 태도가 이전과 달라질 수 있다. 그러면 비록 균형을 이루는 데 성공하였다 하더라도 달라진 상황과 태도에서 그것은 더 이상 균형일 수가 없다. 균형은 항상 바뀌기 때문에 시장이 균형으로 수렴한다거나 균형이 존재한다는 식으로 말할 수 없다.

시장에서 가장 중요한 역할을 하는 것이 가격이다. 오스트리아학파의 시장 '과정'의 관점은 신고전파 경제학의 시장 '균형'의 관점과는 다르며, 따라서 양자 간에는 가격에 대한 이해도 다르다. 신고전파 경제학에서 구매자와 판매자는 시장의 가격을 주어진 것으로 받아들이고 가격에 맞추어 자신의 행동을 조정하는 가격 수용자이며 가격에 영향을 미치지 못한다. 반면, 오스트리아학파는 시장이 가격을 결정하는 것이 아니라 구매자들과 판매자들이 가격을 결정한다고 본다. 시장에서 구매자와 판매자는 흥정을 통해 제품을 얼마의 가격으로 사고팔지를 결정한다. 어느 누구도 구매자와 판매자에게 균형가격이 얼마인지를 말해 주지 않는다. 가격은 구매자와 판매자의 상호작용의 결과로써 나타나는 '청산' 가격(clearing price)인 것이다.

오스트리아학파에 의하면 시장 가격은 시장 참가자들 각자가 자신의 지식(혹은 정보)을 자유롭게 사용할 때 얻어지는 정보의 집합체이다. 그러나 참가자 모두에게 분산된 지식이 하나로 합쳐진다는 것은 불가능하며, 참가자 각자가 갖고 있는 지식은 완전하지 않고 서로 다르며 틀린 지식도 있다. 시장 참가자들은 변하는 상황과 새로 획득한 지식에 따라 자신의 행동을 조정하며, 그 결과 가격은 항상 변한다(Holcombe 2014). 참가자들은 서로 접촉하면서 어떤 가격에서 일부는 구매하고 다른 일부는 판매하는데, 만일 양자가 일치하지 않으면 가격이 상승하거나 하락한다. 가격은 하루 이틀 만에 변할 수 있고 경제 상황이 변하였음에도 장기간 변하지 않을 수도 있다. 현재의 가격은 시장 참가자가 시장의 모든 관련 조건을 고려하여 미래의 가격을 결정하도록 안내하는 역할을 한다.

3) 다원적 의사 결정

시장의 가장 근본적인 특징은 의사 결정이 '다원적으로' 이뤄진다는 것이다. 개인은 가능하다면 자신의 처지를 개선하기를 열망하면서 행동한다.

그는 스스로 자기 집을 고칠 수도 있지만 수리공에게 맡길 수도 있는 것처럼, 자기 스스로에 의존하거나 교환을 통해 간접적으로 자신의 목적을 달성한다. 시장경제는 대부분의 사람이 시장에서의 교환을 통하는 것이 유리하다고 생각하는 경우에 성립한다. 시장에서는 어떤 일에도 정해진 사람이 없으며, 각자는 무엇을 할 것인지를 스스로 결정할 수 있다. 이처럼 자유로운 거래가 이뤄지는 시장에서 수많은 판매자와 구매자들은 각자 자신이 가진 지식과 정보를 이용하여 의사를 결정한다. 이 점에서 시장경제는 개인이 고립적으로 경제 활동을 하는 자급경제(autarky)나 개인의 경제 활동이 중앙 기관에 의해 주도되는 중앙 통제경제와 구별된다.

시장에서 각자의 결정은 과거나 현재의 다른 참가자의 결정에 의해 영향을 받는다. 이러한 다원적 의사 결정 네트워크가 시장 시스템을 구성한다. 시장 시스템의 진정한 의미는 그런 결정들이 상호작용하면서 하나의 과정을 이룬다는 사실에 있다. 시장에서의 현상은 진공 상태에서 우연히 나타나는 것이 아니다. 개인은 교환이 자유롭게 이루어지는 시장에서 각자의 목적을 달성하기 위해 개별적으로 행동한다. 모든 행동은 어떤 목적을 위한 것이며, 하나의 대안을 선택하고 다른 대안을 포기한다는 것을 의미한다. 시장경제에서 개인에게 제시되는 선택적 대안들의 대부분이 타인의 행동에 의해 결정된다는 사실을 이해한다면, 시장의 현상은 쉽게 분석될 수 있다. 시장에서의 모든 거래는 한편으로는 거래 이전에 개인에게 제시된 복잡한 대안들의 결과이며, 다른 한편으로는 어쨌든 이후에 시장 참가자가 직면할 복잡한 대안들에 영향을 미친다고 할 수 있다(Kirzner 1963).

개인에게 중요한 문제는 자신이 설정한 여러 목적을 위해 처분 가능한 자원을 가장 효율적인 방법으로 사용하는 것이다. 이 문제를 성공적으로 해결하려면, 개인은 중요도를 충실하게 반영하는 방식으로 배열된 목표를 달성할 수 있도록 자원을 할당해야 한다. B보다 A의 달성이 더 긴급하며 사용 가능한 자원이 둘 모두를 달성하기에 충분하지 않은 경우에, 올바른 해결책은 자원을 B가 아닌 A에 할당해야 한다는 것이다. 개인뿐 아니라 사회가 직면한 경제적 문제도 역시 효율성 확보이며, 그것은 재화와 서비스에 대한 사회의 욕구를 충족시키기 위해 제한된 자원을 가장 효율적으로 활용하는 조직화된 사회 시스템을 구축하는 것이다.

시장경제는 자급자족적 경제 시스템보다 의심할 여지없이 더 효율적이다. 각 개인이 시장에 자발적으로 참여한다는 것 자체가 시장경제가 자급자족적 시스템보다 더 낫다는 것을 의미한다. 시장은 판매와 구매의 불일치를 감지하고 그것을 제거하기 위해 가격 변동이라는 상벌을 제공함으로써 자원의 효율적 배분을 달성하는 경향이 있다. 이러한 조정 과정은 재화와 서비스의 거래만으로 끝나는 것이 아니라 그것과 연관되어 있는 결정이 함께 이뤄진다. 그것은 더 높은 이윤을 누리기 위해 기업이 생산할 제품, 가장 저렴하게 생산할 수 있는 방법, 생산에 투입되는 생산요소 소유자의 생산적 기여에 대한 보상의 결정이다. 이처럼 시장에서의 조정 과정은 생산의 전문화, 생산 방법, 요소 소득에 대한 결정이라는 근본적인 경제 문제를 동시에 해결한다.

따라서 시장은 두 가지 방식을 통해 생활 수준을 향상시킨다고 할 수 있다. 첫째, 시장은 어떤 지식 및 기술 체계하에서 유연한 가격과 경쟁을 통해 자원을 효율적으로 배분한다. 소비자는 자신의 욕구를 가장 효과적으로 충족시켜 줄 상품과 서비스를 선택하며, 기업은 생산된 것의 순 가치를 극대화해 줄 투입물과 산출물을 선택하며, 노동자는 자신의 재능과 관심사를 사회적 필요에 가장 잘 적용할 수 있는 직업을 선택한다. 둘째, 시장은 가장 혁신적인 제품과 생산방식을 선택함으로써 생활 수준을 향상시킨다. 성공적인 기술만이 살아남고 널리 채택될 수 있기 때문에 기업가는 늘 새로운 기술을 도입한다(Acemoglu and Robbinson 2012).

그러나 시장경제는 윤리성, 불평등, 외부성, 정보 비대칭성, 독점, 문화·전통의 침식 등의 문제를 내포하고 있다. 시장은 사악한 의도의 이기적 물질주의를 제한하거나 비난하는 윤리적 규범을 개발하지 않는다. 그러나 개인적 탐욕에 의해 동기화되는 경제로는 공동선이 달성될 수 없다. 또한 시장은 개인마다 다르게 보상한다. 재능, 자본, 운을 가진 사람들은 많은 보상을 누리지만, 재능이 부족하거나 운이 나쁜 사람들은 제대로 보상받지 못한다. 이로 인한 불평등은 시장에서의 균등한 기회를 갖지 못하게 하는 장애물로 작용한다. 또한 시장은 외부성과 불완전한 정보의 문제를 안고 있다. 외부성은 시장의 거래에 반영되지 않은 비용 또는 이익을 발생시키며 환경 오염이 대표적인 한 예이다. 정보가 비대칭적인 경우에 거래는 비인격적인 시장보다 인격적 거래에 의존할 가능성이 크다. 그 경우에 식품 안전 검사와 의약품 규제처럼 정부가 시장에 개입하기도 한다. 의료 및 교육의 중요성 증가, 연구 개발의 역할 증가, 네트워크 외부성, 정보 상품의 중요성 증가 등은 모두 시장이 해결하기 어려운 문제를 제기한다(Kay 2003).

2. 국가의 정의와 이론

1) 국가의 정의

아리스토텔레스는 인간은 공동체적 성향을 가진 사회적 동물이므로 자연적으로 공동체를 형성한다고 하였다. 인간이 최초로 형성하는 가장 기본적인 공동체가 가족이며, 삶의 자족성을 높이기 위해 여러 가족들이 결합하여 형성된 공동체가 촌락이다. 촌락은 가족에 비해 높은 수준의 자족성을 제공하지만 이성적 존재로서의 인간이 추구하는 도덕적·정치적 자족성을 충족시키는 데 한계가 있다. 이러한 한계로 말미암아 여러 촌락들이 결합하여 다시 국가라는 최고의 가장 완전한 공동체가 형성된다(한상수 2005). 국가는 공동체의 가장 발달한 형태이며 경제의 특정한 발전 단계에 비로소 등장한다. 즉, 토지에 대한 사적 소유가 발생하고 복잡한 생산 과정이 직업을 분화시키고 그와 함께 법질서에 의한 항상적인 수호가 필요한 단계가 되어 국가가 탄생한다(猪木武德 1987). 최초의 근대 국가는 16-18세기에 유럽에서 중세의 분권적인 정치체제를 지양하고 국민국가(nation state)의 형태로 탄생하였다. 국민과 국가의 합성어인 국민국가에서 구성원인 국민은 공통의 정체성을 토대로 하나의 집단임을 자각하며, 국가 통치기구는 일정한 영토를 통제하고 방어하며 물질적 복지를 공급한다. 초기의 국민국가는 절대군주의 통치하에 있었으나 시민혁명에 의해 대의제 정치체제와 법치주의를 실현하였다.

국가는 별개의 재정 시스템과 헌법을 가지고 있고 다른 국가로부터 인정받은 주권적이고 독립적인 지리적 실체이다. 국가는 그것을 구성하는 3대 요소인 국민, 영토, 주권과 정부가 있어야 국제적으로 인정될 수 있다. 정부는

그림 11-1 근대 국가의 역할

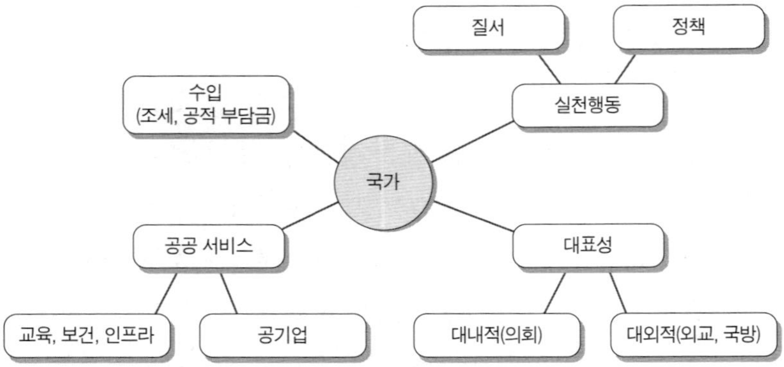

자료: Livesey(2006: 9).

권한을 부여받아 영토와 국민을 관리하고 통치하며 주권을 대외적으로 주장하는 권력을 독점하고 있는 실체이다. 정부는 사회에 필요한 법률과 정책을 만들고 실행하는 조직 또는 제도이며 입법부, 사법부, 행정부로 구성된 집합체라고 할 수 있다. 국가는 자체적으로 존재하고 누가 운영하든지 상관없이 유지되지만 정부는 국민의 뜻에 따라 교체될 수 있다. 이처럼 국가와 정부는 개념상으로는 구별되지만, 사실 정부는 국가 없이 존재할 수 없으며 국가는 정부 없이 운영될 수 없기 때문에 편의상 국가를 정부와 동일한 의미로 혼용하기도 하며 이하에서도 마찬가지이다.

국가의 활동은 복합적이며 국가가 하는 사업 중에 어떤 것은 민간의 사업 영역과 명확하게 구분하기가 쉽지 않지만, 몇 가지로 구분해 볼 수 있다([그림 11-1]). 첫째, 국가는 실천 행동 측면에서 법을 제정하고 정책을 수립하며, 경찰력과 병력을 통해 시민이 안정적으로 살아갈 수 있는 조건을 만들고 사회 질서를 유지한다. 둘째, 국가는 시민들에게 일정한 형태의 조세와 공적 부담금 등을 부과하여 수입을 확보하고 그것의 지출을 통해 사회를 유지하고 재생산하는 기능을 수행한다. 셋째, 국가는 시민에게 공공 서비스를 공기업을 통해 직접적으로 제공하거나 혹은 교육이나 의료 서비스처럼 간접적으로 제공한다. 넷째, 국가는 대내적으로 시민의 의사가 정치적으로 반영될 수 있는 대의제 시스템을 운영하며 대외적으로 다른 국가와 맺는 경제적, 정치적 협정이나 조약 등에서 대표성을 갖는다.

국가에 대한 정의는 수단과 목적 중 어느 쪽을 강조하는가에 따라 달라진다. 수단을 강조하는 베버와 틸리(C. Tilly) 등은 국가를 폭력적인 수단에 의거하는 조직 또는 기구로 정의한다. 베버의 정의에 의하면, 국가는 특정 영토 내에서 합법적인 강제력의 사용에 대한 독점을 관철시킨 유일한 실체이다. 틸리는 전쟁이 국가를 만들고 국가가 전쟁을 일으키며 전쟁을 수행할 수 있는 자원을 시민들로부터 추출하는 과정에서 국가가 발전한다고 하였다. 한편, 목적을 강조하는 입장에서 마르크스는 국가를 자본주의적 생산양식하에서 지배 계급인 부르주아의 장기적 이익에 봉사하고 계급적 지배를 영속시키는 실체로 정의하였다. 즉, 국가는 프롤레타리아를 착취하여 잉여를 획득하고 자본을 축적해 가는 과정을 수호하기 위해 존재한다. 반면, 자유주의 사상의 선구자인 로크(J. Locke)는 국가의 목적이 개인의 소유물뿐 아니라 생명과 자유를 포함하는 자연권의 보호에 있다고 하였다. 이 같은 주장에 따르면, 국가는 사회적 결속과 생산의 기반을 제공하며 부의 창출에 대한 인센티브를 제공한다.

국가에 대한 다양한 정의는 인식론과 이데올로기의 차이를 반영하며 그 결과 상이한 국가 이론으로 이어진다. 대부분의 국가 이론은 크게 세 개의 범주로 나눌 수 있다. 자유주의 또는 보수주의 국가 이론은 자본주의를 주어진 것으로 보고 자본주의 사회에서의 국가의 기능에 주목하며 국가를 사회와 경제로부터 분리된 중립적 실체로 보는 경향이 있다. 반면에 마르크스주의와 무정부주의 국가 이론은 정치가 경제와 밀접하게 관련되어 있다고 보고 경제 권력과 정치 권력 사이의 유착 관계를 강조한다. 그들은 국가를 주로 상류층의 이익에 기여하는 당파적 도구로 본다. 한편, 자유주의나 마르크스주의 국가 이론은 거시적 차원에서 접근하고 있지만, 제도주의 국가 이론은 국가를 하나의 제도로 파악하며 시민사회 및 시장의 제도를 만들고 조정하는 역할을 하는 것으로 이해한다. 이하에서 각각의 국가 이론을 좀 더 상세하게 살펴보기로 한다.

2) 자유주의 국가 이론

자유주의는 개인의 권리와 자유에 중점을 두기 때문에, 국가의 역할은 중립적이고 최소한에 그쳐야 하며 합법적인 통치는 인민의 동의에 기초해야 한다고 주장한다. 국가는 사회의 공동선을 위해 일하며 주요 활동은 법과 질서를 유지하고 모든 사람이 차별 없이 평등하게 대우받도록 하는 것이어야 한다. 국가의 역할은 시장이 잘 기능할 수 있도록 하며 모든 사람의 기회와 번영을 극대화하는 것이다. 요컨대, 자유주의는 개인의 자유를 최우선으로 하며 국가를 부정하는 것이 아니라 시장의 작동을 위해 필요한 최소한의 역할만 해야 하는 필요악으로 간주한다. 이런 자유주의적 전통에서도 국가 및 국가의 역할에 대한 견해에는 세 가지의 흐름인 자유방임 자유주의, 복지적 자유주의, 자유지상주의(신자유주의)가 있다.

자유방임 자유주의 혹은 고전적 자유주의는 사회계약론에 철학적, 정치적 뿌리를 두고 있으며, 그것이 보장하려는 것은 '소극적' 자유와 경제적 자유이다. 소극적 자유는 한 개인이 타인의 지배나 방해를 받지 않고 무엇을 할 수 있는 자유를 의미한다. 자유방임 자유주의에서 국가의 역할과 기능은 개인의 사익을 보호하고 공정한 경쟁을 보장하는 정도로 제한된다. 일찍이 애덤 스미스는 개인이 자신의 삶에 관해 이기적 결정을 내릴 수 있도록 개인의 자유를 제약하지 않는다면 사회가 번영하게 될 것이라고 하였다. 따라서 국가의 역할은 개인의 자유를 보장하며 폭력이나 침략, 불의와 억압으로부터 개인을 보호하는 것으로 최소화되어야 한다고 보았다. 자유방임 자유주의는 시장의 자기 조정 기능과 그것에 의한 자원 배분의 효율성에 대한 믿음을 갖고 있다. 자유 경쟁시장에서 파레토 최적 상태라는 배분적 효율이 달성될 수 있기 때문에 국가의 개입은 시장의 실패를 교정하는 정도여야 한다고 본다.

그러나 사익 추구와 공익 간에는 괴리가 존재하고 시장은 불완전하여 자원을 효율적으로 배분하지 못하는 시장의 실패가 존재한다. 자본주의 시장경제가 발전하면서 불평등이 점점 확대되고 노동조건의 악화가 노동자 계급을 위협하였다. 그러나 자유방임 자유주의는 자유의 문제를 중시하였지만 이러한 불평등의 문제를 다루지는 않았다. 시장의 불완전성으로 인해 주기적으로 불황이 도래하면 실업이라는 심각한 위기에 처한 노동자에게는 경제적 자유도 정치적 자유도 사라진다.

자유방임 자유주의와 달리, 복지적 자유주의는 평등, 도덕 및 자기 계발을 옹호하며 불평등을 시정하기 위한 국가의 적극적 역할을 강조한다. 개인의 자유는 외부로부터의 간섭과 규제가 없을 뿐만 아니라 자기 계발과 도덕성 발달의 조건이어야 하므로, 자유와 평등 및 경제적 자유 간에는 균형이 유지되어야 한다고 본다. 따라서 복지적 자유주의에 의하면, 분배적 정의와 공공재의 확대를 위한 국가의 개입과 규제는 필요하며, 국가는 필요악이 아니라 공동선과 국민 복지를 달성하는 행위자이다.

사회복지의 확대와 개입주의로 인해 경제 영역에서 국가의 비중이 증가하면서 그에 대한 새로운 비판적 흐름이 등장하였다. 신자유주의는 국가의 개입이 지대추구 행위를 유발하므로 제한되어야 한다고 주장한다. 하이에크는 정보의 창출과 전달 기능을 하는 것은 시장이므로 국가의 역할은 시장이 기능을 원활히 할 수 있도록 하는 범위로 제한되어야 한다고 본다. 그는 국가가 이런 범위를 넘어설 경우에 개인의 자유가 억압되는 '노예의 길'로 가게 된다고 주장한다. 즉, "국가의 행위를 유도하기 위해 우리는 자발적인 합의에 의존할 수 있다. 그러나 그런 합의가 없는 분야에서 국가가 직접적인 통제를 하려고 할 때 그것은 반드시 개인의 자유를 억압"(Hayek 1944: 83-84)한다는 것이다. 프리드먼 역시 국가는 법과 질서를 유지하고 재산권을 규정하고 제도를 수립하고 계약의 이행을 강제하고 경쟁을 촉진하며 화폐제도의 틀을 만들고 능력이 없는 자를 보호하기 위한 자선사업이나 가정의 역할만 하면 된다고 하였다. 한마디로 국가는 경기 심판자의 역할만 하면 된다는 것이다. 뷰캐넌은 투표권자들이 무지한 가운데 전문가적 능력을 가진 정치가나 관료가 이익 집단화하여 공공선택에서 자신들의 사익을 추구하기 때문에 국가의 규모가 팽창하고 사회적 비효율이 발생한다고 본다.

신자유주의는 국가의 개입이 결국 개인의 자유를 억압한다고 보고 그것을 단호하게 거부한다. 글로벌 차원에서 신자유주의가 지지를 받으면서, 국영 기업의 민영화로부터 양자 간 및 다자 간 무역협정을 통한 무역과 투자 및 금융시장의 개방에 이르기까지 자유화(liberalization)의 개혁이 전 세계적으로 확산되었다. 그러나 이러한 자유화가 국가를 경제 영역으로부터 추방하지는 못하였다. 신자유주의를 주도하는 국가도 글로벌 기술 경쟁이 심화되는 가운데 첨단 기술을 지배하기 위해 지식집약적 부문을 촉진하는 정책을 통해 적극적으로 시장에 개입한다. 기술 개발의 주체는 기업이지만 국가는 그것을 시장에 맡겨 두지 않는다. 국가의 적극적 개입이 점점 더 정당성을 인정받고 있으며, 그런 점에서 신자유주의 국가 이론은 허구에 가깝다. 금융시장에서는 신자유주의를 외치면서 무역과 산업에 대해서는 개입적인 모습을 보이는 미국이 대표적 사례이다. 신자유주의 국가 이론이 허구적임에도 불구하고 여전히 영향력을 유지하고 있는 이유는 국가의 역할을 축소시켜야 한다는 세계화의 주장이 아주 잘 먹혀들었기 때문이다(Weiss 2010).

3) 마르크스주의 국가 이론

마르크스와 엥겔스(F. Engels)는 계급 없는 사회인 공산주의 사회에서는 국가가 사라지고 단지 행정만을 하는 기구가 그것을 대체할 것이라고 하였다. 마르크스에 의하면, 국가는 일반적으로 사회의 계급 관계를 반영하고 계급투쟁의 규제자와 억압자 역할을 하며 지배 계급을 위한 정치 권력이고 지배 도구라고 하였다. 그는 「공산당 선언」("The Communist Manifesto," 1848)에서 '현대 국가의 행정부는 전체 부르주아의 공동 업무를 관리하는 위원회에 불과하다'고 하였다. 엥겔스 역시 '국가는 계급 간의 대립을 억제할 필요에서 생겨났으며 가장 강력한 경제적 지배 계급의 국가이며 대의제 국가는 자본이 임노동자를 착취하기 위한 도구'라고 하였다. 마르크스주의를 계승한 레닌(V. Lenin)은 자본주의의 최후 단계를 국가독점자본주의라고 규정하였는데, 그것은 자본주의의 전반적 위기에 직면하여 국가가 독점자본의 재생산과 축적을 지원한다는 것을 의미한다.

마르크스주의 국가 이론은 국가를 자본가의 지배를 유지하기 위한 도구로 간주하기 때문에 국가 도구주의라고 할 수 있다. 밀리반트(R. Miliband)는 지배 계급이 국가를 사회 지배의 수단으로 사용한다고 본다. 국가는 부르주아의 물적 토대 위에 존립하기 때문에 부르주아의 자본 축적을 도와야 하는 필요성에 따라 그 활동이 규정되며, 부르주아의 장기적 이익에 봉사하는 도구에 불과하다. 국가는 토대인 생산 관계에 의해 규정되는 상부구조를 구성하며 계급 관계 측면에서 비중립적이다. 국가는 자본가 계급과 동일한 배경을 가진 엘리트에 의해 지배되며, 국가 관리들은 자본가 계급과 동일한 이해관계를 공유하고 광범위한 사회적, 경제적, 정치적 관계를 통해 그들과 연결되어 있다. 국가 정책을 지배하는 것은 자본 축적의 법칙이다. 예컨대, 국가의 이민 정책은 저임금을 유지하기 위한 것이며 대외 정책은 값싼 원료와 시장 개척을 위한 것이다. 이러한 국가 도구주의 관점에서는 복지국가라는 것이 나올 수 없으며 따라서 현실에 존재하는 복지국가는 자본가의 기만이며 피지배 계급인 노동자를 통제하고 길들이기 위한 억압기구이며 이데올로기적 기능을 할 뿐이다.

그람시(A. Gramsci)의 국가 이론은 마르크스주의의 경제결정론에서 벗어나 국가를 지배 계급의 헤게모니를 유지시켜 주는 사회 제도의 하나로 본다. 헤게모니는 한 집단이 다른 집단에 대해 지배적 위치에 있음을 말하며 그것을 정당화하는 규범과 사고에 의해 지지된다. 선진 자본주의 사회에서 헤게모니는 시민사회의 광범한 동의를 통해 달성된다. 따라서 국가는 교회, 학교, 대중매체와 같은 시민사회[2] 제도에 대한 이념적 지배를 통해 헤게모니를 강화한다. 그람시의 영향을 받은 신마르크스주의 이론가인 풀란차스는 자본주의 국가 논쟁에서 밀리반트와 쌍벽을 이루었다. 그는 자본주의 국가가 항상 지배계급을 대신하여 행동하는 것은 아니라고 하며, 만약 그렇게 행동한다면 그것은 국가 관리들이 의식적으로 그렇게 하려고 노력하기 때문이 아니라 국가가 자본의 장기적 이익이 항상 지배적임을 보장하는 방식으로 구조화되어 있기 때문이라고 하였다. 그는 국가독점자본주의론의 경제 환원주의와 도구주의를 비판하고 상부구조로서 국가의 고유한 의미를 파악하고자 하였다. 그에 의하면, 정치는 경제로부터 구조적으로 분리되어 자율성을 가지며 국가는 지배 계급에 대해서 '상대적 자율성'을 갖는다.

마르크스주의 국가 이론에 대한 풀란차스의 주요 공헌은 국가의 상대적 자율성 개념에 있다. 풀란차스에 의하면, 사회는 경제가 최종적으로 규정력을 갖는 복합적 전체이며, 각 층위는 중층적 결정(over-determination), 또는 상호결정의 관계를 맺고 있으며, 자본주의 생산양식에서 잉여 수취가 자연스럽게 이뤄지기 때문에 경제 층위와 정치 층위의 관계는 상대적 자율성을 보여 준다. 물론 국가는 자본가 집단을 위해 작동하지만, 지배 계급인 자본가 집단은 하나로 단결되어 있는 동질적 통일체로 존재하는 것이 아니며 개별 자본가 분파 간의 이해는 서로 일치하지 않기 때문에, 국가는 개별 자본가 분파들로부터 자율성을 갖는다. 지배 계급이 동질적 통일체가 아니라고 보는 것은 지배 계급이 단일하게 구성된다고 보는 마르크스와의 근본적인 차이이다.

상대적 자율성 이론은 국가를 외부의 사회경제적 요소에 영향을 받지 않고 스스로의 고유한 이해를 가진 실체라고 생각한다. 오코너(J. O' Connor)에 의

---

2 시민사회는 상호 신뢰와 사회적 책임, 공동의 목표를 바탕으로 시민의 자유와 참여, 다양성 등의 가치를 추구하면서 자발적으로 형성된 사회를 말한다(본서 제12장 참고).

하면, 국가는 경제적으로 자본 축적에 대한 지원이라는 과제뿐 아니라 정치적 정당화의 과제를 갖고 있으며, 두 과제는 종종 상호 모순을 보이기도 한다. 상대적 자율성 이론은 국가를 단순히 지배 계급의 이익을 위한 도구로 보는 교조적이고 기계적인 해석을 거부하지만, 그렇다고 국가를 완전히 자율적 또는 중립적으로 보는 것은 아니다. 국가는 일부 자본 분파에 불리한 정책이나 노동자·농민에게 유리한 정책을 실시하지만 그렇더라도 자본 축적을 본질적으로 방해하지는 않는다. 즉, 국가의 상대적 자율성이 개별 자본의 입장에서는 불리할지 모르지만 총자본의 이익에는 부합하는 사회적 응집을 만들어 내는 기능을 한다는 것이다. 풀란차스의 연구는 마르크스주의 국가 이론을 엄밀하게 하고 구체화하는 데 기여하였지만, 국가가 어떻게 상대적 자율성을 획득하는지에 대한 명확한 설명이 없고 분석틀이 너무 구조기능주의적이라는 비판을 받기도 한다.

4) 제도주의 국가 이론

제도주의자들은 시장만큼 국가도 경제적으로 중요한 역할을 한다고 본다. 국가는 시장과 더불어 사회 구성원의 생활 과정의 일부를 담당하며, 사회 질서를 수립하고 유지하기 위한 창조적 역할을 한다. 국가는 사회 구성원들의 경제 행위에 영향을 미치고 역으로 사회 구성원들의 행위는 국가의 활동에 영향을 미치면서 상호작용한다. 물론 국가가 미치는 영향의 내용과 크기는 사회의 성격과 역사적 특징에 따라 다르게 나타난다. 국가는 인간의 의식적 활동을 통해 선택된 것이며, 시장의 효율성 가치뿐 아니라 다른 가치, 즉 인간의 존엄성, 자유와 민주주의, 풍요 등의 가치를 갖는다. 국가는 시장과의 상호 관련뿐 아니라 법률, 관습, 규범, 사회적 신념과 체계에도 의존한다. 따라서 사회적 가치의 지속적인 구축과 사회적 가치에 근거한 효율을 추구한다. 이 같은 내용의 제도주의 국가 이론은 경제학을 기반으로 하는 접근과 사회학을 기반으로 하는 접근으로 구분해 볼 수 있다.

신제도경제학은 제도를 불확실성을 극복하기 위한 장치로 이해한다. 이러한 관점에서 보면, 국가는 권력을 독점하면서 시민들을 위한 보호 장치와 각종 규칙을 만들고 거래비용을 낮추고 그 반대 급부로 조세 수입을 확보하기 위해 노력하는 실체이다. 국가는 여러 제도들 중 하나이기는 하지만 여러 제도들의 조합을 운영하는 특별한 제도이다. 특히 시장경제는 재산권 제도를 비롯한 시장 관련 제도를 구축하는 국가의 역할에 의존한다. 노스에 의하면, 국가는 강제력의 비교우위에 기초하여 재산권 제도를 수립하고 규칙과 계약 등을 통해 그것을 시행하는 조직이다. 개인보다 국가에 의한 재산권 보호가 효율적인 이유는 규모의 경제성이 작동하기 때문이다. 그러나 국가는 '정치적' 단위이기 때문에 비효율적인 재산권 제도를 만들 가능성도 갖고 있으며 그로 인해 흥망성쇠를 겪는다. 비효율적인 재산권 제도가 나오는 이유는 다음과 같다. 첫째, 인구와 기술 등의 변화가 상대가격과 기회비용 그리고 재산권의 기본 구조를 바꾸기 때문이다. 둘째, 정치 지배자가 사적 이익을 최대화하기 위해 차별적이고 비효율적인 제도를 만들기 때문이다. 셋째, 정치 지배자와 관료 간의 이익의 불일치가 존재하며 따라서 관료를 복종시키기 위한 감시 비용이 발생하기 때문이다(金子勝 1997).

신경제사회학은 시장에 의한 자원 배분의 옹호자와 비판자들이 공유하는 가정, 즉 경제 활동의 조직 방식으로 국가와 시장을 대립시키는 이분법적 가정을 거부한다. 신경제사회학의 국가 이론은 일반적으로 세 가지의 명제로 요약할 수 있다. 첫째, 국가와 시장은 자율적 활동 영역이 아니라 상호적으로 구성되는 활동 영역이다. 자유주의는 시장이 최소한의 정부의 간섭으로 가장 잘 작동한다고 주장하지만, 국가와 시장은 상호 구성적이며 다른 하나가 없이는 기능할 수 없다. 둘째, 국가와 시장은 특정한 제도적 구조를 가진 사회에 매립되어 있으며 이러한 매립성은 정치적, 경제적 결과에 중요한 역할을 한다. 정치적, 경제적 발전의 성공과 실패는 시장, 국가, 사회의 시너지 여부로 결정된다고 할 수 있다. 경제가 사회에 매립된 방식과 국가와 사회의 제도적 연관은 결과적으로 순기능적일 수도 있고 역기능적일 수도 있다. 셋째, 매립성은 동학적이다. 그것은 종종 국가와 시장이 상호작용하는 방식을 설정하는 제도적 혁신에 의해 변화한다. 제도의 배열은 가변적이며, 경제가 매립되어 있는 방식을 변화시키는 혁신과 새로운 제도를 형성하는 동학이 존재한다(예컨대, 폴라니의 이중운동). 핵심은 매립성이 제도적 혁신을 통해 변한다는 것이지만, 그 경우에 새로운 제도가 나타나 지속되기 위해서는 국가가 그것을 지원하고 정당화해야 한다(Block and Evans 2005).

제도주의 국가 이론은 국가가 사적 경제 주체들의 행위를 조화시키는 조절 능력을 발휘할 수 있다고 본다. 국가의 조절 행위는 경제 구조의 변동에 의한 불확실성을 줄여 주며 나아가 미래를 위한 비전을 제시하고 사적 경제 주체들의 행위에 영향을 준다. 국가는 시장적 처방을 사용하거나 시장에 공공연하게 역행 또는 덜 노골적인 개입의 방식으로 갈등을 조정하는 역할을 한다. 또한 국가의 개입 방식과 형태는 자본주의의 발전 단계나 유형에 따라 달라질 수 있다. 즉, 산업정책적 국가도 있고 조합주의적 국가도 있다. 전자는 우익 연합에 의한 권위주의적 통치를 하면서 산업 정책을 통해 산업화와 산업 고도화를 추진한다면, 후자는 국가가 계급 간 타협에 의해 갈등을 최소화하면서 사회 구조의 변화로 인한 갈등에 대응한다(장하준 2006).

3. 국가와 시장의 상호성

1) 경제 안정과 성장

국가와 시장의 관계에 대한 논쟁은 항상 경제에서 차지하는 국가의 역할이 커야 하는가 작아야 하는가라는 문제에 집중되었다. 그러나 국가와 시장은 각각 독립적으로 기능할 수 있을 정도로 분리 가능하지 않다. 따라서 큰 국가와 큰 시장 중 어떤 것이 더 나은가라는 질문을 둘러싼 논쟁은 그다지 유익하지 않다. 오히려 국가와 시장을 별개의 영역으로 간주하고 서로 어떤 영향을 주고받는지를 분석할 필요가 있다. 가장 시장 지향적인 경제에서조차 시장은 국가의 법적, 정치적 구조에 의존하며, 국가 역시 재정 수입을 확보하기 위해 시장에 의존한다는 점에는 논쟁의 여지가 없다. 베버에 의하면, 합리적 자본주의는 기생적 착취보다는 주로 생산 활동을 통해 수익이 창출되도록 고안된 재산법과 계약의 효과에 크게 의존한다. 또한 폴라니에 의하면, 시장경제가 성립하기 위해서는 토지, 노동 및 화폐도 일반 상품처럼 거래가 되어야 하며 국가는 그것들이 '허구의 상품'으로 거래할 수 있도록 한다. 물론 국가가 그런 일을 잘 할 수 있으리라는 보장은 없지만 국가를 대체할 수 있는 다른 대안은 없다(Block and Evans 2005).

신고전파 경제학은 경쟁시장에서 자기 조정적 메커니즘에 의해 자원 배분의 효율성이 달성되므로 국가의 개입이 최소화되어야 한다고 주장한다. 국가의 개입은 외부성이나 공공재 등 시장이 효율성을 달성하는데 실패(시장의 실패)하는 경우를 교정하기 위한 정도로만 인정되었다. 그러나 1930년대의 세계 대공황은 시장에 대한 미시적 분석에 치우친 신고전파 경제학에 대한 심각한 도전이었다. 자본주의가 전례 없는 실업과 불황을 맞이하였지만 경제학은 해답을 내놓지 못하였다. 케인스는 신고전파 경제학이 책상 위에서 치워버린 거시경제적 문제, 즉 국민소득과 총수요에 관심을 가졌다. 그에 의하면 경제는 불확실성을 내포하고 있으며 정학적 균형이 아니라 항상적 불균형 상태이며 유효수요의 부족과 불완전 고용(실업)으로 기우는 경향이 있다. 이에 케인스는 국가의 적극적인 재정지출 증가를 통해 유효수요를 창출함으로써 불황을 극복하고 실업 문제를 해결해야 한다는 유효수요 이론을 주장하였다. 이처럼 케인스는 국가의 역할에 대한 사고에 혁명적인 변화를 가져왔다.

정부가 미세조정(fine tuning)을 통해 경기변동을 완화하고 완전고용 수준을 유지하기 위해 유효수요를 재량적으로 조절하는 것은 제2차 세계대전 후의 선진 자본주의 국가에 공통적인 특징이 되었다. 19세기에도 소득 및 고용의 불확실성과 불규칙성을 언급하는 사회개량가들이 있었지만 그것은 자선사업이나 구빈과 같은 사회정책적 관점이었으며 성장과 안정이라는 경제정책적 관점은 아니었다. 그러나 케인스는 실업 문제 해소를 위한 정부의 역할을 강조하였으며 전후에 UN도 보고서 『완전고용을 위한 국가적·국제적 방안』(*National and International Measures for Full Employment*, 1949)에서 완전고용을 각국의 정책 목표로 공식화하였다. 경제 안정과 성장에 완전고용이라는 정책 목표까지 추가되면서 정부의 경제적 역할은 더욱 중요해졌다. 그러나 정책 목표들 간에는 모순도 존재한다. 실업과 인플레이션은 경험적으로 상충 관계에 있기 때문에, 생산성이 임금의 수준만큼 상승하지 않으면 완전고용을 위한 정부 지출의 증가는 인플레이션을 초래하기 때문이다(猪木武德 1987).

정부의 재정 및 금융 정책으로 인해 국가와 시장의 관계는 매우 긴밀해졌으며, 그뿐만 아니라 국가는 직접 생산의 주체로서 활동한다. 이를 공공 부문이라 하며, 거기에는 정부기관, 준정부기관, 공기업이 포함된다. 공공 부문은 군, 치안, 인프라(공공도로, 교량, 터널, 상수도, 하수도, 전력, 통신 등), 대중 교통, 공공 교육, 의료 등의 산업을 포함한다. 공공 부문이 공급하는 서비스나 재화 중에는 비납세자라도 소비로부터 배제되지 않고 개인이 아닌 사회 전체의 편익을 주기 위한 것도 있고, 또한 개인이 대가를 지불해야 사용할 수 있는 사적 성격의 것도 있다. 공공 부문은 생산물 및 생산요소 시장에서 민간 부문과 협력하거나 경쟁하면서 상호작용한다. 즉, 공공 부문은 인프라, 교통, 교육 등을 공급하여 민간 부문의 활동을 촉진하며 또한 민간 부문의 대체품과 판매 경쟁을 하고 생산요소의 고용을 둘러싸고 민간 부문과 경쟁한다.

국가의 경제적 개입을 주장하는 케인스 경제학은 1970년대의 스태그플레이션과 함께 후퇴하였으며 신자유주의 경제학이 등장하여 시장 지상주의를 주장하고 국가의 개입을 비판하였다. 신자유주의가 정부 개입을 비판하는 근거는 다음과 같다(장하준 2006). 첫째, 국가 개입은 개인의 자유를 침해한다는 점에서 비윤리적이며, 따라서 국가 개입의 효율성이 개인의 자유와 상충될 때는 전자를 포기해야 한다. 둘째, 시장의 실패보다 정부 개입에 의한 실패가 크다. 유일하게 실현 가능한 질서는 자생적 질서인 시장이다. 셋째, 국가는 사회적 후생을 극대화하려는 진정한 사회 수호자가 아니라, 관계자(정치인과 관료 등)의 이해에 봉사할 뿐이다. 따라서 국가는 시장의 실패를 교정한다기보다 지대추구적 낭비, X-비효율을 발생시킨다. 그러나 앞에서 언급한 것처럼 신자유주의를 주창하던 국가도 산업 및 무역에 개입적이라는 점에서 정부 개입에 대한 신자유주의의 비판은 허구에 가깝다.

2) 저개발국의 발전

경제 발전에 대한 국가의 영향은 자본주의 시장경제가 등장한 이후 이론적 논쟁과 실증적 탐구의 주요 주제였다. 19세기 초 독일의 경제학자 리스트(F. List)는 국가가 아직 성숙하지 못한 산업을 육성하는 것이 발전의 사다리를 오르는 데 필수적이라고 하였다. 20세기 중엽에 거센크론(A. Gerschenkron)은 유럽 후발국의 산업화를 비교한 연구에서 후발국에서 자본과 경영 자원을 동원하고 집중하기 위한 국가의 적극적인 역할을 강조하였다. 경제 발전은 제2차 세계대전 이후에 신생 독립한 저개발국에게 가장 중요한 문제였다. 저개발국은 경제 성장률을 높이는 것뿐 아니라 그것을 지속할 수 있는 제도의 구축이라는 질적 변화도 필요하였다. 따라서 시장경제 시스템이 경제 발전에 중요하다는 생각은 그다지 강한 지지를 얻을 수 없었다.

저개발국이 당면하고 있는 조건은 과거 유럽과는 달랐다. 그것은 노동력 과잉과 자본 부족, 근대적 제도의 부재, 세계 자본주의하의 종속적 구조 등이었다. 따라서 많은 개발경제학자들은 국가의 개입이 급속한 자본 축적과 성장을 가능하게 할 것으로 생각하였다. 루이스(A. Lewis)는 저개발국에는 노동력의 대부분이 한계생산성이 제로에 가까운 전통적 자급 부문에 있기 때문에 이런 비생산적 노동자를 자본주의 부문으로 끌어냄으로써 국민소득을 증가시킬 수 있다고 하였다. 넉시(R. Nurkse)는 자본 형성이 경제 발전의 중요한 요소이므로 국가가 개입하여 자본을 형성하고 배분할 필요가 있다고 하였다. 또한 국가의 개입을 통해 낮은 저축률이 낮은 성장률로 이어지는 악순환을 높은 저축률과 높은 성장률로 이어지는 선순환으로 전환시키는 것이 필요하다고 하였다. 저개발국의 경제 발전에서 국가 계획의 중요성을 강조한 사람은 뮈르달(G. Myrdal)이었다. 그는 국가의 계획이 없이는 경제적, 문화적 정체와 퇴보를 피할 수 없을 것이라고 하였다. 여기서 말하는 계획은 자급적 농업 이외의 경제 활동을 광범위하게 국가 관리하에 둔다는 것이었다. 계획에는 사회간접자본의 형성, 투자 방향의 설정, 저축의 동원 등이 포함되며, 제도적 변혁도 중요한 위치를 차지한다. 그것은 시장에 대한 국가의 간섭을 통해 사회의 상승력을 높이는 전략이었다. 이 같은 계획형 경제에서는 정치가나 관료의 결정이 생산과 소비에서 개인의 선택을 대신하기 때문에 경제는 넓은 범위에서 정치화된다(박기주 2016).

그러나 대부분의 저개발국은 선진국처럼 성장하지 못하였다. 이에 대해 신고전파 경제학 또는 신자유주의 이론은 국가의 개입이 발전을 가져오지 못하고 발전을 사실상 저해하기 때문이라고 하였다. 하이에크는 시장에서 전달되는 막대한 정보를 보유한 것은 개인이며 국가가 이들 정보 전체를 수집하여 민간에 전달한다는 것은 불가능하다고 하였다. 오히려 비대해진 관료 집단은 부패를 발생시키고 각종의 규제는 민간의 투자를 질식시키고 가격 체계를 왜곡함으로써 경제를 비효율적으로 만들어 버린다는 것이다. 주요 산업의 국가 독점, 국제 거래의 통제, 물가와 임금의 통제, 소비에 대한 국가 관리, 부동산의 국유화 등을 통해 결국 지배자 집단만 특별한 이익을 누리고 그들을 제외한 사회 구성원은 그렇지 못하다는 것이다. 바우어(P. T. Bauer)는 계획이 오히려 가난을 영속시킨다고 하면서, 발전의 본질이 개인의 선택의 확대와 개인의 생명, 자유, 재산을 보호하는 것에 있다고 하였다.

그럼에도 불구하고 '동아시아의 기적'은 저개발국에서 국가의 역할을 다시 주목하게 하였다. 동아시아의 국가는 글로벌 시장에 집중적으로 참여하는 전략을 추구하면서 민간 엘리트들과의 긴밀한 유대 속에서 경제를 발전시켜 가는 역설적인 능력을 보였다. 동아시아의 기적을 두고 국가의 역할에 대한 논의가 1980년대 말부터 활발하게 전개되었다. 암스덴(A. H. Amsden)과 웨이드(R. Wade)의 개발국가론은 산업 정책의 유효성을 주장하고 경제에 대한 국가의 역할이 중요하다고 주장한다. 신고전파 경제학은 국가의 개입이 최소한이어야 하며 산업 정책이 불필요하다는 입장을 유지하였지만, 개발국가론의 도전을 받아 동아시아 국가의 정책을 '시장 우호적' 전략으로 평가하였다. 두 견해는 '국가 대 시장'이라는 이분법적 시각으로 접근하고 있지만, 제도주의는 그러한 전통적 접근법과는 달리 제도 형성의 측면에서 동아시아 국가의 정책을 평가하였다. 제도주의는 국가의 역할이 시장을 대체하는 것이 아니라 시장 제도의 발전을 촉진하고 보완하는 데 있다고 하였다.

개발은 항상 국가의 적극적인 개입을 필요로 하지만, 국가가 만병통치약이 아니며 부패나 침체와 깊이 관련될 가능성도 크다. 성공적인 경제 발전은 시장과 국가 사이의 마법적인 균형을 찾는 것이 아니라 국가, 시장 및 시민사회의 생산적인 상호작용을 가능하게 하는 제도를 구축하는 것에 달려 있다. 서로 다른 지역 및 시대의 성공 스토리는 국가와 시민사회 간의 관계를 재구성하는 제도적 혁신을 바탕으로 하여 이뤄졌다. 성공적인 혁신은 시민사회 속에 시장경제의 규칙을 매립하고 경제 및 사회 변화의 잠재력을 구축하는 방식으로 국가의 법적, 조직적 역량을 사용하였다(Block and Evans 2005). 다시 말하면, 중요한 것은 큰 국가와 큰 시장 중 어떤 것이 더 나은가의 문제가 아니라, 국가와 시장이 경제사회에서 별개의 영역을 차지하면서도 상호 보완적 관계에 있다는 점이라고 할 수 있다.

3) 복지국가 체제

복지국가는 시민의 경제적, 사회적 복지를 보장하고 증진하는 것을 핵심적 역할로 하는 국가를 말한다. 일반적으로 복지국가 시스템은 국가뿐 아니라 다양한 형태의 민간 조직을 포함한다. 복지국가는 기회의 평등, 부의 공평한 분배, 좋은 삶을 위한 최소한의 준비를 이용할 수 없는 사람들에 대한 공적 책임의 원칙에 기초하고 있으며, 시장의 결과에 개입하여 분배적 정의를 실현하고 시민사회의 연대 혹은 공존을 지향한다.

사회복지는 16세기에 구빈법으로부터 시작하여, 스핀햄랜드법(19세기 초), 비스마르크의 사회보험(19세기 말)을 거쳐 베버리지(Beveridge) 시스템(20세기 중엽)으로 발전하였다. 현재의 복지국가의 원형을 이루는 베버리지 시스템은 사회보험, 공공부조, 자발적 보험의 세 가지로 구성되어 있다. 그중 사회보험이 주된 방식이며, 이는 복지 시스템이 완전고용의 유지를 전제로 하고 있음을 의미한다. 이러한 복지국가 체제는 시민의식이 3단계에 걸쳐 역사적으로 발전해 온 결과이다. 18세기에 개인적 자유를 보장하는 '시민적' 권리, 19세기에 공공적 의사 결정에 참여하는 '정치적' 권리, 20세기에 경제적 복지와 안전을 보장하는 '사회적' 권리가 발전하였으며, 그에 상응하여 성립한 것이 자본주의와 민주주의와 복지국가 체제이다.

복지국가의 등장은 자본주의 시장경제가 내포하고 있는 분배적 불평등으로부터 설명될 수 있다. 자본주의 경제 시스템에서 소득분배는 일차적으로 시장에서 결정된다. 각 개인은 자신이 가진 필수적 생산요소인 노동, 자본, 토지를 제공하고 그 대가로 임금, 이자(이윤), 지대를 받는다. 신고전파 경제학에서는 생산요소 시장에서의 수요, 공급에 의해 결정되는 가격이 각 생산요소의 분배 몫이고 그것은 각 생산요소가 생산에 기여한 한계생산성과 일치한다고 본다. 그러나 시장에서 결정되는 소득분배에는 다음과 같은 문제가 있다. 먼저, 시장에서 그런 방식으로 소득분배가 이뤄지기 위해서는 생산수단인 자본과 토지에 대한 사유재산제도가 전제되어야 하지만, 사유재산제도는 불가피하게 소득과 부의 불평등을 초래하는 근본적 원인이다. 다음으로, 시장에서 수요와 공급에 따라 생산요소의 소득이 결정된다는 것은 매우 합리적인 것처럼 보이지만, 그것은 생산요소의 본원적 성격 때문에 분배적 정의 측면에서 정의롭지 못하다. 국가는 자본주의적 분배의 기본틀인 사유재산제도와 시장에 의한 소득분배가 내포하고 있는 문제점을 수직적, 수평적 재분배를 통해 상당 정도 시정할 수 있다. 소득 수준이 높은 사람으로부터 낮은 사람에게로 재분배되는 것을 수직적 재분배, 소득 수준과 관련없이 위험(병, 실직 등)이 발생한 사람에게로 소득이전이 발생하는 것을 수평적 재분배라고 한다. 둘 다 소득이 부족한 사람에게 그 필요를 충족시키기 위해 소득을 이전시키는 방법이다(신정완 2014).

현대의 복지국가와 근대 국가는 본질적으로 구분해야 한다. 근대 국가는 사유재산권의 보호를 의무로 하였다면, 복지국가는 그것을 의무로 하지 않고 오히려 일정한 범위에서 소득과 부를 재분배하고 사유재산권의 희생을 강요한다. 국가는 사회보험 가입을 의무화하고 고용대책을 실시하며, 소득 재분배적인 누진소득세와 부의 재분배를 목적으로 상속세를 강화한다. 이런 조세는 국가의 공공 서비스로부터 생긴 편익에 대한 대가로써 과세되는 것이 아니라 재분배를 목적으로 한 것이며, 자기 효용의 양도(즉, 사유재산의 희생)를 강제한다. 재산권 보호를 중심으로 하는 근대 국가의 편성 원리와 달리, 복지국가의 편성 원리는 생존권을 중심으로 한다. 따라서 복지국가는 사적 소유와 개인주의에 기초한 효율성 추구와 생존권을 보장하기 위한 재분배 정책 간의 끊임없는 충돌이라는 문제를 안고 있다(金子勝 1997).

국가와 시장은 각각 자율성을 가진 별개의 영역이지만 양자는 상호성을 갖고 있어 시장의 결과에 따라 국가의 정책이 변하고 국가의 정책이 시장의 결과를 변경한다. 복지국가에 대해서는 비판과 옹호가 공존한다. 복지국가를 비판하는[3] 자유지상주의는 복지국가의 기능을 인정하면서도 복지국가의 역할이 최소한에 머물 것을 주장한다. 하이에크는 사회보장은 노령, 질병, 실업의 위험으로부터 스스로를 보호할 수 없는 사람들을 위한 최소한의 구제에 머물러야 한다고 주장하였다. '사회보험'을 강제하는 것은 자신을 위한 준비를 소홀히 해서 타인들에게 부담을 주는 것을 방지하기 위함일 뿐이며 사회보장은 자기 책임하에 행동해야 할 개인의 자유를 침해하는 것이므로, 사회보험이든 사회보장이든 최소한에 그쳐야 한다는 것이다. 또한 국가가 개인의 복지를 책임질 경우에 결국 개인의 책임의식이 줄어들 것이라고 한다.

반면, 복지국가 옹호자들은 일반적으로 사회가 소득을 배분하기 위한 시장 과정에만 의존할 때 나타나는 부정적인 사회적, 정치적 결과에 초점을 맞추고 국가가 불평등을 해소하기 위해 적극적으로 개입해야 한다고 본다. 경험적으로 볼 때, 복지국가에서 개인의 선택의 자유는 위축되는 것이 아니라 확대된다고 할 수 있다. 예컨대, 노동복지는 노동자들의 직업 선택의 자유를 실질적으로 확대해 주고 무상 교육은 개인들의 선택 기회를 확대해 준다. 서유럽과 미국의 비교에서 나타나듯이, 경제 발전 수준이 비슷한 사회들 간에

3 자유지상주의와는 전혀 다른 입장이지만, 마르크스주의도 복지국가를 비판하는데, 그것은 복지국가를 자본가 계급의 억압적 도구로 인식하고 복지국가가 노동 계급의 소외를 심화시킨다고 보기 때문이다.

도 복지가 발전한 국가일수록 소득분배의 불평등도가 낮고 안정되어 있다. 복지를 위한 국가의 지출은 경제에 부과되는 비용이 아니라 중요한 투자로 간주되고 있다. 이것은 복지국가의 논의가 가장 부유한 선진 사회로 제한되지 않고 한국과 대만과 같은 성공한 후발 공업국으로 확산될 때 중요한 논점이 되고 있다. 따라서 복지국가는 시민사회 또는 시장과 국가의 경계가 끊임없이 재협상되는 동학적 과정이기도 하다(Block and Evans 2005).

제12장

경제사회의 구성과 사회적 경제

1. 시민사회의 개념과 경제사회의 구성

1) 시민사회 개념의 발전

스페인 북동부 지역 바스크 지방의 작은 도시 몬드라곤에는 1956년에 돈 호세 마리아 신부의 지도 아래 5명의 조합원이 모여 창립한 몬드라곤 협동조합이 있다. 석유 난방기 생산으로 시작하였으나 현재는 제조업, 유통업, 금융, 공제·사회보장, 연구·교육 등 다양한 분야의 사업체를 갖고 있으며, 스페인 고용 창출 3위, 재계 서열 7위, 매출 순위 8위이며, 2016년 말 현재 257개 회사 또는 사업장과 74,117명의 직원을 두고 있다. 노동자가 총회에서 직접 최고 경영자를 선출 또는 해임할 수 있으며 잉여금도 주주이자 노동자인 구성원들에게 고르게 분배한다. 최저와 최고 임금의 격차에 제한을 둠으로써 분배의 불평등을 방지하고 있으며, 산하 사업체들이 서로의 영업 이익과 손실을 상당 부분 공유하기 때문에 어느 사업체에 속해 있든지 임금은 크게 차이나지 않고 고용 불안도 없다. 실제로 지난 50여 년 동안 해고된 노동자가 한 명도 없으며 누구나 엄격한 심사와 구성원의 동의를 거쳐 경영자가 될 수 있다. 몬드라곤 협동조합은 자본주의의 병폐인 빈부격차의 확대, 기업 경영의 비민주성, 노사갈등의 문제 등을 해결하고자 하는 문제 의식에서 시작되었다. 몬드라곤과 같은 협동조합이나 사회적 기업, 비영리 조직, 자선 단체 등을 시민사회 부문(civil society sector)이라고 한다.

시민사회 부문에 대한 정의가 다양하기 때문에 아직 그것의 경제적 비중을 정확하게 말할 수 있는 통일된 보편적 척도는 없다. 그러나 아일랜드, 네덜란드, 벨기에와 같은 국가에서는 비영리 조직만을 고려한 시민사회 부문이 전체 고용의 10% 이상을 차지하고 있다(Defourny and Pestoff 2014). EU 전체로는 시민사회 부문이 2010년에 인구의 7.5%인 1,400만 명 이상을 고용하고 있으며 2008년 금융 위기 동안에도 유일하게 고용 증가를 보여 주었다. 예컨대, 프랑스에서는 2008년과 2011년 사이에 민간 및 공공 부문의 고용은 감소한 반면, 시민사회 부문의 고용은 0.5% 증가하였다(Dragon 2017). 시장의 논리에서 비껴나 있는 시민사회 부문은 오늘날 점차 중요해지고 있으며, 전 세계적으로 시민사회에 뿌리를 두고 있는 광범위한 제도에 대한 관심이 급증하고 있다.

먼저 시민사회의 개념이 어떻게 발전해 왔는가를 이해할 필요가 있다.[1] 서구에서 시민사회 개념은 국가와의 관련 속에서 발전하였다. 홉스는 인간이 자기 보존 본능과 이기적 본능을 따르기 때문에 자연 상태에서는 만인의 만인에 대한 투쟁 상태가 되어 공포와 불안에 빠지게 된다고 보았다. 그리고 이러한 상황에서 벗어나기 위해 인간은 자연 상태에서 향유하는 자연권을 모두 절대권력(국가)에게 양도함으로써 평화와 안전을 보장받으며 사회의 시민성은 강력한 국가 권력에 의해 유지될 수 있다고 보았다. 홉스는 국가를 시민의 권리 양도에 의해 성립하는 절대권력으로 인식하였지만, 로크는 시민의 사회계약을 통해 국가가 성립한다고 주장하였다. 로크는 자연 상태의 인간은 이기적이지만 평화가 불가능하지는 않다고 보았다. 그러나 자연 상태는 분쟁을 심판할 자가 없는 불안정한 상태이기 때문에 사회계약을 통해 국가가 탄생한다. 국가는 시민이 지켜야 할 법을 제정하고 집행하지만 시민의 기본권(생명, 자유, 재산에 대한 권리)을 침해해서는 안된다. 이처럼 홉스와 로크는 시민사회를 시민 생활을 유지하는 공동체로, 시민의 미덕과 권리를 자연법에서 도출

1 이하의 시민사회 개념사는 허평길(1999)에 많이 의존하였다.

되는 영역으로 간주하고, 권리 양도나 사회계약을 통해 탄생하는 국가가 시민사회의 평화로운 유지를 보장한다고 보았다. 그들은 시민사회를 국가와 분리된 영역이라고 생각하지 않았으며 국가와 시민사회의 공존을 강조하였다. 한편, 루소(J. J. Rousseau)는 인간은 이성적이고 자기 운명을 결정하므로 절대권력과 같은 것을 필요로 하지 않으며, 사회계약을 통해 이성적 능력의 실현과 도덕적 완성을 위한 시민사회를 달성하며, 따라서 자연권은 양도되지 않고 시민사회에 보존되는 것으로 보았다.

헤겔은 시민사회의 의미를 완전히 바꾸어 그것을 근대 국민국가에 대립되는 비정치적 사회의 한 형태로 이해하고 국가와 시민사회를 명확히 구별하였다. 헤겔은 시민사회를 가족과 국가 사이에 존재하는 단계적 영역으로 간주하였다. 즉, 헤겔의 변증법 철학에서 시민사회는 가족에 대한 안티 테제이며 국가는 양자의 모순을 극복한 종합이다. 가족은 개별성(남녀)과 보편성(인륜)이 감성(Sinnlichkeit)에 의해 '직접적으로' 통일되어 있는 상태이다. 시민사회는 오성(悟性, Verstand)에 의해 가족적 통일성이 특수성과 보편성으로 분열되고 개인이 형식적 보편성으로 결합되어 있는 상태이다. 마지막으로 '도덕적' 공동체인 국가는 이성(Vernunft)에 의해 특수성과 보편성이 통일되고 객관적 자유(특수성을 포괄하는 보편성)가 실현된 상태이다.[2] 시민사회는 가족과 국가 사이에서 개별성과 보편성이 각각 실재성을 갖는 구별(Differenz)의 단계이다. 따라서 시민사회는 두 가지 원리를 갖고 있다. 첫 번째 원리는 시민사회 구성원이 독립적 개인이며 개인의 목적이 자기 욕구의 충족이라는 의미에서 '특

---

2 가족의 본질은 개인이 미분화한 '우리'라는 통일성이며 특수성이 보편성에 묻힌 상태이며, 시민사회는 '나' 또는 '너'로 개인이 분화하여 개별성이 본질이며 개인은 이기심을 추구하고(특수성) 만인이 동일한 목적으로 상호 의존하는(보편성) 상태이다. 국가는 자유로운 개인이 통일을 이룬 '우리'가 주체이며 가족의 연장(족장국가)이 아니라 시민사회의 변증법적 통일의 상태이다.

수성'이다. 두 번째 원리는 개인이 타인과의 관계를 떠나서는 자기 욕구를 충족시킬 수 없는 상호 의존성을 갖는다는 의미에서 '보편성'의 형식이다. 헤겔의 시민사회는 각자 자기 이익을 추구하는 이기적 개인을 구성원으로 하는 '경제적 관계의 영역'이며 따라서 갈등과 불평등의 가능성을 내포한다.

마르크스는 시민사회와 국가를 구분하는 헤겔에 따라 시민사회를 물질적인 사적 이해의 영역으로 간주하였다. 그러나 그는 복합적이고 구조적인 헤겔적 개념을 해체하고 시민사회를 단순히 경제 영역으로 환원시켜, 생산력과 생산 관계의 총체로서의 생산양식(물질적 토대)을 의미하는 것으로 보았다. 또한 국가가 시민사회보다 도덕적 우위에 있다고 보는 헤겔과 달리, 마르크스는 국가의 긍정적, 윤리적인 역할을 부정하고 국가를 지배 계급을 위한 도구로 규정하였다. 즉, 그는 헤겔이 상정한 시민사회와 국가의 관계를 전도시켜 국가를 중립적인 문제 해결자가 아니라 오히려 부르주아의 이익을 옹호하는 것으로 묘사하였다(유물론적 사고). 마르크스는 봉건적 지배로부터의 해방이 공동체를 해체시키고 이기적 개인, 기업이라는 결사체, 그리고 소수의 특권적 지배 집단이 존재하는 시민사회를 등장시켰다고 보았다. 그는 '시민사회를 공동체로부터 분리된 원자적 개인의 이기적 욕구가 전면에 등장하여 만인의 투쟁으로 점철된 영역'으로 규정하였다. 즉, 그는 시민사회가 계급 대립의 장이자 변화의 원천이며 인간의 자연적 유대를 해체시키며 공동체적 요소 대신에 개인주의적 요소를 강화시킨다고 하였다.

그람시는 마르크스처럼 시민사회를 사적이고 소외된 관계의 영역으로 간주하지 않았다. 그는 국가와 시민사회의 이분법이 아니라 국가(정치), 시장(경제), 시민사회라는 삼분법을 제시하였다. 시민사회는 전체 사회에서 경제와 정치를 제외한 나머지로서, 물질적 생산 과정인 경제 영역에 속하지 않고 국가의 통제나 영향도 받지 않고 시민들에 의해 운영되며 사회의 재생산에 결정적 기능을 하는 영역이다. 그람시는 부르주아 헤게모니의 유지에 필요한 문화적, 이념적 기여자로서의 시민사회의 역할을 강조하였다. 그는 부르주아의 지배가 유지되는 것은 노동자 계급에 대한 국가의 억압 때문이 아니라 노동자들의 적극적 동의 때문이라고 하였다. 즉, 자본주의 체제의 견고성은 자본가의 헤게모니가 관철되는 시민사회로부터 유래한다. 그람시는 경제적 토대인 시장과 강제 기구를 가진 국가 사이에 시민사회가 존재한다고 보고, '시민사회는 지배 계급의 헤게모니가 관철되거나 도전받는 불확실한 경쟁의 장'이라고 하였다.

하버마스(J. Habermas)는 사회적 행위를 목적합리적 행위와 의사소통적 행위로 구분하고 사회 분석에서 각각을 시스템과 생활 세계(life world)에 대응시켰다. 목적합리적 행위는 목적-수단의 사고 체계에 의한 행위이며, 의사소통적 행위는 의사소통을 통해 서로를 이해하고 조정해 가는 행위이다. 시스템은 목적합리적 행위에 의해 주도되며, 돈을 조정 매체로 하는 사적 경제 시스템과 권력을 조정 매체로 하는 공적 행정 시스템으로 구분된다. 반면, 생활 세계는 의사소통적 행위에 의해 조정되고 규범으로 통합되며, 사회화를 담당하는 사적 영역과 공론 형성을 담당하는 공적 영역으로 구분된다. 생활 세계는 다른 사람들과 공유하는 일상의 세계이며, 따라서 생활 세계에서 수행되는 일상적인 행동은 본질적으로 의사소통적이다. 생활 세계는 사회 통합의 기반인 합의에 대한 해석적 이해가 이뤄지는 영역으로서, 전통의 공유 및 연대의식의 형성과 사회화를 통한 정체성의 형성이라는 기능을 수행한다. 이 같은 연대의식과 정체성을 형성하는 사회 제도와 조직(공적 영역)이 시민사회이며, 시민사회 성립의 전제 조건은 개인의 자유와 권리이다. 하버마스는 근대화로 인해 자본주의 경제(사적 경제 시스템)와 국가 관료제(공적 행정 시스템)가 비대해지면서 시스템에 의한 복합성 및 강제성이 생활 세계의 일상적 실천을 위협하고 문화적 빈곤을 초래한다고 보고 이러한 생활 세계의 식민화를 저지하는 것이 시민사회의 일차적 과제라고 하였다.

그람시와 하버마스의 정의에 의하면, 시민사회는 사람들의 의견이나 판단이나 활동을 기초로 성립한 공적 영역으로, 국가와 시장으로부터 상대적으로 독립된 제3의 영역이라고 할 수 있다. 그것은 시장경제 영역을 지지하기도 하고 도전하기도 하며, 생활 세계와 밀접한 관련을 갖고 있다. 시민사회의 중심이 되는 덕목은, 비폭력, 공익 추구, 가치 기반의 합리성 준수, 의사 소통 능력에 대한 강한 의존과 같은 것이라고 할 수 있으며, 국가의 관료제적 논리나 시장의 비인격적 논리와 대립한다.

2) 경제사회의 구성

다양한 사회의 역사를 돌아보면 인류가 생산과 분배 문제를 세 가지 방법으로 해결해 왔다고 할 수 있다. 하일브로너(R. L. Heilbroner)와 밀버그(W. Milberg)는 인간이 경제적 문제를 해결해 온 시스템의 세 가지 중요한 유형을 전통에 의해 운영되는 경제, 명령에 의해 운영되는 경제, 시장에 의해 운영되는 경제로 구분하였다(Heilbroner and Milberg 2012). 그보다 앞서 폴라니는 실체론적 관점에서 인류의 거래양식을 비인격적인 시장 교환, 권위에 의해 이뤄지는 재분배, 대칭적 관계 사이의 자발적인 호혜의 세 가지로 분류하였다(본서 제4장 참고).

인류학자들은 프로비저닝(provisioning)이라는 용어를 사용한다. 그것은 생

표 12-1 프로비저닝 양식과 동기, 사회 관계, 행위자

양식	동기	사회 관계	행위자 정체성
시장	이익	교환	고객, 구매자
국가	공정	시민적 권리	시민
공동체	연대	균형적 호혜	이웃
가정	사랑	일반적 호혜	가족, 친족

자료: Narotzky(2005: 82).

산, 분배, 전유 및 소비의 모든 관계를 포함하며, 재화와 서비스를 얻기 위한 경로가 역사적으로 정의되는 복잡한 과정을 의미한다. 프로비저닝 접근법은 소비자의 선택 행위에는 그가 알 수 없는 생산 및 유통의 사회적 관계가 연결되어 있으므로 경제 문제를 이해하기 위해서는 생산과 소비의 전 과정을 연결해서 보아야 한다는 필요성에서 비롯되었다. 이 접근법을 다음과 같이 요약할 수 있다. 재화 및 서비스의 획득에는 다양한 프로비저닝 양식(시장, 국가, 공동체, 가정)에 따라 상이한 경로가 존재한다. 사람들은 상이한 경로에 대한 접근에서 서로 다른 기회를 가지며 기회는 경로의 특정 단계나 생애 주기의 특정 시점에서 바뀔 수 있다. 또한 사람마다 시장 프로비저닝을 사용하는 전반적 능력이 다를 뿐 아니라, 비시장적 프로비저닝을 사용하는 능력에서도 차이가 있다. 예컨대, 유럽의 불법 이민자는 국가가 제공하는 복지에는 일반 시민과 같은 접근 권한이 없지만 지역 사회가 NGO나 종교 자선 단체를 통해 조직한 서비스에는 더 잘 접근할 수 있다(Narotzky 2005).

[표 12-1]은 프로비저닝의 양식 또는 폴라니의 통합양식에 대해 동기, 사회 관계 및 행위자 정체성 면에서의 차이를 정리한 것이다. 공동체 속에 가정을 포함할 수 있으므로(보론 참고) 사실상 3개의 양식으로 구분할 수 있다. 시장은

이익, 국가는 공정, 공동체는 연대가 행동의 동기이며, 각각 교환, 권리, 호혜의 사회 관계에 기초하고 있다. 시장에서 기업은 편익으로부터 얻는 만족의 극대화를 기대하는 소비자와의 교환 관계를 통해 이윤을 극대화하려고 한다. 국가는 궁극적으로 합법적 강제를 기반으로, 경력 향상과 관료적 안정을 바라는 공무원이 실행하는 공공 정책을 통해 자원 배분을 결정한다. 마지막으로 공동체에서 지도자는 구성원들로부터 존경받기를 원하고 구성원들은 소속감과 참여감을 추구하며, 아울러 그들은 공동의 정서와 집단적 정체성에 대한 서로의 필요를 충족시킨다. 그런데 세 가지 양식 모두 본질적으로 조화롭거나 갈등에서 자유롭다고 할 수 없으며 긴장의 원인인 분열 가능성을 내포하고 있다. 공동체에는 원주민과 이주민 간의 관계에서 생기는 일반적인 문제가 있으며, 시장에서는 판매자와 구매자 간의 기본적인 이해관계가 상충하며, 국가는 통치자들이 누리는 특권과 피통치자에게 부과된 의무를 둘러싼 끊임없는 갈등으로 분열된다. 스트릭과 슈미터(P. C. Schmitter)는 근대화된 사회에서도 이 세 가지 양식(질서)은 혼합되어 있으며, 서로 대립하면서도 상호 보완적인 관계임을 다음과 같이 서술하였다.

> 공동체, 시장, 국가는 각각 자발적 연대, 분산된 경쟁 및 위계적 통제라는 원리에 따라 명명하는 것이 더 정확할 수 있다. 이 세 가지 중 어느 하나가 … 지배적일 수 있지만, 거의 모든 사람들은 근대 사회, 정치 또는 경제가 그것들의 혼합으로 분석될 수 있다는 점을 인정할 것이다. … 어떤 사람들은 세 가지 질서 원리 사이의 갈등과 비양립성을 지적하지만 어떤 사람들은 상호 보완성을 강조한다. 공동체는 비공식적인 거래를 하거나 단골을 대우함으로써 시장을 훼손할 수 있으며 시장 경쟁은 공동체 유대를 해체하고 공동 가치 지향성을 약화시킬 수 있다. 그러나 공동체가 안정적인 교환 경제에 필요한 상호 신뢰와 신의를 장려하는 한편, 시장은 공동체에 '확대된 재생산'의 기회를 제공하는 것도 사실이다. 마찬가

> 지로 자유 계약과 경쟁의 결과가 국가 정책과 모순될 수 있는 것처럼 국가 개입이 시장을 왜곡할 수 있다. [그러나] 동시에 시장은 법적 장치와 권위적인 계약 집행을 필요로 하며 가장 국가주의적인 국가들도 보조적 배분 메커니즘으로 시장을 요구한다. 마지막으로, 공동체적인 '부족주의'가 안정적인 국민국가의 발전을 좌절시킬 수 있는 것처럼 국가의 성장과 개입이 다양한 방식으로 공동체의 붕괴를 결과할 수 있다. 그럼에도 불구하고 시민들 사이에 어떤 종류의 자발적 연대가 없는 국가는 관료적 또는 군사적 모의에 지나지 않으며 국가가 없는 근대 사회는 항상 정체성과 독립성을 잃을 위험에 처할 것이다(Streeck and Schmitter 1985: 119-120).

스트릭과 슈미터는 이상의 세 가지 양식 외에 네 번째로 '협동조직'(association)[3]을 추가하였다. 그것은 세 가지 양식의 일시적이고 편의적인 조합을 넘어서는 것으로서, 사람들이 행동을 상호 조정하고 예측하는 것에 지속적으로 기여하였다. 일반적으로 산업화 시대는 19세기에 시장이 공동체 속으로 확장된 시기와 20세기에 국가의 개입이 시장경제 속으로 확장된 시기로 구분된다. 협동조직은 두 시기 모두에서 시대에 맞지 않는 것으로 간주되었다. 19세기에는 자유 경쟁시장의 발전을 방해하는 것으로, 그리고 20세기에는 민주적 국가의 성장에 장애물로 인식되었다. 따라서 사회는 점점 더 세 가지 양식에 갇히게 되었으며, 세 가지 양식 간의 상충되는 요구를 중재하는 것이 점차 필요해졌다. 서구 사회는 세 가지 양식이 서로에 대해 갖는 외부성을 통제하려는 노력의 일환으로, 협동조직을 사회 질서의 기초로 재발견하고 부활시켰다.

각 양식에서 행위자 또는 행위의 특징은 다음과 같다. 공동체에서 행위자

---

3 아소시아시옹은 연합, 협회, 협동 등으로 번역되며, 구체적으로는 자율적인 개인들이 만들어 내는 협동조직을 의미하며, 혈연과 대지를 원리로 하는 '공동체'와 범주적으로 구별된다.

의 선호와 선택은 구성원이 공유하는 규범과 공동으로 생산하는 만족을 기반으로 하며 상호 의존적이다. 반면, 시장에서는 어떤 한 사람의 행동이 만족의 최종적 배분에 결정적이고 예측 가능한 영향을 미칠 수 없기 때문에, 경쟁자들의 행동은 상호 독립적이라고 할 수 있다. 국가의 경우에는 행위자들이 위계적 조정에 의존하며, 위계적 조정은 합법적 권위와 강제력의 구조에 따라 행위자의 선택이 이질적으로 결정되고 비대칭적으로 예측 가능하도록 한다. 협동조직에서는 조직화된 집단의 행동이 다른 집단의 이익에 대해 예측 가능한 결정적인 영향을 미칠 수 있다는 점에서, 행위자는 상황적, 전략적으로 상호 의존적이다(Streeck and Schmitter 1985).

공동체주의에 관한 연구로 잘 알려진 에치오니(A. Etzioni)는 스트릭과 슈미트의 연구보다 앞서 1973년 논문에서 사적 부문이나 공적 부문이 아닌 대안적 조직에 대한 생각을 제시하였다. 그는 협동조직과 같이 이미 오래전부터 존재하고 있던 그것을 제3섹터로 명명하고 그것이 성숙한 자본주의 사회에서 중요한 대안이 될 수 있다는 것을 다음과 같이 설명하였다.

> 우리의 필요를 충족시키는 방법에 대한 토론이 공적 대안과 사적 대안에 초점을 맞추는 동안, 세 번째 대안, 즉 제3섹터가 국가 부문과 시장 부문의 사이에서 성장하였다. 사실 제3섹터는 두 부문을 대체하는 것이 아니라 그것들의 중요한 역할을 연결하고 균형을 맞춰줌으로써, 향후 수십 년 동안 가장 중요한 대안이 될 수 있다. 국내적 과제를 수행하기 위해 개발되고 있는 새로운 형태의 다양한 경험들은 … 성숙한 자본주의의 사회적, 경제적 '사업'을 수행하기 위해 적절한 장치를 발견하는 시도이다. 이러한 개발 형태는 주로 정부도 민간도 아닌 제3섹터에 존재한다. 일부는 사적 기업과 정부 요소가 혼합되어 만들어진다. 다른 일부는 자발적인 협회와 비영리 법인의 형태를 취한다. … 제3섹터는 지배적인 두 부문과 크게 다르기 때문에, 우리는 (영리적인) 사적 부문, (국가적인) 정부 부문, (비영리적, 자발적인) 공적(public) 부

문으로 구분할 것을 제안한다(Etzioni 1973: 315–316).

2. 사회적 경제의 정의와 범위

1) 사회적 경제의 정의

1990년 이래로 존스 홉킨스 대학이 주관하는 국제학술회의를 통해 시민사회 부문에 대한 연구의 틀이 형성되었다. 시민사회 부문은 비영리 부문, 제3섹터, 사회적 경제, 연대 경제 등 비슷하면서도 의미가 조금씩 다른 용어로 표현되고 있으며, 그동안 미국에서는 '비영리 부문', 유럽에서는 '사회적 경제'라는 용어가 널리 사용되었다. 이들 용어들 간에는 약간의 차이가 있다.

첫째, 비영리 부문은 사실 역사적 뿌리가 깊지만 19세기 후반에 그것에 관한 논의가 시작되었다. 비영리 부문은 제2차 세계대전 이후, 특히 1960-1970년대에 정부와의 동업자적 관계 속에서 지속적인 지원을 받아 크게 확대되었다. 1976년에 예일 대학이 주관한 '비영리 조직 프로그램'은 비영리 부문을 개념화하기 위한 결정적인 출발점이었다. 많은 연구들이 영리적 기업의 경쟁과 정부의 다양한 개입이 지배하고 있는 사회 속에서 비영리 조직의 존재와 역할을 설명하는 것에 집중하였다. 최근의 연구에 의하면 비영리 부문은 다음과 같이 설명될 수 있다. (1) 일반적으로 어느 정도의 제도화가 이뤄진 공식적 조직이다. (2) 정부나 공적 기관이 직접 설립하는 조직과는 구분되는 민간 조직이다. (3) 자체 규정과 의사 결정 기구를 갖고 있다는 점에서 자율적이다. (4) 가장 중요한 점으로서, 회원이나 경영자 또는 소유자에게 이익을 분배하지 않는다. (5) 자발적 기부에 어느 정도 의존하며 자유롭고 자발적인 회원 가입에 기초한 조직이다. 요컨대, 비영리 부문 개념은 특별히 공익적 협회로서의 적합성을 중시하는 분배 금지의 제약에 기초하여 어떤 수익의 분배도 금지한다는 점에서 수익을 회원에게 나누는 협동조합적 요소를 배제한다.

둘째, 사회적 경제는 유럽에서 아주 오래된 역사를 갖고 있다. 유럽에서 크게 발전한 협동조합은 회원의 필요를 충족시키기 위해 활발한 활동을 하였다. 그럼에도 불구하고 그것은 특수한 영역에 한정되어 있었으며 사회적 경제의 다른 분야와 노선이 달랐기 때문에 규모가 커지면서도 다른 자발적 조직을 아우르는 개념으로의 발전은 지지부진하였다. 그러나 20세기 말에 그동안 다루지 않던 문제에 도전하는 새로운 시도(예컨대, 노동자 소유 기업, 사회적 기업, 여성노동자 협동조합)가 있었으며 공공 기관도 그것을 지원하였다. 1970년대에 사회적 경제의 개념화 작업이 시작되었는데 그것을 정리하면 다음과 같다. (1) 이익을 내기보다 회원이나 공동체에 봉사하는 것을 목적으로 한다. (2) 독립된 경영을 한다. (3) 민주적 의사 결정 과정을 갖고 있다. (4) 수입을 분배할 때 사람과 노동을 자본보다 중시하며, 투자 자본에 대한 수익을 활동의 주 목적으로 하지는 않는다. 요컨대, 사회적 경제 개념은 상호적 이해관계, 수익의 배분, 민주적 통제의 성격을 갖고 있는 협동조합의 전통으로부터 큰 영향을 받고 있으며 민주적 의사 결정 과정을 가장 중요한 요건으로 한다.

셋째, 제3섹터는 시장이나 국가 어디에도 속하지 않는다는 존재론적 의미를 갖고 있는 용어이다. 이 용어를 만든 에치오니는 국가와 시장이 우리의 필요를 충족시키기 위한 지배적인 방법이지만, 세 번째의 대안으로서 제3섹터가 있다고 하였다. 그것은 국가나 시장과는 별개이며 양자의 균형을 가져오는 대안적 부문이다. 제3섹터는 시장의 논리나 관료적 명령 체계에 의해 지배되지 않는 조직 또는 부문을 포함한다. 현재 시민사회 부문에 대한 정의는 대개 이 기본 도식에 따른다. 즉, 시민사회 조직 및 부문을 공공 부문(정부) 및 민간 부문(시장)과 구분하기 위해 제3섹터라고 한다. 교과서적 설명에 의하면, 국민 경제는 공공 부문, 민간 부문, 제3섹터로 구성되며, 제3섹터는 사회적, 공동체적 목적을 추구하기 위해 사람들이 자발적으로 설립한 조직이다. 제3섹터는 정부와 영리적 기업이 제공하는 기본적 복지 서비스에 꼭 필요한 보완적 서비스를 공급하거나 정부와 기업이 제공하지 않는 어떤 특별한 서비스를 공급한다.

사회적 경제, 비영리 부문, 제3섹터 등은 이처럼 의미에서 약간의 차이가 있지만, 그것들이 지칭하는 것은 지역사회 단체, 자원봉사 조직, 사회적 기업, 협동조합 등 시민사회가 차지하는 영역이다. 이에 이하에서는 이들 용어를 엄밀하게 구분하지 않고 혼용하기로 한다. 사회적 경제를 이해하는 접근법에는 다음과 같은 것이 있다. 첫째, 법적·제도적 접근은 사회적 경제를 시장 부문과 공공 부문을 통해 충족되지 않는 필요를 해결하기 위해 재화와 서비스를 제공하는 경제 영역으로 이해한다. 둘째, 규범적 접근은 이윤보다 집단적 이익, 독립적 경영, 민주적 의사 결정, 사람 우선의 이윤 분배 등 사회적 경제의 원칙과 규범을 중시한다. 셋째, 조절 메커니즘적 접근은 사회적 경제를 시장 부문, 공공 부문(정부), 비공식 부문 사이에서 자원과 원칙을 매개하는 시민사회 내의 공적(public) 영역으로 이해하며, 따라서 사회적 경제를 다양한 자원 및 원칙에 기초한 복합 경제이자 사회복지의 혼합 경제로 본다.

사회적 경제는 국가와 시장에 의해 충족되지 못하는 다양한 시민사회의 필요에 대응한다는 '사회적 목적'을 갖고 있으며, 시민사회의 '주도권과 자발성'을 실현하며, '호혜와 연대'의 원리를 토대로 축적된 '신뢰'라는 사회적 자본에 기초하고 있는 경제 활동의 영역이라고 정의할 수 있다. 사회적 경제는 이윤 추구보다 사회적 목적에 기반하고 있다는 점에서 시장 부문과 구별되며, 시민사회의 자발적인 참여와 협력을 중심으로 형성된다는 점에서 공공 부문과도 구별된다. 그러나 사회적 경제가 공공 부문 및 시장 부문과 구별되고 자율성을 갖는다는 것이 현실적으로 두 부문으로부터 완전히 배타적인 영역에서 사회적 경제가 성립한다는 의미는 아니다. 사회적 경제는 시장 부문과 공공 부문, 그리고 비공식 부문(공동체) 사이의 협력을 통해서 생성되는 복합적 형태의 경제 활동이며 사회적 연대의 경제이다. 이처럼 사회적 경제를 배타적 영역으로 설정하지 않고 다소 유연한 매개적 영역으로 설정하는 것이 실체론적 관점에서 유익하다.

[그림 12-1]은 사회적 경제의 위치와 성격을 보여 주는 복지 삼각 모형이며, 이것은 세 가지 경제 양식을 구분하는 폴라니의 이론에 기초하고 있다. 경제적 복지는 다양한 경로, 즉 시장, 국가, 공동체, 제3섹터(사회적 경제)를 통해 제공된다. 이들은 상호 대체적이라기보다 보완적이고 중첩되는 부분도 있으며, 무엇이 더 지배적인가에 따라 여러 경제사회 현상이 다르게 나타난다. 제3섹터를 포함하는 삼각형 모형의 세 축에 위치하는 경제 주체의 범주는 영리적 기업, 국가, 공동체이고 거래양식(혹은 통합양식)은 각각 시장 교환, 공적 재분배, 호혜이며, 추구하는 가치는 각각 효율성, 공정성, 박애·연대이다. 이들 양식을 구분하는 기준은 '민간 대 공공', '공식 대 비공식', '영리 대 비영리'라는 세 가지이다. 제3섹터는 중간 부문으로서, 시장 교환, 재분배, 호혜 경제가 이종교합(hybridization)된 광범위한 영역에서의 주도권과 조직을 나타낸다. 따라서 제3섹터의 성격은 정부, 시장, 공동체에 의해 형성되며 또한 역으로 전자가 후자를 형성한다.

그림 12-1 복지 삼각 모형

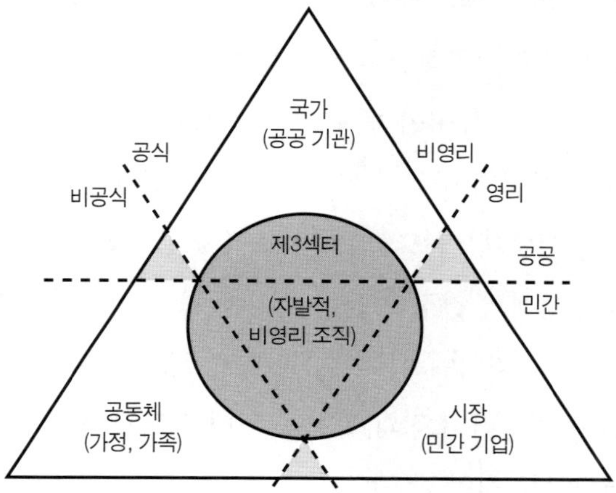

자료: Defourny and Pestoff(2014: 8).

복지 삼각 모형에서 시장, 국가, 공동체를 분리하는 점선으로 되어 있는 부문에서는 몇 가지 유형의 긴장이 지속적으로 존재한다. 첫째는 이윤 극대화를 지향하는 시장의 도구적 합리성과 제3섹터 및 정부의 연대적, 사회적, 민주적 가치 사이의 긴장이다. 둘째는 민간 부문의 개별적 가치 및 논리와 공공 부문의 보편적 가치 사이의 긴장이다. 셋째는 공식적인 조직과 가족, 이웃 관계 네트워크의 비공식적 세계 사이의 긴장이다. 이러한 긴장으로 인해, 세 양식의 중간에 위치한 제3섹터는 다기능적이고 혼합적인 특징을 보여 주며, 다른 부문의 영향을 받기도 하고 극단적인 경우에는 조직의 변화를 경험할 수도 있다(Defourny and Pestoff 2014).

제3섹터와 다른 부문이 서로 겹치는 영역에서는 제3섹터의 성격이 애매해지는 측면이 있는 반면에 제3섹터가 갖고 있는 아주 다양한 역할이 보이기도 한다. 예컨대, 제3섹터와 시장이 겹치는 영역에서는 협동조합과 같은 제3섹터 기업이 시장에서 전형적인 자본주의적 기업과는 다른 원칙을 채택하면서 수익을 창출할 수 있다. 국가와 제3섹터가 겹치는 영역에서는 공공 부문과 비영리 민간 부문 사이의 구분이 거의 사라지고 민간과 국가의 파트너십 형태의 새로운 유형이나 하이브리드형의 조직이 등장한다. 이런 민간 비영리 조직에 대해서는 정책의 결정과 실행에 따른 공적 책임이 부여된다. 공동체와 제3섹터가 겹치는 영역에서도 아주 다양한 혼합 조직을 볼 수 있다. 회원이 아닌 개인들이 비영리 조직의 활동을 위해 시간과 돈을 기부하며 조직의 목적 달성에 협력하는 것이 한 예이다(Defourny and Pestoff 2014). 이러한 복합 경제에서의 문제는 각 부문의 주체들 간에 어떤 사회적 관계를 만들 것인가라는 점이다. 예컨대, 정부와의 파트너십이 단순히 정부와의 상업적 하도급 계약으로 전락하거나 시장과 겹치는 영역의 활동이 시장 경쟁 속에서 이윤 추구로 퇴행할 수도 있다. 따라서 제3섹터의 복합 경제가 추구하는 박애와 연대를 영리 기업과 정치 집단으로부터 도출한다는 것은 상당 부분 정치적 문제에 속한다고 할 수 있다.

2) 사회적 경제의 범위

사회적 경제는 시장과 정부에 의해 충족되지 못하는 다양한 시민적 필요를 해결하기 위해 활동하며 민간 기업을 유치하기에 충분한 수익성이 보장되지 않는 업무를 수행하기도 한다. 사회적 경제는 시장과 정부 사이에서 성장하였으며, 일반적으로 협동조합, 공제조합, 연합체 성격의 비영리 조직 등 다

그림 12-2 사회적 경제와 다양한 조직

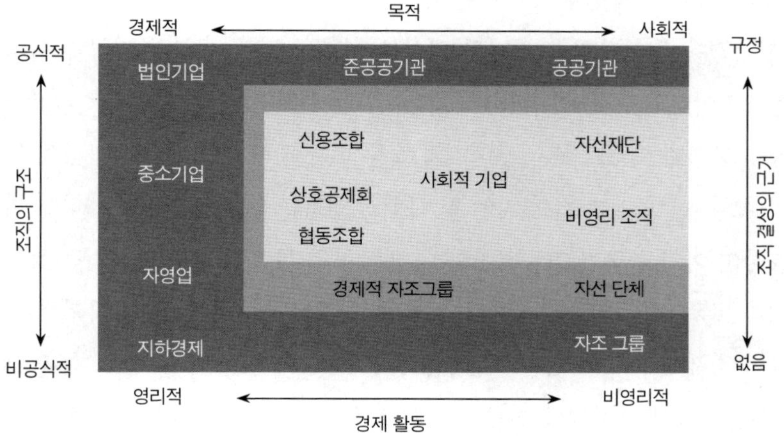

자료: Ninacs(2002: 7).

양한 형태의 조직을 발전시켰다. 일부는 민간 기업이나 정부 요소의 혼합으로 만들어지기도 하며, 또한 자발적 협회나 비영리 법인의 형태를 취하기도 한다. 니낙스(W. A. Ninacs)는 사회적 경제의 범주를 보여 주기 위해, 조직의 목적과 가치가 경제적인가 사회적인가, 조직의 구조가 공식적인가 비공식적인가, 조직의 경제 활동이 영리적인가 비영리적인가, 조직 결성의 규정이 있는가 없는가라는 4개의 기준을 사용하였다. 첫째와 셋째 기준이 서로 통하고 둘째와 넷째 기준이 서로 통하는 면이 있다. [그림 12-2]는 이러한 기준에 따라 다양한 사회 조직을 배치한 것이다. 가장 바깥 부분이 비사회적 경제이며, 중간의 가장 옅은 부분이 사회적 경제, 중간은 애매한 사회적 경제이다. 사회적 경제는 신용조합, 상호공제회, 협동조합, 사회적 기업, 비영리 조직, 자선재단을 포함한다.

사회적 경제의 범위에 속하는 대부분의 조직은 역사가 길지만, 비교적 최근에 생겼음에도 사회적 경제의 핵심을 이루는 것이 사회적 기업과 사회적 협동조합이다. 그것은 유럽에서 국가에 의한 복지 서비스의 한계를 극복하기 위해 1980년대 이래로 교육, 보육, 의료 등의 사회 서비스 분야에서 많이 등장하였다(정태인 2013). 사회적 기업 및 사회적 협동조합은 공동체의 유익을 위해 존재하며 이익 추구가 가능하지만 이익 추구의 목적이 조직의 사회적 목적을 달성하기 위한 재투자로 제한되는 조직 또는 단체로 정의된다. 사회적 경제는 시장경제의 사각 지대를 보완하는 추가물이 아니며, 기업, 정부, 친족 단체와 같은 다양한 조직의 하이브리드 형태를 갖기도 한다. 사회적 목적을 최우선으로 하지만 이윤을 추구하는 사회적 기업과 같은 조직도 사회적 경제에 포함된다는 점은, 사회적 경제의 영역과 다른 영역 사이에 뚜렷한 구분이 있다는 인상을 피할 수 있게 해준다.

사회적 경제의 중요한 활동 영역은 국가별로 다양하다. 영국과 아일랜드에서는 자선 활동(자선 단체나 지역 공동체 등)의 전통이 미국에서의 비영리 재단처럼 특별히 영향력이 있다. 스칸디나비아 국가에서는 평등과 민주주의를 촉진하는 것을 목적으로 하는, 공동체에 대한 시민적 헌신의 전통이 널리 퍼져 있다. 독일, 벨기에, 아일랜드 및 네덜란드에서는 국가에 대해 자율성을 유지하려는 교회의 주도권과 관련하여 보충성(subsidiarity)의 원칙[4]을 지키고 있다. 덴마크와 스웨덴 등에서는 참여와 민주주의를 촉진하는 시민적 배경하에서

---

4 하위 단위가 목표를 충분히 달성할 수 없고 따라서 상위 단위가 행동의 규모나 효과로 인해 더 잘 달성할 수 있는 경우에만 그 범위 내에서 행동을 취한다는 원칙이다. 이는 상위 단위에 권한을 주어야 할 특별한 사정이 없는 한 하위 단위에 권한을 배분하여야 함을 의미한다.

그리고 이탈리아, 벨기에, 프랑스 등에서는 종교적 영감 또는 협동적 사회주의 영감 속에서 협동조합 운동이 자발적 부문의 발전과 밀접하게 연결되어 있다. 스페인, 포르투갈, 그리스 및 이탈리아와 같은 국가에서는, 비공식적으로 조직되어 있는 개인 서비스(보육, 노인 돌봄)와 관련하여, 가족의 역할이 제3 섹터의 발전에 큰 영향을 미쳤다(Defourny and Pestoff 2014).

3. 사회적 경제의 특징과 역할

1) 사회적 경제의 특징

국가는 궁극적으로 강제 및 제재를 통해 법의 준수를 달성하며 시장은 보상이나 비용의 발생을 통해 작동한다면, 사회적 경제는 이러한 두 가지 메커니즘의 어느 하나에도 의존하지 않는다. 사회적 경제는 가치 중심의 행동과 개인의 헌신에 기초하고 있으며, 상징적인 보상과 박탈, 설득, 가치 공유와 이상주의에 대한 호소에 의존한다(Corry 2010).

사회적 경제는 다음과 같은 세 가지 측면에서 기본적 특징을 갖고 있다. 첫째, 경제적 측면에서 사회적 경제는 재정 수입의 지배적인 부분을 시장 거래나 정부 지원이 아닌 민간의 기부금으로 조달한다. '자발적' 또는 '자선'과 같은 용어가 때로는 이러한 의미를 전달하는 데 사용된다. 단, 재정 수입이라는 경제적 측면을 너무 강조하게 되면 자원 봉사자 활용, 사회적 사명 및 비영리 성격과 같은 다른 필요한 요소를 경시할 수 있다. 둘째, 법적 지위 측면에서 사회적 경제는 특별한 형태(협회 또는 재단)를 취하거나 국가로부터 세금의 일부 또는 전체가 면제되는 조직이다. 단, 국가마다 고유한 법적 제도를 가지고 있기 때문에 어떤 형태의 법적 지위를 보편적으로 적용하기는 어렵다. 셋째, 추구하는 목적 측면에서 사회적 경제는 공익을 증진하고 권한 부여와 참여를 장려하거나 빈곤과 고통의 구조적 근원을 해결하고자 한다. 단, 공익 목적이라는 특징은 매력적이기는 하지만 내용이 모호하고 주관적이며 따라서 조직이 공언한 목적을 실제로 추구하고 있는지 여부를 판단하기 어려운 경우가 많다.

존스 홉킨스 연구 그룹은 '구조적, 운영적' 측면에서 사회적 경제의 특징을 다음과 같은 다섯 가지로 정리하였다. (1) 실체적 조직이다. 즉, 공식적으로나 법적으로 등록되었는지 여부와 관계없이 조직 운영을 위한 일정한 구조와 규칙이 있다. 여기서 중요한 것은 법적 또는 공식적인 인정의 여부가 아니라 회의, 회원 자격 및 의사 결정의 구조 또는 절차에서 나타나는 조직의 영속성과 일관성이다. (2) 민간 조직이다. 정부 부처로부터 지원을 받을 수 있지만 국가 기관의 일부가 아니다. 이는 경제적으로 중요한 부분을 공공 부문으로부터 지원받는 경우를 제외한다는 기준과는 다른 점이다. (3) 비영리적이다. 즉, 영리적 목적을 갖지 않으며 이익을 이사, 주주 또는 경영자에게 분배하지 않으며, 운영 과정에서 생긴 이익은 조직의 목적을 위해 사용한다. 이는 사회적 경제의 '공익적 목적'을 보여 주는 기준이며 영리적 기업과 구별하는 유용한 기준이다. (4) 자치적이다. 내부 거버넌스를 위한 메커니즘이 있고 운영을 중단할 수 있는 자체 권한이 있으며 조직의 활동을 스스로 통제할 수 있다. (5) 자발적이다. 회원 자격 또는 참여가 법적으로 요구되거나 강제적이지 않으며, 상당 정도의 자발적인 참여에 의해 조직의 활동과 업무 관리가 이뤄진다. 이는 시민들이 조직에 주도권을 갖고 참여를 결정한다는 것을 의미한다

(Salamon, Sokolowski, and List 2003). 첫 번째 특징은 사회적 경제를 가정이나 친구 관계와 같은 사적이고 비공식인 조직이나 관계와 구별해 주며, 두 번째와 세 번째는 사회적 경제를 국가 및 시장과 구별짓는 특징이며, 네 번째 특징은 사회적 경제가 국가나 시장 행위자로부터의 독립적임을 함의하며, 다섯 번째 자발성의 특징은 사회적 경제가 시민사회에 뿌리를 두고 있음을 의미한다.

사회적 경제는 시민사회의 활동 공간이지만 공동체와 밀접한 연관을 갖고 있다. 사회적 경제는 공동체의 가치인 박애와 연대의 가치를 공유한다. 또한 사회적 목표를 추구하기 때문에 구성원 간에 그에 대한 합의를 필요로 하며, 목표에 대한 합의에 이르기 위한 의사 결정 과정은 민주적 절차를 거친다. 또한 사회적 경제가 존속하기 위해서는 다양한 관계 네트워크를 통한 지원이 필요하며 지역 개발을 위해서는 주민의 적극적인 참여가 필요하다. 그러므로 사회적 경제는 건강한 공동체를 배경으로 성장할 수 있다.

2) 사회적 경제의 역할

이 장의 서두에서 사회적 경제가 고용에서 상당한 비중을 차지하고 있으며 증가하고 있다고 하였지만, 사회적 경제는 단순히 고용을 제공하는 것에 목적을 두지 않는다. 의미 있는 것은 그것이 수행하는 여러 가지 사회적 기능이다. 사회적 경제를 시장 및 국가와 별개 또는 하이브리드의 형태로 정의하는 것은 그것이 갖고 있는 그러한 기능과 역할 때문이기도 하다.

사회적 경제는 공공재 공급에서 나타나는 시장의 실패와 정부의 실패를 해결한다. 시장은 의료 및 교육의 사회 서비스와 지역사회 개발 등의 공공재를 공급하는 데 본질적인 한계가 있다. 시장의 실패는 시장 시스템에 의해 충족되지 않는 상품에 대한 수요를 충족시키는 정부의 존재를 정당화한다. 그러나 어떤 공공재를 생산할 것인가에 대한 유권자의 선호에 상당한 차이가 있는 경우에 다수의 지지를 얻는 것이 어려울 수 있으며, 결과적으로 공공재에 대한 수요를 만족시키지 못할 수 있다. 구성원들 간에 이질성이 있는 곳에서 그러한 정부의 실패가 나타날 가능성이 크다. 이에 사회적 경제는 국가나 시장이 제공하지 못하는 사회 서비스 등을 공급하는 역할을 한다. 사회적 경제는 영리적 기업이나 정부에 의해 충족되지 않은 민간의 필요를 식별하고 그것을 제공하는 것으로 알려져 있다.

사회적 경제는 정보의 비대칭성 문제를 해소할 수 있다. 많은 거래에서 소비자는 상품이나 서비스의 품질을 판단하는 데 필요한 정보가 부족하다. 이는 구매자가 소비자와 동일한 사람이 아니거나(예컨대, 고령의 부모를 위한 돌봄 방문을 자녀들이 구매하는 경우) 해당 서비스가 본질적으로 복잡하고 평가하기 어렵거나 혜택을 받기 위한 정보의 입력이 어렵기 때문이다. 이런 경우에 구매자는 상품이나 서비스의 품질을 신뢰할 수 있는 대체 기반을 찾게 되며, 자발적 단체는 이러한 신뢰 딜레마에 대한 해결책을 제공한다. 즉, 사회적 경제의 비영리적 성격은 시장의 역할을 대신하여 산출물의 품질에 대한 신뢰의 신호를 준다. 그 결과, 예컨대 소비자협동조합이 제품의 질에서나 가격에서 소비자의 호응을 끌어낸다면 시장의 대형 판매자나 기업이 과점적 횡포를 부릴 수 없게 되고 그것은 전반적인 가격 안정과 품질 향상으로 이어지고 사회 전체의 이익을 증가시킬 것이다.

사회적 경제는 국가가 공공 서비스를 제공할 때 발생하는 사회적, 개인적 딜레마를 해결하는 데 도움이 될 수 있다. 공공 서비스의 최종 전달은 지역 공동체에서 일어난다. 따라서 중앙 정부가 지역 현황에 맞는 계획을 수립하고 실행함에 있어서 말단 조직이 무엇보다 중요하다. 사회적 경제가 공공 부문이 제공하는 공적 사회 서비스의 전달 체계의 말단 조직을 보완할 수 있다면 복지국가의 한계를 어느 정도 극복할 수 있을 것이다. 서구에서 나타난 사회적 협동조합이 그런 예이다. 예컨대, 의료 서비스와 관련하여 정부의 지원을 받는 의료 생활협동조합은 지역 공동체에 의료 서비스를 전달하며, 보육과 관련한 정부가 보육 협동조합을 육성한다면 양질의 보육 서비스의 전달이 가능할 수 있다(정태인 2016).

재화 및 서비스의 공급은 사회적 경제의 한 기능일 뿐이다. 사회적 경제는 해결되지 않은 문제에 대한 대중의 관심을 불러일으키고 기본적인 인권을 보호하고 광범위한 사회적, 정치적, 환경적, 민족적, 공동체적 관심사에 대해 목소리를 내는 중요한 역할도 한다. 사회적 경제는 사회 운동의 자연스러운 본거지이며, 중요한 사회 안전 밸브 역할을 하여 피해를 입은 그룹이 자신의 문제에 대한 대중의 관심을 이끌어 내고 상황을 개선하기 위한 지원을 모을 수 있도록 한다. 정치적, 정책적 관심 외에도 사회적 경제는 예술, 종교, 문화, 민족, 사회, 오락적인 다양한 감정을 표현하는 수단을 제공하는 폭넓은 기능을 한다. 오페라단, 교향악단, 축구 클럽, 교회, 회당, 공제회, 북클럽, 스카우트 조직 등이 그런 기능을 하는 사례이다. 이를 통해 사회적 경제는 인간 존재를 풍요롭게 하고 공동체 생활의 사회적, 문화적 활력에 기여한다.

사회적 경제는 집단 행동에 의한 생산을 한다고 볼 수 있다. 사회적 경제의 조직 속에서 개인은 서로 간의 인적 연결을 구축하고 조직의 활동을 통해 정치 및 경제 생활에서의 협력 규범을 배운다. 이 점에서 사회적 경제는 지역 공동체와 마찬가지로, 신뢰와 그에 기초한 사회적 연대를 확장하는 데 기여한다. 민주적 정치와 시장경제가 잘 기능하기 위해서는 이 같은 신뢰 및 사회적 연대와 같은 '사회적 자본'을 조성하는 것이 중요하다.

그러면 시민들이 공동 생산이라는 집단 행동에 참여하는 동기는 무엇인가? 대부분의 비용—편익 분석은 대체로 사람들이 개인의 이기적 보상을 추구한다고 생각하지만, 다른 맥락에서 공동 생산을 위한 동기가 존재한다. 우리가 추구하는 이익은 개인적인 것뿐 아니라 집단적인 것도 있다. 집단적 이익 추구에는 개인적 이익 추구에서 찾을 수 없는 요소가 있다. 집단 행동은 이익 추구를 개인적 이익의 단순한 합 이상의 무언가로 바꿀 수 있으며, 고립적이고 조직되지 않은 개인에게는 불가능한 목표를 달성할 수 있다. 집단 행동은 개인 및 집단의 장기적인 이익을 위해 개인의 단기적인 이익을 기꺼이 희생하려는 의지에서 시작된다. 협동조합이나 사회적 기업은 구성원의 단기적인 개인적 이익의 한계를 초월하고 무임승차를 억제하는 데 도움이 되는 '신뢰'를 만들 수 있다. 물론 모든 사람이 집단 행동에 참여할 의향을 갖고 있는 것은 아니지만 충분히 많은 사람들은 그렇게 하는 것에 가치를 부여한다. 실험심리학의 많은 연구는 집단 행동의 상황에서 이기적 합리주의자 외에 다른 두 가지 유형의 행위자가 있음을 보여 준다. 하나는 조건부 협력자로서, 다른 사람들의 보답적 행동을 경험하거나 예상할 수 있을 때 집단 행동에 참여한다. 다른 하나는 자발적 처벌자(willing punishers)이며, 그들은 사회적 통제와 처벌을 집단 행동의 기반으로 생각한다. 그러나 경제학의 방법론적 개인주의는 이기적 개인에 편향되어 있을 뿐 아니라 조건부 협력자나 자발적 처벌자가 존재한다는 것을 무시하거나 간과한다(Pestoff 2012).

사회적 경제가 만드는 새로운 사회적 관계는 시민사회 내의 다양한 주도권의 결속으로 나타날 수 있고, 국가에 대한 사회적 경제 조직들의 개입 전략으로 드러날 수도 있으며, 시장경쟁 속에서 사회적 경제 조직들의 새로운 경제 전략으로 표현될 수도 있다. 따라서 연대를 지향하는 시민사회의 자발적 결사체의 운영 원리가 이윤을 지향하는 기업과 권력을 지향하는 정부의 운영 원리와 어떻게 복합 경제를 만들어 갈 수 있는지, 그래서 사회적 경제가 복지 혼합(mix) 속에서 정부와의 계약을 통해 서비스를 제공하는 상업적 도급으로 전락되거나 시장 경쟁 속에서 생존하기 위한 이윤 추구 모형으로 퇴행해 가는 것을 어떻게 피할 수 있는지, 자본과 권력을 핵심 자원으로 하는 시장과 국가에 대해서 연대를 핵심 자원으로 하는 시민사회가 양자로부터 자원의 재분배 권한을 요구한다는 것은 어떻게 가능한지는 당면한 과제로 남아 있다.

|보론 5| 가정과 공동체: 핵심 경제

인간은 한편으로 순수한 시장 거래에서의 추상화된 개인으로 설정되지만, 다른 한편으로 개인의 정체성을 규정하는 공동체 내 인간이다. 국가나 시장보다 더 오랜 역사를 갖고 있는 것이 공동체이다. 공동체의 비공식적 네트워크는 다양한 강도와 중요성을 가진 일련의 유대 관계이다. 전통적인 공동체는 근대 사회가 등장하면서 거의 해체되었지만 공동체의 뿌리인 가정은 여전히 살아 있다. 오늘날 대부분의 상품과 서비스가 시장에서 거래되고 있지만, 가정은 시장과 직접 경쟁하면서 동일하거나 유사한 재화와 서비스를 생산한다. 예컨대, 레스토랑 식사와 집에서의 식사, 호텔 숙박과 집에서의 숙박, 탁아소에서의 보육과 집에서의 양육, 택시를 타는 것과 자가용을 운전하는 것 등이다. 가정에서 이뤄지는 경제 활동은 기업, 정부, 해외 부문과 별개의 가정 경제라고 부를 수 있을 만큼 충분히 크고 중요하다. 경제학 교과서는 가정을 소비 주체로 볼 뿐, 생산 주체로 간주하지 않는다. 그러나 1960년대 중엽부터 가정을 단순한 소비가 아닌 생산의 중요한 중심으로 인식하면서 많은 연구가 가정 경제의 규모를 추정하였다. 한 추계에 의하면 1981년 미국의 GHP(가정 총생산)는 1조 7,070억 달러로, 확장 GNP의 37.5%에 달하였다 (Ironmonger 2001).

이처럼 경제는 비인격적 거래가 이뤄지는 시장 영역 외에도 자급자족적인 공동체 영역을 포함하고 있다. 공동체는 그 속에서 자원의 교환과 조직화가 이뤄진다는 의미에서 하나의 경제 영역으로 이해되어야 한다. 근대 이전의 사회는 물론이고 근대 사회에서도 두 영역이 모두 존재하며 시대와 상황에 따라 양자는 다양하게 구성되었다. 근대 이전에는 공동체의 자급자족적 경제가 지배적이었으나 지금은 시장경제가 지배적이다. 이 두 개의 경제 영역은 복잡하게 얽혀 있으며 그 경계가 모호한 경우가 많다. 환경경제학자 구드윈(N. Goodwin)은 가정, 이웃 및 공동체를 '핵심 경제'(core economy)라고 명명하였다. 핵심 경제는 가정에 뿌리를 두고 있으며, 가정을 넘어 확대된 가족, 이웃과 공동체 속에 존재한다. 핵심 경제는 자급자족적이며, 시장경제의 원자화된 개인 대신에 상호 의존적인 가정 또는 공동체를 기반으로 한다.

핵심 경제는 매우 중요한 집단적 효능(collective efficacy)을 생성한다. 집단적 효능은 공동체의 질서 유지를 위한 비공식적 메커니즘의 효과를 말한다. 즉, 그것은 공공 질서 유지를 위해 다른 구성원의 삶에 개입하고 사회적 신뢰를 조성하려는 의지나 비전의 공유를 의미하며, 구성원 개인의 일상적 삶과 상호 관계 속에서 나타난다. 타임뱅크를 설립한 법학자 칸(E. S. Cahn)은 집단적 효능을 사회적 자본, 즉 공동체를 세우는 일에 참여한 구성원들에 의해 만들어진 공공재라고 하였다. 그것은 사회의 중심이고 필수적이기 때문에 '핵심'이다. 핵심 경제는 자녀를 양육하고 병약자와 장애인을 돌보고 가족을 부양하고 가정을 유지하고 친밀감, 우정, 네트워크, 시민사회를 구축함으로써 시장경제를 뒷받침한다(Coote 2011).

핵심 경제가 중요하게 생각하는 것은 상호 관계 속에 존재하는 가치이다. 이는 마르크스의 노동가치나 신고전파 경제학의 주관적 효용가치와 다르다. 노동가치론과 효용가치론은 가치를 생산의 사회적 기반에서 분리시킨다. 이로 인해 사람들은 돌봄이나 양육 등을 가치 있는 것으로 인식하지 않으며 교환의 사회적 과정을 가치 결정의 측면에서 무의미한 것으로 여긴다. 핵심 경제는 비자본주의적 실천뿐 아니라 가치에 대한 독특한 발상을 내포한다. 핵심 경제가 강조하는 것은 경제 활동에 내재된 사회적 요소를 잘 보여 주는 가치이며, 그것은 주관적 효용이나 노동 시간으로 환원될 수 없는 것이다. 경제적인 것과 비경제적인 것으로 구분하는 주류 경제학의 방식을 수용하지 않는 독특한 가치 개념은 핵심 경제가 별도의 경제적 범주이게끔 하는 핵심적 요소 중 하나이다(Eskelinen 2020).

핵심 경제의 특징은 비화폐적이며 이타적이라는 점에 있다. 먼저, 핵심 경제는 화폐를 지불하지 않고 재화와 서비스를 배분하고 일을 할당하는 화폐 없는(moneyless) 경제 또는 비화폐(non-monetary) 경제이다. 가장 쉽게 볼 수 있는 비화폐 경제의 예가 가정이다. 레스토랑에서는 식사를 하면 금전적 지불을 해야 하지만, 가정에서는 자기의 자본과 노동을 사용하여 생산하고 그것을 소비하기 때문에 생산과 소비를 하면서 금전적 지불을 하지 않는다. 미국에서는 생산적 노동의 최소 40%가 시장경제 밖에서 가정, 친족, 공동체를 위해 무보수로 이뤄지고 있으며,[5] 저개발국에서는 무보수의 노동이 경제에서 차지하는 비중이 훨씬 더 클 것이다. 그러나 시장경제는 시장가치의 형태(상품화)로 직접 전환되는 투입만을 경제적으로 가치 있는 것으로 인식하기 때문에 금전적 보상이 없는 무보수 노동을 무가치한 것으로 간주하는 경향이 있다. 경제학자들은 생산적 노동력을 측정할 때 아동, 청소년, 장애인, 공공 지원 대상자, 자원봉사자 및 노인을 제외하며, 유급 노동만을 '실제' 노동으로 본다. 반면 비화폐 경제에서는 시장 가격이 가치의 척도가 될 수 없으며 규범적 가치에 의해 생산과 유통이 이루어진다.

컴퓨터에 비유하면 화폐 경제는 멋진 전문적 프로그램이라고 할 수 있지만, 컴퓨터가 작동되기 위해 필요한 기본 운영체제(OS)에 해당하는 것은 비화

5 비화폐 경제는 가정 내에서의 가사 노동, 돌봄 노동이나 친구와의 호혜적 행위와 같은 핵심 경제뿐 아니라, 사회적 경제에서 일어나는 사실상의 무보수 시민 활동 등도 포함한다.

폐 경제인 핵심 경제이다. 시장에서의 생산과 사회의 연속성을 받쳐 주는 기초는 핵심 경제에서 이뤄지는 무보수의 생산 활동(가정과 공동체에서의 일상적 노동과 양육)이다. 경제학자들은 화폐 경제에만 주목하고 사회 운영체제인 가족, 이웃, 공동체라는 비화폐 경제를 무시한다. 따라서 그들이 권하는 정책은 비화폐 경제가 가치 전수, 자녀 양육, 상부상조, 안전 유지, 합의 도출, 기억 보존, 제한적 자원의 공유, 신뢰 형성과 같은 사회의 기본적인 기능을 수행한다는 것을 이해하지 못한다.

다음으로, 핵심 경제는 이타적 동기가 작동하는 시스템이라고 할 수 있다. 핵심 경제는 시장경제가 작동하기 위한 운영체제일 뿐 아니라 그것과는 상관없이 가치를 갖고 있다. 핵심 경제라는 용어가 그것이 다른 형태의 경제보다 앞서며 그 자체로 가치가 있음을 의미한다. 가치가 있다는 것은 핵심 경제가 이타적 동기에 의해 작동하기 때문이다. 신고전파 경제학을 신봉하는 베커는 이타적 동기가 작동하는 핵심 경제의 중요성을 다음과 같이 말하였다. "현대의 시장 지향적 사회를 포함한 모든 사회에서 가정은 경제 활동의 상당 부분을 담당한다. 가정이 구성원들의 소비, 교육, 건강 및 기타 인적 자본의 상당 부분을 생산하기 때문이다. 이기심이 시장 거래를 지배하는 것과 마찬가지로 이타주의가 가정에서의 행동을 지배한다는 것이 맞다면 이타주의는 일반적으로 이해되는 것보다 경제 생활에서 훨씬 더 중요하다. 경제 활동을 시장 거래와 동일시함으로써 이기적 행동의 만연함이 크게 과장되었다"(Becker 1981: 303).

시장경제에서는 이기심에 의해 강화된 전문화가 지배적 원리이지만, 핵심 경제에서는 자존감을 높여 주는 자기 능력과 자발적인 상호 의존의 조합이 전문화를 대체한다. 자급자족을 달성하기 위한 단위는 원자적 개인이 아니며, 가족, 이웃, 공동체이다. 상호 의존은 자급자족을 위한 핵심 요소이며 일의 구별은 있지만 그것은 시장에서의 비자발적인 의존성이나 전문화와는 다르다. 핵심 경제에서는 모두가 어떤 형태로든 공동체에 기여할 수 있으므로 무가치한 기술은 없다. 모두가 가치 있는 기술을 가지고 있다면 정량적인 생산성의 차이를 강조하는 것은 무의미하다. 핵심 경제에서 누구도 배제되지 않는다는 것은 역할의 부여로 이어진다. 핵심 경제에서는 배분도 시장과는 다른 원칙에 따라 이뤄진다. 시장경제에서는 가격이 매우 효율적이고 자기 규제적이고 자기 조정적인 배분 시스템을 제공한다. 희소하고 돈벌이가 되는 상품이나 서비스는 평범하고 공급이 부족하지 않은 상품이나 서비스보다 비싸다. 그러나 가정 경제에서는 가격이 배분 메커니즘이 아니다. 가정에서의 배분은 지불 능력에 따라 이뤄지는 것이 아니라 필요성, 공정성, 이타성, 도덕적 의무 및 기여와 같은 규범적 사항을 고려하여 이루어진다.

핵심 경제는 공식적인 사회 및 경제 생활을 밑받침하고 그 형태를 결정하지만 역으로 국가와 시장의 규칙 및 권력 관계에 의해 크게 영향을 받는다. 즉, 시장경제와 핵심 경제는 불가분하게 연결되어 있다. 시장에서의 교환은 독립적인 거래이지만 실제로는 그것을 가능하게 하는 공동체에 둘러싸여 있다. 시장을 작동시키는 비공식적 합의가 너무 암묵적이어서 보이지 않을 뿐이다. 예컨대, 시장에서의 신뢰는 시장경제의 성과에 영향을 미치는 비공식적 요소이다. 신뢰는 잘 모르는 타인을 믿는 것, 즉 사회적 불확실성이 존재함에도 불구하고 상대에 대한 믿음 때문에 상대가 자신에게 선한 행동을 하리라 기대하는 것을 말한다. 신뢰는 참여와 소속감에 기반하며 상호작용 속에서 육성된다. 애덤 스미스가 말하였듯이, 시장에서는 사기와 음모가 난무하므로 그 속에서 저절로 신뢰가 자랄 것으로 기대하기 어렵다. 사회적 상호작용을 기반으로 하는 신뢰는 단순히 어떤 주어진 게임의 규칙에서 나오는 것이 아니다. 신뢰 구축은 근본적으로 상호작용의 성격에 따라 달라진다. 이 장에서 설명한 사회적 경제는 신뢰라는 사회적 자본의 형성에 기여한다는 점에서 핵심 경제의 연장 또는 변형이라고 볼 수 있다.

핵심 경제는 시장경제에서 나타나는 불평등의 확대와 지속 가능한 성장에 대한 불투명한 전망에 대해서도 어떤 해결의 실마리를 줄 수 있다. 또한 그것은 환경을 사용하는 일상적 행동과 생활 방식에 영향을 미친다는 점에서 환경 보호에도 중요한 역할을 할 수 있다. 경제학은 공유지의 비극이 소유권의 부재 때문인 것으로 보지만 오스트롬(E. Ostrom)은 공유지의 비극이 불가피한 것은 아니라고 하였다. 공동체가 공유지에 대한 규제된 접근을 통해 자원의 남용 없이 협력하는 완벽한 질서를 유지할 수 있다. 요컨대, 핵심 경제는 신뢰라는 사회적 자본, 공식·비공식적인 지식과 학습, 민주주의, 지속 가능한 공적 서비스 등을 증가시킨다.

김광기(2007), 『뒤르켐&베버: 사회는 무엇으로 사는가?』, 김영사.

김영한(2014), 『지속가능한 자본주의체제와 경제적 합리성』, 박영사.

김완진(2005), 「경제적 합리성과 게임이론」, 『철학사상』, 20, 23-44.

김유선(2019), 「한국노동시장의 구조와 쟁점」, KLSI Issue Paper, 105.

김형기(1983), 「분단노동시장론에 관한 일연구」, 『경상대학논총』, 11, 29-51.

노용진 · 원인성(2003), 「내부노동시장의 성격과 비정규직 고용의 비율」, 『노동정책연구』, 3(2), 47-67.

민경국(2009), 「신고전파와 오스트리아 학파 비교–왜 오스트리아 학파인가?」, 『제도와 경제』, 3(1), 47-72.

박기주(2016), 『경제이론의 역사』, 도서출판 해남.

박길성 · 이택면(2007), 『경제사회학이론』, 나남.

박만섭(2005), 『경제학 더 넓은 지평을 향하여』, 이슈투데이.

박지웅(2016), 「능력과 실행의 차원에서 본 맑스의 노동과정 분석」, 『사회경제평론』, 49, 155-197.

신정완(2014), 『복지국가의 철학』, 인간과 복지.

안서원(2006), 『사이먼&카너먼: 심리학, 경제를 말하다』, 김영사.

안희남(2007), 「경제사회학적 관점에서의 경제적 행동 논의」, 『현대사회와 행정』, 17(3), 1-24.

우명동(2005), 『국가론』, 도서출판 해남.

원용찬(2005), 「경제적 실체적 개념과 호모 리시프로칸」, 『산업경제연구』, 18(5), 2345-2365.

유홍준 · 정태인(2011), 『신경제사회학』, 성균관대학교 출판부.

이병천(2004a), 「칼 폴라니의 제도경제학과 시장사회 비판: 60주년에 다시 읽는 『대전환』」, 『사회경제평론』, 23, 159-188.

_____(2014b), 「후기 폴라니와 경제문명사의 도전: 〈인간의 살림살이〉를 중심으로」, 『사회경제평론』, 43, 181-216.

이성섭(2013), 『관계교환경제학』, 숭실대학교 출판부.

_____(2020), 「시장제도 경제학과 '벽에 박은 수도꼭지' 경제학」, 『제도와 경제』, 14(2), 1-27.

이정전(2005a), 「경제적 합리성 비판」, 『철학사상』, 20, 45-78.

_____(2005b), 「정보와 신념, 그리고 경제적 합리성」, 『인문논총』, 53, 65-101.

임의영(2014), 「Karl Polanyi의 내포(embeddedness)개념과 공공성」, 『한국행정연구』, 23(3), 1-29.

장원봉(2007), 「사회적 경제(Social Economy)의 대안적 개념화: 쟁점과 과제」, 『시민사회와 NGO』, 5(2), 11-43.

장하준(2006), 『국가의 역할』, 부키.

정태인·이수연(2013), 『협동의 경제학』, 레디알.

최정규(2006), 「협조적 행위를 둘러싼 경제적 논리와 구조적 논리」, 『사회경제평론』, 27, 157-189.

한상수(2005), 「아리스토텔레스의 국가론-국가의 기원을 중심으로」, 『공법학연구』, 6(3), 251-269.

허평길(1999), 「서구 시민사회론의 변천과 사회와 교육에 주는 시사점」, 『시민교육연구』, 29, 251-283.

홍기현(2007), 「1930년대 균형개념과 가격이론의 변화에 대한 학설사적 평가」, 『경제논집』, 46(3), 155-171.

_____(2010), 「1890-1930년대 경제학계 논쟁에 대한 방법론적 평가: 오스트리아학파를 중심으로」, 『경제논집』, 49(3), 139-164.

猪木武德(1987), 『經濟思想』, モタンエコノミクス.

剛崎哲二(2016), 『コア・テキスト經濟史』, 이창민 역(2017), 『제도와 조직의 경제사』, 한울아카데미.

金子勝(1997), 『市場と制度の政治經濟學』, 東京大學出版會.

友野典男(2006), 『行動經濟學』, 이명희 역(2006), 『행동경제학』, 지형.

中村達也 外(2001), 『經濟學の歷史』, 有斐閣.

吉川洋(2009), 『いまこそ, ケインズからシュンペーターにーべ』, ダイアモンド社.

Abbot, A.(2005), "Sociology of Work and Occupations," in *HES*, 307-330.

Acemoglu, D. and J. A. Robbinson(2012), *Why Nations Fail*, Crown Business (최완규 역(2012), 『국가는 왜 실패하는가』, 시공사).

Agassi, J.(1960), "Methodological Individualism," *The British Journal of Sociology*, 11(3), 244-270.

Aldrich, H. E.(2005), "Entrepreneurship," in *HES*, 451-477.

Altman, M.(2008), "Behavioral Economics, Economic Theory and Public Policy," unpublished.

Andersen, E. S.(2008), "Fundamental Fields of Post-Schumpeterian Evolutionary Economics," DRUID Working Paper, 08-25.

Ankarloo, D. and G. Palermo(2004), "Anti-Williamson: a Marxian Critique of New Institutional Economics," *Cambridge Journal of Economics*, 28(3), 413-429.

Aoki, M.(2001), *Toward a Comparative Institutional Analysis*, MIT Press.

Barber, B.(1995), "All Economies are 'Embedded': the Career of a Concept and Beyond," *Social Research*, 62(2), 387-413.

Baumol, William J.(2010), *The Microtheory of Innovative Entrepreneurship*, Princeton University Press.

Becker, G. S.(1981), *A Treatise on the Family*, Harvard University Press.

Beckert, J.(2002), *Beyond the Market: The Social Foundations of Efficiency*, Princeton University Press.

_____(2003), "Economic Sociology and Embeddedness: How Shall We Conceptualize Economic Action?" *Journal of Economic Issues*, 37(3), 767-787.

______(2007), "The Great Transformation of Embeddedness: Karl Polanyi and the New Economic Sociology," MPIfG Discussion Paper, 07/1.

Block, F. and P. Evans(2005), "The State and the Economy," in *HES*, 505-526.

Borjas, G. J.(2013), *Labor Economics*, 6th ed., McGraw-Hill.

Bowles, S.(2009), *Microeconomics: Behavior, Institutions, and Evolution*, Princeton University Press.

Boxenbaum, E. and S. Jonsson(2017), "Isomorphism, Diffusion and Decoupling: Concept Evolution and Theoretical Challenges," in R. Greenwood, C. Oliver, T. Lawrence, and R. E. Meyer eds., *The SAGE Handbook of Organizational Institutionalism*, 2nd ed., 77-101.

Brahmachari, D.(2016), "Neoclassical Economics as a Method of Scientific Research Program: A Review of Existing Literature," MPRA Paper, No. 75738.

Brundi, L. and S. Zamagni ed.(2013), *Handbook on the Economics of Reciprocity and Social Enterprises*, Edward Elgar.

Bulow, J. I. and L. H. Summers(1986), "A Theory of Dual Labor Markets with Application to Industrial Policy, Discrimination, and Keynesian Unemployment," *Journal of Labor Economics*, 4(3), 376-414.

Cangiani, M.(2011), "Karl Polanyi's Institutional Theory: Market Society and Its 'Disembedded' Economy," *Journal of Economic Issues*, 45(1), 177-197.

Carree, M. A. and A. R. Thurik(2022), "The Impact of Entrepreneurship on Economic Growth," Z. J. Acs and D. B. Audretsch eds., *Handbook of Entrepreneurship Research*, Springer, 557-594.

Coase, R. H.(1937), "The Nature of the Firm," Economica, 4, reprinted in O. E. Williamson and S. G. Winter eds.(1993), *The Nature of the Firm*, Oxford University Press, 18-33.

Colander, D.(2000), "The Death of Neoclassical Economics," *Journal of the History of Economic Thought*, 22(2), 127-143.

Coote, A.(2011), "The Great Transition: Social Justice and the Core Economy," Nef Working Paper 1.

Corry, O.(2010), "Defining and Theorizing the Third Sector," in Rupert Taylor ed., *Third Sector Research*, Springer, 11-20.

Courvisanos, J. and S. Mackenzie(2014), "Innovation Economics and the Role of the Innovative Entrepreneur in Economic Theory," *Journal of Innovation Economics & Management*, 14(2), 41-61.

Daoud, A. and B. Larsson(2011), "Economic Sociology-Old and New," *International Journal of Pluralism and Economics Education*, 2(3), 255-269.

Davis, J. B.(2006), "The Turn in Economics: Neoclassical Dominance to Mainstream Pluralism?" *Journal of Institutional Economics*, 2(1), 1-20.

Dawnay, E. and H. Shah(2005), “Behavioural Economics: Seven Principles for Policy-makers,” Nef Theoretical New Economics 1.

Defourny, J.(2013), “Third Sector,” in L. Bruni and S. Zamagni eds., *Handbook on the Economics of Reciprocity and Social Enteprise*, Edgar Elgar, 400-410.

Defourny, J. and V. Pestoff(2014), “Towards a European Conceptualization of the Third Sector,” in M. Andreaus, E. Costa, and L. D. Parker eds., *Accountability and Social Accounting for Social and Non-Profit Organizations*, Emerald Publishing Ltd., 25-87.

Dimaggio, P. J. and W. W. Powell(1983), “The Iron Cage Revisited: Institutional Isomorphism and Collective Rationality in Organizational Fields,” *American Sociological Review*, 48(2), 147-160.

Dobbin, F. ed.(2002), *The New Economic Sociolgy*, Princeton University Press.

Doeringer, P. B. and M. J. Piore(1973), *Internal Labor Markets and Manpower Analysis*, Routledge.

Donnellan, T., K. Hanrahan, and T. Hennessy(2012), “Defining an Institutional Framework for the Labour Market,” Factor Markets Working Paper, No. 24.

Eliasson, G. and M. Henrekson(2004), “William J. Baumol: An Entrepreneurial Economist on the Economics of Entrepreneurship,” *Small Business Economics*, 23(1), 1-7.

Engerman, S. L. and K. L. Sokolof(2008), “Institutional and Non-Institutional Explanations of Economic Differences,” in *HNIE*, 639-665.

Eskelinen, T.(2020), “The Conception of Value in Community Economies,” in T. Eskelinen, T. Hirvilammi, and J. Venäläinen eds., *Enacting Community Economies within a Welfare State*, Mayfly Books, 23-45.

Etzioni, A.(1973), “The Third Sector and Domestic Missions,” *Public Administration Review*, 33(4), 314-323.

Fagerberg, J.(2002), “A Layman's Guide to Evolutionary Economics,” TIK Working Paper, No. 17.

Filip, B.(2012), “Polanyi and Hayek on Freedom, the State, and Economics,” *International Journal of Political Economy*, 41(4), 69-87.

Folbre, N. and J. A. Nelson(2000), “For Love or Money-or Both,” *Journal of Economic Perspective*, 14(4), 123-140.

Friedman, M.(1953), “The Methodology of Positive Economics,” in *Essays in Positive Economics*, University of Chicago Press, 3-43.

Gough, I.(1994), “Economic Institutions and the Satisfaction of Human Needs,” *Journal of Economic Issues*, 28(1), 25-66.

Granovetter, M.(1985), “Economic Action and Social Structure: The Problem of Embeddedness,”

American Journal of Sociology, 91(3), 481-510.

_____(2017), *Society and Economy*, The Belknap Press of Harvard University Press.

Greenwood, D. T.(2016), "Institutionalist Theories of the Wage Bargain: Beyond Demand and Supply," *Journal of Economic Issues*, 50(2), 406-414.

Greif, Avner(2008), "Commitment, Coercion, and Markets: The Nature and Dynamics of Institutions Supporting Exchange," in *HNIE*, 727-788.

Gudeman, S.(2005), "Community and Economy: Economy's base," in *HEA*, 123-147.

Hall, P. A. and D. Soskice(2001), *Varieties of Capitalism*, Oxford University Press.

Hann, C. and K. Hart(2011), *Economic Anthropology: History, Ethnography, Critique*, Polity Press Ltd.(홍기빈 역(2016), 『경제인류학 특강』, 삼천리).

Harris, L.(1980), "The State and the Economy: Some Theoretical Problems," in R. Milband and J. Saville eds., *The Socialist Register*, Merlin Press, 243-262.

Hayek, F.(1944), *The Road to Serfdom*, Routledge Press(김영청 역(1993), 『노예의 길』, 동국대학교 출판부).

Heilbroner, R. L. and W. Milberg(2012), *The Making of Economic Society*, 13th ed., Pearson.

Hillenkamp, I., F. Lapeyre, and A. Lemaitre, eds.(2013), *Securing Livelihoods: Informal Economy Practices and Institutions*, Oxford University Press.

Hodgson, G. M.(1998), "Evolutionary and Competence-based Theories of the Firm," *Journal of Economic Studies*, 25(1), 25-56.

_____(2002), "Darwinism in Economics: from Analogy to Ontology," *Journal of Evolutionary Economics*, 12, 259-281.

Holcombe, R.(2014), *Advanced Introduction to the Austrian School of Economics*, Edward Elgar Publishing Ltd.(이성규·김행범 역(2018), 『오스트리아 경제학파의 고급 입문서』, 도서출판 해남).

Ironmonger, D.(2000), "Household Production and the Household Economy," unpublished paper.

Jackson, G.(2010), "Actors and Institution," in *OHCI*, 63-86.

Jacoby, S. M.(1990), "The New Institutionalism: What can It Learn from the Old?" *Industrial Relations*, 29(2), 316-340.

Kahneman, D. and A. Tversky(1979), "Prospect Theory: An Analysis of Decision Under Risk," *Econometrica*, 47(2), 263-291.

Kay, J.(2003), *Culture and Prosperity*, Harper Business(홍기훈 역(2008), 『시장의 진실: 왜 일부 국가만 부유하고 나머지 국가는 가난한가』, 에코리브르).

Keefer, P. and S. Knack(2008), "Social Capital, Social Norms and the New Institutional Economics," in *HNIE*, 701-725.

Khalil, E. L.(1996), "What is Economic Action? From Marshall and Robbins to Polanyi and Becker," *Journal of the History of Economic Thought*, 18(1), 13-36.

Kirzner, I. M.(1963), *Market Theory and Price System*, D. Van Nostrand Co., Inc.

Koechlin, D.(2015), "The Critique of Alienated Labor: Marx, Marcuse and Countermodels of the 1960s," *Revue Française d'Études Américaines*, No. 145, 183-195.

Kuhn, T.(1962), *The Structure of Scientific Revolutions*, 4th ed., University Of Chicago Press(김명자 · 홍성욱 역(2013), 『과학혁명의 구조』, 까치).

Langton, J.(1984a), "Weber, Darwinism and Sociocultural Evolution: A Reply to Haines," *Sociology*, 18(3), 413-416.

_____(1984b), "The Ecological Theory of Bureaucracy: The Case of Josiah Wedgwood and the British Pottery Industry," *Administrative Science Quarterly*, 29(3), 330-354.

Lazear, E. P.(2000), "Economic Imperialism," *The Quarterly Journal of Economics*, 115(1), 99-146.

Livesey, C.(2006), "The Role of the Modern State," Sociology Central.

Lunt, P.(2016), "Rational Choice Theory," in *HCBE*, 326-339.

Machado, N. M. C.(2011), "Karl Polanyi and the New Economic Sociology: Notes on the Concept of (Dis)embeddedness," *RCCS Annual Review*, 3, 119-140.

MacRae, Jr. D.(1978), "Review Essay: The Sociological Economics of Gary S. Becker," *American Journal of Sociology*, 83(5), 1244-1258.

Malerba, F. and L. Orsenigo(1995), "Schumpeterian Patterns of Innovation," *Cambridge Journal of Economics*, 19(1), 47-65.

Marshall, A.(1890), *Principles of Economics*, Macmillan and Co., Ltd.(백영현 역(2010), 『경제학원리1, 2』, 한길사).

Marx K.(1859), *A Contribution to the Critique of Political Economy*, edited by M. Dobb(1970), Progress Publishers.

_____(1867), *Capital 1*, translated by S. Moore and E. Aveling(1887), Progress Publishers(김수행 역(2015), 『자본론 1』, 비봉출판사).

Maucourant, J. and P. Sébastien(2013), "The Institution, the Economy and the Market: Karl Polanyi's Institutional Thought for Economists," *Review of Political Economy*, 25(3), 512-531.

Mauss, M.(1925), *The Gift: The Form and Reason for Exchange in Archaic Societies*, translated by W. D.

Halls(1990), Routledge.

McClosky, D. N.(1983), "The Rhetoric of Economics," *Journal of Economic Literature*, 21(2), 481-517.

Menard, C. and M. M. Shirley(2008), "Introduction" in *HNIE*, 1-18.

Merigo, F.(2017), "Nelson and Winter: from Evolution to Innovation," Innovazione e crescita.

Meyer, J. W. and W. R. Scott(1983), "Centralization and the Legitimacy Problems of Local Government," in J. W. Meyer and W. R. Scott eds., *Organizational Environments: Ritual and Rationality*.

Miller, G. J.(2005), "Solutions to Principal-Agent Problems in Firms," in *HNIE*, 349-370.

Misra, S. and E. S. Kumar(2000), "Resourcefulness: A Proximal Conceptualization of Entrepreneurial Behavior," *Journal of Entrepreneurship*, 9(2), 135-154.

Moore, C. F.(1986), "Understanding Entrepreneurial Behavior: A Definition and Model," Academy of Management Annual Meeting Proceedings.

Narotzky, S.(2005), "Provisioning," in *HEA*, 78-93.

_____(2018), "Rethinking the Concept of Labour," *Journal of the Royal Anthropological Institute*, 24(S1), 1-15.

Neal, R. S. ed.(1983), *History and Class: Essential Readings in Theory and Interpretation*, Basil Blackwell.

Nee, V.(2005), "The New Institutionalism in Economics and Sociology," in *HES*, 49-74.

Nee, V. and R. Swedberg(2008), "Economic Sociology and New Institutional Economics," in *HNIE*, 789-818.

Nelson, R. R.(2011), "Human Behavior and Cognition in Evolutionary Economics," *Biological Theory*, 6(4), 293-300.

Nelson, R. R. and S. G. Winter(1982), *An Evolutionary Theory of Economic Change*, The Belknap Press of Harvard University Press.

_____(2002), "Evolutionary Theorizing in Economics," *Journal of Economic Perspectives*, 16(2), 23-46.

Ninacs, W. A.(2002), "A Review of the Theory and Practice of Social Economy in Canada," SRDC Working Paper Series 02-02.

North, D. C.(1990), *Institutions, Institutional Change and Economic Performance*, Cambridge Univ. Press.

_____(1991), "Institutions," *Journal of Economic Perspectives*, 5(1), 97-112.

_____(2005), *Understanding the Process of Economic Change*, Princeton University Press(조석곤 역(2007), 『경제변화과정에 관한 새로운 이해』, 도서출판 해남).

Nozick, R.(1993), *The Nature of Rationality*, Princeton University Press.

Obo, U. B. and M. A. Coker(2014), "The Marxist Theory of the State: An Introductory Guide,"

Mediterranean Journal of Social Sciences, 5(4), 527-533.

OECD(2003), *The Non-profit Sector in a Changing Economy*, OECD Publishing.

Olsen, M.(1965), *The Logic of Collective Action: Public Goods and the Theory of Groups*, Harvard University Press(최광 · 이성규 역(2013), 『집단행동의 논리』, 한국문화사).

Ortiz, S.(2005), "Decisions and choices: the Rationality of Economic Actors," in *HEA*, 59-77.

Ostrom, E.(2000), "Collective Action and the Evolution of Social Norms," *Journal of Economic Perspectives*, 14(3), 137-158.

_____(2010), "Beyond Markets and States: Polycentric Governance of Complex Economic Systems," *American Economic Review*, 100(3), 641-672.

Palma, P. J., M. P. Cunha, and M. Lopes(2009), "Entrepreneurial Behavior," in S. J. Lopez, ed., *The Encyclopedia of Positive Psychology*, Wiley-Blackwell.

Parvin, M.(1992), "Is Teaching Neoclassical Economics as the Science of Economics Moral?" *The Journal of Economic Education*, 23(1), 65-78.

Patten, S. N.(1894), "The Organic Concept of Society," *The Annals of the American Academy of Political and Social Science*, Vol. 5, 88-93.

Peck, J.(2013), "For Polanyian Economic Geographies," *Environment and Planning A*, 45(7), 1545-1568.

Pestoff, V.(2012), "Co-Production and Third Sector Social Services in Europe: Some Concepts and Evidence," *International Journal of Voluntary and Nonprofit Organizations*, 23(4), 1102-1118.

_____(2014), "Hybridity, Coproduction, and Third Sector Social Services in Europe," *American Behavioral Scientist*, 58(11), 1412-1424.

Polanyi, K.(1944), *The Great Transformation: The Political and Economic Origins of Our Time*, Beacon Press(홍기빈 역(2009), 『거대한 전환』, 길).

_____(1977), *The Livelihood of Man*, edited by H. W. Pearson, Academic Press(이병천 역(2017), 『인간의 살림살이』, 후마니타스).

Polanyi, K., C. M. Arensberg, and H. W. Pearson eds.(1957), *Trade and Market in the Early Empires*, The Free Press(이종욱 역(1994), 『초기제국에 있어서의 교역과 시장』, 민음사).

Portes, A. and W. Haller(2005), "Informal Economy," in *HES*, 403-425.

Poulantzas, N.(1981), "Social Classes and the State," in T. Bottomore ed., *Modern Interpretations of Marx*, Basil Blackwell, 138-154.

Powell, W. W. and P. DiMaggio, eds.(1991), *The New Institutionalism in Organizational Analysis*, University of Chicago Press.

Radin, M. J.(1996), *Contested Commodities*, Harvard University Press.

Reich, M., D. M. Gordon, and R. C. Edwards(1973), "Dual Labor Markets: A Theory of Labor Market Segmentation," *American Economic Review*, 63(2), 359-365.

Resnick, S. and R. D. Wolff(1981), "Classes in Marxian Theory," *The Review of Radical Political Economics*, 13(4), 1-18.

Rieskamp, J., R. Hertwig, and P. M. Todd(2016), "Bounded Rationality," in *HCBE*, 218-236.

Roels, J. A.(2012), *The Origin and the Evolution of Firms*, IOS Press.

Rothbard, M. N.(1962), *Man, Economy, and State: a Treatise on Economic Principles*(전용덕 · 김이석 공역(2019), 『인간 · 경제 · 국가: 경제원리에 대한 새로운 전문서』, 자유기업원).

Rubery, J.(2010), "Institutionalizing the Employment Relationship," in *OHCI*, 183-209.

Salamon, L. M., S. W. Sokolowski, and R. List(2003), "Global Civil Society: An Overview," The Johns Hopkins Comparative Nonprofit Sector Project.

Schilirò, D.(2012), "Bounded Rationality and Perfect Rationality: Psychology into Economics," MPRA Paper No. 41663.

Schumpeter, J.(1911/1934), *The Theory of Economic Development*, translated from the 1911 original German(박영호 역(2012), 『경제발전의 이론』, 지식을만드는지식).

_____(1942), *Capitalism, Socialism and Democracy*, Harper and Brothers(이종인 역(2016), 『자본주의 사회주의 민주주의』, 북길드).

_____(1954), *History of Economic Analysis*, Allen & Unwin.

Scott, W. R.(2008), *Institutions and Organizations: Ideas and Interests*, 3rd edition, SAGE Publications.

Simon, H.(1955), "A Behavioral Model of Rational Choice," *The Quarterly Journal of Economics*, 69(1), 99-118.

_____(1985), "Human Nature in Politics: The Dialogue of Psychology with Political Science," *The American Political Science Review*, 79(2), 293-304.

Slattery, D. and J. Nellis(2013), "Neoclassical Economics: Science or Neoliberal Ideology?" *European Journal of Economics and Economic Policies: Intervention*, 10(3), 313-326.

Smelser, N. J. and R. Swedberg(2005), "Introduction," in *HES*, 3-25.

Smith-Doerr, L. and W. W. Powell(2005), "Networks and Economic Life," in *HES*, 379-402.

Smith, A.(1759), *The Theory of Moral Sentiments*(박세일 · 민경국 역(2009), 『도덕감정론』, 비봉출판사).

_____(1776), *An Inquiry into the Nature and Causes of the Wealth of Nations*(김수행 역(2007), 『국부론』, 비봉출판사).

Solow, R. M.(1990), *The Labor Market as a Social Institution*, Blackwell.

Sontheimer, K.(2006), "Behavioral versus Neoclassical Economics," in *HCBE*, 237-256.

Stanfield J. R.(1986), *The Economic Thought of Karl Polanyi: Lives and Livelihood*, Macmillan(원용찬 역(1997), 『칼 폴라니의 경제사상』, 한울).

Stigler, G. J.(1984), "Economics: The Imperial Science?" *The Scandinavian Journal of Economics*, 86(3), 301-313.

Streeck, W.(1983), "Between Pluralism and Corporatism German Business Associations and the State," *Journal of Public Policy*, 3(3), 265-284.

_____(2005), "The Sociology of Labor Markets and Trade Unions," in *HES*, 254-283.

Streeck, W. and P. C. Schmitte(1985), "Community, Market, State and Associations?" *European Sciological Review*, 1(2), 119-138.

Subrt, J.(2015), "Homo Sociologicus Revisted: How Relevant Could Questions Be That Were Formulated Half a Century Age?" *Scientific Cooperations International Journal of Arts, Humanities and Social Sciences*, 1(1), 37-52.

Swedberg, R.(2003), *Principles of Economic Sociology*, Princeton University Press.

_____(2005), "Markets in Society," in *HES*, 233-253.

_____(2006), "The Toolkit of Economic Sociology," SOCIUS Working Paper, No. 4.

Thaler, R. H.(1980), "Toward a Positive Theory of Consumer Choice," *Journal of Economic Behavior & Organization*, 1(1), 39-60.

_____(2000), "From Homo Economicus to Homo Sapiens," *Journey of Economic Perspective*, 14(1), 133-141.

Thompson, M. J.(2015), "False Consciousness Reconsidered: A Theory of Defective Social Cognition," *Critical Sociology*, 41(3), 449-461.

Veblen, T.(1898), "Why is Economics not an Evolutionary Science?" *The Quarterly Journal of Economics*, 12(4), 373-397.

_____(1899), *The Theory of the Leisure Class: An Economic Study of Institutions*, B. W. Huebsch.

Vivarelli, M.(2011), "Baumol, W. J.: The Microtheory of Innovative Entrepreneurship," *Journal of Economics*, 103(2), 199-202.

Weiss, L.(2010), "The State in the Economy: Neoliberal or Neoactivist?" in *OHCI*, 183-209.

Widodo, Tri(2008), "Marx's Capital: The Revolt against Classical Economics," MPRA Paper No. 78166.

Wilk, R. R. and L. C. Cliggert(2007), *Economies and Cultures Foundations of Economic Anthropology*,

2nd ed., Westview Press(홍승흡·정문영 역(2010), 『경제인류학을 생각한다』, 일조각).

Wilkins, N. and M. Klaes(2012), *An Introduction to Behavioral Economics*, 2nd ed., Palgrave Macmillan.

Williamson, O. E.(1975), *Markets and Hierarchies: Analysis and Antitrust Implications*, The Free Press.

_____(1979), "Transaction-Cost Economics: The Governance of Contractual Relation," *The Journal of Law & Economics*, 22(2), 233-261.

_____(1985), *The Economic Institutions of Capitalism: Firms, Markets, Relational Contracting*, Chengcheng Books Ltd.

_____(1993a), "The Logic of Economic Organization," O. E. Williamson and S. G. Winter eds., *The Nature of the Firm: Origins, Evolution, and Development*, Oxford University Press.

_____(1993b), "Transaction Cost Economics and Organization Theory," *Industrial and Corporate Change*, 2(2), 107-156.

_____(2000), "The New Institutional Economics: Taking Stock, Looking Ahead," *Journal of Economic Literature*, 38(3), 595-613.

_____(2008), "Transaction Cost Economics," in *HNIE*, 41-65.

Williamson, O. E. and S. G. Winter eds.(1993), *The Nature of the Firm*, Oxford University Press.

Zweig, M.(2015), "Complicating the Labor Market as a Social Institution," *Review of Radical Political Economics*, 47(4), 572-578.

HEA: Carrier, J. G. ed.(2005), *A Handbook of Economic Anthropology*, Edward Elgar.

HES: Smelser, N. J. and R. Swedberg eds.(2005), *The Handbook of Economic Sociology*, Princeton University Press.

HNIE: Ménard, C. and M. M. Shirley eds.(2008), *Handbook of New Institutional Economics*, Springer.

HCBE: Altman, M. ed.(2006), *Handbook of Contemporary Behavioral Economics: Foundations and Developments*, Routledge.

OHCI: Morgan, G., J. L. Campbell, C. Crouch, O. K. Pedersen, and R. Whitley eds.(2010), *The Oxford Handbook Comparative Institutional Analysis*, Oxford University Press.

[ㄱ]

[ㄷ]

[ㄹ]

[ㅁ]

[ㅂ]

[ㅅ]

[ㅇ]

[ㅈ]

[ㅊ]

[ㅋ]